增訂十一版

中華民國憲法

Constitution of the R.O.C.

陳志華　著

三民書局

依權力分立理論走上憲政主義之路

　　美國制憲先賢麥迪遜思考權力分立理論，發現組建人治的政府最難之處，在於先要由不是天使組成的政府統治人民，再由政府控制自己。三權分立與制衡理論的建造從此麥迪遜困境出發。

　　我國憲政改革，以民國七十九年公布的第二六一號解釋發出第一聲，要求開始第二屆國會並定期改選。民國八十三年修憲規定總統公民直選，都震撼了、甚至顛覆了憲法的基礎。因修憲機關越界，第四九九號解釋宣告修憲違憲無效，終至國民大會自行了結。凍省後，從此這部憲法一路向前邁進，思考權力分立的方向。

　　大法官第五二〇號解釋，因應核四預算解凍爭議提示，行政院當配合總統政見，調整其既定政策。第六一三號解釋，為通傳會的獨立地位，堅持行政院是國家最高行政機關，冷門的憲法第五十三條竟然受到正視，令人驚豔。唯不旋踵間，第六二七號解釋，為總統的國務機要費的支用，終於說出，總統是憲法及增修條文架構下最高行政機關。一再以解釋的迂迴方式，憲法第五十三條又回到沉默的角落，不知是否還需修憲明示。

　　憲法與法律一體，總統責任夾雜在法律裡，或謂基於早期特別費與機要費合稱國務機要費的歷史共業，性質相同，故修改會計法一併將總統國務機要費使用除罪。憲法有赦免權與總統刑事豁免權等條款，但根本大法都不及會計法有效免除總統蒙受十六年的冤情。

　　世界先進國家，政府大多採行三權分立架構，即政府劃分為行政、立法與司法三權。除了英、日等國家採行議會內閣制，立法權產生行政，亦即由國會多數黨組織內閣（行政部門），立法與行政結合，但又對抗，可以倒閣與解散相互制衡。總統制國家是標準的三權分立，國會議員不許兼任閣員、部會首長，各自有一定任期，不許任期中解散或倒閣。民國八十六年修憲後，建立完整的內閣制，但行政院院長的副署權範圍縮小，加上總

統改為公民直選，總統制趨向顯然。

依據憲法第五十三條，行政院是國家最高行政機關，但與總統關係密切。總統時而關心時政、指示行政部門，以致行政院是總統的幕僚機關，院長是總統的幕僚長之說甚囂塵上，質疑不斷，卻信而可徵。

立法院經幾次修憲，確立為唯一的國會機關。早期國會有三院說或兩院說，今確立為一院制。於是監察院的糾正、審計與調查權等，立法院一直想爭取回到國會，但始終未能成功也不能釋懷。如調查權歸屬議題，經立法院聲請解釋，非但未能如願，反而綁手綁腳，必須經委員會或院會通過才可行使文件調閱權。

司法院究竟是否為最高司法機關，民國九十年公布的第五三〇號解釋明白宣示，司法院應掌理司法行政以及直接審理訴訟審判，直到民國一一一年一月四日憲法訴訟法施行，賦予司法院透過大法官組成的憲法法庭，審理法規範憲法審查、裁判憲法審查、機關爭議案件等的審理，時間已過二十年。美國司法審查制度、德國憲法法院於焉交織對照，或以我國制度移植德國，但司法院並非憲法法院，美國自一八〇三年以降兩百多年來司法審查行政、立法畢竟是其憲法基礎。民國一一一年年初，移植的憲法法庭開始審理憲法訴訟，有關子女歸屬、原住民身分取得等案件的判決，引起各界質疑大法官審判的論理原則與事實認知，何況案檢累牘，何以消化。

微妙的是，我國司法制度及相關法制，都說是仿效德國。可相關訴訟案例，無論是言論自由、宗教事件或婦女墮胎權，卻幾乎都是美國案例，而且大家耳熟能詳。我國有最高法院，還有大法庭，憲法解釋難謂集中在司法院。美國係聯邦國家，各州猶設最高法院，有權解釋憲法，但聯邦最高法院判決有最後、最高效力，很難說是分散式憲法解釋制度。

考試權與監察權從往昔至今，都不是由單一機關行使。甚至中央與地方都有考試、監察權。要者，考試為人事行政，監察權以公務機關及公務員為行使對象，兩權皆屬政府機關內部監控系統，與行政、立法、司法係國家對人民行使者有別。民國五十六年行政院人事行政局的設立，民國八十一年修憲將考試院職權列舉，其中有一部分，法制之外由各用人機關行

使，甚至民國一〇五年推動的年金改革，考試院未能主導或實際參與，已非最高考試機關而為各界所關切。民國一一〇年十月，執政的民進黨憲改小組決定廢除監察院，改由國會設置監察使行使監察權。

　　政府機關組織，結構的分殊（分化）清楚，以權責相符，否則功能難以專業，將發生職權爭議或至衝突。過去人事行政局的定位、公務人員訓練權歸屬迭有爭議，立法院與監察院爭論不止，顯示政府權力及組織結構亟待調整。

　　　　　　　　陳志華　謹識　二〇二三年一月於臺北大學

二〇一六年修訂版序

憲法只是一張紙？

我國憲法發展到民國八十年以後最為快速而明顯，其中尤以修憲功效最為顯著。而民國七十九年（一九九〇年）釋字第二六一號解釋公布，拉開了臺灣為時十五年憲政改革的序幕，具指標性意義。這時期的憲政改革，主要是前後七次的修憲。

至今七次修憲，前面六次採一機關修憲，即國民大會提案並複決，第七次則由立法院提案、國民大會複決，兩機關修憲方式完成，都依據憲法第一七四條修憲程序。自此國民大會功成身退，走入歷史，是有幾分悲壯，憲政就這樣逐步推展。

十年後，第一次嘗試用公投修憲方式。民國一〇四年七月十六日「憲法時刻」，距離次年總統選舉正好六個月，兩大黨的憲改方案難以協調，憲改破局。首次發動公投修憲即嚴重受挫，連提案都失敗。

就在密集的選舉與憲政改革擾嚷聲中，監察院被放在一邊，少受關切。民國九十四年二月到九十七年八月，朝野爭議激烈，總統不願更換監察委員提名名單，立法院又罷審，沒有任何被提名人獲得同意，致第四屆監察委員完全出缺，監察權出現空窗期。朝野立委紛紛連署提案，聲請大法官解釋。

雖然大法官（第六三二號解釋）提醒總統與立法委員，提名與同意的權責機關應相互尊重，依據憲法各盡其職，不能讓憲政機關停擺。但依舊直到政黨輪替，總統重行提名人選，立法院行使同意權並通過名單，監察院才恢復正常。監察院員工躬逢史無前例的空窗期，沒有公文需要處理，感慨是公務生涯難得的好時光，浮生出現小確幸。

監察權受挫的遭逢際遇還未了，第五屆監委提名的爭執又再度重演。民國一〇三年八月第四屆監察委員任期將屆，五月總統依例提名二十九位監察委員人選咨請立法院同意。七月初，立法院召開第一次臨時會準備行

使監委同意權，由於部分委員佔據領票處及圈票處，致其他委員無法投票，只能擇期再議。七月二十九日第二次臨時會，朝野協議以不亮票、不監票方式，投票始能進行。結果僅通過十八位（其中包括院長及副院長）。此次人事案被稱為史上最慘烈的一次。

民國一〇四年九月總統再提出十一位「清爽乾淨」之士，不料其中一位因學歷引起爭議，又逢十一月地方選舉，致立法院不再開會、不再審查這屆監察委員的人事案。其間，同年六月立法院寧可先行審查後來的大法官提名案，監委出缺則不再過問。於是第五屆委員遺缺超過三分之一的急務只好「再等一等」，直至次年五月二十日政黨輪替新政府成立，仍未補足，人事案受盡折磨。如此，糾彈百官何所依，柏台清風有誰識？

憲法，其實不過是一張紙，一紙由人民彼此退讓而簽訂的契約。它因人民的共識與信守而可長可久。黑格爾 (G. W. F. Hegel) 認為，不應將憲法視為是由什麼事物所構成的。他相信一個國家的憲法必須具體表現人民權利與其立場的心意，否則憲法不過是空有軀殼、毫無價值。成文憲法可以設計，但欠缺憲政主義的憲法只會帶來動盪與不安 (Andrew Arato, Civil Society, Constitution, and Legitimacy.)。

蘇格蘭法學家麥金多許 (Sir James Mackintosh) 在一七九九年年寫下名句：「憲法是成長的，不是製造的。」他相信自由憲法是日積月累逐漸演進，而不是由少數人以武力建造的。回想臺灣七次修憲，時而面臨委任直選還是公民直選總統、修憲條文被大法官宣告違憲無效、一面修憲一面要舉辦國代選舉一連的窘境。

憲改過程中，釋字第五二〇號解釋（民國九十年公布）教訓行政院預算應與立法院共同參與、第五八五號（民國九十三年公布）斥責立法院不能越權干預行政，以及第六一三號（民國九十五年公布）糾正獨立管制機關應隸屬行政院，都在試圖釐清憲政體制。

民國一〇五年一月大選前，民進黨蔡英文主席不僅肯定由下而上的憲改方式，更堅定表示支持憲改的決心。就職演說裡，蔡總統宣示尊重兩岸二十年來交流協商的歷史事實，或許講稿是一份「未完成的答案卷」，國際

間仍期待兩岸將創造雙贏的局面。以憲法及兩岸人民關係條例處理兩岸關係，可為兩岸互動鋪陳穩定的基礎。

民國一〇四年八月二次大戰結束屆滿七十年。日本政府堅持修法建軍、出兵海外，雖然國會相當配合，但政要學者發出怒吼，控訴政府嚴重違憲。他們直指政府此舉違反憲法前言之宣示和平主義及第九條放棄戰爭、不保有軍隊之規定。安倍內閣企圖經由內閣會議重新解釋憲法，將個別自衛權鬆綁為容許集體自衛權，甘冒違反和平憲法精神的危險。

相對的，今年八月八日，八十二高齡的日本天皇明仁，少見的透過電視轉播，表達自己日益衰弱、無法履行職務，有意「生前退位」。明仁天皇不願明白要求內閣修改皇室典範，因為他深知天皇不許具體觸及現行制度。他謙沖自抑的表示，若日皇病危，將造成社會停滯，影響國民生活，令人動容。

同樣八月八日這一天，五位在非洲肯亞被扣留的我國詐欺嫌犯，雖經我方多日交涉，仍被強行遣返中國。這樁詐騙案，行為人是臺灣人，受害人全是中國人，犯罪行為地在他國。所涉及問題，不僅是國家主權，更是司法管轄權歸屬。

本書，《中華民國憲法》，初版至今已逾二十一年，三民書局編輯部同仁囑咐修訂再版。感謝三民書局努力於出版工作。本書亦隨著憲法增修、法律變動、解釋公布而適時更新補充，反映憲法的動態，更祈望方家指正。

陳志華　謹識　二〇一六年八月

初版序

　　憲法承載著我國建國歷史，宣示了我國立國精神，指引出政府與人民的行為及互動關係。

　　憲法是國家根本大法，為居於最高位階之法，所為規定至為廣泛，是以憲法內容的明確、符合國情需要、合理至為重要。

　　以規定明確言之，如民國八十一年制定的憲法增修條文，曾規定總統、副總統由中華民國自由地區「全體人民選舉之」，當時即引發國人猜測質疑，其究竟是指「公民直選」抑或「委任直選」，可謂眾說紛紜，各是其是。及至民國八十三年的增訂文，明定由「全體人民直接選舉之」，始群疑盡釋，豁然開朗，法之明確的重要可見一斑。曩昔春秋時代，法家嘗企盼法應清純似朝露，良有以也。

　　以符合需要言之，考憲法之修改、法律之制定、政府之措施、司法之解釋，旨在使憲法反映時代觀念、肆應國家情勢及社會需求，其道理顯然。畢竟憲法為社會生活的規範。

　　以規定合理言之，憲法所蘊含的憲法原理、民主政體，原在追求合理的價值體系，憲法因而具有國際共通性。以近年來備受朝野關切的立法委員任期應否延長為四年為例，一般認為，總統任期為四年，立法委員任期為三年，致由總統提名經立法院同意任命之行政院院長，應於總統改選時或於立法委員改選時辭職以表示負責，即難有定論。而衡之於過去的慣例，則兼而有之。唯社會各界多肯定將立法委員之任期延長為四年，是合理的，蓋有助於安定政局，行政首長不必時而改任，甚至一年兩易閣揆。然依我國憲法之規定，行政院係對立法院負責，並特別規定行政院院長於其政策未為立法院支持時辭職，因之，只需其政策得到立法院支持，行政院院長當可繼續執政。從我國體制著重行政院對立法院負責而論，行政院院長之任期，不必然與總統之任期絕對相關，如議會內閣制國家，元首之更易不

影響閣揆之去留者然。

　　五權憲法，特將考試、監察兩權標而出之，非附麗於行政、立法，此為五權體制的特色。故以使此兩權獨立行使，發揮作用為要。至於憲法所含原理、政府體制，應與各民主憲政國家相合共通，不宜自外。是以在巨幅的憲政改革中，國人對於合理要素，誠然值得特別置重。近年來總統由公民直接選舉對憲政的衝擊、國會議院制的確立、國民大會的變革等議題，實為有關憲法規定應合理的省思。期盼持續不斷的憲政革新，得以使憲法的架構更為清楚，功能更為恢宏。

　　憲法學博大深邃，難於研討，以世事幻變無常之故。筆者回憶民國六十三年在政治大學公共行政研究所進修時，憲法學大家林紀東先生嘗言：「法條有限，而人事無窮。」應屬有感而發。

　　本書之完成，感謝三民書局之鼎力協助，欣然邀約。以筆者才學疏淺，所為論述，所提觀點，舛誤錯失恐難避免，祈望先進方家惠予指正為禱。

　　　　　　陳志華　謹識　一九九五年五月十日於中興大學法商學院

中華民國憲法
Constitution of the R.O.C.

二〇二三年增訂十一版序——依權力分立理論
　　走上憲政主義之路
二〇一六年修訂版序——憲法只是一張紙？
初版序

緒　論

第一節　憲法的意義

憲法 (constitution)，在古希臘有政體之義，英國則意指統治的法律、結構及實務。我國古籍中，《國語》一書載有「賞善罰姦，國之憲法」，此之憲法僅指刑法法典而已。而《尚書‧說命》：「監於先王成憲，其永無愆。」；《晉書》：「稽古憲章，大釐制度。」；《唐書》：「永垂憲則，貽範後世。」，其中「憲」、「憲章」、「憲則」，則有基本典則之義❶。

至於憲法之意義，則有形式意義、實質意義及運作意義，其要點如次：

一、形式意義的憲法

一般所稱憲法，多指形式意義的憲法，即名稱上，明確的指名為「憲法」的法律。如美國於一七八七年所制定之美利堅合眾國憲法，我國於民國三十六年一月一日公布的中華民國憲法即是。在此意義，特別注重憲法與法律的區別。從而，憲法有其根本重要的條文，不容修改，否則等同憲法被推翻❷。

二、實質意義的憲法

國家的基本法制，結構上，係由形式意義的「憲法」，及由其引申制定

---

❶　劉慶瑞：《中華民國憲法要義》（臺北：作者自刊，民國七十二年修訂第一二版），頁五。

❷　Carl Schmitt 著，李君韜、蘇慧婕譯：《憲法的守護者》（新北：左岸文化，民國九十四年），劉鋒「導讀」，頁七～八。

的法律、命令，乃至判例、習慣、法理等所綜合形成，它是有系統的、活的憲法 (a living constitution)，稱為實質意義的憲法。由此一涵義，可以了解憲法的整體內涵，也可以理解英國「沒有」形式意義的憲法，而得以推動憲政，即依賴不輕易更動的法典、習慣及法理之故。因此憲法有多重規範，包含基本典章、政治上整體決定、憲法上管轄權或個別實體法等。而憲法如為實體法，那就是與民法典一樣的法，民法也就不必是「根據」憲法而制定❸。有稱美國憲法是一部經濟憲法，它劃分聯邦與各州的商務關係，規範人民的專利、商標等權利保障。

三、運作意義的憲法

論者有從憲法規定之內容及制定目的觀察憲法，例如：

中山先生曰：「憲法者，國家之構成法，亦即人民權利之保障書也。」

林紀東先生認為：「憲法者：規定國家之基本組織，人民之權利義務，及基本國策之根本法也。」❹

由上述兩則論述，可知憲法之內容要為國家之構成、人民之權利義務及基本國策等，從而可了解制憲之目的乃在於為這些重要事項定下規範。是以憲法為「立國底根本大法」，不僅勾畫國家基本法則 (the fundamental law)，並且是為將來的世代立下指針❺。

是以弗烈德利區 (C. J. Friedrich) 在其《立憲政府與民主》一書，認為：「憲法是對政府行動之有效而有規則性的抑制。」❻則似嫌消極。至少此說未述及人民權利之保障，而對政府的積極服務功能，亦有所忽略。以基

---

❸ Carl Schmitt 著，李君韜、蘇慧婕譯：《憲法的守護者》（新北：左岸文化，民國九十四年），劉鋒「導讀」，頁一三七，註58。

❹ 林紀東：《中華民國憲法釋論》（臺北：作者自刊，民國七十六年版），頁一。

❺ Robert Garson, "The Intellectual Reference of the American Constitution," in Richard Maidment and John Zvespar (eds.), *Reflections on the Constitution* (Manchester: University Press, 1989), p. 1.

❻ 劉慶瑞：《中華民國憲法要義》（臺北：作者自刊，民國七十二年修訂第一二版），頁九。

本國策的指引功用言，自非為抑制政府的行動，更有其進一步開發政府服務能力的目的。

　　甘瑟 (G. Gunther) 在所編著的《憲法》一書，即將其分為三大部分：第一部分檢討司法審查；第二部分分析政府結構，包括聯邦主義與權力分立二者；第三部分則敘述人民的權利❼。或以憲法具有四項重要功能：1.建立國家的政府組織。2.控制中央政府與地方政府的關係。3.界定並維護人民基本權利。4.確保政府得以持久運作❽，亦可知憲法的主要內涵。

　　因此將憲法界定為：「規定國家之基本組織，人民之權利義務，及基本國策之根本法。」從其內容及目的著眼，是可以運作並實證的意義。憲法是人民政治生活的規範，或是櫥窗裡的擺設裝飾，可以觀察驗證。

第二節　憲法的傳統分類

一、成文憲法與不成文憲法

　　美國於一七八七年制定近代國家第一部名為憲法的法律。其具體表現為單一法典，故稱為成文憲法。成文憲法之優點是條文俱在、規定清楚，政府與人民易於信守，便於累積共識。由於理性主義抬頭，以及社會契約說的影響，往後，法國於一七九一年也制定一部憲法法典，此一憲法形式至今為大多數國家所仿效。另一方面，因歷史發展（崇尚習慣、自然正義及國會至上觀念）的背景所致，以英國為模範的極少數國家，則欠缺一部稱為「憲法」的大法，稱為「不成文憲法」國家。雖然如此，這些國家仍有重要的典則可資規範，以英國言之，（一二一五年）《大憲章》(the Magna Carta)、（一六二八年）權利請願書 (the Petition of Right)、（一六七九年）

---

❼　Gerald Gunther, *Constitutional Law* (20th ed.; New York: the Foundation Press, 1991), pp. xi～xii.

❽　Jerre S. Williams, *Constitutional Analysis* (St. Paul, Minn.: West Publishing Co., 1979), p. 33.

人身保護律 (the Habeas Corpus Act)、權利宣言 (the Declaration and Bill of Rights) 等重要文獻，已形成憲政常規，垂為英國「憲典」。從實質意義的憲法論，英國絕非「沒有」憲法。英國憲法學大師戴雪 (A. V. Dicey) 即肯定英國是以憲章典則、巴列門（國會）法律、司法判決、慣例等為「憲法」。值得注意的是，不成文憲法國家仍有其重要的成文法律典則。

紐西蘭也是少數沒有一部成文憲法的國家。憲法是由一系列正式的法律文件、司法判決、以及種種憲政傳統所構成。其中重要文件如：懷唐伊條約 (The Treaty of Waitangi)，一八四〇年簽訂，依此條約毛利人正式承認英國在紐西蘭的合法統治地位，主權歸英國。其次是紐西蘭憲法法案 (New Zealand Constitution Act, 1852)，其設定的憲政架構是仿效英國的議會民主制，往後紐西蘭建構自己的國會運作模式。再次，憲法法案 (The Constitution Act, 1986)，此法案併入許多的法律文件，規定國家的基本原則，以及憲政架構。再如以色列，以色列建國後國會先後通過幾個基本法 (Basic Laws)，以後再匯總成一部憲法。半個世紀下來，議會分別通過了有關議會、總統、政府、軍事、首都耶路撒冷法等十三部法典，至今仍然沒有一部「憲法」。

成文憲法國家除了「憲法」法典外，仍然必須依據法律、命令、法理乃至習慣，方得以使憲法順利運用，而美國立國之初，即因戰爭方歇，且承受英國古老的典則，而未於憲法原文制定人民自由權利的條款，往後方以憲法修正第一案加以補充。論者莫不深信，英國歷史上那些重要文獻對美國憲法的文字與概念，起了難以磨滅的貢獻 ❾。故成文憲法國家，仍存在著極為重要的不成文憲法成分，因此成文憲法與不成文憲法的區別是相對的，二者非絕對殊異。

二、剛性憲法與柔性憲法

傳統憲法學，以憲法修改之手續為指標，將憲法區分為剛性憲法與柔性憲法。所謂剛性憲法，是指憲法的修改手續及權責機關不同於普通法律；

---

❾ Michael Foley, *The Silence of Constitutions* (New York: Routledge, 1989), p. 25.

或是修憲機關與修改法律的機關雖然相同，但手續上較為困難。如我國憲法之修改，其權責機關立法院，而立法院提出修正案須經立法委員四分之一提議，四分之三的出席，及出席者四分之三決議，尤為不易完成，我國當屬剛性憲法的類型。至如比利時憲法雖得由議會修改，但其出席人數及表決人數均為三分之二，較之制定法律經二分之一普通多數同意為難，故亦屬剛性憲法。

所謂柔性憲法是指修憲之手續與修法之手續相同，憲法之地位或效力與法律相較並無特殊性。通常，不成文憲法即是柔性憲法，而成文憲法也有可能是柔性憲法（如義大利一八四八年憲法，其修改手續與法律之修改手續相同），但大多數成文憲法屬剛性憲法。

剛性憲法具有穩定性，不輕易被修改更動，能促使政局安定；反之，柔性憲法較容易修訂，適應社會變遷。如運用不當，剛性憲法將流於保守，阻撓進步改革；柔性憲法則可能輕啟變盪風潮，不易建立政治秩序。故除非是民主政治發展成熟，人民具有高度憲政認知與修養，不應採行柔性憲法。一般相信，英國雖採行柔性憲法，但人民信守典則不渝，若干已歷時幾世紀的古典文獻，迄今依然是推行憲政的規範，其「憲法」猶表現千古不易的剛性。

至於剛性憲法，必要時仍可經由修改手續而調適於社會之進步變遷，亦可透過立法、解釋、判例及法理之運用，使憲法與時俱進，歷久彌新，故剛性憲法仍可以常保適應性。美國憲法為剛性憲法之範例，即運用國會立法、行政行動、司法判例，乃至增訂條款，呼應人民的需要，反映社會的現況。其中，尤以最高法院的判例，掌握每一時代的理念，不斷推陳出新，及時詮釋憲法的當代意含，使憲法得以保持彈性與柔性，更從而堆砌成美國文化的縮影。

傳統的憲法分類各類型間的差異是相對的，而且不能進一步說明同類型憲法間的實際差異，致英國與瑞典、沙烏地阿拉伯俱屬君主國憲法，而美國的總統制又與一八一四年的法國憲法同屬成文憲法。因此，羅文斯坦 (Karl Loewenstein) 認為這些分類，不免令人失望，因而主張應予廢棄❿。

再者，就各種憲法類型的優劣比較而言，因憲法恆隨著實際運作而呈現不同面貌與精神，憲法的類型不是一成不變的，是以論者指出評定憲法之優劣，不能僅就其形式為之，「成文憲法與不成文憲法僅能以政府行為、歷史社會背景、如何促進法治等論其差異」❶。傳統憲法學的各種分類，是有助於我們對憲法的進一步觀察了解，並非指各種憲法有其定型的實務與優劣點。

第三節　憲法的性質

憲法是設定治理國家之規則的基本法律架構。憲法具有三個主要目的或內容：㈠界定國家的管轄權。㈡建構治理國家之架構。㈢規制國家與其住民間的關係❷。

各國憲法因其立國經驗、制憲背景、時代思維之影響，態樣與精神各異其趣，如我國憲法，「實為實現三民主義的具體方案」❸；而美國憲法則以成文憲法、超然的司法審查、三權分立與制衡為其特性❹。然從共通點論，凡憲法皆應具有以下主要性質：

一、最高性

憲法為國家的根本大法，為萬法之法，或法之淵源及典範，當具有最高性。最高性或稱優越性，具體言之，凡國家之一般法律、命令均不得與之牴觸，否則無效。為確保憲法之崇高地位，我國憲法即明定：「法律與憲

❶ K. Loewenstein 著，賀凌虛譯：〈認識憲法〉，文載荊知仁主編：《憲法變遷與憲政成長》（臺北：正中書局，民國七十年出版），頁二七～二八。

❶ Michael Foley, op. cit., p. 3.

❷ Fergus W. Ryan, Constitutional Law. (Dublin, Ireland: Round Hall, 2001), pp. 5～6.

❸ 鄭彥棻：〈中華民國憲法的特質〉，《中美憲法論文集》（臺北：中國憲法學會，民國七十六年編印），頁一五一～一六二。

❹ 陸潤康：〈論美國聯邦憲法的特性〉，《中美憲法論文集》（臺北：中國憲法學會，民國七十六年編印），頁二七一～二九〇。

法牴觸者無效。」「命令與憲法或法律牴觸者無效。」(分別為第一七一條與第一七二條之規定)。

　　二〇一〇年美國聯邦最高法院以五票對四票，就「哥倫比亞區控訴海樂 (District of Columbia v. Heller, 2008)」一案作成判決，支持憲法第二修正案，人有權利出於自衛而擁有槍枝。有些地方，如芝加哥市、芝加哥市橡樹園區、哥倫比亞區等地方規章，禁止家中存放手槍。如一九八三年芝加哥市在發生幾椿殺人案後，發佈禁制令，禁止市民未經登記持有槍枝，違者將受罰款、監禁之處罰。這些地方政府認為第二修正案不適用於各州，而只適用於聯邦，然內戰後第十四修正案公布則改變了聯邦制度，保護人民政治及法律上的權利，使其不受各州非法的侵犯。第十四修正案認為各州不能限縮「(憲法第四條) 美國公民的特權及免責」，或「未經正當法律程序剝奪人民的生命、自由或財產」❶❺。美國聯邦最高法院認為華盛頓哥倫比亞特區在二〇〇二年嚴禁私人擁有手槍的規定違憲，判決書的執筆大法官史卡利亞 (Justice Antonin Scalia) 表示，憲法第二修正案保障個人擁有武器的權利，與在國民兵服役以及諸如在自宅自衛的傳統合法用途無關(中央社翻譯，網路摘錄)。本案美國聯邦最高法院推翻華盛頓市執行三十二年的禁止擁槍規定。

　　再以美國早期聯邦政府可否在州設立銀行分行，McCulloch v. Maryland, 1819 一案為例，這是聯邦最高法院為美國聯邦政府可否在州設立銀行，做出歷史性的解釋。此案緣於一八一六年美國國會設立了第二家銀行。該行隨即在各州成立分行，Baltimore 分行迅速成為業務最發達的分行。一八一八年四月馬里蘭 (Maryland) 州議會通過對州內非由州議會設立之所有銀行及其銀行課稅的法規。該法規規定，在該州經營的銀行，未經州政府授權時，僅得使用州政府所提供蓋有戳記的紙張發行銀行鈔券，此等紙張必需付費或繳交年費，違者處罰。嗣後，馬里蘭州由代表起訴控告聯邦 Baltimore 分行出納 McCulloch 未經州政府授權也未遵守該州法規發

---

❶❺　David M. O'Brien, Supreme Court Watch 2010, (New York: W. W. Norton & Company, 2011), pp. 80～81.

行票券，本案事實為雙方所不爭，州上訴法院維持下級法院對被告 McCulloch 不利的判決。美國聯邦最高法院裁發移撥令，接受本案，隨即在雙方各推派三位代理人經過九天言詞辯論後，作成廢棄原判決，原告之訴駁回之判決。

這項判決，由首席大法官馬歇爾 (J. Marshall) 主筆撰寫。馬歇爾否認只有州享有真正主權、聯邦政府權力依附在各州的立場。美國憲法是美國境內最高法律，國會有權「制定各種必要且適當的法律以執行」政府的權力。穩當的憲法解釋者必需容許聯邦立法者具有裁量如何執行憲法權力，以使政府可以履行憲法課予的最大責任並以對人民最有利的方法為之。州沒有權力以各種方法或方式，控制國會以合法的立法執行已授予的權力，馬里蘭州立法者通過對聯邦銀行課稅的法規違憲而無效❶❻。解釋宣示主權非各州所獨享，聯邦政府不是依附在各州；各州不得以立法控制國會執行憲法授予的權力，從而憲法在法律中保有最高位階。

二、政治性

憲法之政治性，包含三個層次的意義。其一，內容上，規範國家政治事項。憲法為規定國家之政府組織及其職掌，並宣示人民的權利義務，為規範政治的大法，憲法之為政治性法律明矣。論者指出「憲法是一個國家的政治規範，也可以說是一套政治上的典章制度」❶❼。憲法不若一般法律有其專業性、單一主題，而是為廣泛的政治活動設定規則。

其次，憲法內容求新求廣而國際化。現代國家之憲法是時代動向的表徵，各國莫不在憲法上反映社會經濟之變化，並將最新理論制定為根本大法。憲法必然參考世界各國體制，試圖與國際接軌。語云，取法乎上，他山之石可以攻錯。政府體制、人權保障，多引進英、美國家憲政，憲法訴訟法更移植自德國。

---

❶❻　李念祖譯：《美國聯邦最高法院判決選譯》（司法院編印，民國九十年）。

❶❼　荊知仁：《中國立憲史》（臺北：聯經出版公司，民國七十八年四印出版），卷首語。

其三，從憲法之制定過程觀察，憲法具有妥協性。「憲法之規定如何，與全體國民均有重大之關係。固為各方所注意，而為聚訟之焦點，入主出奴，各持己見，而折衷協調，互相容讓，難獲定論，故各國憲法之內容，往往著有妥協容讓之痕跡。」❸ 如我國憲法第一條於國體之上加上「民有民治民享」之名句，就是制憲時各黨派角力妥協留下的痕跡。

三、成長性（適應性）

㈠憲法成長的必然及必要

憲法雖為根本大法，應具穩定性，不宜輕易更動，俾使人民明瞭、遵行，並逐漸成為其生活習慣，塑造厚實的憲政文化，唯憲法畢竟是法制，成之於社會需要，亦需因應社會之需要而調適於社會。李總統登輝先生於民國八十二年行憲紀念日的文告，即指出：「憲法是經世之道，不是美學理論。憲法的生命不在其文字的優美或邏輯的嚴密，而繫於全民的認同與遵從。只有當憲法真正融入這個國家的歷史文化，反映並引導其社會變遷，而確能提昇人民的物質與精神生活時，稱之為一國的根本大法，才算名實相符。從這個角度回顧我國憲法發展，更可看清楚它的成長軌跡。」

再者，憲法或可比喻為一社區，它不斷的在變遷，並與環境間交換訊息，同時經由各種方法，達成進化的而非革命性的適應❸，是為憲法之成長，從而憲法得以穩定發展，可見憲法成長的必要。

㈡憲法成長的條件

憲法是一種社會制度，運作於社會環境。動盪不安的環境，是罪惡的溫床，制度沒有生根發展的機會，政治經濟社會的穩定誠為憲法成長基本條件。例如阿富汗，人口百分之八十是文盲，長期動亂，人民的經驗只有戰爭，文字與書籍被摧毀，二〇〇九年八月總統選舉，南北方對峙加深，選舉結果遲遲未能公布，應不讓人意外。再如菲律賓，一九八六年人民革

---

❸　林紀東，《憲法論集》（臺北：東大，民國八十年），頁三一六。

❸　Glendon Schubert 著，賀凌虛譯：〈論美國憲法變遷的類型〉，文載荊知仁主編：《憲法變遷與憲政成長》（臺北：正中書局，民國七十年出版），頁六〇～六一。

命成功，趕走獨裁腐敗的馬可仕，舉國歡騰，臨時性的「一九八六自由憲法」公布，宣示進入民主時代，一九八七年頒布新憲法，洋洋灑灑十七章，條文繁瑣，實施三權分立總統制，崇尚制衡 (check balance)，然而文官系統不能中立、社會人心動盪不安，土地改革難以推動，貧富懸殊，致憲法浮動難以落實生根；一九九六年之後菲律賓更冀望透過修憲，改採議會制度，困難重重。三如比利時，截至二○一一年四月二十二日，比利時持續了一年無政府狀態，創下金氏世界紀錄，二○一○年四月比利時荷蘭語政黨與法語政黨針對首都布魯塞爾大區行政區劃問題的談判破裂，荷語政黨宣布退出比利時執政聯盟，內閣總辭，國王要求首相暫時組成看守內閣，一年來新政府一直未能成立。所幸地方政府運作有效，是比利時國家維持正常運轉的主因。此外，在比利時國王特許的「幫助」下，看守政府通過了二○一一年國家預算，政府得以持續運作（摘自網路）。比利時畢竟還有可信任的王室、堅實的地方自治，憲政得以持續運營。

　　再者，憲法是某一時空的基本價值，應當存乎人心，刻在心版上。憲政主義（立憲主義）是憲法成長首要條件，憲政主義就是恪守憲法、尊重體制以及行憲守法的態度、心理。

　　立憲主義或憲政主義的發展過程，要有以下階段：1.古典的立憲主義：為防止政府濫權，採取權力分立與制憲制度。2.絕對主義：中古封建主義崇尚君主優位，立憲主義倒退。3.近代立憲主義的發軔：進行市民革命，從個人身分特權轉向重視個人人權，反對民間團體。4.近代立憲主義的確立：時為十九世紀自由國家時代，國家為自由國家、消極國家、夜警國家。個人自由思想基礎上，容許經濟活動擴大。此時，英國採行議會中心主義，議會至上，注重天賦人權；美國重視嚴格的三權分立，憲定人權；德、日兩國注意形式的立憲主義，重視法定人權。5.現代立憲主義：從自由國家轉為社會國（家），是積極國家、行政國時代。貧富差距擴大，行政權發達，注重人民的社會權保障，近代立憲主義的危機出現[20]。

---

[20]　伊藤真：《憲法》（東京：弘文堂，平成十五年初版），頁五～六。

㈢憲法成長的方法

要者，憲法更賴各種「人為的」或「自然的」方法之運用，始得有良好的成長或具有適應性。其方法要有以下幾種：

1.政治傳統與習慣的補充

語云法條有限而人事無窮，憲法終究不能對政治生活作鉅細靡遺的規定，而有時從政治傳統與習慣得到補充。我國行政院各部會中國防、外交與大陸事務等部會首長，例由總統決定，並無法源依據，似已成傳統習慣，從而補充憲法第五十六條閣員產生程序。英國行政部門之運作，歷史悠久，其特徵是幾乎都是由傳統建造而成，如首相的產生及去留、內閣有關體制係以傳統、習慣及實務為基礎所形成❹。

2.詮釋與解釋的引申

⑴行政機關的政策制定、行政措施，對憲法之行政權規定，常作相當程度的詮釋。至如教育、勞工、農業政策，更在詮釋基本國策意旨，如行政院所提出的法律案、重要政策或所為措施，都具有引申憲法意涵作用。

⑵立法機關的立法，使憲法之重要理念成為具體可行的法制，是憲法成長最重要而經常性的方式。例如納稅、服兵役的義務，經由立法定制詮釋憲法上義務條款的意涵。

⑶司法機關的解釋，固然是以化解疑義、補充罅隙為主旨，如美國憲法在必需而適當條款 (the necessary and proper clause) 增加法官解釋的機會與空間。但司法機關的解釋，在「司法積極主義 (judicial activism)」下有力的維護權力分立，扮演積極角色，引申憲法要義。司法機關藉由解釋（判決）審查法律或命令有無違憲，此稱「司法審查 (judicial review)」，係美國最高法院於一八〇三年「馬寶利控告麥迪遜 (Marbury v. Madison, 1803)」一案所創。我國之釋憲任務，則由司法院大法官掌理。

⑷輿論與政黨的見解，經由報端披露、政見發表，甚或街談巷議，對於憲法意涵發展方向，恆有其「草根性」的影響，社會基層角落的憲政文

---

❹　Kevin Harrison & Tony Boyd, *The Changing Constitution* (Edinburgh: Edinburgh University Press, 2006), p. 33.

化於焉形成。如適時加以吸納，並制定成法律或政策，亦有助於憲法之成長。法國第五共和至密特朗總統執政，「左右共治」時，他甘居反對黨角色，使「左右共治」成為常態，其個人的理解與詮釋，影響憲政至為深遠，是一著例。

　　⑸國際法及條約的遵守及執行，對憲法的架構及內涵更有擴展的作用。歐洲自一九五七年歐洲經濟市場、一九九三年馬斯垂克條約建構的歐洲聯盟，至二〇〇九年里斯本條約的歐洲聯盟（增設總統及外交部長），其憲法及法規，甚至法院判決，都對各歐洲聯盟會員國憲法有補充擴展的功能。我國憲法規定我國遵守條約及聯合國憲章（第一四一條），經立法院議決的條約具有國內法律之效力。再依「條約法公約」，締約國必須善意履行有效的條約。經我國政府批准簽署的國際條約，對我國憲政法制當有一定擴展充實的作用。例如民國九十八年三月立法院議決，同年五月十四日總統簽署批准的「公民與政治權利國際公約」、「經濟社會文化權利國際公約」，前者有關人身自由保障方面禁止酷刑的規定，為我國（刑法及憲法）所欠缺規範自應予補充適用。

　　3.修憲的調適

　　憲法之修改，固為憲法成長的非常手段，但也是最明確的方式。我國自民國八十年起，經民國八十一年至九十四年六月計達七次修憲，其間固有爭議，然憲法有關國家機關組織、基本國策之規定因之更新充實，適應時代發展趨勢。歐陸國家如愛爾蘭，更透過修憲接納歐盟。愛爾蘭於一九七三年通過第三修憲案，加入歐市（歐盟前身）；一九八七年第十修憲案批准第一歐洲法；一九九二年第十一修憲案批准馬斯垂克條約；一九九八年第十八修憲案批准阿姆斯特丹條約。

　　4.固定性（恆久性）

　　憲法為根本大法，其所規定者恆為國家長久之根基法制，亦為政治社會安定力之源泉，是以其修改之機關或修改之手續與普通法律不同，或手續較為慎重繁難。同時，憲法之某些規定，更有不得修改更易的限制，例如法國第四共和憲法、第五共和憲法、義大利一九四七年憲法即規定共和

政體不得修改；前西德基本法有關人權保障、國體之規定原則亦有不得修改之限制。二次世界大戰後日本新憲法所宣示和平主義等之重要原則，咸信亦有不得修改之限制❷ 。

憲法之基本原理，如民主政治、共和國體、國民主權、人民之自由權利之保障原則等，被認為有不得修改的恆久性，如遭受修改已是憲法之破壞。

第四節　現代憲法的演進趨勢

二十世紀民族主義盛行，新興國家如雨後春筍般紛紛成立，新憲法不斷推出，尤以二次世界大戰後，各國憲法皆有迥異於往昔近代憲法之規定，要以尊重國際社會、促進民主政治為宗旨。是以現代憲法具有以下演進趨勢：

一、絕對主權的限制

十六世紀布丹首倡主權理論，發展出君主主權，認為主權絕對，不受約制、不受侵犯。至法治國思想發生，主權不再萬能，國家並非全能。國家沒有絕對的主權，國家不僅在國際間受到他國影響限制，國內也受到社團，甚至人民權利的制約。國家的法律不僅約束人民，也約束國家❷ 。

現代國際社會互動頻繁，各國同處一日漸縮小的「地球村」，受聯合國公約及各國條約拘束，主權絕對說勢必有所調適。故如前西德基本法、義大利憲法、法國第四共和憲法，莫不揭櫫「贊同主權限制」原則。再如我國固然宣示主權屬於國民全體（憲法第二條），復慎重主張應尊重條約及聯合國憲章，以提倡國際正義，確保世界和平（憲法第一四一條參照），可見一斑。又，今天在區域組織、全球化趨勢下，國家與各種國際組織、集團

---

❷　林金莖、陳水亮合著：《日本國憲法論》（臺北：中日關係研究發展基金會，民國八十二年四月出版），頁二九～三○。

❷　薩孟武：《政治學》（臺北：三民書局，民國七十二年），頁五八。

處於競爭局面，國家主義或絕對主權受到相當的約制。

二、政局穩定之設計

　　各國為求安定政局，往往於制憲或修憲時，制定頗為特殊之條文。例如前西德基本法設定著名的「建設性不信任投票制」，規定國會可通過對內閣的不信任案，以更換內閣，但必須同時選出繼任的總理，倒閣的不信任案方得成立，顯然是出於安定政局之考量。法國有鑑於第四共和輕易更換內閣，乃於第五共和憲法分別規定總統、總理的權限，並進而實行總統制（或稱「半總統制」）。中南美洲國家，多限定總統之任期為一任，不得連選連任，道理相同。我國於民國八十六年修憲後，規定立法院對行政院院長提出不信任案時，「不信任案提出七十二小時後，應於四十八小時內以記名投票表決之」「不信任案如未獲通過，一年內不得對同一行政院院長再提不信任案」，即出於穩定政局之考量。

三、司法審查制的採行

　　司法審查，經由法律合憲性的判定，維護政府權力之相互制衡或平衡，是其重要功能❷❹。司法審查之運用，則有其限制：㈠法院不得以法規為侵犯人權之工具；人民權益受侵害，得向法院請求賠償。㈡基於主權免責原則，依美國憲法第十一修正案，禁止州民對其他州控訴。㈢政治問題不審理。㈣國會得經由立法限制法院權力，從而影響其司法審查權。㈤一八〇三年，馬寶利控告麥迪遜一案開始，禁止法官適用違憲法律❷❺。

　　美國首創司法審查制度，今普遍為憲政國家採行，蔚為維持政府權力之互動、人民自由權利之保障的法寶。歐陸國家如德、奧、義設憲法法院，

❷❹　David. M. O'Brien, Constitutional Law and Politics, 2nd Ed. (New York: W. W. Norton Company, 1995), p. 43. David P. Currie, The Constitution of the United States: A Primer for the People, 2nd Ed. (Chicago: The University of Chicago Press, 2000), p. 24.

❷❺　David P. Currie, op. cit., pp. 19～24.

法國設憲法委員會，我國司法院設憲法法庭，掌理解釋憲法訴訟及違憲法令之審查，是為集中制類型。至如美國聯邦及州法院於訴訟程序中亦得對有關法令審查其是否違憲，並就憲法規定之涵義提出見解，則為分散制的司法審查制度。我國實務上民國七十九年六月公布的釋字第二六一號解釋、民國八十八年年底公布的釋字第四九九號解釋、民國九十年初公布的釋字第五二〇號解釋等，都適時發揮權力制衡作用。

四、政黨地位之承認

現代各國憲法皆重視政黨之功能與地位，蓋民主政治有賴政黨推動，民主政治即政黨政治。經由政黨之提名與運作，民主國家得以有效舉行選舉，並透過選舉選任官吏與議員，政黨與民主政治有密不可分的關係。現代憲法乃不得不正視政黨組織，而與近代憲法之不承認政黨者（如美國憲法對政黨隻字未提），不可同日而語。我國憲法原文對政黨作消極避免的規定，如司法、考試、監察人員應超出黨派之外獨立行使職權，軍人應超出黨派以外效忠國家等，政黨似為不可碰觸的消極角色或「必要之惡」。經民國八十年代憲政改革，政黨得推薦不分區中央民意代表，甚至推薦總統候選人，接受政府補助，政黨已非單純的民間團體。此外民國八十八年立法院職權行使法規定政黨協商是立法程序的重要步驟。政黨已臻於積極的角色地位，在憲政過程擔負不可或缺的「行為者」、「參與者」角色，非「必要之惡」。

第五節　憲法發展的軌跡

第一目　行憲前立憲史

戊戌前後清政府已講求維新、抨擊專制、崇尚西方憲政，但是社會人心守舊心態凝重，改革之議影響有限。光緒三十二年改革官制，雖為立憲

作準備,可惜亦有名無實;光緒三十四年頒布「憲法大綱」,其旨意更在保衛君權而非為限制君權;至宣統三年的「十九信條」頒訂,已然出現虛君責任內閣政體,但從未實行憲政。

辛亥革命成功後,各省都督府代表聯合會制定「臨時政府組織大綱」,有意仿效美國獨立戰爭後之聯邦總統制。臨時大總統由參議院選舉,立法機關採一院制,即參議院,不設國務總理。新政府成立,各省便希望如美國各州的半自主地位 ,這種心態直到民國九年省憲運動期間還是餘波盪漾❷❻。

民國元年三月的第一次約法(臨時約法),立意頗難能可貴,該法雖未經由民主程序制定,但是內容結構已具備現代憲法的規模,不僅設定總綱、人權條款以及法院專章,政府體制採內閣制。民國元年十二月依元年約法開始國會議員選舉;民國二年四月八日國會成立,由參、眾兩院組成。然民國二年的天壇憲草甫定,袁氏旋即解散國會,民國三年五月主導制定中華民國約法,竟然改採超級總統制,終至其竊國稱帝,民初在民主之路大開倒車。

民國九年的湖南省自治憲法主張採聯邦制,此為聯省自治運動中具影響力的代表;民國十一年「上海國是會議憲草」提出採聯邦制的構想(稱中華民國為聯省共和國);民國十二年的曹錕憲法雖採內閣制,猶標榜聯邦國體,可見受此一運動影響深刻。

五五憲草 至於民國二十五年擬訂的「五五憲草」,構想完整,則因抗戰軍興不克召開國民大會而擱置。其主要規定如:1.採總統制,總統為國家元首,亦為行政首長,任免行政院正副院長及政務委員,並任命司法、考試兩院正副院長,召集五院院長會商兩院以上事項,總統對國民大會負責。2.國民大會掌握充分的政權,選舉總統、副總統、立法院正副院長、監察院正副院長、立法委員、監察委員;並得罷免上述人員及司法、考試兩院正副院長;對中央法律行使創制、複決兩權,頗能貫徹權能區分的理

---

❷❻ 荊知仁:《中國立憲史》(臺北:聯經出版公司,民國七十八年四印出版),頁二二二。

論。 3.中央與地方權限之劃分採均權制。 4.以縣為地方自治單位，省為中央分支機關。

依中山先生主張，立法院應有西方議會的地位與性質❷，往後為促進憲政而成立的「憲政實施協進會」，於民國三十五年向參政院提出研究報告，修正「五五憲草」。

政治協商會議　民國三十四年秋，日本無條件投降，我國贏得抗戰勝利，蔣主席為實現和平建國之計畫，屢電毛澤東赴渝共商國是。毛澤東抵重慶後，即展開國是會談，就政治民主化問題達成協議，決定由政府召開政治協商會議，邀集各黨派及社會賢達參加。民國三十五年一月十日政治協商會議於重慶召開，各方代表計三十八人（包括國民黨代表八人，共產黨七人，民主同盟九人，青年黨五人，社會賢達九人），以國民政府主席為會議主席，分政府組織、施政綱領、國民大會、憲法草案、軍事問題五組分別討論。

政治協商會議，自一月二十一日起，先後開會五次，除決定組織憲草審議委員會外，通過憲草修改原則十二項，要有： 1.全國選民行使四權，名之曰國民大會（將國民大會定為無形組織）。2.立法院為國家最高之立法機關，由選民直接選舉之，其職權相當於民主國家之議會。立法院對行政院得提不信任案，行政院亦得提請總統解散立法院。 3.監察院由各省級議會及各民族自治區議會選舉之。4.司法院即為最高法院，不兼管司法行政。 5.考試院採委員制（合議制）。6.行政院為國家最高行政機關，行政院院長由總統提名，經立法院同意任命之。行政院對立法院負責。 7.總統經行政院決議，得依法發布緊急命令，但須於一個月內，報告立法院。 8.確定省為地方自治之最高單位；省與中央權限劃分採均權主義規定。 9.人民之權利義務，應包括民主國家人民應享之自由及權利。 10.選舉應列專章，被選年齡定為二十三歲。 11.憲法上設基本國策。 12.憲法修改權，屬於立、監兩院聯席會議，修改後之條文，應交選舉總統之機關複決之。

---

❷　田炯錦：《憲法論集》（臺北：正中書局，民國八十一年十一月初版四印），頁六八～七三。

　　由於政治協商會議所提十二項原則與五五憲草頗多差異，國民黨六屆二中全會作成五點修改原則（要有國民大會為有形組織、行政院與立法院間不應有提議解散及不信任權、監察院不應有同意權等），請憲草審議委員會考慮。經協調後，達成新協議三要點：

　　1. 國民大會仍為有形組織。

　　2. 取消憲草修改原則的立法院之不信任權，及行政院的解散權。

　　3. 省憲改為省自治法。

　　民國三十五年的政治協商會議，所決議成立的憲草審議委員會，曾因戰後復員而陷於停頓，十一月十五日制憲國民大會開幕，審議委員會重新審議前此有關的修正案，但在中共代表拒不出席（與民主同盟代表共同缺席）。處此情況，十九日乃通過與五五憲草頗有出入的「政協會議對五五憲草修正草案」，凡十四章一百五十二條。此草案經「國防最高委員會」通過後，交立法院完成立法程序，唯立法院以國民大會已開會，故照案通過，後即由國民政府提出於國民大會。由於制憲極為不易，為求妥協，國民政府蔣主席乃呼籲國民大會代表能接受該修正草案，他認為：「在人民還不能自己掌握政權鞏固政權的時候，要完全信賴行使治權的人來尊重政權，這究竟是一種冒險的嘗試。」❷ 在不堅持恢復五五憲草的共識下，制憲國民大會得於民國三十五年十二月二十五日一致通過中華民國憲法，同時決議於民國三十六年一月一日明令公布，同年十二月二十五日實施。

　　自辛亥年「臨時政府組織大綱」至民國三十五年「政協草案修正案」，歷經軍政與訓政階段，各種構思迴異性質互殊的憲法方案都出現。茲將歷次方案列表如次（表 0-1）。

表 0-1　中華民國憲法發展史

名稱	公布時間	特徵	備註
臨時政府組織大綱	民國前一年	採總統制。 無人民權利條款。	本大綱由各省都督府代表聯合會制定。

---

❷　張治安：《中國憲法及政府》（臺北：五南書局，民國九十六年六版），頁七三～八十。

		立法機關採一院制（參議院）。	憲法另由國會制定。 第一部中華民國臨時憲法。
中華民國臨時約法	民國元年三月	採內閣制，三權分立。 國務員副署總統公布之法律案。 參議員對國務員有質詢、彈劾權。	由參議院制定。 名為內閣制，實際上採總統制。總統由參議院選舉。 主權在民思想入憲。
天壇憲草	民國二年十月	採內閣制（總統由國會選舉）。 政府三權分立。 列舉中央與各省事權。	民國二年七月眾議院開會時成立憲法起草委員會，在北京天壇開會起草天壇憲法。 民國三年一月袁世凱解散國會，憲草被擱置。
中華民國約法	民國三年五月	採「超級總統制」；行使職權無須國會同意，不設國務總理，置國務員直隸總統。	又稱袁氏約法或新約法。
中華民國憲法	民國十二年十月	採三權分立及內閣制。 省、縣自治，具聯邦制色彩。	史稱曹錕憲法，民國十三年因段祺瑞頒布臨時政府制而被推翻，從未實行。
中華民國訓政時期約法	民國二十年六月	根據孫中山所著建國大綱制定。國民政府下設五院，掌理五權，五院院長由國民政府主席提名。 對人民實行民主訓練，籌備自治。	俟全國有半數省份實行民選，即召集國民大會制定憲法。
中華民國憲法草案	民國二十五年五月	採總統制，總統及中央政府各院對國民大會負責。 實施五權憲法。	史稱五五憲草。
政協憲草修正案	民國三十五年十一月	縮小國民大會職權。 立法委員由人民選舉產生；行政院向立法院負責。省自治。	由政治協商會議提出。

第二目　行憲後的憲法發展

　　行憲伊始，為因應國家發生內戰的巨變，第一屆國民大會第一次會議，依據憲法第一七四條第一款之程序，制定動員戡亂時期臨時條款，於民國三十七年四月十八日通過，五月十日公布實施。政府遷臺後，國民大會於民國四十三年第二次會議決議，「在未經正式廢止前，（該條款）自應繼續有效。」往後於民國四十九年、五十五年（二月及三月）、六十一年歷經四次修訂。當時政府一面開始行憲，一面動員戡亂，兼顧應變與處常，是制定臨時條款、採行非常法制的目的。從內容分析：㈠賦予總統在動員戡亂時期的緊急處分權，以取代憲法上緊急命令權而因應變局。㈡第一次修訂，解除憲法對總統連選連任一次的限制。㈢第二次修訂，賦予國民大會得於非常時期行使創制複決兩權。㈣第三次修訂，「授權總統得設置動員戡亂機構，決定動員戡亂大政方針，並處理戰地政務」，及授權總統「得調整中央政府之行政及人事機構，並對於依選舉產生之中央公職人員，因人口增加或因故出缺，而能增選或補選之自由地區及光復地區，均得訂頒辦法實施之」。㈤第四次修訂，授權總統訂頒辦法充實中央民意代表機構，舉行立法委員及監察委員增額選舉。

　　至於從法理分析，動員戡亂時期臨時條款的性質為何，學說不一，難有定論。要者包括：1.「憲法的內容說」，指它是附隨於憲法，延伸其內容；但條款有因修改憲法而不乏牴牾之處，故此說有法理缺陷。2.「戰時憲法說」，認為它僅適用於非常時期，應為戰時憲法，而與平時憲法不同。然平時憲法亦可施用於戰時，如我國憲法第三十九條戒嚴之規定即是。何況該條款僅十一項，條文有限，時而需借用原憲法，既欠完整，難謂為一戰時憲法。3.「憲法的授權法」，因來自憲法之授權而制定。此說的缺點是，該條款的條文將憲法有關規定凍結，法理上致生疑問。如設立人事機關之規定即使憲法上考試院之地位與職掌深受影響，與授權法不應牴觸母法之法理不合。4.「憲法之特別法」，此說以臨時條款是憲法外另行制定的

特別法，應較現行憲法之為普通法優先適用。此說雖成為一般通說，但法理上依然有扞格之處，蓋國民大會只能修憲，不能制定憲法之特別法。且一國不能存有兩部憲法（複數憲法），無論是形式意義或實質意義的憲法從而因其競合而定其效力之高低，主權一體不能分割，憲法必然單一無二。凡此討論，一時頗受朝野重視❷。或謂當初制定時，如即稱之為憲法之增訂文，當能避免爭論。

民國七十九年六月，司法院大法官會議著釋字第二六一號解釋，指出第一屆中央民意代表應於民國八十年年底前終止行使職權，並由中央政府依法適時辦理全國性之「次屆」中央民意代表選舉，以確保憲政體制之運作。是年七月，李總統登輝先生邀集海內外各界人士舉行國是會議，研商憲政改革、回歸憲法之道。經協議以「一機關兩階段」方式推動修憲任務，亦即僅以國民大會一機關為修憲的權責機關，不採由立法院提案而國民大會議決的方式。至於修憲工作則分為兩階段，第一階段，即由資深的第一屆國民大會代表主導，增訂產生「次屆」（第二屆）國民大會的法源，並選出第二屆之代表及廢除臨時條款，稱程序修憲。第二階段，即由全面改選後的第二屆國民大會進行涉及體制的修憲，稱實質修憲。

一、第一次修憲（民國八十年第一階段修憲）

民國八十年四月二十二日，第一屆國民大會（包含資深代表與增額代表）臨時會通過憲法增修條文十條，完成第一階段修憲工作，其要點如次：

1.分別修訂國民大會代表、立法委員及監察委員的選舉方式。代表含「全國不分區」名額，而僑居國外代表及全國不分區代表則採政黨比例方式選出。第二屆國民大會代表應於民國八十年底前選出，於其民國八十二年一月三十一日任期屆至前，與第二屆代表共同行使職權。

---

❷　林紀東：《中華民國憲法釋論》（臺北：作者自刊，民國七十六年版），頁四二二～四二三。黃源盛：〈動員戡亂時期臨時條款法律性質之探討〉，《憲政時代》，第一二卷第四期（民國七十六年四月）。涂懷瑩：〈臨時條款在我國憲政史上之發展與評價〉，《憲政時代》，第一八卷第四期（民國八十二年四月）。

2.修訂緊急命令體制，不受憲法第四十三條之限制。

3.規定動員戡亂時期終止時，原僅適用於該時期之法律，其修訂未完成程序者，得繼續適用至民國八十一年七月三十一日止。

4.規定國家安全會議及其所屬國家安全局、行政院人事行政局之組織應以法律定之，未完成立法程序前，其原有組織法規得繼續適用至民國八十二年十二月三十一日止。

5.得以法律規範自由地區與大陸地區人民權利義務關係及其他事務。

國民大會於完成第一階段修憲任務後，即通過廢止「動員戡亂時期臨時條款」，李總統即於四月三十日宣告自民國八十年五月一日起廢止「動員戡亂時期臨時條款」，動員戡亂時期宣告終止。

二、第二次修憲（民國八十年第二階段修憲）

民國八十年十二月，國民大會第一屆資深代表退職，第二屆代表又依據憲法增訂條文如期選出。總統依規定於民國八十一年三月二十日召集國民大會臨時會，進行第二階段修憲；五月二十七日完成憲法增修條文第十一條至第十八條三讀程序，翌日由總統公布實施。這次增訂之條文要點如次：

㈠**有關國民大會部分**

1.增加人事任命同意權。即賦予國民大會對總統所提名之司法、考試、監察三院重要成員，行使同意權。

2.集會時得聽取總統國情報告，並檢討國是，提供建言。

3.任期縮短為四年（原定六年）。

㈡**有關總統、副總統部分**

1.總統、副總統之選舉明定為「由中華民國自由地區全體人民選舉之」，但未明指究竟採行公民直選或委任直選。

2.任期縮短為四年（原定為六年）。

3.罷免及彈劾總統、副總統案之提議、同意人數的提高。

4.訂定副總統的補選制度。

　　5.增加提名監察院重要成員的提名權。

㈢有關司法院部分

　　1.重要成員之任命改由國民大會行使同意權。

　　2.設置憲法法庭。除應釋憲之所需外，掌理政黨違憲之解散事項。

㈣有關考試院部分

　　1.重要成員之任命改由國民大會行使同意權。

　　2.職掌調整為專管事項與掌理法制之事項。前者包括考試、銓敘、保障、撫卹及退休等；後者包括任免、考績、級俸、升遷、褒獎等，實際業務則由各機關自行辦理，行政院則由人事行政局執行。

　　3.刪除憲法上按省區分別規定（公務員考試錄取）名額之條文。

㈤有關監察院部分

　　1.監察委員改由總統提名，經國民大會同意任命。

　　2.取消對司法及考試兩院重要成員任命之同意權。

　　3.取消監察委員之民意代表的特殊保障。

　　4.要求監察委員須超出黨派獨立行使職權。

㈥有關地方自治部分

　　1.賦予實施地方自治之法源，排除必須依據省縣自治通則、召開省（縣）民代表大會、制定省（縣）自治法之限制。

　　2.規定地方自治之監督體制。

㈦有關基本國策部分

　　1.補充科技、環境保護、全民健保等之保障規定。

　　2.重申對婦女、殘障者、自由地區原住民、僑居國外國民之保護。

　　民國八十年第一階段修憲，除修訂第二屆中央民意代表之選舉方式外，更修訂緊急命令的發布程序、賦予國家安全會議及其所屬國家安全局與人事行政局設立的法源、授權政府制定法律規範兩岸人民的交流事務，這些皆非程序規定。民國八十一年第二階段的實質修憲涵蓋廣泛，影響原憲法條文達二十六條之多，涉及國民大會、總統及副總統、司法、考試及監察三院，乃至於地方自治及基本國策，但是總統選舉方式尚未明定，且政府

體制的趨向始終未曾正面觸及，故終究致憲政改革難以畢其功於一役，於兩階段修憲後，不得不續以「第三階段」（或稱第三次）修憲。

三、第三次修憲（民國八十三年）

民國八十三年四月，國民大會臨時會集會，於七月二十八日通過憲法修正條文十條。除將前兩次增訂文重新整理外，增加以下規定：

1.總統、副總統由公民直接選舉。即總統、副總統不再由國民大會選舉，從而取消國民大會每六年召開一次常會之規定。

2.國民大會設議長、副議長。議長、副議長由國民大會代表互選產生，議長對外代表國民大會，並於開會時主持會議。

3.縮小行政院院長之副署範圍。凡總統依憲法經由國民大會或立法院同意任命人員之任免令，無須副署。

4.行政院院長之免職命令，須俟接任院長經立法院同意後生效。

5.公營金融機構之管理，應以法律定之。

四、第四次修憲（民國八十六年）

民國八十六年七月十八日，國民大會三讀通過憲法增修條文十一條。其主要架構係依據民國八十五年十二月召開的「國家發展會議」之決議（稱「共識」），歷經朝野兩大政黨多次協商而底定。這次修正要點包括：

1.取消立法院之行政院院長任命同意權。

2.凍結省級選舉。省政府置省主席，省議會改為省諮議會，置省諮議會議員，均由行政院院長提請總統任命之。

3.立法院得對行政院提出不信任案；行政院得呈請總統解散立法院。

4.司法院院長、副院長並為大法官；大法官明定為十五人，任期八年，不得連任；司法預算獨立。

5.增加立法委員人數，明定立法委員自第四屆起為二百二十五人。

6.取消各級政府教育、科學、文化預算之下限。

五、第五次修憲（民國八十八年）

第三屆國民大會於民國八十八年六月七日開始報到集會，為此，執政的國民黨提出修憲的建議案，要點包括：

1.創制複決兩權回歸人民行使，人民得就全國性事務依法行使創制複決兩權，但不得與憲法牴觸。

2.立法委員任期改為四年。

3.建立兵役替代役。

4.中央民代婦女保障名額提高為四分之一。

5.檢警留置嫌疑犯時間改為四十八小時。

6.國民大會代表三分之一依政黨比例代表制產生。

7.國民大會得邀司法、考試、監察三院提出政務報告。

其中，創制複決兩權回歸人民行使、建立兵役替代役、立法委員任期改為四年頗具有劃時代意義。

民國八十八年九月的修憲案經總統依程序公布後，朝野三大主要政黨所屬立法委員乃先後連署提案聲請司法院大法官解釋，究竟該次修憲延長國大代表任期以及以無記名投票方法完成修憲是否違憲？司法院根據立法委員所提聲請案（計五案），於民國八十九年三月十八日總統選舉之後，該月二十四日作成釋字第四九九號解釋。其解釋文指出：一、國民大會以無記名投票通過修憲案之讀會，國民因而不知國民大會如何修憲，屬明顯而重大瑕疵，已違反修憲條文發生效力之基本規範。二、依國民主權原則，民意代表之權限源自國民之授權，代表遵守任期之規定，即遵守與選民之約定，否則將失其代表性。國民大會代表及立法委員任期之調整，並無憲政上不能依法改選之正當理由，不合國民主權原則及利益迴避原則。三、國民大會代表自第四屆起依比例代表方式，以立法委員選舉各政黨所推薦及獨立參選之候選人得票之比例分配當選名額，所產生之國民大會代表既未經選舉程序，與國民大會代表全國國民行使政權之意旨不合，大法官乃宣告該次修憲條文失效。

六、第五次修憲之爭議及第六次修憲（民國八十九年）

國民大會代表於司法院釋字第四九九號解釋公布後，立即決定集會修憲；國民大會代表如期於四月初集會，經密集討論，終於在四月二十四日晚間通過憲法修正案。其要點包括：

1.國民大會代表三百人，於立法院提出憲法修正案、領土變更案，經公告半年，或提出總統、副總統彈劾案時，應於三個月內採比例代表制選出。國民大會成為因需要而成立的任務編組。為行使職權之集會以一個月為限。

2.立法院於每年集會時，得聽取總統國情報告。立法院增加領土變更提議權、總統副總統罷免提案權、司法考試監察三院人事同意權。

3.司法院大法官除法官轉任者外，不適用憲法第八十一條及有關法官終身職待遇之保障。

其間一方面國民大會正努力修憲自廢武功，另一方面中央選舉委員會依規定舉辦國大代表選舉，雙方集中焦點於四月二十五日前是否能完成修憲廢除國大代表定期選舉（原定五月六日投票選舉第四屆國民大會代表），「被選舉機關」與選務機關形同拔河局面，蔚為我國憲政史上奇特景觀。修憲後國民大會成為職能有限的任務型組織，有任務才選舉代表（或稱「留會不留人」）；國民大會功能消退，立法院職權擴增，單一國會隱然成形；修憲方式改採立法院提修憲案，國民大會複決的「兩機關修憲」方式。

七、第七次修憲（民國九十四年）

民國九十三年三月第十一屆總統副總統選舉，同年十二月第六屆立法委員選舉，國會改革都成為朝野重要的訴求議題。其間，八月二十六日立法院通過憲法修正案，並經公告半年，中央選舉委員會隨即決定於民國九十四年五月十四日選舉國民大會代表。五月十四日選出「任務型」國民大會代表三百名（其中十二個政黨及聯盟中，贊成修憲案的民進黨與國民黨當選名額總計達二百四十五名，超過四分之三）。這次憲政史上唯一的「任

務型」修憲國大代表選舉，由於百分之二十三的超低投票率，以及國民大會職權行使法未能在選前及時制定，引發社會各界的疑慮。及至五月二十日，立法院雖然通過國民大會職權行使法，但是以其採高門檻四分之三的修憲程序，引發各界疑慮，總統於五月二十七日公布時且加註「有違憲之重大爭議，允宜尋求釋憲解決」，執政的民進黨並為此聲請解釋。雖然社會充滿疑慮與爭議，但修憲國民大會在強大的輿論關注下，迅速於五月下旬集會，六月七日終於通過修憲案，總統旋即在六月十日公布修正文及增訂條文。其要點如次：

　　1.立法委員自第七屆起為一百一十三人（此即所謂「國會減半」），任期四年。立法委員並改採「單一選區兩票制」選舉制度。

　　2.憲法之修改，由立法院提修正案，並於公告半年後，經中華民國自由地區選舉人投票複決（此即所謂「公投入憲」）。領土變更案，亦由立法院以修憲程序提出，經中華民國自由地區選舉人投票複決。

　　3.總統副總統之彈劾案，須經全體立法委員二分之一以上之提議，三分之二以上之決議，聲請司法院大法官審理。

　　民國八十至九十四年持續開展的憲政革新，包括修憲、司法解釋、法令修訂，可謂工程繁鉅浩大。以憲法修改的工程言，即達七次之多。茲就歷次修憲要旨列表（表 0–2）於次。

表 0–2　民國八十年代憲法修訂要點

修憲次別	修改要旨	影響
第一次修憲 （民國 80.4）	一、決定第二屆中央民意代表應選出日期，中央民意代表應含全國不分區代表。 二、緊急命令參考動員戡亂時期臨時條款之緊急處分重新修訂。	中央民代定期改選，落實國民主權理想。
第二次修憲 （民國 81.5）	一、總統與國民大會代表任期四年。 二、司法院設置憲法法庭；考試院職權調整；監察院非民意機關。	憲政機構的功能及互動精緻化。
第三次修憲 （民國 83.7）	一、總統由公民直接選舉。 二、行政院院長副署權範圍縮小。	憲政典範傾向總統制。

第四次修憲 （民國86.7）	一、取消立法院閣揆任命同意權。 二、立法、行政兩院得以不信任投票與解散權相互對抗。 三、凍結省級選舉。省政府為行政院的派出機關，省非自治團體。	政府體制在內閣制與總統制間擺盪；省回歸歷史地位。
第五次修憲 （民國88.9）	一、國大代表選舉依附於立法委員選舉，以政黨比例代表制產生；延長第三屆國大代表及第四屆立委任期。 二、加強社會救助，以及對軍人、原住民之保障。	司法院釋字第四九九號解釋宣告本次修憲失效。
第六次修憲 （民國89.4）	一、國民大會職權縮減，職權以立法院發動為前提；因行使職權而選舉代表及集會 二、立法院職權擴增，掌握修憲主動地位。總統向立法院提國情報告。	國民大會功能減退；五權憲法基礎改變；單一國會浮現。
第七次修憲 （民國94.6）	一、立法委員人數為一百一十三人，任期四年。立法委員以「單一選區兩票制」選舉產生，分別選出區域代表與不分區代表。 二、修憲、領土變更，由立法院提案，經公民複決。 三、總統、副總統之彈劾案，由立法委員二分之一以上之提議，三分之二以上之決議，聲請司法院大法官審理。	一院制國會確立，直接民主進一步落實。憲法法庭功能擴大。

　　自民國八十年起的歷次修憲，各有其修憲背景與旨趣。因之增修條文的體例內容各有不同，而前兩次增訂，皆保留增修條文，附於憲法本文之後，第一次修訂者為第一條至第十條，第二次修訂者為第十一條至第十八條，清楚瞭然，可以明白顯示各階段修憲的意旨。

　　然而民國八十三年的修憲，則除增訂新內容外，更將前兩次增訂條文加以整合，去其矛盾或已廢止部分，重新排列為十條條文。按當時在體例考量上有四個方案：(1)修改憲法本文，並將兩次增修條文全部納入憲法本文中，不再附帶的增列於其後。(2)憲法本文及兩次增修條文均不更動，以該次增修條文連接其後，依序排列計其條次。(3)同時分別修改憲法本文及增修條文，使彼此規定一致。(4)憲法本文不動，增修條文則重行修訂，通

盤調整。後以第四方案進行修憲工作，唯憲政革新無止期，如能保留歷次修憲條文，以昭告國人憲法發展之軌跡，應有其一定的價值。

　　民國九十四年六月公布的憲法增修條文第十二條規定，修改憲法由立法院提出修憲案，交公民投票複決。誠如 K. C. Wheare 在《當代憲法》一書的觀點，修憲必須慎重其事，並且給人民表達的機會。今我國修憲採公民投票複決方式，公民參與修憲，憲政境界向上提升。

第六節　憲法的發展

　　憲法的發展，包括許多途徑，從創新、傳承逐步推動。其間，可能經由司法機關及其他憲政機構，透過解釋、建構，不斷推陳出新。各種途徑交光互影，形成憲法的架構與內涵。

第一目　憲法解釋與憲法建構

　　憲法解釋與憲法建構　憲法解釋，透過法規範、裁判憲法審查等程序，澄清法的合憲性，從而使憲法意涵與時俱進，推陳出新。憲法建構旨在於充實憲法原則、實務及法規。建構，在光譜上緊接著創設。然而只在解釋缺席時，才派上用場。當成文憲法無法提供明確的答案時，就是憲法建構出現的時機。

　　憲法建構，可以補充解釋所能提供的[30]。憲法建構是政治人物用來擴大其影響力及裁量權，何況憲法仍有不明確及新的實務，而有需要使用憲法建構的空間。故憲法建構時而被運用。法國曾出現左右共治，即是一例。

　　法院與憲法建構　其實法院已經積極運用憲法建構。Dworkin 與 Barnett 要求法院運用之，並認為這是增進司法正當性、促進自由最佳途徑。Balkin 更認為法院與其他機關運作憲法建構之程序並無不同，所有政

---

[30]　Keith E. Whittington, "Constructing A New American Constitution." *Constitutional Commentary*. Vol. 27 No. 1 (Fall 2012), pp. 119～125.

府機關都在為「生活的（動態的）憲法」而努力，法院一樣在解釋與建構憲法意涵。

　　然而仍有反對司法運用憲法建構者，他們主張司法應注意憲法的不確定性，而運用憲法解釋。憲法建構是政治人物運用其職權而為，不運作司法職權。反對者堅信，司法機關運作司法審查權，建構的本質則是政治性的。

　　司法所創的原則（司法原理 judicial doctrine）或運用憲法規則，不等於是憲法意義的建構。但是，必須承認司法原理可以用來填補憲法架構。司法原理常被貼上憲法建構的標籤，然而法院也與其他機關互動，法官與政治人物分享價值，權力及影響力因此進入法院，法官運用憲法建構就不客觀，正當性即受到限制（我國釋字第二六一號解釋就因此受到質疑）。

　　實際上，憲法是架構 (framework)，不是巨塔 (skyscraper)。巴爾金 (Balkin) 認為憲法原初主義（原意、原旨 originalism）如摩天大廈，但不能成為我們的憲法❸❶。憲法的影響因素多，憲法常更新，原貌已改變。

　　美國在二〇二一年 Covid-19 疫情嚴重期間，如其他重大災害時期，聯邦最高法院有關政府管制措施的判決，多傾向於運用合理原則，甚至犧牲合法性。這種司法審查傾向，當然不利於人民的基本人權、公民自由。對此，首席大法官羅伯茲 (Chief Justice Roberts) 如此感喟：「在合理原則的審查基礎下，最高法院幾乎不打擊不合法的政策，不足為奇。」❸❷時值非常，美國最高法院司法機關也運用憲法建構。

　　憲法建構的實例　憲法建構，是政治過程的一部分，是國家歷史常規的一部分，以及民主在成文憲法下運作。Keith E. Whittington 在其《憲法建構》一書，細數美國歷任幾位總統的彈劾、國會與總統關係等實務，並建立其憲法建構理論。例如南北戰爭後的強森 (Andrew Johnson) 總統為例，強森在與林肯搭檔競選總統、副總統時，主張可以放棄解放黑奴，以換取

---

❸❶　Keith E. Whittington, pp. 119～130.

❸❷　E. Chemerinsky and M. Goodwin, Civil Liberties in A Pandemic: The Lessons of History, *Cornell Law Review*, Vol. 106 No. 4 (May 2021), pp. 815～849.

南方諸州回歸聯邦，此話引起共和黨主導的國會反彈。此外他堅持罷黜戰爭部長，被指控違反「任期法」，眾議院通過彈劾控訴。一八六八年參議院以一票之差，未通過對他的彈劾案。此時參議院成為審判法庭。

這種政治審判，法庭地位在最高法院之上，此時即需要彈劾權的建構，而不由司法機關或法律解釋憲法文義（文本 text）。彈劾，有其政治性，參議院不能視為是一般的法院。因此，建構途徑在修辭、技巧上，不是司法解釋所能做到❸❸。

又如聯邦最高法院判決，肯認廢除條約屬外交權，專屬總統。卡特政府決定一九八〇年起廢除中美共同防禦條約，此舉未經國會（參議院）同意並未違憲。此判決為創設性解釋，補充憲法缺漏，具政治功能❸❹。而法院已運用憲法建構途徑。

我國司法院釋字第二六一號解釋　國內學界指，國內將進入民國八十年代，執政當局為開啟憲改，進行第二屆中央民代選舉，安排第一屆資深中央民代退職，遂藉著司法機關解釋達成此一目的，蓋職司釋憲的大法官也是政治機構之一。大法官與行政、立法部門，同屬政治聯盟的一環，當負起責任。觀察此一司法解釋（判決）過程，為減緩資深立委的反對力道，並配合即將召開的國是會議，司法部門在各方政治力量交織中不斷溝通❸❺。泃至有謂，沒有這號解釋，憲政至少延後一年❸❻。釋字第二六一號解釋，推翻釋字第三一號解釋，運作於政治過程，為憲法建構的案例。

---

❸❸　Keith E. Whittington, *Constitutional Construction: Divided Powers and Constitutional Meaning*, Cambridge, Mass.: Harvard University Press, 1999, pp. 141～154.

❸❹　David M. O'Brien, *Constitutional Law and Politics*, 2008. Jeffrey Rosen, *The Most Democratic Branch: How the Courts Serve America*, 2006.

❸❺　王金壽、宋昱嫻：〈重審臺灣憲法法院的政治角色：以大法官釋字第 261 號解釋為例〉，《交大法學評論》，第九期（民國一一〇年九月），頁一～五六。

❸❻　楊與齡：〈楊與齡大法官回憶錄；六十年司法改革真相〉（臺北：作者自刊，民國一〇七年），頁二一〇，附註 43。

第二目　憲法的創新與傳承

近代國家的發展，從腓尼基人在地中海建港埠、經商開始，造就了許多小型封建國家。其社會分成貴族、自由民與奴隸三個階級。往後大地主興起、種族結合，貴族與自由民降落民間，封建國家沒落。於是新興城市興起，印鑄貨幣、土地變資金，銀行業興，市民階級主導社會。羅馬則是人造城市，是附近民族在臺伯河上造橋，因通商設關稅、與外國簽條約通商建立制度，形成國家的宏規巨構❸❼。

一個國家，中央政府的設計、與地方制度的規劃，都是自古以來相沿成習，不斷在既有基礎上創新。清領、日本殖民時期，臺灣基層依然實行保甲制度。地方基層組織與仕紳結合，推行地方自治，捐資興學、修橋鋪路，仕紳擁有政治上的潛勢力，長年運作，形成真正的、非正式的地方體制❸❽。

英國十八世紀，華波爾爵士 (Sir Robert Walpole) 成為第一位英國首相，自此確立由下議院多數黨產生首相，並對國會負責的體制。一七八七年制定的美國憲法，率先採取總統制，清楚運用三權分立的理論。一八〇三年，「馬寶利控告麥迪遜 (Marbury v. Madison, 1803)」一案意外的點出司法機關有釋憲權，英、美兩國開創並奠定了現代民主政治的基本軌道。

然而，法與時轉則治。憲法也在傳承中創新，以收因地制宜、因時制宜之效。

傳統是活生生的東西，法院如背離傳統將不能倖存，傳統甚至提供所有憲法上正當程序的重要概念（美國大法官 M. Harlan 語）❸❾。美國種族平等的里程碑，一九五四年黑白學童隔離的判決 (Brown v. Board of

---

❸❼　薩孟武譯：《國家論》（臺北：東大，民國六十六年）。

❸❽　費孝通等：《皇權與紳權》（上海：觀察社，一九四八年）。

❸❾　Robert H. Henry, "Living Our Tradition," in Norman Dorsen (ed.), *The Embattled Constitution*, New York: New York University Press, 2013, pp. 273～296.

Education of Topeka, 1954)，法官轉為主張「隔離即不平等」，推翻先前維持一八九六年以來長時間的判決，「隔離即平等」的觀念典範（Plessy v. Ferguson, 1896 判決所創）。其實這是許多律師、法官、學者專家、政治人物以及社運人士持續努力幾十年的結晶❹。

　　中華民國憲法於民國三十六年施行，國會逐步形成以立法院為一院制國會，立法委員採單一選區兩票制。民國一一一年一月，憲法訴訟法施行，大法官組成憲法法庭，審理憲法訴訟案；民國一〇九年一月考試院組織法修正公布，考試院規模縮小。民國八十一年修憲後，監察委員從選舉改由任命產生。憲法透過憲政體制的變革，在傳統基礎上不斷的推陳出新。

　　美國憲法制定於二百多年前，是不是已過時？如總統選舉人團是應該修正還是終止？畢竟總統直接選舉是人民的最愛。再如司法審查由總統任命的九個大法官決定，其五比四多數決較國會五百多人集思廣益更有理性？疑慮重重❹。面臨二十一世紀，仍不免令人質疑「憲法還行嗎？」❹果然，新世紀開始，總統選舉需要聯邦最高法院九位大法官判決勝負。

　　憲法的成長與發展，恆運用各種人為或自然的方法，修憲雖然有效，但不是唯一可行之道。誠如美國開國先賢漢彌爾頓 (A. Hamilton) 所言，憲法只有假以時日，方能使其複雜的體制變得成熟完美，才能理清其各部分的意義，使其各部分得以彼此融洽無間，成為一個協調融合的整體。

---

❹ Jack M. Balkin, Constitutional Redemptio, Cambridge, Mass.: Harvard University Press, 2013, pp. 140～163.

❹ Thomas J. Main (ed.), Is American Constitution Obsolete? Durham, North Carolina: Carolina Academic Press, 2013, pp. 155～184.

❹ James L. Sandquist, "Is the U.S. Constitution adequate for the twenty-first Century?" in R. C. Simmons(ed.), The United States Constitution: The first 200 Years (Manchester: Manchester University Press, 1989), pp. 168～183.

關鍵詞

- 成文憲法
- 不成文憲法
- 剛性憲法
- 柔性憲法
- 憲法的成長性（適應性）
- 司法積極主義
- 司法審查
- 建設性不信任投票
- 臨時政府組織大綱
- 五五憲草
- 政治協商會議
- 動員戡亂時期臨時條款
- 一機關兩階段的修憲方式
- 必要而適當條款

摘　要

　　憲法是國家的根本大法。誠如中山先生所說：憲法者，國家之構成法，亦即人民權利之保障書。憲法所規定者，為國家的基本組織、人民的權利義務、基本國策等要項。

　　憲法學上有成文憲法與不成文憲法、剛性憲法與柔性憲法等傳統的分類。然因實際運用以及憲法之成長變遷，類型間的差異並非絕對。再者，憲法具有最高性、政治性、成長性、固定性等性質。憲法成長的方法包括行政、立法、司法上的詮釋或解釋，以及修改等，多元多樣。

　　現代國家憲法的演進，明顯的呈現幾點趨勢：絕對主權的限制、政局穩定之設計、司法審查制的採行、政黨地位之承認。我國憲法之制定及修改也反映及調適此趨勢。

　　自清末立憲至民國三十六年行憲，曾制頒基本憲典以及多項憲法草案，可惜從未落實推行。五五憲草雖距離制定現行憲法之時間最近，尤常為研究現行憲法者所引用，但其採取之重要體制則與現行憲法迥異。五五憲草明顯採總統制，縣為地方自治團體。

　　行憲伊始，為肆應變局，乃有動員戡亂時期臨時條款之制頒，經歷四次修訂，民國八十年五月廢止。而透過逐步修憲，總統改由公民直接選舉（民國八十三年），取消立法院閣揆任命同意權、立法院與行政院得以倒閣權與解散權相對抗（民國八十六年），國民大會成為任務型組織，行使有限職權（民國八十九年），終至凍結職權（民國九十四年），五權憲法的基本架構改變。

第一章　前言與總綱

第一節　前　言

我國憲法前言曰:「中華民國國民大會受全體國民之付託,依據孫中山先生創立中華民國之遺教,為鞏固國權,保障民權,奠定社會安寧,增進人民福利,制定本憲法,頒行全國,永矢咸遵。」前言,六十六個字,言簡意賅,就制憲之主權者、依據及其目的一一提示。

一七八七年美國憲法首開先例,於憲法正文前冠以前言 (preamble),敘述制定憲法的理由,以及新政府的目標。重要的是,它確定憲法是建構在人民的同意之上❶。往後各國多加仿效,訂有憲法之前言。日本戰後新憲法,即於前言揭示國民主權、自由主義與和平主義,並表現其行憲的基本態度❷;以愛爾蘭憲法言,其前言:㈠說明憲法被採用的理由。㈡其意含廣泛,非單一條文可以承載。㈢是一種政治宣言,反映其制定的時空背景❸。

我國憲法增修條文前言:「為因應國家統一前之需要,依照憲法第二十七條第一項第三款及第一百七十四條第一款之規定,增修本憲法條文如左:」

美國憲法前言:「我們合眾國人民,為建立更完善的聯邦,樹立正義,

---

❶ Edward F. Cooke, A Detailed Analysis of the Constitution (Totowa, New Jersey: Littlefield, Adams & Co., 1977), pp. 25～26.

❷ 林金莖、陳水亮合著:《日本國憲法論》(臺北:中日關係研究發展基金會,民國八十二年四月出版),頁一三～一四。

❸ Fergus W. Ryan, Constitutional Law, op. cit.s, p. 33.

保障國內安寧，籌設國防，增進公共福利，並謀求我們以及後代子孫的自由幸福，特制定美利堅合眾國憲法。」

德國一九四九年公布的基本法前言，肯定制憲權力來自德意志人民。列舉各邦後，宣示人民在自由的自決中完成德國的統一，基本法適用於全體人民。

法國一九五八年制定的第五共和憲法前言，重申一七八九年宣言確定的人權及國民主權原則，這些並為一九四六年憲法前言所確認及補充。同時強調自由、平等、博愛的共同理想。

日本一九四六年公布的憲法前言，分為四段落，首先將戰爭的禍害引以為鑑。其次強調主權在國民，以及追求和平、正義及信義，以保存國人安全及生存之願望。再次要求日本與他國站在平等關係，善盡其責任與義務。

第一目　　內　　容

一、制憲機關及權源

前言首句云「中華民國國民大會受全體國民之付託」，表示制憲國民大會，是制定憲法的機關，而全體國民則是制憲的主權者，為權源之所在。亦即，民國三十五年十一月十五日於南京召開的制憲國民大會（有別於行憲後依憲法產生的國民大會），受全體國民之重託，負制憲之任務。「其權威來自國民，其權力由國民之代表者行使之」❹。

至於此一制憲之動力，固然係受全體國民之付託，除了依據中山先生遺教，實來自時代的理念、國民的願望及改革過去傳統的憲政精神之心意。故曰，憲法制定權不是受之於「法」，而是成之於「力」❺。行憲、修憲係

---

❹　日本新憲法序文，言「國政」之運作，國民與其代表者之關係。

❺　劉慶瑞：《中華民國憲法要義》（臺北：作者自刊，民國七十二年修訂第一二版），頁二五～二六。

根據憲法，而制憲則因國民之所託，為求變革建制之力所驅動。

二、制憲之依據

前言雖然僅僅點出，中山先生創立中華民國之遺教，是制定憲法之依據準繩，並召告國人立國的歷史背景，唯中山先生思想博大精深，難以盡述。約言之，包括以下要義：

㈠人民與政府的權能區分

由人民掌握政權，政府掌理治權，並且以政權控制治權，是中山先生權能區分理論的要點。申言之，為建構萬能政府，人民必須運用選舉、罷免、創制、複決四項公民權，以控制監督政府的人事和立法，而政府則應包括行政、立法、司法、考試、監察五權，才能發揮治理事務的能力。憲法乃有四項公民權的規定與五項政府權的設計。

寧如是，人民對於中央事務，則選舉國民大會代表行使人民的四種政權。憲法上乃有國民大會專章的制定，規定其對於中央政府的人事（唯僅限於總統、副總統）與法律運用四項政權，予以監督控制。民國八十三年修憲後，將總統、副總統改由人民直接選舉。人民參與中央事務的方式，於時空改變、傳播媒體進步的情況下，產生重大變革。主權在民、直接民權之理想，因人民直接行使政權而更為實際，從而如國民大會之組織及中介功能，勢需調適（民國九十四年凍結不再運作）。

㈡中央與地方「均權」

中山先生重視地方自治，堅信「地方自治者，國之礎石也。礎不堅則國不固」。他主張以縣為自治單位，訓練人民行使政權，而省則居於「中央與縣之間，以收聯絡之效」。而為求鞏固國權，並避免地方分權致中央政令不能貫徹，他乃進而主張均權制，認為中央與地方，「權力之分配，不當以中央或地方為對象，而需以權之性質為對象」，這才是客觀的「科學的分類」。

因此，我國憲法於第十章「中央與地方之權限」，落實均權制的精神，規定「事務有全國一致之性質者屬於中央，有全省一致之性質者屬於省，

有一縣之性質者屬於縣」(第一一一條),期調和中央集權制與地方分權制,達到國家權力的合理分配。

(三)以社會主義政策扶助弱勢者

中山先生的遺教,重視對弱勢者的特別扶助,主張「立足點」的平等才是真平等,反對「齊頭式」的假平等。其民生主義的精神,在謀國計民生之均足,以平均地權為手段,使地盡其利,並防止土地之兼併;復以節制資本為方法,防制私人資本的過度發達,並發展國家之資本。以此揆諸現行憲法,於平等權的保障以及基本國策上「國民經濟」、「社會安全」、「教育文化」、「邊疆地區」的規定,頗能契合。而第一四二條猶明白的揭舉「國民經濟,應以民生主義為原則」;民國八十一年的修憲,有關保護婦女、殘障者、自由地區原住民及海外僑民的增訂條文,實亦重申中山先生以社會主義政策扶助弱勢者的思想。

三、制憲的目的

憲法前言慎重的召示國人「鞏固國權、保障民權、奠定社會安寧、增進人民福利」是制定本憲法的目的。其首重鞏固國權、保障民權,而後求取奠定社會安寧、增進人民福利,當有其先後本末之關係。蓋近代中國積弱不振,遭受列強侵凌,致人民權利不能確保,故喚醒國人國權與民權並重,二者唇齒相依,休戚與共。從而在鞏固國權、保障民權的基礎上,推動現代福利國家的社會、文化、經濟等政策,始能收效。所稱「國權」應包含國家之國際地位、國土安全及國家發展等要義。以此制憲目的衡諸現代國家安全、自由、公道、福利、秩序五大目的相當一致,當為政府與人民行憲及守憲之的目標。

第二目　地位與效力

憲法前言,標示制憲的依據與目的,極具重要地位。尤以所蘊含的憲政原則及理念,乃憲法之基礎,為根本規範,或有「憲法的憲法」之譽❻。

法國第四共和憲法是前言最為詳盡的憲法，明白列舉人民的基本權利及國家的基本國策，其規定甚且與其憲法的全體條文同一體裁。今第五共和憲法之前言及其所提及的法規皆是憲法之一部分（一九七一年憲法委員會的決議）。唯大致言之，十九世紀各國憲法前言所載者，僅單純陳述制憲的歷史事實，二十世紀以後，則注重制憲的旨趣與目的 ❼。前言所召示者為構成國家統合的基本價值，是憲法體系中最高位階的規範。

　　憲法前言，既然包含憲政原則與理念，「因而成為解釋憲法的基礎與構成拘束將來的修憲及立法之法的界限」 ❽。但是，一則因其概念抽象，二則因其內容為憲法本文各條規定所具體化，故前言不宜作為直接裁判的依據 ❾。

　　有認為憲法前言，具有法規性，即與憲法條文同樣有其法規範效力；至於有無裁判規範性，肯定說相信前言雖為抽象文字亦不得違背，否定說則認定前言僅宣示憲法原理原則缺乏具體性 ❿。

　　憲法前言對憲法之施行及法律（條約）之制定恆有一定拘束力。日本安倍晉三首相二〇一四年七月在內閣會議提出安保法修正案，試圖為其行使集體自衛權理由化，二〇一五年五月國會開始審議，在史無前例的大幅延長會期之後，七月初步獲得國會通過，「違憲」及「統制言論自由」風波則始終不斷。修正案設定日本在他國行使武力的三條件：日本存亡受到威脅、無其他抵抗外來攻擊與確保日本生存及國民安全的方法、合於最小限度原則等。反對修法者指出日本憲法宣示永久放棄戰爭，前言強調日本國

---

❻　林金莖、陳水亮合著：《日本國憲法論》（臺北：中日關係研究發展基金會，民國八十二年四月出版），頁一三。

❼　大西芳雄著，周宗憲譯：〈憲法前文內容之效力〉，《憲政思潮》，第九三期（民國八十年三月），頁二八。

❽　大西芳雄著，周宗憲譯：〈憲法前文內容之效力〉，《憲政思潮》，第九三期（民國八十年三月），頁二九。

❾　林紀東：《中華民國憲法逐條釋義㈠》（臺北：三民書局，民國七十一年二月修訂初版），頁二五。

❿　伊藤真：《憲法》，頁一二。

民決意防止因政府之行為而重臨戰爭之殘酷，以及日本希望永久之和平，並努力維持和平。日本憲法更以第二章第九條（此章僅有此條條文）呼應憲法前言，堅持永久放棄以國權為基礎的對外交戰權，不保有軍隊及其他武力。安倍首相一再保證修法不致讓日本捲入戰爭，反之，將使日本更有能力守衛家園、避免戰爭。但在憲法前言及條文明白宣示下，仍不能消除日本國人的疑慮❶。

　　再以美國憲法前言言。美國憲法前言強調聯邦政府應提供共同防衛，具有一定意涵。早期，部分州與聯邦間，即因案件審理發生衝突，即依據憲法前言尋求解決。一七九三年，聯邦最高法院在訴訟案中，就以前言為解釋憲法的憑藉。大法官肯定憲法前言與憲法本身一樣，密不可分，甚至認為憲法精神可以從前言中發現。前言，以及憲法本身，沒有一個字是多餘的，每一個字都有其重要意義。雖然一九〇五年之後，聯邦法院不再強調，將憲法前言納入合憲性司法審查的範疇。但是聯邦最高法院相信，為成就更完善的聯邦，仍然時而認定，有需要運用憲法前言來規制、增益判決的理由❷。

第二節　總　綱

　　憲法第一章「總綱」，規定國家構成要素之事項，共六條文，分別宣示國體政體、主權、國民、領土、民族與國旗（本章未規定首都，僅在第三十一條提示中央政府所在地）。茲依序敘述如下。

---

❶　按安保法包括「和平安全法制整備法案」與「國際和平支援法案」，前者又含武力攻擊事態法修正案、重要影響事態法案、聯合國維和合作法修正案。後者則規定自衛隊獲得國會批准即可派遣到紛爭地區或支援多國部隊。參考《聯合晚報》，民國一〇四年七月十六日報導。

❷　Justin O. Frosini, 'Constitutional Preambles: More than Just a Narration of History,' Illinois Law Review, Vol. 2017 No. 1, pp. 603～628.

第一目　國體政體

憲法第一條首揭：「中華民國基於三民主義，為民有民治民享之民主共和國。」就我國之立國精神、國體與政體為規定，表明我國以三民主義為立國精神，採行共和國體與民主政體。

國體為國家之形式，以國家元首之身分為區分，有君主國與共和國，前者以世襲之君主為元首，如英國、日本等國；後者以由人民選舉產生國家元首，如我國、美、法、德等國。政體是統治之形式，以統治權之歸屬或行使方式為區分，有民主政體與極權政體，前者統治權之歸屬以民意為依歸，統治權之行使受人民監督；後者則以一人或一黨之意為統治。我國係以由人民選舉產生之總統為國家元首，採取權能區分、地方自治、主權在民的憲政架構推行民主政治，皆以本條懸為努力的鵠的。

惟本條文字，「民有、民治、民享」，係美國前總統林肯所倡之名言(of the people, by the people, for the people)，其涵義已包含於三民主義之民族、民權、民生，或是「民主共和」中，故用字詞義上未免重疊冗贅❸（中國傳統文化實重民有、民享，較忽略民治思想）。以本條文字較之憲法其他條文，顯然突兀。而「五五憲草」第一條規定「中華民國為三民主義共和國」，簡潔剛勁，為論者所稱許。雖然如此，若從當時制憲過程觀察，該條方案曾多達三十二個之多，意見紛紜，難以定論，本條文之制定，足證制憲之不易，憲法為妥協之產物也。

而本條文所揭舉的「民主」，較「共和」為重要。蓋君主國也可能實行民主政治，共和國則未必能實行民主政治。

---

❸　謝瀛洲氏之評語最常被引用，參閱林紀東：《中華民國憲法逐條釋義(一)》（臺北：三民書局，民國七十一年二月修訂初版），頁三〇。劉慶瑞：《中華民國憲法要義》（臺北：作者自刊，民國七十二年修訂第一二版），頁三四。

第二目　主　權

羅馬時期　權力即指行政、立法兩權，來自人民。從共和時期進入帝國，皇帝權力來自元老院及人民。其間，基督教為羅馬國教，聖保羅主張一切權力來自上帝，教皇是上帝的代表（《保羅書信》）。十六世紀初（一五一七年馬丁路德啟動）宗教改革，此後教皇（教會）與皇帝（國家）展開爭鬥，近代國家及主權國家的概念興起。最後，世俗國家壓倒教皇的權力，世俗的國家不受外來控制，於是主權國家出現，法國布丹首揭君主主權論，奠定主權國家的基礎。

君主主權　布丹 (1530–1596)，出生於君主權力擴張時期，更逢法國三級議會的召開。他發表《國家六論》(1576)，正值都鐸王朝興、斯堪地半島統一、立陶宛與波蘭合併，王權伸張。他呼應當時政治、法律與社會學，提出國家理論新解，以最高權力為國家要素。國家是一個由最高權力支配的團體，國家包括最高權力的掌握，法律是主權者的命令，君主享有主權，君主既是主權者，也是立法者。

格老秀斯 (1583–1645) 的自然法思想，主張國際法來自社會契約，更主張政府產生於社會契約。而所組建的政府，是以君主為擁有最高權力者，無論他是好是壞，人民都必須服從，是屬主權在君的理論❶ 。

議會主權　採行不成文憲法的英國，歷史久遠的《大憲章》等基本法典傳承不輟，英國仍以有「英國憲法」自許。十七世紀末光榮革命後，議會至上，國王在法律之下，議會制定的法律為最高典範，具有最高位階的規範效力，法院不得質疑議會法案的合法性；議會是最高權力機關，是主權之所在。即便英國加入歐盟，歐盟憲法（條約）出現，加以蘇格蘭、北愛爾蘭，甚至威爾斯的分權意識（或分離意識），英國議會主權受到挑戰，有權力下放的壓力，但英國議會主權仍居英國憲法的中心。再者，法律主

---

❶　張宏生、谷春德：《西洋法律思想史》（臺北：漢興，民國八十二年），頁九一～

治觀念長期運作，對議會主權論有強化作用。依據二〇〇五年憲法改革法案，審判權脫離上議院，成立最高法院，司法尚難以宣告「違憲」對付國會法案，二〇二〇年英國脫歐，歐盟憲法不再適用於英國，議會主權再度抬頭，議會猶受到人民意志、科技資訊等限制❶。

　　此外，尚有國家主權說（十九世紀德儒伯倫知理、黑格爾所倡。以國家為最高倫理的實現，君主代表國家人格，國家高於公民）以及國民主權說（十七、十八世紀英人洛克與法人盧梭所倡，為法國大革命及美國獨立戰爭所揭櫫的理想及制憲的要旨）等。洛克主張，人民透過社會契約將權力委諸社會，立法機關在人民委託之外，不受拘束。盧梭主張，國家根據社會契約制定法律，法律是人民公意志的表現；當人民的自由、財產被暴力奪去時，有權取消契約。人民主權不可讓與、不可分割，是絕對的。

　　現代各國憲法以德國「威瑪憲法」提出「國權來自國民」首開其端，法國第四共和憲法亦明白召告「主權屬於法國人民」。我國憲法第二條，引申第一條民主共和之國體政體的規定，強調人民主權或國民主權的重要。論者指出國民主權即：㈠由人民決定政府是什麼形式以及如何運作。㈡人民依憲法下的法規選出治理的人❶。

　　主權有對內與對外兩個特質。對內係國家居於優越地位 (imperium)，享有最高而絕對的支配力；對外則能保持獨立自主的地位，除受國際法約制（主權自限）外，不受他國之干涉。再者，主權具有不可分割性、絕對性與排他性等性質❶。行政、立法、司法三權，是主權的作用（或是憲法所設定的權力）❶；管轄權是主權的核心；國家主權包括行政、立法、司法方面的管轄權；其中，司法管轄權之刑事轄權的基礎有：領土管轄原則、

❶　Robert Rogers and Rhodri Walters 著，谷意譯：《英國國會》（臺北：五南，民國九十八年），頁一一三～一一六。

❶　Edward F. Cooke, op. cit., pp. 13～14.

❶　依盧梭的理論，人民主權具有不可轉讓、不可分割、不可代表以及絕對性等四原則。參張宏生、谷春德主編：《西洋法律思想史》（臺北：漢興書局，民國八十二年出版），頁一七八～一七九。

❶　薩孟武：《政治學》，同前，頁五六。

國籍管轄原則、保護管轄原則等 ❶⑨ 。

我國憲法第二條宣示主權「屬於國民全體」，是整體的屬於國民全體，非為個人或部分國民所持有或享有。目前臺灣海峽兩岸分治，我政府曾於民國八十三年公布國家統一綱領，民國八十二年新加坡會談之後，民國八十七年十月，海峽兩岸交流團體主持人再次相會，是所謂「辜汪會」，我方認定海峽兩岸應以「對等的政治實體相對待，承認分治的客觀事實」。民國九十年八月十日，陳水扁總統在「統合論」之後，提議兩岸應加強經貿往來。

馬英九總統在民國九十七年五月就職演說時表示，在中華民國憲法架構下維持臺海現狀，經由「兩岸和解的制度化」，使兩岸進入實質「互不否認」的階段。民國一〇五年五月二十日，蔡英文總統在就職演說中表示，尊重兩岸二十年來交流協商的歷史事實，同時，依憲法及兩岸人民關係條例處理兩岸關係。

唯現代國家固然崇尚人民主權，但焉知果然主權「在民」？為落實此一理想，依我國法制，採行以下方法：1.國家機關之組織以法律定之（參中央法規標準法第五條）。2.各級民意代表由人民選舉產生。3.總統由全體公民直接選舉；司法、考試、監察各院首長及重要成員，由總統提名，經國民大會同意後任命。4.國民大會對於中央法律，縣（市）地方人民對於地方事務，得行使創制、複決權，直接立法等是。英國女王於一九九八年十一月二十四日在國會宣布，上議院的世襲議員將廢除，即為求達到憲法改革、上議院民主化的目標，有實現主權在民之意義。

此外，如托佛勒 (Alvin Toffler) 在《第三波》一書指出，國際社會或國際組織不再以國家為唯一成員，國際公司、集團，甚至政治、社會、文化團體也都是玩家。國家行動日益受限制，國家權力不是被取而代之，就是將消失殆盡。在全球化趨勢下，全球意識將取代國家主義，國家主權受到制約 ❷⓪ 。

---

❶⑨　姜皇池：《國際公法導論》（臺北：新學林，民國一〇五年），頁五七七～六一一。

❷⓪　黃明堅譯：《第三波》（臺北：聯經出版社，民國七十年出版）。

第三目　國　民

　　憲法第三條規定，具有中華民國國籍者，為中華民國國民。此一條文揭示國民的要件是具備我國之國籍者，亦為國民下定義。

　　國民與人民、公民之涵義及範圍不同，人民之範圍最廣，國民次之，公民又次之。在國家領域內，不論本國人或外國人，皆為「人民」，是國家統治權之對象，對他們國家有對人高權 (personal sovereignty)。而具有本國國籍者，則為國民，除大部分居於國內，少部分可能僑居國外或他國。公民則為國民中年滿二十歲並具法定條件者，享有公民權或參政權（民國一一一年十一月二十六日將年齡降為十八歲之修正複決案未通過）。所稱具法定條件，指居住達一定期間，未曾：1.因內亂、外患罪或貪污罪經判決確定。2.受褫奪公權尚未復權。3.受監護之宣告尚未撤銷。4.吸食鴉片或其他代用品。

一、國籍的取得

　　各國有關國籍的規定，有直接由憲法明定者，如一九四六年的「巴拿馬憲法」；有於民法中定之者，如早期法國（一八一一年至一九二七年間）；另有單獨立法，以國籍法為特別而詳細規定，為我國及多數國家所採行。

　　而以國籍之取得而論，包括固有國籍與繼受國籍兩種方式，亦為國籍之種類。其中，各國對於固有國籍之取得，則又包括屬人主義、屬地主義與合併主義三者。諒以古代社會乃以家族制度為基礎，所以國籍之決定，係依據親子間血統關係，而採屬人主義。至中古封建社會，社會關係以土地為基礎，於是國籍依土地關係為決定，而採用屬地主義。近世以來，封建制度崩潰，屬人主義再次抬頭，乃同時採取上述兩種主義而為合併主義㉑。

㉑　劉慶瑞：《中華民國憲法要義》（臺北：作者自刊，民國七十二年修訂第一二版），頁三九。

　　在國際化的今天，各國多注意移民及歸化問題。瑞士人口中，外籍人士比例達五分之一，而其國籍法對於外來移民之後代之限制更予放寬（如第三代即由政府主動核發護照）。

　　民國一一○年十二月十五日修正公布的國籍法，第二條第一項規定（國籍的取得方式）：「有下列各款情形之一者，屬中華民國國籍：1.出生時父或母為中華民國國民。2.出生於父或母死亡後，其父或母死亡時為中華民國國民。3.出生於中華民國領域內，父母均無可考，或均無國籍者。4.歸化者。」按其規定前二款，即採屬人主義；第三款即採屬地主義，故兼採兩種立法原則。

　　至於繼受國籍（或稱傳來國籍或取得國籍），即由於出生（血統）以外的原因而獲致。依國籍法之規定，申請歸化的類型如次：

　　第三條第一項規定（以個人條件成就取得國籍）：「外國人或無國籍人，現於中華民國領域內有住所，並具備下列各款要件者，得申請歸化：1.於中華民國領域內，每年合計有一百八十三日以上合法居留之事實繼續五年以上。2.依中華民國法律及其本國法均有行為能力。3.無不良素行，且無警察刑事紀錄證明之刑事案件紀錄。4.有相當之財產或專業技能，足以自立，或生活保障無虞（五百萬元存款或二倍基本工資的薪資證明等）。5.具備我國基本語言能力及國民權利義務基本常識。」第三款無不良素行之認定、研議辦法由內政部定之。第五款語言能力及基本常識之認定、測試、收費等之標準亦同（同條第二項、第三項）。

　　第四條規定（屬人主義兼採屬地主義）：「外國人或無國籍人，現於中華民國領域內有住所，具備前條第一項第二款至第五款要件，於中華民國領域內，每年合計有一百八十三日以上合法居留之事實繼續三年以上，並有下列各款情形之一者，亦得申請歸化：1.為中華民國國民之配偶，不須符合前條第一項第四款。2.為中華民國國民配偶，因受家庭暴力離婚且未再婚；或其配偶死亡後未再婚且有事實足認與其亡故配偶之親屬仍有往來，但與其亡故配偶婚姻關係已存續二年以上者，不受與親屬仍有往來之限制。3.對無行為能力、或限制行為能力之中華民國國籍子女，有扶養事實、行

使負擔權利義務或會面交往。 4.父或母現為或曾為中華民國國民。 5.為中華民國國民之養子女。 6.出生於中華民國領域內。 7.為中華民國國民之監護人或輔助人（第一項）。未婚未成年之外國人或無國籍人，其父、母、養父或養母現為中華民國國民者，在中華民國領域內合法居留雖未滿三年且未具備前條第一項第二款、 第四款及第五款要件， 亦得申請歸化 （第二項）。」

第五條規定（屬地主義）：「外國人或無國籍人，現於中華民國領域內有住所，具備第三條第一項第二款至第五款要件，並具有下列各款情形之一者，亦得申請歸化： 1.出生於中華民國領域內，其父或母亦出生於中華民國領域內。 2.曾在中華民國領域內合法居留繼續十年以上。」

第六條規定（例外情況）：「外國人或無國籍人，有殊勳於中華民國者，雖不具備第三條第一項各款要件，亦得申請歸化（第一項）。內政部為前項歸化之許可，應經行政院核准（第二項）。」

又國籍法第十一條規定我國國民有下列情形之一者，經內政部許可喪失其國籍：一、由外國籍父、母、養父或養母行使負擔權利義務或監護之無行為能力人或限制行為能力人，為取得同一國籍且隨同至中華民國領域外生活。二、為外國人之配偶。三、依中華民國法律有行為能力，自願取得外國國籍。但受輔助宣告者，應得其輔助人之同意。另役男、現役軍人與現任公職者，內政部不得喪失國籍之許可（本法第十二條）。喪失國籍者得申請回復（本法第十五條第一項）。

另外，大陸地區配偶來臺得申請入籍。依據兩岸人民關係條例第十七條規定，大陸人民在臺灣地區依親居留滿四年，且每年在臺灣地區合法居留期間逾一百八十三日者，得申請長期居留（本條第三項）。長期居留符合下列規定者，得申請在臺灣地區定居並申請取得身分證：一、在臺灣地區合法居留連續二年且每年居住逾一百八十三日。二、品行端正，無犯罪紀錄。三、提出喪失原籍證明。四、符合國家利益（第五項）。另在臺團聚者，其每年在臺合法團聚期間逾一百八十三日者，得轉換為依親居留期間；滿四年，得申請轉換為長期居留期間；滿二年，並符合第五項規定，得申

請定居（第十項）。大陸配偶，申請領取身分證後，得依國籍法申請歸化、取得國籍（其申請係向內政部入出國及移民署提出，並參照「大陸地區人民在臺灣地區依親居留長期居留或定居許可辦法」辦理）。

二、國籍的法效

國籍係確定國民與國家間權利義務關係之連鎖。國家對其國民應盡保護之責，國民對其國家負有應盡之義務，亦得主張應享有之權利。具備國籍且為國民對國家忠誠之表徵，民國一一〇年十二月十五日修正公布之國籍法即規定：

1.外國人或無國籍人歸化者，不得擔任下列各款公職：⑴總統、副總統。⑵立法委員。⑶行政院院長、副院長、政務委員；司法院院長、副院長、大法官；考試院院長、副院長、考試委員；監察院院長、副院長、監察委員、審計長。⑷特任、特派之人員。⑸各部政務次長。⑹特命全權大使、特命全權公使。⑺僑務委員會副委員長。⑻其他比照簡任第十三職等以上職務之人員。⑼陸海空軍將官。⑽民選地方公職人員。前項限制，自歸化日起滿十年後解除之。但其他法律另有規定者，從其規定（第十條）。

2.中華民國國民取得外國國籍者，不得擔任中華民國公職；其已擔任者，除立法委員由立法院；直轄市、縣（市）、鄉（鎮、市）民選公職人員，分別由行政院、內政部、縣政府；村（里）長由鄉（鎮、市、區）公所解除其公職外，由各該機關免除其公職。但下列各款經該主管機關核准者，不在此限：⑴公立大學校長、公立各級學校教師兼任行政主管人員與研究機關（構）首長、副首長、研究人員（含兼任學術研究主管人員）及經各級主管教育行政機關或文化機關核准設立之社會教育或文化機構首長、副首長、聘任之專業人員（含兼任主管人員）。⑵公營事業中對經營政策負有主要決策責任以外之人員。⑶各機關專司技術研究設計工作而以契約定期聘用之非主管職務。⑷僑務主管機關依組織法遴聘僅供諮詢之無給職委員。⑸其他法律另有規定者。前項第一款至第三款人員，以具有專長或特殊技能而在我國不易覓得之人才且不涉及國家機密之職務者為限。第

一項之公職，不包括公立各級學校未兼任行政主管之教師、講座、研究人員、專業技術人員（第二十條）。

三、國籍法修訂的意義

我國國籍法早在民國十八年即公布施行，迄今時移勢異，加以平等意識的突出，國籍法之規定乃顯現不合理的缺失。尤以國籍之取得方式，明顯採取父系血統主義，以父之國籍為判斷標準，如「生時父為中國人者」「生於父死後，其父死時為中國人者」，或「為中國人之妻者」等規定是。針對這一「父權優先」的缺失，內政部於民國八十三年十一月確立修正國籍法之原則，改以父母雙系血統主義為立法精神。期使外籍人士與國人通婚者，不分男女，其取得國籍條件一致；至於娶中國人為妻者，應獲平等的居留權、工作權及子女的教育權❷。其次，為促進專業人才的運用，科研職位的聘任趨向國際化。民國八十九年二月九日修正公布之國籍法，即根據此立法原則修訂。

第四目　領　土

依憲法增修條文（民國九十四年六月十日公布）第四條第五項之規定：「中華民國領土，依其固有疆域，非經全體立法委員四分之一之提議，全體立法委員四分之三之出席，及出席委員四分之三之決議，提出領土變更案，並於公告半年後，經中華民國自由地區選舉人投票複決，有效同意票過選舉人總額之半數，不得變更之。」

一、領土的意義

領土為國家具體的構成要素。領土，是國家統治權所及之區域，無論是幅員廣袤或彈丸之地，國家必建立在一定範圍之土地上，為國際社會所

❷ 內政部本著「移出從寬，移入從嚴」原則，於國籍法有關喪失國籍之規定，亦大幅放寬其限制。

認定，受國際法保障。以色列於一九四八年得以建國，即因為具備此一要素；巴勒斯坦組織至一九九三年十月於以色列占領區成立自治區後，仍未能取得完全占領的土地；薩爾瓦多與宏都拉斯自一七六二年以來為交界河流改道，薩國領土流失要求宏國歸還而訴諸國際法庭；玻利維亞與智利自一八七九年太平洋戰爭以降，玻國成為內陸國，兩國領土爭議至今未平息；英國與阿根廷從一九八二年福克蘭戰爭迄今，阿根廷一再重申要自英國手中收回福克蘭群島的決心。

領土為國家統治權的行使範圍，不但指統治權業已實行的空間，也包括統治權可以施行的空間，如無人島❷。而國家運用其統治權於領土之上，可排除外國之侵入干預，此稱領土高權 (territorial sovereignty)。唯所謂領土，包括領陸、領海與領空，並及於本國之航空器、船艦（浮動領土）以及駐外使館、領館。

我國領海包括臺灣海峽一部分，民國一一一年六月中、下旬，中國大陸國防部先後宣稱臺灣海峽是中國內海，不是國際水域，更稱中國對臺灣海峽「享有主權、主權權利和管轄權」，此話引起我國及美國強烈抗議。事實上在臺海我方有領海及經濟海域，各國理當尊重。臺灣海峽寬度在七十至二二〇海里間，兩岸各有其領土與領海，以及經濟海域。其公海部分，各國船隻當然可以自由通行，因經濟海域有兩百海里，故兩岸所屬經濟海域必然重疊，因此主權、控制權與管轄權交織一起。中國一向稱臺灣為其領土，故主張海峽為其內海。但此論不符國際海洋法公約，國際水域及經濟海域自由通行的規定。五月，中國攻擊直升機時越過海峽中線，這是民國一〇九年以來第一次越過非軍事界線。六月二十一日，二十九架中國軍機進入臺灣防空區，攪亂我機飛行，這類事件時而發生❷，這對我國領土及領空顯然構成挑釁。

喀什米爾領土上的競爭　喀什米爾位在中國、印度、巴基斯坦三國交

❷　薩孟武：《政治學》，引自劉慶瑞：《中華民國憲法要義》（臺北：作者自刊，民國七十二年修訂第一二版），頁四一。

❷　The Economist, June 25th 2022, p. 29.

界間，人民多屬穆斯林，與巴國相同，有些土地為其中一國讓與另一國，但第三國（多為印度）不承認，而仍宣布其擁有主權。印、巴控制區間劃有「實際控制線」（停火線）。在民族自決原則及國際壓力下，印度給予喀什米爾享有限度自治，往後應朝向獨立之路邁進，印、巴兩國最終都不願意在此地上讓步。

　　巴勒斯坦未能掌控完整領土　巴勒斯坦與以色列原應在二戰後獨立，皆以耶路撒冷為首都，今只有以色列成為完整的國家，巴勒斯坦還未能完全控制其一九六七年以來戰爭以來被佔領的土地。巴勒斯坦領土分散在約旦河西岸與迦薩走廊，西岸既未能完全掌控，迦薩走廊又被以色列與埃及封鎖形同孤島，欠缺完整領土及主權，巴勒斯坦建國之路尚未看到盡頭，傳統領土之爭是此地衝突主因㉕。

二、領土的保障

　　各國憲法對於領土的保障，有採列舉與概括兩種方式：

(一)列舉方式

　　有些國家將領土之區域，一一列明於憲法上，如瑞士、比利時以及我國五五憲草是。採此方式的優點是，明白了然，使各區域地位獲得確保；尤以在失去部分領土時，可喚起國人收復失土的愛國意識。

(二)概括方式

　　有些國家，僅於憲法上概略宣示其領土，如我國憲法第四條即以「依其固有之疆域」規定領土之範圍，即是採概括方式的領土保障，韓、菲等國憲法亦採此方式。採行此種方式，不致發生遺漏，尤以邊界未定的國家，可避開國際糾紛，行政區域調整可不用修改憲法，是其優點。而我國憲法上之「固有之疆域」，司法機關以其界定「為重大之政治問題」，不為之解釋（釋字第三二八號解釋）。

㉕　Pascal Boniface 著，黏耿嘉譯：《地緣政治入門》（臺北：如果、大雁出版基地，民國一○一年），頁一○六～一二二。

三、領土的變更

領土的變更指基於國際法，因割讓、占領、取得（經買賣、贈與而獲得）、交換、合併等而發生的領地變動，為國際間互動的結果。故不包括自然的土地變動，如土地下陷、島嶼沉沒、海埔新生地等情形。

由於領土之變更，是國家重要事項，各國莫不慎重其事。除以地圖宣示外，有規定由立法機關決定其變更者，如比利時；有以憲法規定其變更之事項者，如我國憲法增修條文規定，領土非經立法院提議全體公民複決不得變更之。

馬英九總統於民國一〇四年八月三日以專文〈釣魚臺當然是中華民國領土〉投書《中國時報》（A12 版），陳述釣魚臺接近臺灣、漁場一向屬於臺灣、地質上是本島的延伸、國際法上已歸還我國等四點理由重申我國擁有釣魚臺主權。民國八十五年政府宣示對釣魚臺主權爭議的四項原則，並成立「釣魚臺案工作小組」以獲取共識，這四項原則的第一項就是堅持主張中華民國擁有釣魚臺列嶼主權，民國八十九年五月民進黨執政後重申此四項原則，釣魚臺屬於我國領土未嘗變更。

第五目　民　族

憲法第五條規定：中華民國各民族一律平等。除此宣示外，第七條並重申人民不分種族，在法律上一律平等，顯示五族共和的我國，民族平等的重要。期消除民族間隔閡歧視，促成大中華民族之形成。而從我國憲法精神論，所揭民族平等，包含兩層涵義：

一、法律地位的平等

除憲法第七條之規定外，憲法第一六八條更要求「國家對於邊疆地區各民族之地位，應予以合法之保障」。

二、實質地位的平等

基於社會主義，對弱小民族特別加以扶助，包括：

㈠參政權的保障：如憲法增修條文，即重視「對於自由地區原住民之地位及政治參與，應予保障」在國民大會代表及立法委員之選舉，皆有特別的保障名額即是。

㈡地方自治的保障：「國家對於邊疆地區各民族……地方自治事業，特別予以扶植。」（第一六八條）

㈢教育文化及社會經濟的保障：例如「國家應注重各地區教育之均衡發展……邊遠及貧瘠地區之教育文化經費，由國庫補助之。」（第一六三條）；「國家對於邊疆地區各民族之教育、文化……經濟、社會事業，應積極舉辦，並扶助其發展……」（第一六九條）。

原住民族及身分取得　過去政府未將平埔族原住民（平地原住民）納入原住民族，因原住民享有原住民族的權利，如保留地取得、購屋、工作權、升學等，特別是參政權的保障，平埔族有二十七萬人，納入後將產生排擠到現有原住民族的權益。而主管機關行政院原民會堅持政府准予原住民族於民國四十八年至五十二年期間登記，逾期不再許可登記。對此項規定，位在臺南的西拉雅族群認為，族群是因血緣關係形成，與生俱來，非國家權力（登記）而取得，西拉雅為原住民族，不須應經申請戶籍登記，而且當然享有法定權益。

民國一一一年憲法法庭一一一年憲判字第四號判決指，血統是先於憲法及法律而存在的自然事實，原住民族身分的取得原則上採血統或擬制血統主義，西拉雅族屬平埔族，不因為在登記期間未登記而變成不同族群，而仍應保有其原住民族身分。

論者指憲法法庭一一一年憲判字第四號判決以人格權為基礎，釋字第八〇三號解釋提出以文化權作基礎，認定原住民之身分。故原住民身分法第四條第二項，原住民與非原住民結婚所生子女，以從具原住民身分之父

母之姓或傳統名字者，取得原住民身分之規定為違憲❷，然憲法法庭判決指原住民身分取得並不當然取得享有優惠措施，則引起爭議。

第六目　國　旗

憲法第六條明定：「中華民國國旗定為紅地，左上角青天白日。」我國國旗的顏色包含紅色、白色與藍色三種。紅色是最多國家使用的顏色，十九世紀前半開始，紅旗在歐洲被用做革命的象徵，象徵烈士所流的鮮血，以激勵國人的愛國意識。白色做為平等的象徵，也用來代表和平、光明、正義等正面積極的意義。藍色常被用做自由的象徵，表示人們嚮往寬廣的青天。此外，靠海的國家也常用藍色來代表大海，也有少數國家以藍色代表河流或水資源，顯示水的重要性（網路摘錄）。我國國旗之式樣始自中山先生於辛亥革命後手訂，寓含追求自由、平等與博愛之義。

國旗更代表國家，為重要的政治符號 (political symbol)，象徵國家之存在與國權之所及，具國際法上意義，因此，於國際組織或活動應懸掛國旗。而國旗猶為國民認同國家之標幟，公務員之就職宣誓，乃需面對國旗，表示忠誠。國民對於本國及外國國旗不得有公然損壞、除去或污辱之行為，否則即構成犯罪。為此，國徽國旗法就如何使用國旗、刑法對於侮辱國旗之處罰皆作規定。

第七目　結　語

總綱規定國家基本要素。其中，我國在主權與領土上遭逢特別現實，也有特別的論述。國籍法呼應國際互動與人權理論作大幅修訂。我國憲法未明訂首都而在第三十一條則有「中央政府所在地」的文字。南韓曾有遷都之議，但以未依修憲程序被判違憲而作罷。

英國國會於二〇一九年十月表決脫歐案。首相強生提出以愛爾蘭海為

---

❷　許育典，〈原住民身分認同權的憲法爭議〉，《月旦法學教室》（第二三七期，民國一一一年七月），頁六～九。

歐盟關稅邊界，兼顧愛爾蘭、北愛爾蘭與歐盟利益而為各方接受，適時調整主權觀念，脫歐案終於在國會獲得通過。

　　一九八〇年以色列與巴勒斯坦分別宣布耶路撒冷為首都與未來的首都；二〇一七年十二月美國總統川普宣布承認耶路撒冷為以色列首都，同時將大使館從臺拉維夫遷移至耶城；二〇一八年十二月澳洲政府跟著宣布承認耶城為以色列首都；二〇一九年三月二十八日美國支持以色列在「六日戰爭」中所佔領之戈蘭高地為以色列領土。此舉引起阿拉伯世界強烈抗議，領土事關國家安全，爭議難妥協。

關鍵詞

· 前言 · 固有國籍

· 主權 · 取得國籍

· 國民主權 · 領土之變更

摘 要

　　憲法之前言，揭示制憲之依據與目的，蘊含憲政原則及理念，極具重要地位。我國憲法之前言，首揭依據中山先生之遺教而制定，其目的在於鞏固國權、保障民權、奠定社會安寧、增進人民福利。凡所指示者，應為制憲及行憲之依循準則。

　　我國憲法第一章總綱，凡六條文，規定國體政體、主權、國民、領土、民族及國旗等國家要素或重要的政治符號。所為規定，俱為國家最根本的事項。

　　憲法第一條規定，中華民國基於三民主義，為民有民治民享之民主共和國。宣示我國係實行共和國體、民主政治的國家。第二條繼而為之呼應，宣示中華民國主權屬於國民全體。

　　國籍法從民國八十三年即開始研修，民國九十五年一月二十七日再次修正公布規定，取得國籍者不再受性別歧視。至於領土之完整與主權之統一，固為憲法所明示，唯事實上海峽兩岸係分治的狀態，政府仍然宣示維持憲法上領土完整與主權統一的理念。再如民族平等，為憲法第五條所規定，憲法第七條再次揭示民族平等的理想，甚至於憲法第十三章基本國策及憲法增修條文，特別保障少數民族的權益。

第二章 人民的權利義務

　　保障人民的自由權利、規定政府的權限，原是制定憲法之目的，其有關規定構成憲法的主要內容，近代國家之憲法皆訂有人權條款。而二十世紀以後，現代國家之憲法，不僅訂定人民的義務，更加重義務的規定。我國憲法第二章，即我國的人權條款，是保障人民自由權利最重要的法源。在本章之外，憲法第十三章基本國策，其「國民經濟」、「社會安全」、「教育文化」、「邊疆地區」等各節，也與人民自由權利的保障有關，應整體看待。

　　依人民在國家的地位論，人民的基本權利包括：1.在消極地位上，爭取不受限制侵害，乃有自由權。 2.在積極地位上，享有受益權。 3.在主動地位上，享有參政權。 4.在被動地位上，即負擔義務。

　　今憲法學理論，就人民基本權中之受益權加以檢討，認為傳統受益權有些性質互不相容，不宜合稱為受益權。如財產權是古典自由權的一種，即自由的基本權，而生存權與工作權則屬社會的基本權，不宜統稱經濟上受益權。學者乃就我國憲法第二章人民基本權利分類為以下幾種❶：

　　1.平等權：第七條規定人民在法律上一律平等。

　　2.自由權：第八條至第十五條規定之自由，包括人身、不受軍事審判、居住遷徒、意見表達、秘密通訊、宗教信仰、集會結社、財產權等之自由。

　　3.政治參與權：第十七條參政權，第十八條應考試服公職之權即是。

　　4.社會權：第十五條之生存權及工作權，第二十一條受國民義務教育權（學習權）即是。

　　5.程序基本權：第十六條所規定之請願、訴願及訴訟權。

❶　吳庚：《憲法的解釋與適用》（臺北：作者自刊，民國九十三年六月第三版），頁一〇七～一〇八。

基本權的功能，即基本權條款在主觀上和客觀上的規範效力。分析之，基本權的功能主要如次：㈠防衛（防禦）功能：如自由權是典型的防禦權，防禦受干預，亦即是人民對抗國家公權力侵害的權利。㈡參與功能：如政治參與權即具有此項功能。㈢分享功能：如自由權與社會權除具有「分享」各種自由外，也有要求給付（提供社會福利、社會救助、教育文化設施等）的受益性質。㈣程序保障功能：程序基本權條款保障人民接受法定程序之救濟。㈤制度保障功能：憲法第二章基本權條款設定各種制度，就學術自由、財產權、訴訟權、地方自治、言論自由等，都產生制度性保障功能。㈥合法性功能：人民基本權條款有關之法律，經由議會多數決而制定，得到人民之服從，基本權乃具有合法性功能。再者，如國家對人民提供積極的給付服務，則基本權合法性相對的增強❷。

第一節　概　說

憲法第二章人民自由權利之保障條款，具有以下特色：

一、內容廣泛適應時代趨勢

我國憲法第二章所規定之人民自由權利，即明白列舉二十八項之多，主要包括：1.平等權。2.自由權。3.參政權。4.受益權。而第二十二條更保障「其他自由權利」，其範圍廣泛，項目多樣。衡諸一九四八年聯合國公布之世界人權宣言，均已涵攝於民國三十六年制定的我國憲法。而其中，人身自由的保障，較之英美憲政先進國家法制，保障之嚴密，毫不遜色❸。

人權保障更趨向全球化，與國際接軌。如民國九十八年五月十四日我國簽署了〈經濟、社會與文化權利國際公約〉與〈公民與政治權國際公

---

❷　吳庚：《憲法的解釋與適用》（臺北：作者自刊，民國九十三年六月第三版），頁一一九～一二五。

❸　耿雲卿：《中華民國憲法論》（臺北：華欣文化，民國七十一年出版），頁六一～六二。

約〉的批准書。我國早在民國五十六年即簽署了這兩項公約，四十二年後終於完成批准程序。馬總統在簽署批准書的儀式上說，他已指示法務部於十二月十日國際人權日前，以兩公約為標準，檢討我國現行法規措施不符與不足之處，提出修、廢法規的計畫。不僅如此，兩公約是「世界人權宣言」的條約化，其地位與性質類似我國憲法第二章，人民權利義務條款。而聯合國多年來推動各國設置國家人權委員會，至今已有百餘國設置❹。而在全球化民主、全球治理的環境，建立民主課責已被期待，這課責機制則包括從自由及平等核心民主原則，所建立的人權標準❺，因此人民權利將更具全球性標準及規範意義。

二、權利採相對保障

人民的自由權利非來自天賦，而是因應社會生活的需要而衍生，故自由權利在社會連帶思想、團體主義的時代思潮中，必須受到限制，已成為大眾的共識。德國威瑪憲法「所有權包含義務，應為公共利益而行使」，打破財產權自由支配的絕對主義，尤成為各國憲法的具體規定。「倘少數人之自由，與多數人之自由，不能並存時，則兩害相權取其輕，寧犧牲少數人之自由，而保護多數人之自由，所謂公益重於私益也」❻。因此，自由權利除了受法律規定之限制，憲法第十三章「基本國策」更採相對主義限制自由權利並扶助弱勢者。

三、義務含有積極意義

人民因與國家間的不同地位關係，而享有不同的權利。如立於消極的地位，即思擺脫國家之統治而發生自由權；如立於積極的地位，即要求國家應為人民服務，受益權於是發展出來；如立於主動地位，即要求參與統

---

❹　黃文雄：〈簽署兩公約批准書之後〉，《中國時報》，民國九十八年五月十五日。

❺　Michael Goodhart, "Democratic Accountability in Global Politics: Norms, not Agents.", The Journal of Politics, Vol. 73, No. 1, January 2011, pp. 45～60.

❻　林紀東：《比較憲法》（臺北：五南書局，民國八十年出版），頁三六。

治權之行使，乃有了參政權；如立於被動地位，則應服從國家之統治，人民必須負擔義務。義務的負擔，原為「不得已」的事，時至今日，義務更具有積極的意義，內容亦較往昔增多。我國憲法規定之義務，除了納稅、服兵役之傳統項目外，更列舉國民有受國民教育之「權利與義務」，而所列舉者僅為例示性質，人民於社會生活中尚負有其他法定之義務，如遵守法律、尊重公益、節能減炭等是。負擔義務與享有權利，同為社會生活所必需。

四、兼採各種立法精神

我國憲法有關人民自由權利的保障，因自由權利之性質與人權思潮之趨勢的考量，而採取各種不同之立法精神，要有以下幾項：

1.以憲法直接保障主義，列舉人民的自由權利，其中對於人民身體之自由，更巨細靡遺作程序規定（第八條）。

2.以列舉主義規定對人民自由權利的四項限制理由，即為防止妨礙他人自由、避免緊急危難、維持社會秩序、增進公共利益。並限定於必要時，始以法律限制之（第二十三條）。

3.以例示（概括）主義保障自由權利。憲法除了就自由權利項目一一列舉外，復於第二十二條規定，「凡人民之其他自由及權利，不妨害社會秩序公共利益者，均受憲法之保障」。當可因應時代之進展而保障衍生的自由權利，彌補列舉規定之不足。

4.以國家自己責任主義建立國家賠償制度。憲法第二章於各種自由權利之保障後，隨即明定國家對於人民自由權利之損害，應負賠償責任（第二十四條），摒除舊日「國家免責」的觀念。國家賠償制度的建立，採國家責任主義，人民自由權利始有周全的保障。

第二節　平等權

憲法第七條規定：「中華民國人民，無分男女、宗教、種族、階級、黨

派，在法律上一律平等」。本條不僅揭示平等權，也宣示平等原則（平等主義）。本條雖列舉五項指標，但衡諸現實社會及個案，平等原則之適用，不以此五項指標為限。例如在媒體利用上，人民有平等「接近使用傳播媒體」的權利（釋字第三六四號解釋）；職業上，身心障礙者保護法，民國九十六年七月十一日改稱身心障礙者權益保障法，有關「非視覺功能障礙者，不得從事按摩業」（第四十六條第一項前段）之規定與憲法第七條平等權不符（釋字第六四九號解釋）。

第一目　平等的真義

　　平等，原係針對不平等而來。中古世紀以來，人們對封建社會的不平等產生追求平等的觀念，尤以十七、八世紀英人洛克、法人盧梭，其「人類生而平等」的主張，最具影響力，成為現今世界各國憲法上平等權思想的標竿。

　　而人類的不平等，有自然的（天生的）不平等與人為的（法律上的）不平等。前者如天賦才智、體力的不平等，後者如因貴族制度產生的不平等。所謂平等權，一方面在追求人為的平等，即人民在法律上的平等，意指：1.人民不得拒絕法律的平等保護。2.法律對於人民之保護或懲罰不得有特權。另一方面，對於自然的（天生的）不平等，則以採行社會安全制度扶助弱勢者，使其在平等地位上得以生存與發展，此即中山先生「真平等」或「立足點平等」的真諦。

　　因此，二十世紀自德國威瑪憲法開始，各國莫不以團體力量用干涉行政協助弱勢者。我國憲法不僅於第七條宣示平等主義，更於第十三章「基本國策」以社會、文化甚至民族等政策，對弱勢族群特別保護。民國八十一年的增修條文，重申對婦女人格及人身安全、殘障者的保險、就醫、教育訓練、就業輔導、自由地區原住民的政治參與、教育文化等的特別保障。今世界各國的法院判例，猶承認這種立足點平等或非機械式平等，合於憲法要旨與人道精神。如日本最高法院即於判決中指出，法律上因年齡、生

理等自然條件的差異而作不同規定，為「合理的差別待遇」，不能視為違反平等原則。

　　不寧如是，我國憲法第七條所舉述之五項平等的指標，應係一種例示而已，非謂捨此而外，法律上可作差別待遇之規定。民國八十三年司法院解釋（釋字第三六四號解釋）即指出，人民有平等接近傳播媒體的機會；近年來社會各界所關注的「老人年金給付」❼、「軍人如何行使投票權及應否納稅」、「應否舉辦殘障特考」、「婚姻關係中的贈與不課贈與稅」、「社區中如療養院裡病患族群的居住權」等議題，皆涉及平等權的保障，足以使平等的意含更為充實擴展。

第二目　平等權的指標

一、男女平等

　　男女平等，應包括私權與公權兩方面的公平待遇。往昔鑑於男女體力、社會角色有明顯差異，致各國對於男女多設有不平等待遇的規定。例如我國過去在民法方面，即有子女冠姓、夫妻財產制、子女監護權等，顯然偏重男方的規定（如民法第一○五九條、第一○一七條、第一○八九條等）。民國八十三年司法院釋字第三六五號解釋糾正民法採子女監護權的「父權優先」主義之不當，法務部並據此提議修改此不合理的規定。民法親屬編部分條文於民國八十七年六月十七日修正公布施行，規定婚後妻之住所、是否冠夫姓，原則上由夫妻雙方以協議定之。司法院釋字第四五二號解釋，指出民法原規定妻以夫之住所為住所，未能兼顧配偶之住所選擇權及具體個案件之特殊情況，違反憲法之平等及比例原則。再如部分民間企業（如信用合作社），以民事契約訂有限制女性受僱人不得結婚的「單身條款」，行政院勞工委員會於民國八十三年七月函請業者及早廢除此項民間陋規，

---

❼　有關老人年金或津貼，民國八十三年十月五日內政部社會司即認為，應依個人經濟條件而異，不宜採齊頭式的平等。

以符平等原則。至於公法方面,如國籍法有關國籍之取得的規定,原採父系血統主義,顯然偏重男性而備受爭議,內政部亦於民國八十三年十一月確定改採父母雙系血統主義修正國籍法上不平等的規定。

而為促進男女實質地位的平等,憲法上有關婦女的特別保障條文頗多,如:1.各種選舉應規定婦女當選名額(第一三四條)。2.婦女從事勞動者,應按其年齡及身體狀態,予以特別保障(第一五三條後段部分條文)。3.國家應維護婦女之人格尊嚴,保障婦女之人身安全,消除性別歧視,促進兩性地位之實質平等(民國八十三年增修條文第九條第五項)。凡此規定,與世界先進國家相較,誠屬進步的法制。

二、宗教平等

宗教平等,是指人民不問信仰何種宗教,在法律上均受平等的待遇;另一方面,任何宗教,不論是基督教、天主教、佛教、道教、回教、猶太教、喇嘛教等,其地位都平等,受法律一樣的保障或規範。憲法於第七條之規定外,復於第十三條明定人民有信仰宗教之自由,作積極的引申。而其意旨皆在貫徹「政教分離」的原則。而宗教信仰猶應與社會生活及法制規範調適,因之司法院釋字第四九〇號解釋指出,服兵役之義務不牴觸平等原則及宗教自由之保障。

我國除了古代有崇尚某些宗教或釀成少數宗教事件(如三武之禍),向無宗教歧視之事跡。然西方國家則宗教迫害,史不絕書,甚至於發生宗教戰爭,爭取宗教自由,猶為人民爭取權利之開端,至今宗教派系之爭執依然不斷。可見宗教平等非國人迫切需求的自由權利,勿寧是借取外國史實而思以防範。

三、種族平等

我國為多種族國家,包括漢、滿、蒙、回、藏等五大族,以及苗、傜、僮、黎等少數民族,為數即達五十多個,故族群間的平等與融合極為重要。因之,憲法於第五條即昭告國人「各民族一律平等」,旋於第七條重申人民

不分種族，在法律上平等，務期使各種族或民族結合成一中華民族或國族，以促進社會安定及國家發展。

　　為促進種族地位的平等，憲法明定蒙、藏民族在中央民意代表選舉有保障名額；此外，第十三章「基本國策」中「教育文化」節，規定邊遠及貧瘠地區之教育文化經費，由國庫補助之；「邊疆地區」節規定國家應合法保障邊疆地區各民族，特別扶植其地方自治之事業，對於其教育、文化、交通、水利、衛生及其他經濟社會事業，應由國家積極舉辦並扶助其發展。民國八十年的修憲，增訂自由地區原住民在中央民意代表的保障名額，並要求國家保障其地位及政治參與，扶助發展其教育文化、社會福利及經濟事業。民國八十三年十二月的省、市議員選舉，更設定原住民的保障名額，進一步落實憲法保障之用意。

　　唯所謂種族平等，非僅為政府應予保障而已，人民彼此間更應有此體認，族群互動猶需存有平等的觀念。故民間的旅遊設施、交通、公共設施，必須注意種族的平等待遇❽，否則仍屬違憲行為。

四、階級平等

　　「階級」，是身分地位之差別等第。古代有貴族、平民與奴隸之別，今民主時代，廢除封建制度，除君主國家日本、英國等尚有貴族外，所謂階級多指經濟上的身分，資本家與勞工二者而言。亦即現今之階級，主要受經濟因素之影響所致，非因政治背景而發生。

　　我國憲法首重以民生主義規劃國民經濟，其次規定人民有工作能力者，國家應給予適當的工作機會，國家應改良勞工及農民之生活，增進其生產技能，末就勞資間的關係，主張本協調合作原則，發展生產事業，並以法律規定調和與仲裁勞資糾紛（參照第十三章「基本國策」第三節「國民經濟」與第四節「社會安全」之相關規定）。而從過去土地改革、耕者有其田等政策，至近年來勞動基準法、勞資爭議處理法、促進產業升級條例等之

---

❽　劉慶瑞：〈美國憲法上的種族平等〉，收錄於氏著：《比較憲法》（臺北：自刊本，民國六十七年十月版），頁一二五～一三八。

立法，皆考量調和勞資雙方的關係，政府更設勞工部門掌理有關勞工行政及服務事項。

五、黨派平等

民主憲政的推行，以政黨平等為要件。蓋所謂民主政治就是政黨政治，透過政黨的公開競爭，才能發現民意之趨向，進而決定政府的政策，而這必須以政黨平等為前提。何況現代公民常常參與政黨組織，為落實主權在民的理想，尤應講求政黨平等，不論是執政黨或在野黨，依法律受同等待遇。

政黨平等，包含兩層意義。一則指整體而言，政黨間法律上地位的平等；一則指個人而言，人民不因其所屬政黨而受差別待遇。要者，政黨為民間團體，必須與政府組織或政府施政嚴格劃分，所以憲法有要求司法、考試、監察人員與軍隊等應超出黨派以外獨立行使職權之規定。人民有依法參加考試服公職之權，自不受其所屬政黨黨籍之影響。

再者，現代國家之政黨恆扮演表達及集結民意之角色，於促進憲政發展頗具重要功能。此外，我國政黨更是參政主體，推薦公職人員選舉候選人、全國不分區中央民意代表；也是立法參與者，立法院於審議法案時，為協商議案或解決爭議，得進行黨團協商（民國八十八年一月二十五日公布立法院職權行使法第十二章）。因之，有關法律對於政黨之規範，即應引申憲法平等保障政黨之意旨。是以公職人員選舉罷免法規定，依政黨比例代表方式產生之全國不分區中央民意代表，係由政黨推薦產生，於其喪失所屬政黨黨員資格時，自應喪失其中央民意代表之資格，方符合憲法（增修條文）增設全國不分區中央民意代表之本旨（司法院釋字第三三一號解釋）。公職人員選舉，候選人的活動及政見發表即考量政黨平等之原則。

唯政黨平等之保障，不得影響一般人民平等權，猶為必須堅守的原則。如公職人員選舉罷免法規定「政黨推薦之區域、山胞候選人，其保證金減半繳納，但政黨撤回推薦者，應全額繳納」（原第三十八條第二項）經司法院大法官會議指出，「無異使無政黨推薦之候選人，須繳納較政黨推薦之候

選人為高之保證金」，且可能造成小黨林立，無助於政黨政治之健全發展。同時認定該項規定，係對人民參政權所為不必要之限制，形成不合理之差別待遇，與憲法第七條規定之意旨不符，自不得再適用（司法院釋字第三四〇號）。

政黨，要居公民社會與公領域間，扮演這兩個領域間混和的、半制度性的連結機制。為保有政黨獨特而混雜的特性，在「多元而一致性」及追求「大同共善」(common good) 的社會，政黨應該在尊重多元文化及制度架構下運作。如此，在自由民主社會，政黨遵循一定的標準，可以寄望它傳達有利於民主的價值及利益 ❾。

第三目　釋字第六四九號解釋的審視

平等權應包含相對的、實質的、合理差別的平等。因此，司法院釋字第六四九號解釋（理由書）：身心障礙者權益保障法（原稱身心障礙者保護法）係以保障視覺障礙者工作權為目的，所採職業保留之優惠性差別待遇，亦係對非視障者工作權中之選擇職業自由所為之職業禁止，自應合於憲法第七條平等權、第十五條工作權及第二十三條比例原則之規定。立法者之立法須該規定所追求之目的為重要公共利益，所採禁止非視障者從事按摩業之手段，須對非視障者之權利並未造成過度限制，且有助於視障者工作權之維護，而與目的間有實質關聯者，方符合平等權之保障。禁止非視障者從事按摩業，旨在保障視障者之就業機會，徵諸憲法第一百五十五條後段及增修條文第十條第七項之意旨，自屬特別重要之公共利益，目的洵屬正當。

釋字第六四九號解釋認為隨著社會發展，按摩業就業與消費市場擴大，上開法律規定對欲從事按摩業之非視障者造成過度限制。在視障者知識能力日漸提升，得選擇之職業種類日益增加下，以致上開法律規定施行近三

---

❾ Matteo Bonotti, "Conceptualising Political Parties: A Normative Framework," Politicsl Studies Association, Vol. 31(1), 2011, pp. 19～26.

十年而職業選擇多元之今日，仍未能大幅改善視障者之經社地位，目的與手段間難謂具備實質關聯性，從而有違憲法第七條保障平等權之意旨。而人民選擇職業應具備之客觀條件，例如行業獨占制度，則應以保護特別重要之公共利益始得為之，其限制須與比例原則無違。

　　該解釋指出，鑑於社會之發展，按摩業之需求市場範圍擴大，使得非視障者從事類似相關工作及行業觸法之可能性大增，且按摩業並非僅得由視障者從事，有意從事按摩業者受相當之訓練並經檢定合格，將按摩業僅允准視障者從事，使有意投身專業按摩工作之非視障者須轉行或失業，未能形成多元競爭環境裨益消費者選擇，與所欲保障視障者工作權而生之就業利益相較，顯不相當。故上開法律規定對於非視障者職業選擇自由之限制，實與憲法第二十三條比例原則不符，而牴觸憲法第十五條工作權之保障。故有關規定應自本解釋公布之日起至遲於屆滿三年時失其效力。

　　本案解釋，同時涉及平等原則與比例原則等諸多「審查基準」，且平等原則優先於比例原則❿。唯此號解釋一出，引發各界議論，視障聯盟直指「大法官扼殺視障者生存權」，立法委員多指解釋之不當，必須尋求補救，如成立視障者就業基金，將視障者從事按摩業之營業稅率降為百分之一（民國一〇〇年一月十日立法院三讀通過）等。本案從身心障礙者保護法到身心障礙者權益保障法，立法者特別保障視障者就業觀念未曾改變，然而，在這一法律名稱修改不久，司法機關即大幅修正，推翻立法者的思想觀念，而立法者旋即針對解釋文，找尋補救之道。經驗是法律的生命，法律反映特定時空的共通價值，究竟誰的經驗認知為真？公共利益或社會共通利益為何或由誰決定？是可以進一步探討。而法規未能發揮作用（未能大幅改善視障者之經社地位），產生手段與目的間的落差，竟至構成違憲。其間是否有執法者的責任或純屬法規與社會脫節等問題，尤有探究空間。

---

❿　吳信華：〈大法官案件審理的「審查標準」〉，《月旦法學教室》，第一五二期（民國一〇四年六月），頁六～八。

第三節　自由權

憲法第二章自第八條至第十四條，以及第十五條財產權，列舉人民的自由。這些自由包括：

　1.身體自由（人身自由）。

　2.不受軍事審判之自由。

　3.居住及遷徙之自由。

　4.言論、講學、著作及出版之自由。

　5.秘密通訊之自由。

　6.信仰宗教之自由。

　7.集會及結社之自由。

　8.財產權。

自由權為憲法第二章之主要內容，可見其重要。而第八條有關人民身體自由之規定，其文字之多之詳，更居憲法各條之冠。而衡諸世界各國，我國憲法所列舉之自由，其中尤以身體自由與言論自由，是二十世紀二次大戰後，為各國憲法所特別重視❶。至若基於團體主義對於個人自由依據法律作必要之限制，為民主憲政之法制。

第一目　身體自由

身體自由或稱人身自由，指人民非依法律不受侵犯。倘若人民無此項自由，可以任意逮捕侵犯，則其他一切之自由權利必然落空，故身體自由實為一切自由權利之基礎。而身體自由之保障，具體言之，即須依刑事訴訟程序，始得逮捕、拘禁、審問、處罰人民。我國憲法第八條為保障人身自由的條款，規定至為詳盡，即頗重視刑事程序之運用。其要點如下：

---

❶　林紀東：《比較憲法》（臺北：五南書局，民國八十年出版），頁一八七。

一、正當法律程序原則（合法程序原則）

㈠指依刑事訴訟法所定之程序

正當法律程序 (due process of law)，即必須而適當條款 (necessary and proper clause)，指政府權力之運作，必須依循的程序或手續。如我國各種訴訟法、行政執行法即是規範公權運作的程序法。憲法第八條，就如何逮捕、拘禁、審問、處罰人民一事，再三強調應「依法定程序」，如拘押嫌犯由法院決定（釋字第三九二號解釋），可知其首重正當程序原則，而此正當程序並具體規定於刑事訴訟法。

㈡包括程序及實質上正當程序

再者，所謂正當法律程序，兼指程序上的正當與實質上的正當。程序上，對人民身體之處置應依法定手續，如刑事訴訟法對刑事犯所為之傳訊、通緝、拘提、審判等之程序。申言之，1.犯罪的意義必須清楚地加以確定。2.對於被控犯罪之人，只能適當地予以逮捕，並須將其所犯之罪名，及審訊之日期及地點通知之。3.對於被控犯罪之人，必須給予機會，使其準備並陳述答辯。4.擔任審判之法庭組織，必須確保獲得誠實公平之裁決❷。實質上，立法機關所制定的人權法律，其內容是否合理 (reasonable)、必需 (requisite) 亦不得含混曖昧或武斷❸。

釋字第三九二號解釋（民國八十四年十二月二十二日公布）：司法權作用之偵查、訴追、審判、刑之執行均屬刑事司法之過程，其間代表國家從事「偵查」、「訴追」、「執行」之檢察機關，其所行使之職權，目的既亦在達成刑事司法之任務，則在此一範圍內之國家作用，當應屬憲法第八條所規定之廣義司法機關。而「審問」，係指法院審理之訊問，其無審判權者既

---

❷ Ferguson and McHenry, The American Federal Government (New York: McGraw-Hill), 1953, pp. 152～153；參周道濟：《基本人權在美國》（臺北：臺灣商務印書館，民國七十二年二版），頁三一。

❸ 荊知仁：《美國憲法與憲政》（臺北：三民書局，民國七十三年八月初版），頁八三～八四。

不得為之，則此兩項所稱之「法院」，過去刑事訴訟法於法院外復賦予檢察官羈押被告之權等，與前述憲法第八條第二項規定之意旨均有不符。

釋字第五八八號解釋（民國九十四年一月二十八日公布）：人身自由乃人民行使其憲法上各項自由權利所不可或缺之前提，憲法第八條第一項規定所稱「法定程序」，係指凡限制人民身體自由之處置，不問其是否屬於刑事被告之身分，除須有法律之依據外，尚須分別踐行必要之司法程序或其他正當法律程序，始得為之。依行政執行法決定管收之前，自應踐行必要之程序、即由中立、公正第三者之法院審問，並使法定義務人到場為程序之參與，除藉之以明管收之是否合乎法定要件暨有無管收之必要外，並使法定義務人得有防禦之機會，提出有利之相關抗辯以供法院調查，期以實現憲法對人身自由之保障。

㈢拘押、臨檢及搜索之程序

依憲法第二十三條規定之相關條件，如強制當事人到案應有必要之司法程序，給予當事人與證人對質詰問之權利（釋字第三八四號解釋）。再如，警察實施臨檢，除應依比例原則外，其要件及程序，亦須由法律明確規定（釋字第五三五號解釋），皆期符合正當法律程序原則。

民國九十年初立法院大安會館及《中時晚報》受到不合正當程序之搜索，接著四月成功大學學生宿舍亦遭受不合程序的搜索，為此，搜索權自民國九十年七月一日起，改由法院核定，由法院居第三者地位監督搜索權的行使是否合理。檢察單位施行緊急搜索後必須在三天內，呈報法院請求獲准，期防止濫權，以保障人權。凡此有關刑事訴訟法之修正，就羈押（對人的強制處分）與搜索（對物的強制處分）之改革，旨在維護正當程序原則。

㈣第六六五號有關併案、羈押及抗告之解釋

民國九十九年，有一刑事訴訟個案，爭議點包括法院分案、併案、羈押被告（甚至一再延長羈押）以及檢察官之抗告等，曾引起社會各界關切注意。司法院大法官就此案，著成釋字第六六五號解釋。茲就釋字第六六五號解釋要點摘錄如次。

其一、司法院訂定之法規命令及行政規則，如「臺灣臺北地方法院刑事庭分案要點」有關分案作業規定，為維護法官之公平獨立審判，並增進審判權有效率運作，事先訂定之一般抽象規範，將案件客觀公平合理分配於法官，足以摒除恣意或其他不當干涉案件分配作業者，即與保障人民訴訟權之憲法意旨，並無不符。要點另規定相牽連案件併案與否，係由前後案件之承辦法官協商決定，協商不成時，僅後案承辦法官有權自行簽請審核小組議以合議制方式決定。此一程序要求，得以避免恣意變更承辦法官，難謂有違反明確性之要求，亦不致違反公平審判與審判獨立及人民訴訟權之保障。

其二、刑事訴訟法於被告犯該款規定之罪，犯罪嫌疑重大，且有相當理由認為有逃亡、湮滅、偽造、變造證據或勾串共犯或證人之虞，非予羈押，顯難進行追訴、審判或執行者，得羈押之。於此範圍內，該條款規定符合憲法第二十三條之比例原則，與憲法第八條保障人民身體自由及第十六條保障人民訴訟權之意旨，尚無牴觸。亦即如無逃亡或滅證導致顯難進行追訴、審判或執行之危險，尚欠缺羈押之必要要件。單以犯重罪作為羈押之要件，可能背離羈押作為保全程序的性質，其對刑事被告武器平等與充分防禦權行使上之限制，即可能違背比例原則。

其三、刑事訴訟法關於檢察官對於審判中法院所為停止羈押之裁定得提起抗告之規定部分。檢察官對於審判中法院所為停止羈押之裁定是否得提起抗告，乃刑事訴訟制度之一環，立法機關自得衡量相關因素，以法律為合理之規定。羈押之強制處分屬於法官保留事項，而檢察官對於審判中法院所為停止羈押之裁定提起抗告，並未妨礙被告在審判中平等獲得資訊之權利及防禦權之行使，自無違於武器平等原則；且法院就該抗告，應依據法律獨立公平審判，不生違反權力分立原則之問題，核與憲法第十六條保障人民受公平審判之意旨並無不符。

二、司法一元主義（普通法院體系一元主義）

本條文明定，「非由法院依法定程序，不得審問處罰」，亦即僅普通法

院，依刑事訴訟程序，方可審問處罰犯罪的人民。此一規定，與憲法第九條之規定「人民除現役軍人外，不受軍事審判」呼應連貫，採取司法一元主義。諒以軍事審判之程序，不若普通法院審理之程序周詳，故除非常時期（如戒嚴時期），依特別法律之規定外，人民犯罪唯有普通法院可審問處罰之。民國一〇三年軍事審判法修訂，軍人於承平時期犯刑事案件由一般司法機關偵辦。又依釋字第四三六號解釋，軍人在平時經終審軍事審判機關宣告有期徒刑以上之案件，應許被告向普通法院請求救濟。

三、罪刑法定主義

我國刑法於第一條明示：「行為之處罰，以行為時之法律有明文規定者為限。」此即罪刑法定主義。論罪科罰，須法有明文，此項原則首見於法國人權宣言，「無律文則無刑罰」之文字。我國憲法第八條，再三表明「依法處理」之重要，當含有罪刑法定之意旨。而依學理通說，罪刑法定主義，其涵義指： 1.刑法不得溯及既往。 2.刑法應以成文法為法源，即不得以習慣或命令為科罰之根據。 3.刑法不得適用類推解釋。 4.刑法不得有絕對不定期刑（並有假釋、緩刑之司法制度為之配合）。

四、提審制度

提審制度，指凡人民因犯罪嫌疑而被法院以外之機關逮捕拘禁時，得要求有管轄權之法院頒發提審令（人身保護令 Writ of Habeas Corpus），命令該機關，於一定期間內，將嫌犯移交法院迅予審判。人民此項請求，稱為提審權。提審制度或提審權的行使，有使人民免受無理羈押的用意，並保障人民不受軍事審判。

憲法第八條，一再重申人民得向法院聲請提審或追究，在確保提審制度的實行。其內涵則包括： 1.限期移審：兩次強調在人民提出聲請後，法院應於二十四小時內向逮捕之機關提審。 2.聲請提審：規定被逮捕之本人或其指定之親友均得向該管法院聲請提審。法院對於其聲請，如認為有理由，應於二十四小時內向該逮捕之機關發出提審令。如認為無理由，亦應

於二十四小時內裁定駁回。3.強制提審：法院對於人民之聲請，不得拒絕，並不得先令逮捕拘禁之機關查覆❶。

依據我國提審法之規定，稱人身保護令為「提審票」；法院於向逮捕拘禁之機關發提審票時，並即通知該機關之上級機關。

至於「至遲於二十四小時內向逮捕之機關提審」等「二十四小時」之時限，當扣除在途之必要時間，亦不包括因交通障礙或其他不可抗力之事由所生不得已之遲滯。又憲法第八條之逮捕拘禁，係指法院以外之機關，唯如依刑事訴訟法第一○八條第一項之法院裁定延長羈押，不發生須以書面告知或聲請提審的問題，而與憲法第八條並無牴觸。

過去違警罰法規定，警察機關有違警事件管轄權，有關拘留、罰役之人身處罰，得由警察機關為之，即與憲法第八條所揭司法一元主義牴觸；而其拘留之期間且可長達二星期之久，尤明顯與該條所明定二十四小時之期間不合。經司法院（釋字第一六六號解釋與第二五一號解釋）先後兩次解釋為違憲，終於由民國八十年七月公布施行之社會秩序維護法所取代，有關拘留罰役之處罰改由法院之簡易法庭審理。

五、逮捕拘禁限時原則

依憲法第八條之規定，逮捕拘禁有犯罪嫌疑之人民，僅限於司法或警察機關；該條文並三次明定，逮捕拘禁之時間不得超過二十四小時。依據司法院釋字第三九二號解釋（民國八十四年十二月二十二日公布），指出拘押嫌犯應經法官（法院）核准，檢察及警察機關只有二十四小時的留置時間可供使用。由於二十四小時為時短暫，檢警機關恐難對重大刑案完成初步偵察，致嚴重影響偵辦之效能及契機，妨害犯罪之防制。衡諸世界各國法例，此項檢警留置時間，多為四十八小時（美、法、德、瑞、奧等國）或七十二小時（日、韓、瑞典等國），我國宜延長之。

---

❶　楊敏華：《中華民國憲法論》（臺北：五南出版社，民國九十二年九月出版），頁六九～七○。

六、檢審分隸原則

憲法第八條揭示「審問」嫌犯之審判權與偵察、追訴、逮捕、拘禁之權能應有分際，前者由法官掌理（在訴訟個案上獨立審判），後者由檢察官行使（依檢察一體原則主動積極，發揮功能），系統分明，此謂檢審分隸原則（參考釋字第八六號解釋、第三九二號解釋）。二者分別隸屬司法與行政部門，兩部門職能性質不同，藉分工及權責劃分，相互制衡，審慎將事，以保障人權。

第二目　不受軍事審判

憲法第九條規定：「人民除現役軍人外，不受軍事審判。」這項規定與第八條所揭司法一元主義之原則連貫呼應，其旨在加強人身自由之保障、貫徹司法一元主義及維護軍紀之威信。再者，戒嚴法第八條、第九條規定，非現役軍人得由軍事機關審判，則為憲法承認戒嚴制度而生的例外情形（釋字第二七二號解釋）。再次，軍事審判機關依法令審理案件，而遭受冤獄之人民，得依冤獄賠償法行使賠償請求權（釋字第六二四號解釋）。

依軍事審判法（民國五十六年修訂公布）之規定，現役軍人犯陸海空軍刑法或其特別法之罪，依本法之規定追訴審判之；其在戰時犯上揭特別刑法以外之罪者亦同。而所稱現役軍人，指陸、海、空軍軍官、士官、士兵現職在營服役者，及其所列舉之視同現役軍人，始受軍事審判。

憲法所以採審判上軍民分治，要以普通法院與軍事法庭之審判對被告之保護周密有所不同，例如：1.公開程度：普通法院之審判以公開為原則，遍設於各地方，而軍事法庭之審判多以秘密為原則，法庭設於軍事機關，頗為隱密。 2.辯護制度：普通法院採辯護制度，且設有「三級三審」的審級制度，近年來更有「參審制」之議，由國民法官參與審判；軍事法庭近年來已採辯護制度，唯辯護人局限於軍事機關所許可之人員。 3.審判人員之地位：普通法院法官依據法律獨立審判，法官之官階職等不甚重要，而

軍法審判之審判長軍階不得低於被告，且軍官亦得為合議庭之審判官，其獨立審判之地位不同。　4.審判機關之地位：普通法院分地方法院、高等法院與最高法院三級三審制，其間則依獨立審判之精神，無隸屬關係。而軍事審判上，以軍或師級司令部設初級審判法庭，總司令級軍事機關設高級軍事法庭，國防部則設最高軍事法庭，由於軍事法庭隸屬各級軍事機關，其間或存有層級節制的關係，而與普通法院仍有差異。

　　依軍事審判法（民國八十八年十月二日修正公布）之規定，目前軍事審判採行新制，其要點如：　1.軍事法院依地區分設三級：地方軍事法院、高等軍事法院與最高軍事法院。由國防部視部隊任務之需要，於適當地區設地方軍事法院或其分院，戰時得授權地方軍事法院，於特定部隊設臨時法庭；於適當地區設高等軍事法院或其分院，戰時得授權高等軍事法院，於作戰地區設臨時法庭。國防部於中央政府所在地，設最高軍事法院，戰時得授權最高軍事法院，於戰區設臨時法庭。軍事法院獨立於軍令系統之外。　2.軍事法院的組成：各級軍事法院及分院設院長一人、軍事審判官若干人，院長由軍事審判官兼任，綜理各該法院行政事務。國防部部長監督各級軍事法院、各級軍事法院院長監督各該法院及其所屬下級軍事法院，但不得影響審判權之行使。　3.訴訟公開原則：軍事法庭訴訟之辯論及裁判之宣示，應公開行之。但有妨害國家安全、公共秩序、善良風俗等之虞時，得不予公開。　4.司法一元主義：被告不服軍事法院有期徒刑以上之判決，得向普通法院上訴。當事人不服軍事法院初審之判決者，得上訴於上級軍事法院。一般案件之被告不服最高軍事法院宣告有期徒刑以上，或高等軍事法院宣告死刑、無期徒刑之上訴判決者，得以判決違背法令為理由，向最高法院提起上訴。被告不服高等軍事法院宣告有期徒刑之上訴判決者，得以判決違背法令為理由，向高等法院提起上訴。對於前項高等法院之判決，不得再上訴。

　　民國一〇三年七月四日發生軍人洪仲丘因不當訓練不幸致死案，於是軍事審判制度進行重大變革，民國一〇三年八月六日立法院臨時會議以不到二個小時三讀通過軍事審判法修訂案。民國四十五年公布施行的軍事審

判法修正，軍人僅於戰時犯陸海空軍刑法或其他特別法之罪由軍事審判機關追訴、處罰。至於現役軍人於非戰爭（承平）時期犯陸海空軍刑法第四十四、四十六、七十六條第一項之罪者，以及犯軍事審判法第一條第二項第二款之罪者，依刑事訴訟法追訴、處罰。亦即凌虐部屬、酒駕、吸毒等刑案歸一般司法體系偵辦。另外，被告得隨時選任辯護人。

第三目　居住遷徙之自由

憲法第十條規定：「人民有居住及遷徙之自由。」為人民行動自由的保障條文。居住自由，即居住處所不可侵犯權。人民居住的處所：1.不得無故侵入。2.不得無故搜索。3.不得無故封錮。司法或警察人員須依刑事訴訟法、強制執行法或行政執行法，不得侵入人民之居住處所。遷徙自由，即通行之自由，人民可以自由選擇其居住處所，並可到外地旅遊、求學、經商或居留，不受非法之干涉或侵害。

人民雖有居住、遷徙之自由，唯國家恆有加以適當管理或限制之必要。如依戶籍法之規定，人民於遷入、遷出住所時，應申報登記。出國應依護照條例之規定，而為簽證。再如司法院釋字第四四三號解釋指出：「居住及遷徙之自由，係指人民有選擇其居住處所，營私人生活不受干預之自由，且有得依個人意願自由遷徙或旅居各地之權利。」此基本權更包括出境或入境之權利。惟就出入境而言，因攸關國家安全之故，故而對於非我國主權範圍內之人民其出入境我國，則須經主管機關許可。釋字第四九七號解釋即認為內政部之「大陸地區人民進入臺灣地區許可辦法」及「大陸地區人民在臺灣地區定居或居留許可辦法」，明文規定大陸地區人民進入臺灣地區之資格要件、許可程序及停留期限，係在確保臺灣地區安全與民眾福祉，係屬居住遷徙自由之合理限制。

另外，依「臺灣地區公務員及特定身分人員進入大陸地區許可辦法」（民國一〇九年二月十八日修正發布）第四條規定，基於國家安全，禁止十一職等以上公務員赴大陸進修。民國一〇八年七月二十四日修正公布「臺

灣地區與大陸地區人民關係條例」，為維護國家尊嚴，退休政務官、高階將領離退職後三年內，不得赴大陸參加中國重要慶典或活動，否則最重得剝奪其退休俸（第九條、第九十條之一）。國家機密保護法（民國一〇八年五月十日修正公布），配合兩岸人民關係條例離退人員出境管制期間三年。

居住遷徙自由，包括海外旅行自由及移民他國的自由。海外旅行之自由，與出入國家之管制及邦交友好之程度有關。移民他國一樣是世界各國人民的自由權利，美國、德國都是以移民著稱的國家，瑞士對外來移民第二代放寬入籍之限制。國際化社會，移民與歸化為顯著的基本人權。

第四目　意見自由

意見是將內心的思想表現於外的見解主張。憲法第十一條規定：「人民有言論、講學、著作及出版之自由。」即為意見自由之保障。人類社會之進步、文明之發達，乃至民主政治之實行，意見自由是頗為重要的推動因素。

簡言之，所謂言論，是以口頭表示意見；著作，是以文字、圖畫、影音、電腦程式或符號發表意見或觀念；講學，是在學校或其他相當之場所發表意見、研究、授業；出版，則是以印刷發行之文字、圖畫表示意見。意見自由，是二十世紀以後日益顯得重要的自由權利，而其中，尤以出版之自由最為重要，往往與國家安全、公共利益及個人權益有關。

一、言論自由

言論自由，定義上指以口頭表示意見，已如上述，但一般使用上又泛指意見自由，即含有著作與出版自由之義。

㈠言論自由的價值

就言論自由之價值而言，美國前最高法院大法官布蘭第斯 (L. Brandeis) 曾加以闡揚，認為言論自由，可以對大眾提供適當的保護以抗拒邪說之散布橫行，並使人民參與公開討論，消除人民對自由的消極冷漠。

而後艾默森 (T. Emerson) 分析民主社會中言論自由具有以下的功能或價值：1.促成個人的自我實現。2.增進知識及追求真理。3.參與決策。4.維持能適應變化而穩定的社會。此外，如羅爾士 (John Rawls) 等人則認為言論自由促進並維護個人獨立自主及自我存在的尊嚴，為人民之基本權利，其看法尤引起憲法學上廣泛的迴響❶。這些論點當為世人所共識。

司法院釋字第三六四號解釋指出，「言論自由為民主憲政之基礎。廣播電視係人民表達思想與言論之重要媒體，可藉以反映公意、強化民主、啟迪新知、促進文化、道德、經濟等各方面之發展」，清楚剖析言論自由之於民主憲政的重要及其多重價值。釋字第五〇九號解釋前段重申：「言論自由為人民之基本權利，憲法第十一條有明文保障，國家應給予最大限度之維護，俾其實現自我，溝通意見，追求真理及監督各種政治或社會活動之功能得以發揮。」美國在柯林頓主政時期，聯邦最高法院曾以七票對二票，判決傳播規範法律禁止在網際網路上，對未成年人傳播妨害風化之圖文為違憲。這是美國最高法院首次將修憲第一案，保護言論自由條款應用到網際網路的判決。大法官認為如此禁止，將大幅壓縮憲法保護成年人所擁有的傳送及接收言論的權利。

㈡言論的類型及限制

商業性言論與廣告　釋字第四一四號解釋：藥物廣告涉及財產權之保障，並具商業上意見表達之性質，惟因與國民健康有重大關係，基於公共利益之維護，應受較嚴格之規範。藥事法第六十六條第一項規定，藥商刊播藥物廣告時，應於刊播前將所有文字、圖畫或言詞，申請省（市）衛生主管機關核准，旨在確保藥物廣告之真實，維護國民健康，為增進公共利益所必要，與憲法第十一條及第十五條尚屬相符。但仍有大法官指藥品廣告作事前檢查違憲。

釋字第五七七號解釋：商品標示為提供商品客觀資訊的方式，應受言

---

❶　林子儀：〈言論自由之理論基礎〉，《臺大法學論叢》，第一八卷第一期（民國七十七年十月），頁二二七～二七五。戴煙燈：〈言論自由的理論基礎及其內涵〉，《憲政時代》，第九卷第四期（民國七十三年四月），頁五一～六五。

論自由的保障，惟為重大公共目的所必要，仍得立法採取合理而適當的限制，故規定廠商應在香菸盒上標示尼古丁及焦油含量，是為維護國民健康等重大利益，並未逾越必要之程度❻。

釋字第六二三號解釋：政治、宗教、學術及商業等言論，依其性質而有不同之保護範疇及限制。商業性言論以合法交易為目的而有助於消費大眾做出經濟上合理抉擇者，應受憲法言論自由之保障。

釋字第七三四號解釋：民間團體成員在街道上放置宣傳看板，地方政府以其未經申請，依據廢棄物清理法第五十條第三款予以處罰。廢棄物清理法第二十七條第十一款規定嚴禁其他經主管機關公告之污染環境行為與憲法第二十三條之法律授權明確性原則尚無違背。(地方政府之公告) 不問設置廣告物是否有礙環境衛生與國民健康，及是否已達與該條前十款所定行為類型污染環境相當之程度，即認概予禁止並處罰，已逾越母法授權範圍，與法律保留原則尚有未符。

釋字第七四四號解釋：化妝品廣告旨在誘引消費者購買，尚未對人民生命、身體、健康發生直接、立即之威脅，對此等廣告作事前檢查難謂為保護特別重要之公共利益目的，自無從認定事前檢查限制該廠商之言論自由及消費者取得充分資訊機會，與特別重要之公共利益間，具備直接及絕對必要之關聯。釋字第四一四號解釋採寬鬆審查，本號解釋則採嚴格審查，因藥品與化妝品本質上不同。

釋字第七九四號解釋：菸害防制法對菸商廣告（商業性言論）採嚴格限制，合憲；以合法交易為目的而有助於消費大眾做出經濟上合理抉擇者，應受憲法言論自由之保障；涉及兒童及少年性交易防制條例第十九條之廣告物、出版品、廣播、電視等足以引誘、媒介、暗示等促使他人為性交易之訊息者，處以五年以下有期徒刑等，係採取合理與必要手段，與合憲法比例原則尚無違背。

政治性言論 釋字第四四五號解釋：集會遊行法第四條規定集會遊行不得主張共產主義或分裂國土。憲法法庭認為，規定主管機關在許可集會

❻ 許育典：《憲法》（臺北：元照，民國九十八年），頁二一八。

遊行前，審查主張共產主義或分裂國土等政治上言論，與憲法保障表現自由之意旨有違。

　　釋字第六四四號解釋：人民團體法第二條規定，人民團體之組織與活動，不得主張共產主義或分裂國土。同法第五十三條規定，申請設立之人民團體，違反第二條之規定者不予許可，採「嚴格審查」，與憲法保障結社自由及言論自由之意旨不符。

　　先進國家為維護多元民主價值與真正自由，對政治主張的限制，尤其事前檢查的法規，應建立嚴格審查基準。美國最高法院對限制精神自由與經濟自由的法律，採取不同審查基準，亦即「雙重標準」。前者較嚴，後者較寬，並以尊重國會的判斷為原則，日本有些違憲審查也有這種傾向。歐洲國家法院判決主張，對政治團體，除非其行為有明顯證據顯示危害自由民主憲政秩序產生實質危害，不許予以解散。我國憲法法庭，對於政治性言論之管制與事前檢查，亦採取嚴格審查基準。

　　誹謗性言論　釋字第五〇九號解釋：刑法第三〇一條規定，誹謗能證明其為真實者不罰，但涉及私德及與公共利益無關者不在此限，不違憲。行為人依其所提證據，「有相當理由確信其為真者，即不能以誹謗罪之刑責相繩」。美國（在 New York Times Co. v. Sullivan, 376 U. S. 254 一案）建立「真實惡意」的判斷基準；德國憲法實務上，衡量法益時，名譽、人格較意見自由具更高價值❶❼。

　　象徵性言論　在公開場合，利用符號、圖樣、旗幟、衣飾等表達意見的行為，稱象徵性言論 (symbolic speech)。例如越戰期間美國人燒掉徵兵卡，表達反越戰思想。老布希總統任內，曾對聯邦最高法院肯定人民焚燒國旗屬於言論自由表示憤怒，未經規定儀式焚燒國旗是違法行為，而焚燒國旗是否構成褻瀆國旗之行為，繫乎行為人的動機。美國曾經有愛國團體積極推動修憲案，將焚燒國旗以褻瀆國旗行為定罪，但美國法院傾向於維護言論自由，同時，美國人尊重憲法，不輕啟修憲之門，此事只能聽任法

---

❶❼　吳庚、陳淳文：《憲法理論與政府體制》（臺北：作者自刊，民國一一〇年），頁二一九～二三一。

院判決❶。

　　邁入數位時代的今天，數位言論 (digital speech) 涉及更廣泛、更高的媒體自由、政治論爭與資訊社會等問題，其多元與分歧甚於往常。美國憲法第一修正案，言論自由之保障，勢必要會合多重理論方可詮釋❶。

　　此外，**誹謗言論**　釋字第五〇九號解釋（民國八十九年七月七日公布）指刑法第三一〇條第一項（意圖散布於眾而指摘或傳述足以毀損他人名譽之事），第二項（散布文字、圖畫犯前項之罪者）之規定，係保護個人法益而設，為防止妨礙他人之自由權利所必要，符合憲法第二十三條規定之意旨。「至刑法同條第三項前段以對誹謗之事，能證明其為真實者不罰，係針對言論內容與事實相符者之保障，並藉以限定刑罰權之範圍，非謂指摘或傳述誹謗事項之行為人，必須自行證明其言論內容確屬真實，始能免於刑責。惟行為人雖不能證明言論內容為真實，但依其所提證據資料，認為行為人有相當理由確信其為真實者，即不能以誹謗罪之刑責相繩。」

　　少數族群言論　釋字第六一七號解釋指：憲法第十一條保障人民之言論及出版自由，旨在確保意見之自由流通，使人民有取得充分資訊及實現自我之機會。為維持男女生活中之性道德感情與社會風化，除為維護社會多數共通之性價值秩序所必要而得以法律加以限制者外，仍應對少數性文化族群依其性道德感情與對社會風化之認知而形諸為性言論表現或性資訊流通者，予以保障。刑法對性言論之表現與性資訊之流通，並未為過度之封鎖與歧視，對人民言論及出版自由之限制尚屬合理，與憲法第二十三條之比例原則要無不符，並未違背憲法第十一條保障人民言論及出版自由之本旨。

　　散布謠言　社會秩序維護法第六十三條，列舉八款處三日以下居留或三萬元以下罰鍰之行為，其第五款為「散布謠言，足以影響公共之安寧

---

❶　美國之音，楊智傑主編：《聽美國憲法說故事》（臺北：博雅書屋，民國九十七年），頁一一六～一四〇。

❶　Thomas Gibbons (ed.), *Free Speech in the New Media*, Farnham, England: Ashgate, 2009, pp. 3～255.

者。」民國一〇二年曾有十七位立法委員提案，要求刪除散布謠言此款，其理由是今天言論自由意識高漲而此類事件查證不易。至民國一一一年，此類事件被移送法院的為數眾多，但判決不罰者占七成以上。在物價波動大、疫情持續久的情況下，人心難安，一句話可能被質疑，而政府在法規依違間，眼高手低，此類言論有待明確定位。

(三)媒體與言論自由

媒體使用的限制　言論自由引申傳播自由。上開釋字第三六四號解釋，進一步指出廣播電視無遠弗屆，對於社會具有廣大而深遠之影響，故享有傳播之自由者，應基於自律觀念善盡其社會責任，不得濫用自由，「其有藉傳播媒體妨害善良風俗、破壞社會安寧、危害國家利益或侵害他人權利等情形者，國家自得依法予以限制」。因此，傳播媒體固然應提供民眾更多利用媒體的機會，此即人民「接近使用傳播媒體的權利 (the right of access to the media)」，使其得以利用一定的時間或版面表達意見，以促進媒體公平、確實之報導。但如媒體之報導或評論有錯誤而侵害他人之權利者，受害人即可要求媒體允許其更正或答辯，以資補救。

而另一方面，人民固然可以「接近使用傳播媒體」，但如因此而無條件強制傳播媒體接受民眾表達反對意見之要求，無異剝奪媒體之編輯自由。媒體因之瞻前顧後，畏縮妥協，反足影響其確實公正報導與評論之功能。故民眾利用媒體，應尊重媒體之編輯自由，亦非可漫無限制。

媒體的政治中立　媒體是公民與政治組織（包括政黨、人民團體及政府）間溝通調節的中介機制[20]。現代資訊社會，大眾傳播媒體不僅影響人民言論表達的強度與廣度，尤其與政治運作社會活動息息相關，不僅利用媒體，媒體猶參與其間。故媒體的利用、媒體的立場，必須在自律或他律中有所節制。尤其是媒體與政黨及政府的關係，應有合理的分際。

衛星廣播電視法（民國一一一年五月十八日修正公布）第五條規定要點：1.政府、政黨、其捐助成立之財團法人及其受託人不得直接、間接投

---

[20]　Brian McNair, An Introduction to Political Communicatin. New York: Routledge, 2012, p. 6.

資衛星廣播電視事業。除法律另有規定外,政府、政黨不得捐助成立衛星廣播電視事業。 2.政黨黨務工作人員、政務人員及選任公職人員不得投資衛星廣播電視事業;其配偶、二親等血親、直系姻親投資同一衛星廣播電視事業者,其持有之股份,合計不得逾該事業已發行股份總數百分之一。 3.政府、政黨、政黨黨務工作人員及選任公職人員不得擔任衛星廣播電視事業之發起人、董事、監察人及經理人。本法修正施行前已擔任者,衛星廣播電視事業應自本法修正施行之日起六個月內解除其職務。

　　媒體記者跟追採訪　近年來媒體競爭激烈,媒體工作者出現以跟追採訪新聞的行動,此為社會所詬病的「狗仔隊」。司法院大法官針對媒體記者跟拍他人遭警察機關處罰一案,作成釋字第六八九號解釋。解釋文(民國一〇〇年七月二十九日公布)指出:「社會秩序維護法第八十九條第二款規定,旨在保護個人之行動自由、免於身心傷害之身體權、及於公共場域中得合理期待不受侵擾之自由與個人資料自主權,而處罰無正當理由,且經勸阻後仍繼續跟追之行為,與法律明確性原則尚無牴觸。新聞採訪者於有事實足認特定事件屬大眾所關切並具一定公益性之事務,而具有新聞價值,如須以跟追方式進行採訪,其跟追倘依社會通念認非不能容忍者,即具正當理由,而不在首開規定處罰之列。」解釋文進一步指新聞採訪於此公益性等範圍內,社會秩序維護法規定,縱有限制新聞採訪行為,其限制並未過當而符合比例原則,與憲法第十一條保障新聞採訪自由及第十五條保障人民工作權之意旨尚無牴觸。又社會秩序維護法規定,以警察機關為裁罰機關,亦難謂與正當法律程序原則有違。

　　依據釋字第六八九號解釋,法律保護個人在公共場合,享有不被他人持續注視、監看、監聽、接近的權利;個人參與社會生活,在合理範圍應相互容忍,超過可容忍範圍的干擾,才有限制必要。故憲法保障的個人自由及新聞採訪自由都非絕對,可以用法律及授權命令加以限制。

㈣外國言論自由限制的原則

　　外國體制方面,美國自一次世界大戰以來,由最高法院的判例發展出言論自由(之限制)的原理原則。要者包括: 1.惡劣傾向原則:一次戰爭

末期，聯邦地方法院對間諜案不接受惡劣傾向原則，只有當出版物有「直接鼓吹抵制兵役與入伍服役」，方屬「反間諜法」禁止之列。一九○七年，何姆斯大法官曾肯定惡劣傾向原則，一九一九年仍然接受之。此原則，直到一九三七年，赫恩登案 (Herndon Case)，最高法院才放棄惡劣傾向原則，欲圖在南方建立黑人國家的共產黨積極分子，因此免除罪名。此原則對於不法言論涵蓋範圍太廣泛，限制不免過於嚴苛。2.明顯而立刻的危險原則：何姆斯大法官也肯定明顯而立刻的危險原則，唯有迫在眉睫的惡行，帶來即刻威脅或圖謀威脅，國會才有理由限定表達意見的範圍。布蘭迪斯 (Louis Brandeis) 大法官在一九二七年的 (Whitney v. California, 1927) 訴訟案，詮釋明顯而立刻的威脅時說，這種威脅是急迫、嚴重、明目張膽地鼓吹❷。3.逐案權衡原則：此原則強調對言論之限制應權衡所獲得的社會利益，以其任由法官權衡利弊得失，不免流於主觀。4.優先適用原則：因一九四三年道格拉斯 (W. O. Douglas) 大法官認定言論自由係「居於優越地位」，並在一九四五年的一項判決中提出「美國憲法體系中，修憲第一案（含言論自由）被賦予優越地位」而形成此原則。

　　茲摘錄二○○九年及二○一○年，美國聯邦最高法院有關修憲第一案，保障表現及結社自由，個案二則如次。

　　1.修憲第一案不適用於政府贊助的言論。美國猶他州鹽湖城有一公園，公園內有銘記「十誡」等其他展示品（共有十五件永久展覽品，其中十一件為私人團體捐贈）(Pleasant Grove City v. Summum, 2009)。Summum 為美國猶他州鹽湖城一個宗教組織，二○○五年請求地方政府在公園建造一座「雕像」，上面鐫刻「Summum 七警句」，地方政府駁回其請求，其理由是該石雕既與該地方歷史無關，捐贈團體與該地方也沒有長久密切的關係。於是 Summum 遂控告地方政府違反憲法言論自由條款，其理由是政府不能只許有「十誡」，不許有「七警句」。聯邦地區法院駁回控訴之後，Summum 向第十巡迴法院上訴，上訴法院認為「十誡」紀念碑比政府文件

---

❷　胡曉進譯，《最民主的部門：美國最高法院的貢獻》（北京：中國政法大學，二○一三年），頁一六一～一六四。

更私密，而公園又是個公共論壇之地，市政府不應拒絕其提出的請求。聯邦最高法院則以判決駁回上訴法院論點，該地方政府的論述未受到修憲第一案保障；政府的論述並非不受限制。

　　2.肯定聯邦國會一九九九年通過，柯林頓總統簽署的，建構商務上虐待動物的描述加以處罰的聯邦刑罰之法律，合憲。亦即認定商務上虐待動物之描述，不受憲法修正第一案保障。然對於法律禁止商店或網站上販賣鬥狗之錄影帶，上訴法院認為該法之規定過於廣泛並違反修憲第一案。聯邦最高法院則以八票對一票肯定上訴法院的判決 (United States v. Stevens, 2010) ❷ 。

　　至於批評政府的言論，是否受保障？美國一九六四年聯邦最高法院一項判決值得注意。判決指出人民有關公共議題或政府官員的言論，無論議題或內容不受審查。自是而後，不再有「誹謗政府罪」，因為它會「侵蝕人民對政府政策及公務員信心」、「是封閉社會的象徵」，這是美國聯邦最高法院於一九六四年「紐約時報控訴阿拉巴馬州蒙哥馬利市警察局長蘇利文」一案判決所肯定。本案起因於一九六〇年六月蘇立文局長控告紐約時報等，指稱該報月前所刊登的全版評論式的募款廣告，評述警察取締民權運動人士（包括金恩博士）遊行抗議的行為，「嚴重失職」、「行為不當、怠忽職守」，涉嫌誹謗。這項廣告提及蒙哥馬利市與南方暴力人士等字眼，影射白人優越主義，挑戰了美國南方種族隔離觀念。十一月，法院判決有損害賠償責任。一九六一年八月阿州最高法院肯定這一判決，此案如成立，將使政府公職人員獲得金鐘罩一般，媒體批評不得。一九六三年十月聯邦最高法院開庭審理此一訴訟案後駁回阿州法院判決，判決紐約時報等被告無罪。聯邦最高法院大法官布瑞南 (W. J. Brennan) 指出，公共事務之辯論應該是百無禁忌，充滿活力，完全開放。除非出於惡意，批評政府的言論不應受追訴，且舉證責任在政府 ❸ 。蘇利文案後四年，「資訊自由（公開）法」立

---

❷　David M. O'Brien, Supreme Court Watch 2010, New York: W. W. Norton Company, 2011, pp. 103～114.

❸　安東尼・路易士著，蘇希亞譯：《立法不得侵犯：蘇利文案與言論自由》（臺北：

法通過，媒體「夜鷹」進一步得到維護。

二、講學自由

　　講學自由，是指在學校或其他相當之場所發表意見、研究、授業之自由。其要義有：1.設校講學之自由：國家應設各種教育機構，私人亦得依法設立學校，提供講學場所，以教育人民。2.研究學術之自由：人民得於學術立場上，從事各種領域之研究。3.學術發表之自由：人民就其學術研究之成果，得公開發表。講學自由更包括教材選用之自由。中小學教科書的管制（如一綱一本或一綱多本的檢定），教育主管機關應經由專家的諮商再做決定，以確保教師（及學校）講學自由及學生的受教權（學習權）。

㈠大學自治與講學自由

　　大學自治是講學自由的重要內涵。近年來，大學自治普受國人關注，而自一八〇九年柏林大學成立後，所盛行的教授治校之理念，已在國內施行。如各公立大學校長係由各校教授團體向教育部推薦人選；校務會議為校務最高決策組織，即由教授代表組成；校內行政單位主管由教授兼任之；教師人事評議委員會亦以教授互選之代表組成。民國八十三年，大學法修訂文即宣示「大學應受學術自由之保障，並在法律規定範圍內，享有自治權」（第一條第二款）。依司法院釋字第三八〇號解釋（民國八十四年五月二十六日公布），大學法施行細則第二十二條規定各大學共同必修科目，由教育部邀集各大學相關人員共同研訂之，超越大學法之授權範圍，該項規定致使各大學共同必修科目之訂定實質上發生限制畢業之效果（不及格之學生不得畢業），影響大學自治權之維護，與憲法第十一條講學自由之保障意旨不合。又依釋字第四五〇號解釋（民國八十七年三月二十七日公布），大學基於自主之決策，得自行設置軍訓或護理課程及相關單位，不應強制規定必須設置。如今公立大學更設置校務基金，甚至往行政法人化發展。歸納之，大學自治的意義，指大學在教育人事、教育研究內容、大學設施管理以及財政等，有自主決定權❷。

─────────
　　商周出版，民國八十八年），「專文推薦」。

又釋字第五六三號解釋指憲法第十一條之講學自由賦予大學教學、研究與學習之自由，並於直接關涉教學、研究之學術事項，享有自治權。國家對於大學之監督，依憲法第一六二條規定應以法律為之，惟仍應符合大學自治之原則。是立法及行政措施之規範密度，於大學自治範圍內，均應受適度之限制（參照釋字第三八〇號及第四五〇號解釋）。依民國一〇七年十一月二十八日修正公布之學位授予法第七條第一項規定，大學應於研究生「依法修業期滿，修滿應修學分，符合畢業條件，並提出論文，經碩士學位考試委員會考試通過」後，始得頒授碩士學位，此乃國家本於對大學之監督所為學位授予之基本規定。大學自治既受憲法制度性保障，則大學為確保學位之授予具備一定之水準，自得於合理及必要之範圍內，訂定有關取得學位之資格條件，不生憲法第二十三條之適用問題。民國八十三年一月五日修正公布之大學法未設明文規定學生退學事項，為維持學術品質，健全學生人格發展，大學有考核學生學業與品行之權責，其訂定有關章則，對成績或品行未符一定標準之學生予以退學處分，亦屬大學自治之範疇。

再如釋字第六八四號解釋（民國一〇〇年一月十七日公布），指大學為實現研究學術及培育人才之教育目的或維持學校秩序，對學生所為行政處分或其他公權力措施，如侵害學生受教育權或其他基本權利，即使非屬退學或類此之處分，本於憲法第十六條有權利即有救濟之意旨，仍應許權利受侵害之學生提起行政爭訟，釋字第三八二號解釋應予變更。民國八十四年的釋字三八二號解釋提訟的範圍只侷限於學生被退學、開除學籍等攸關在學資格等事件，此次解釋將範圍大幅擴充到其他公權力侵害，包含考試成績、海報張貼、選課爭議、遭到記過等事項，如果大學生不滿學校的處置，都有權提出行政訴訟，請求行政法院主持正義。大學生多為成年，憲法上公權力應許依法行使。

釋字第七八四號解釋（民國一〇八年十月二十五日公布）指出，本於憲法第十六條保障人民訴訟權之意旨，各級學校學生認其權利因學校之教

㉔　山內敏弘、古川純：《憲法的現況及展望》（東京：北樹出版，一九九九年），頁二〇八～二一〇。

育或管理等公權力措施而遭受侵害時，即使非屬退學或類此之處分（如成績評量、未參加朝會被記警告三次等），亦得按相關措施之性質，依法提起相應之行政爭訟程序以為救濟，無特別限制之必要。

至學校基於教育目的或維持學校秩序，對學生所為之教育或管理等公權力措施（例如學習評量、其他管理、獎懲措施等），是否侵害學生之權利，則仍須根據行政訴訟法或其他相關法律之規定，依個案具體判斷。又即使構成權利之侵害，學生得據以提起行政爭訟請求救濟，教師及學校之教育或管理措施仍有其專業判斷餘地，法院及其他行政爭訟機關應予以較高之尊重。

㈡**高中以下課程綱要（課綱）與講學自由**

政府教育機關所訂「高中以下課程綱要」（課綱），如歷史課綱，時而修改。民國八十六年，日據改為日治；民國八十八年，臺灣史納入中國史的一部分，教育部的「部訂本」，改為「一綱多本」；民國一〇〇年及一〇三年歷史及公民等課綱修改，主管機關相信修改內容符合憲法，但受到部份公民團體及學界的批判，指出臺灣史課綱字數修改部分超過三成，涉及實質修改，難謂「微調」。經人權團體提告，行政法院於民國一〇四年二月判決課綱決定過程未合資訊公開程序，民國一〇四年七月下旬至八月初還發生學生「夜襲」教育部事件。八月初，部分大學校長及學生會暫緩實施新課綱，八月六日，適逢蘇迪勒颱風期間，教育部允許各校自行選用課綱，學生遂結束「佔領」教育部；民國一〇五年四月二十三日，政府交替前夕，教育部表示民國一〇三年發布的「微調課綱」，自民國一〇四年八月一日施行，已近一年，一〇一學年的課綱不能恢復效力。五月二十日新政府成立，教育部表示「微調課綱」不符程序正義，隨即再宣布廢止一〇三年課綱，一〇五學年恢復適用過去的版本。教育部並籌設課綱審議等相關委員會處理課綱。

三、著作自由

依著作權法之定義，著作是指屬於文學、科學、藝術或其他學術範圍

之創作。而著作，於著作人完成時，即享有著作權，並受法律保障。著作權從註冊、登記制度走上創作保護主義；著作權人對於侵害其著作權者，得請求處罰或排除其侵害，並得請求賠償。依民國八十七年一月二十一日修正公布之著作權法，主管機關內政部不再受理著作權登記業務，而由經濟部智慧財產部門掌理。

著作權也是重要的人權，為世界人權宣言所聲明保護。過去我國盜印仿冒風氣猖獗，國際間（早在一九八二年十一月美國《新聞周刊》）且有以「海盜」批評我國忽略著作權之保護。因此，著作自由更必須兼顧「國際義務」，不得侵害他國人民的著作權。尤以受烏拉圭回合談判，所達成的「與貿易有關之智慧財產權協議書 (TRIPS)」，更將著作權納入國際貿易體系，以宏觀的人權維護之角度，確保人民的著作權。我們保障著作自由，應當順應世界潮流，並有此認識。從性質上看，著作權是具有社會拘束的權利，帶有公益色彩，是一種「文化財」。因之，公眾於合乎一定條件下，不應阻止其接觸該文化財。著作財產權之存續期間、商標專用權之期間、專利權期間等，皆有法律為各種情況之規定，以兼顧私益與公益之保障。

著作權法（民國一〇八年五月一日修正公布）第六十五條規定：著作之合理使用，不構成著作財產權之侵害（第一項）。著作之利用是否合於第四十四條至第六十三條所定之合理範圍或其他合理使用之情形，應審酌一切情狀，尤應注意下列事項，以為判斷之基準：1.利用之目的及性質，包括係為商業目的或非營利教育目的。2.著作之性質。3.所利用之質量及其在整個著作所佔之比例。4.利用結果對著作潛在市場與現在價值之影響（第二項）。

著作權包括著作人格權與著作財產權，是為無體財產權或稱智慧財產權。著作權保障主要係保障對他人著作的「合理使用」，其使用主要係為國家機關、教育、學術研究、保存文化、提升藝文、資訊自由流通、公益活動、商品流通、個人非營利等目的或判斷標準。

著作，如為商品或服務的品牌、名稱或圖樣，經申請核准即為商標。商標即採註冊主義。著作與商標至為密切，著作，如具有新型或產業利用

性，得申請為專利；商標具有獨佔性，他人須經商標權人許可方可使用。商標有保護期限，申請一次保護期為十年，屆期得申請展延。商標得申請廢止，但申請廢止經核准後，商標權人仍繼續在（部分）商品上使用商標，則智慧財產主管機關得處分為廢止不成立。其間，他人利用該商標，成為商標實質利用人，除非有合約約定，應無不合理。著作、商標與專利是三大智慧財產。

四、出版自由

㈠意　義

　　出版自由因廣泛影響他人自由與公共利益，各國皆有一定的管理方法，並可分為預防制與追懲制兩類型。預防制，係在出版品出版前，由政府先行管制，方法有：1.檢查制：出版品在出版發行前，經主管機關檢查核准，方可出版。2.許可制：出版前先經許可，領得執照方可出版。3.保證金制：即報刊雜誌在開辦時，須繳納保證金，保證其將來言論的合法。4.報告制：須先行向主管機關報告，俾便注意，但主管機關不能限制其出版。

　　至於追懲制，已成為主要的管制類型。即於出版品出版前，不受任何干涉，任由人民出版，而於出版後發現有違法情事，才依法律追訴制裁。我國近年來，有關：1.報刊雜誌之出版，採許可制，於出版社成立時經許可即可出版。2.電視廣播之劇本需經新聞主管機關核准，係採檢查制（預防制）。其他一般書籍刊物，除註冊外，均無須登記，而採事後追懲制。

㈡法制發展

　　過去戒嚴時期，係由警備總部依據「臺灣地區戒嚴時期出版物管制辦法」負責出版品管制。解嚴後，出版品改由新聞局所訂「出版品管理工作處理要點」，分別於中央、地方成立出版品審議會報、協調執行會報、執行小組協助主管機關執行檢查工作。至於出版法係於民國十九年制定，衡之往後政治社會之進步發展，該法已少發揮現代出版法的三大功能：登記、處罰與獎助。行政院新聞局爰於民國八十七年九月初研議廢止出版法；同年九月二十四日行政院院會通過廢止出版法之決議。

及至「出版品及錄影節目帶分級辦法」（依據兒童及少年福利法制訂；民國一〇四年十二月十六日修正公布為兒童及少年福利與權益保障法）施行，出版品依閱聽者年齡分為限制級、輔導級、保護級與普通級，臺灣出版法制進入另一階段。出版業界在執行新制前，成立了中華民國出版倫理自律協會，為臺灣第一個出版品自律組織。協會之下仿效出版品評議會成立「出版品分級評議委員會」，委員會成員包括教育、法律、兒少福利專家及教師、家長、出版團體等代表。

第五目　秘密通訊之自由

一、隱私權

隱私權為不可侵犯的人格 (personality)，私密領域，它關係到個人的獨立、尊嚴與完整 (integrity)，隱私權有一種獨特的自我決定之要義。隱私權必需思考公與私之別，個人主義與共同主義之辨 ㉕。以美國而言，憲法無「隱私」這個字眼。憲法第四修正案，保障人民免於不合理搜索、拘捕與扣押的權利，此條款保護人民隱私在最低範圍內至少不受政府公權力干涉，一直被視為是保障隱私權的基本條款。隱私權是一個重要的人權概念，但其內涵依然模糊 ㉖。

世界人權宣言（一九四八年）第十二條：「任何人的私生活、家庭、住宅和通訊，不得任意干涉，他的榮譽和名譽，不得加以攻擊。人人有權享受法律保障，以免受到這種干涉或攻擊。」此條款宣示隱私權的意涵、範圍及保障。

隱私權必需思考公與私之別，以美國「新澤西州控訴蒂洛案：校園搜

㉕　邱文聰：個人年度討論會，中央研究院法律研究所籌備處，電子報，第一期，民國一〇〇年六月二十八日。

㉖　吳懿婷譯：〈導論〉，《隱私的權利》（臺北：商業週刊，民國九十年出版），頁五三～七〇。

索案，一九九五」為例。究竟校園內，學校師長是否不受憲法修正第四案拘束，可以如父母般自由地搜查學生物品？還是接受更嚴格的標準拘束，搜索學生前，必需基於正當理由先取得搜索狀？聯邦最高法院則認為，依據修正第四案，一體適用的校園毒品檢測是合理的（因為學校運動員學生，如校內有公共更衣室，隱私權期待較低，在一定限度內直接搜查其物品是合理的）❷ 。

我國憲法第十二條規定，「人民有秘密通訊之自由」，應有保障隱私權之義。目前我國尚無保障隱私權之專法，除了民國八十四年公布施行的「電腦處理個人資料保護法」（民國九十九年改稱個人資料保護法）、民國八十八年公布施行的「通訊保障及監察法」，其他散見於民、刑法及行政法規。依個人資料保護法規定：個人資料之蒐集、處理及利用，應避免人格權受侵害；個人資料之蒐集、處理或利用，應尊重當事人之權益，依誠實及信用方法為之，不得逾越特定目的之必要範圍；有關醫療、基因、性生活、健康檢查及犯罪前科之個人資料，不得蒐集、處理或利用。

隱私權有自我決定之要義，其決定事項包括婚姻、醫療、性等，通訊亦然在內，是所謂秘密通訊之自由。

二、資訊社會與秘密通訊的自由

現代社會即資訊社會，藉著資訊的建立與交流，獲得知識、經營生活。因而人民應享有以各種方式傳達或交換資訊的自由，不受政府或他人不法的干涉或侵犯，尤以秘密方式需要加以保障。如此，方能營造理想的言論（資訊）情境，給予人民有意義的溝通❷ 。

所謂秘密通訊，一則指人民彼此間交流的資訊，不被扣押或隱匿；一則指資訊之內容不受非法之拆閱或探知。為保障秘密通訊之自由，郵政法、

---

❷　同上。又參 Richard Turkington, George Trubow, and Anita Allen, Privacy: Cases and Materials. Houston, (Texas: The John Marshall Publishing Company, 1992.)

❷　J. Habermas 語，Patrick Birkinshaw, Freedom of Information: The Law, the Practice and the Ideal, London: Butterworths, 2001, pp. 19～20.

電信法、郵電抽查條例與刑法，均明定郵政及電信機構、郵務人員、電信人員，非依法律不得開拆他人之郵件，對電信之內容應嚴守秘密，如違反規定，應負刑責。一般人亦不得無故開拆或隱匿他人之封緘信函或文書，否則同樣負妨害書信秘密之刑責。至於通訊自由，如同其他自由權，仍受依法之限制，如郵電人員、司法人員、監獄長官得基於業務需要，開拆、檢查、檢閱郵件、信件、書信等。父母對於未成年子女之書信，基於保護及教養立場，亦得為之。另外，法院於破產宣告後，認為必要時，得囑託郵局或電信局將寄與破產人之郵件、電報，送交破產管理人。

至於依法監察通訊，依通訊保障及監察法（民國八十八年七月十四日公布），為確保國家安全、維持社會秩序，對較重的犯罪嫌疑人（犯最輕本刑為三年以上有期徒刑之罪、預備內亂罪、貪污罪等），在偵查中經檢察官核准，在審判中經法官核准（核發通訊監察書），始得監察人民的通訊。及至釋字第六三一號解釋公布，宣告由檢察官核准之規定違憲，應改由法官核發。另為避免國家安全遭受危害，國家安全情報機關首長亦得核准通訊監察。前者對犯罪嫌疑人之通訊監察期間，每次不得逾三十日；後者國家安全情報機關之通訊監察不得逾一年。執行通訊監察機關於監察通訊結束時，應即請通訊監察書核發人許可後，通知受監察人。執行通訊監察機關於監察通訊後，應按月向通訊監察書核發人報告執行情形。

第六目　信仰宗教之自由

憲法除了於第七條揭示宗教平等外，復於第十三條明定「人民有信仰宗教之自由」，雙重規定，無非在強調此項自由之重要。唯信仰宗教之自由，起源於西方，於十六世紀宗教戰爭反對羅馬教會干預信仰而爭取得來。因宗教戰爭期間，各國主張宗教應彼此容忍，故宗教自由又稱宗教容忍。可知信仰宗教之自由，是宗教革命的成果，經由奮鬥而獲致，非屬天賦人權，而美國憲法第一修正案更首揭宗教自由，益見其重要（此增訂文有「宗教條款」之譽）。美國憲法增修條文第一條就首揭：「國會不得制定關於下

列事項之法律：確立宗教或禁止信教自由……」，信仰宗教之自由即包括「禁止設置（確立國教）條款」與「信仰自由條款」二者。禁止設置條款包括：1.禁止公立學校的祈禱、進化論教導、誦讀聖經與主禱文及張貼十誡。 2.禁止公立學校教室與資源的使用及宗教自修。 3.禁止政府對教會學校的資助。 4.禁止政府機關或公開場合的宗教象徵。 5.禁止宗教團體的免稅等問題。信仰自由條款（自由行使條款）則包括：1.傳教自由。 2.不向國旗敬禮。 3.因信仰而反對戰爭。 4.禮拜日的敬拜及安息日的選擇。 5.因信仰而選擇不同的生活或教育方式。 6.教會內部的爭執。 7.教會的免稅問題等之爭議 ❷ 。

何謂信仰宗教之自由？簡言之，蘊含於「政教分離」(a wall between church and state) 的原則 ❸ 。美國開國先賢傑佛遜 (T. Jefferson) 認為宗教自由，即不以法律建立宗教，貫徹政教分離原則。聯邦最高法院一九四七年在 Everson v. Board of Education 一案申述其涵義，要點如次：

1.地方或國家（聯邦）政府皆不得成立宗教（國教）。

2.政府不得立法以資助某一宗教，或全部宗教，亦不得偏袒某一宗教。

3.政府不得強迫人民或影響人民信仰或離開某一宗教；政府亦不得強迫人民承認信仰或不信仰某一宗教。

4.人民不因其從事或承認某種宗教信仰而被處罰。

5.課徵稅捐，不得基於為支持宗教活動或宗教機構之理由。

6.政府不得公開或秘密參與宗教事務或宗教組織；反之亦然 ❹ 。

信仰宗教之自由，含有信仰自由、崇拜（禮拜）自由與傳教自由。前二者為信仰者個人的內心活動，應屬絕對的自由。至於傳教活動或宗教活

---

❷ 嚴震生：〈美國憲法與宗教爭議〉，評介 Edward J. Lason 所著：《眾神的審判》，《中國時報》（民國九十一年六月二日）。

❸ 美國最高法院於「政教分離」原則之解釋，常因時政取向，而有不同的見解。參閱楊日旭：〈論美國憲法上的宗教自由權〉，《憲政時代》，第九三期（民國八十年三月），頁一～二〇。

❹ Theodore Schussler, *Constitutional Law* (New York: Gould Publications, 1973), pp. 226～227.

動，則係相對的自由，故教義不得高於法律，即不得因宗教信仰而拒絕繳稅、服兵役，或拒絕向國旗敬禮。簡言之，人民不能因信仰而違背公民責任❷。另有因宗教信仰而拒服兵役之事件，大法官於民國八十八年十月一日作成釋字第四九○號解釋，指出憲法規定服兵役義務，不違反人性尊嚴，為保護人民及防衛國家安全所必須，與平等原則及宗教信仰自由之保障無牴觸。因此，替代役實施條例（民國一○四年六月十日修正公布）第五條規定，因宗教等因素得經甄試後服替代役。對於憲法保障宗教信仰自由的程度，大法官更進一步區分為內在自由與外在自由不同層次的保障，認應予內在自由絕對保障，外在自由則予相對保障。內在信仰自由涉及思想、言論、信念及精神層次，應受絕對保障；而由其派生之宗教行為及宗教結社等外在自由，則可能涉及他人之自由與權利，甚至可能影響公序良俗、社會道德與社會責任，因此僅能受相對之保障。

　　宗教與社會、文化乃至政治原有密切的互動關係，欲嚴格劃分頗為困難。唯以為落實政教分離之理想而言，如人民販賣宗教書刊，應予免稅；公立學校不得利用正課時間於學校建築內傳授宗教教義；政府對教會學校之補助，應與對非教會學校為相同之補助，並且都是基於教育之所需而非宗教的原因。我國各大學自民國八十一年起開設宗教學科，屬通識課程，也以使學者認識宗教、建立正確的宗教觀念為主旨；民國八十三年十月，社會各界向內政部建議保留頗具歷史的教堂，不應劃入都市計畫的公共設施而予以拆除，係出於保存文化資產的考慮，不是基於維護宗教的立場。

　　宗教文物與信仰自由（政教分離原則）的關係，常成為討論的議題。茲舉美國二○一○年 Salazar v. Buono (2010) 一案為例。此案，涉及「Mojave 保留地」上的十字架，是否是政府支持宗教的違憲行為：一九三四年建造的十字架，由「海外戰爭退伍軍人會」所建，是「國家公園處」保存的戰爭紀念物；二○○一年「美國公民自由聯盟」由代表前國家公園服務處公務員的天主教徒 Frank Buono 提告，控訴這個十字架牴觸憲法第

---

❷　荊知仁：《美國憲法與憲政》（臺北：三民書局，民國七十三年八月初版），頁三八三。

一修正案宗教自由（政教分離）條款。這件訴訟，也紀錄公園處曾否決在十字架旁邊興建佛寺的要求。

聯邦地方法院同意 Buono 的意見，二〇〇二年判決十字架之基本作用在提振宗教。國會此時回應此案，立法要求內政部移轉約一畝地給海外戰爭軍人會，以交換一塊附近私人土地。聯邦第九上訴巡迴法院於二〇〇七年判決支持地區法院，認為土地徵收無效。上訴一方主張，該十字架作為紀念物已經豎立超過七十年，未發生事故，Buono 也未曾因此物而受害。最後，聯邦最高法院大法官在意見紛歧中作成五對四的判決 (in fragmented five-to-four decision)，變更上訴法院判決，重新開放十字架，土地移轉不違反修憲第一案 （贊成的大法官包括首席 Roberts, Kennedy, Alito, Scalia, Thomas 等。 歐巴瑪總統任命的新任女大法官 Sotomayor 及另一女大法官 Ginsburg 則投反對票）❸。

我國歷代多尊崇道教，甚或奉為國教，且由政府管理推動道教事務。清代以後，宗教信仰逐漸成為民間活動，如今並以法律規定宗教平等與信仰宗教的自由。目前我國刑法對於公然侮辱壇廟、寺觀、教堂、墳墓或公眾紀念處所者，或妨害喪、葬、祭禮、說教、禮拜者，皆規定其刑責，以保障此項自由。至於監督寺廟條例（民國十八年十二月七日公布施行）有關寺廟之處分或變更其不動產及法物，規定須經所屬教會之決議、主管機關許可，未顧及宗教組織之自主性，以及宗教傳布目的之需要，對宗教活動自由之限制已逾越必要之程度。其申請程序及許可要件，付諸缺如，且採取事前許可之管制，與憲法保障人民自由權利之意旨均有所牴觸（釋字第五七三號解釋）。

第七目　集會結社之自由

人類的生活即社會生活。團體活動已成為現代社會生活的形態，集會為暫時的團體活動，結社則是長久的團體活動，二者皆為交換意見、資訊

❸　David M. O'Brien, op. cit., pp. 125～126.

之所必需。憲法第十四條規定：「人民有集會及結社之自由。」世界人權宣言於第二十條規定：「1.凡人皆享有和平集會與結社之自由。2.凡人不得被迫加入任何團體。」

一、集會自由

依照我國集會遊行法之定義，集會是指於公共場所或公眾得出入之場所舉行會議、演說或其他聚眾活動。集會以合法、和平討論事務為目的，為憲法上表達意見的權利❸❹。

集會，因室內集會或室外集會而有不同的限制。對於室內集會，各國多採追懲制，對於室外集會則採預防制。以我國言之，集會遊行法有關室外集會之限制，要有：1.負責人應於事前六日申請登記。但有急迫性、偶發性事故，非即刻舉行無以達到目的之集會不在此限（釋字第七一八號解釋）。2.集會（遊行）以當地警察機關為主管機關。3.集會（遊行）禁止於列舉的特定地區舉行。

至於罰則，集會遊行法就違反該法之限制定有警告、制止、命令解散、罰鍰等之行政罰。刑法則除了取締非法集會，規定「公然聚眾，意圖為強暴脅迫，並抗拒解散之命令」之妨害秩序罪（第一四九條、第一五〇條）外，並正面保障人民之集會自由，對於「以強暴脅迫或詐術，阻止或擾亂合法之集會」者，明定刑責。

依司法院釋字第四四五號解釋，有關集會遊行之限制規定，係為維持社會秩序及增進公共利益所必要，但有關禁止「主張共產主義或分裂國土」之規定，限制人民的政治上言論，係違憲之規定。而有關集會遊行前，僅憑將來有發生危害國家安全、社會秩序或公共利益之虞，或有危害生命、身體、自由或財物造成重大損害之虞，即禁止集會遊行之規定，亦與憲法保障集會自由之意旨牴觸，應失其效力。

相對許可制或形式報備制　集會遊行法有關室外集會與遊行採事前許可制，是否違憲；易言之，是否採報備制方合憲？依釋字第四四五號解釋，

---

❸❹　Theodore Schussler, ibid., p. 221.

我國集遊法採雙軌制，如許可事項未涉及集會遊行之內容，只審查申請的時間、地點，則尊重立法院之決定（立法自由）。如涉及集會遊行之內容，則依釋字第四一四號解釋（與國民健康、公共利益有關之商業表達言論應受較嚴格之規範），再依言論價值之高低為不同程度之審查。故申請人在集會遊行法制下，並非完全無自由領域之適用❸。再者，集遊法第九條增訂急迫性與偶發性集會不在此限（六日前申請登記），符合釋字第四四五號及第七一八號解釋，許可制已經有所緩和，設有例外情況。所謂許可制事實上形成相對許可制或形式報備制，故民國一〇五年四月立法院內政委員會提議改為自願報備制。

　　集會與請願、言論自由的關係　美國有關集會案例及意義：㈠集會與請願之關係。聯邦最高法院一八七六年一項判決指出，集會與請願兩項自由有密切關係，然請願是一種獨立的權利，集會自由則是為達到請願的一種方法。至一九三七年，聯邦最高法院則有不同解釋，在另一項判決指稱集會自由脫離請願自由，成為一種獨立的權利，人民集會不必請願，請願也不必然要集會，它與言論、出版等自由同樣重要。問題的重心則在，集會上的言論是否逾越憲法保障的言論自由之範圍。㈡集會與言論自由之關係。集會自由與言論自由互為表裡，相互為用。有些行動可以說係根據言論自由，也可以說係根據集會自由。對於言論自由之限制，同樣適用於集會自由❸。

二、結社自由

　　結社自由，即特定的多數人，為完成一定之目的，而為長期組織團體之自由。依人民團體法所定，人民團體包括三類：1.職業團體：係以協調同業關係，增進共同利益，促進社會經濟建設為目的，由同一行業之單位、團體或同一職業之從業人員組成之團體。如各種同業公會、各種職業工會

---

❸　陳景發，《從人權保障觀點論我國集會遊行之法問題》（臺北：元照，民國一一〇年），頁一〇〇～一〇一與二四九～二五七。

❸　周道濟：《基本人權在美國》，同前，頁九一～九二。

即是。 2.社會團體：係以推廣文化、學術、醫療、衛生、宗教等或其他以公益為目的，由個人或團體組成之團體。如研究性質之學會、消費者基金會即是。 3.政治團體：係以共同民主政治理念，協助形成國民政治意志，促進國民政治參與為目的，由國人所組成之團體，如政黨即是。

至於結社自由的限制，常基於： 1.保持公序良俗：禁止以組織團體為犯罪行為。 2.維護國家安全：人民之集會、結社，不得違背憲法，為我國人民團體法、國家安全法所明定。美國於一九四〇年通過史密斯法 (the Smith Act)，禁止以武力或暴力推翻政府之結社；一九五四年更通過共產黨管制法，禁止共產黨的成立即是。二戰後，西德、土耳其、葡萄牙等國都禁止危害民主自由基本秩序的團體或政黨成立。

而其限制方式，如言論自由、集會自由之限制，亦包括事後追懲制與事前預防制兩類。有關人民團體之行為是否違法，係採事後追究的追懲制。而有關其成立手續，則採事先預防制管理。以我國現行法制分析，其情形是：

1.預防制的許可制：職業團體之管理即是。

2.預防制的報告（報備制）：政黨之成立採此方式。如「已立案之全國性政治團體」，以推薦候選人為目的者，於選舉公告發布之日前，檢具文件向中央主管機關申請備案，亦得成立政黨。政黨之限制得採較寬鬆的報備制，係基於促進政黨政治之考慮。

三、政黨法

政黨法於民國一〇六年十一月十日完成立法程序，民國一〇六年十二月六日公布。本法計七章四十六條。其要點包括： 1.黨員大會為政黨最高權力機關，至少每二年召開一次。依章程規定由黨員選出代表，召開黨員代表大會，行使黨員大會職權。設置內部專責單位，以處理章程之解釋、黨員之紀律處分、除名處分及救濟事項。此為落實政黨自治原則之作為。 2.政黨補助款門檻（最近一次全國性選舉之得票率）從百分之三點五降為百分之三。 3.黨員年齡為年滿十六歲。 4.賄選之禁止，黨主席、中常委及

黨部主委等政黨內部選舉發生賄選、搓圓仔湯等情形，依法將被處三年以下徒刑，得併科新臺幣三十萬元以下罰金。 5.曾因內亂外患、貪污罪及組織犯罪防制條例等經判刑確定不得擔任政黨負責人。6.政黨之經費及收入，限於列舉的黨費、政治獻金、政黨補助金及為政黨理念製作的活動宣傳品銷售，與這些收入所生孳息等六項。 7.政黨不得經營或投資營利事業，且除供辦公使用處所外不得購置不動產。 8.宣示政黨中立原則，即黨政軍校分離，規定除各級民意機關外，政黨不得在政府機關、機構、公營事業機構、行政法人、法院、軍隊或學校設置黨團組織。 9.政黨之解散，依憲法增修條文第五條第五項（政黨之目的或行為，是否危害國家之存在或自由民主之憲政秩序）應予解散者，由主管機關檢具事證，聲請司法院憲法法庭審理之。

　　民國一〇五年七月二十五日，政黨及其附隨組織不當取得財產處理條例完成立法程序，同年八月十日公布施行；該法適用對象是民國七十六年七月十五日解嚴前成立，並依動員戡亂時期人民團體法規定備案之政黨。不當黨產處理委員會認定適用於十個政黨，但僅民進黨和國民黨有逐年申報收支決算之紀錄。民國一〇五年八月底，行政院成立不當黨產處理委員會，開始處理國民黨及其附隨組織（黨營事業、救國團、婦聯會等）之財產。政黨及其附隨組織不當取得財產處理條例公布施行後，監察委員提出調查報告，指行政院設不當黨產處理委員會之設置，違反中央行政機關組織基準法委員會總額之限制，黨產會掌握調查及處分權相關行政作為違反法治國原則與正當法律程序原則等情調查報告（監察院調查報告）。

四、社會團體法（草案）

　　行政院會於民國一〇五年五月二十五日通過內政部擬具的「社會團體法」草案。由於人民團體法高度管制思維，經司法院釋字第四七九號等解釋認為相關規定與憲法保障人民結社自由的意旨不符。考量蓬勃發展的社會團體為臺灣社會的重要資產，政府應給予相關培力措施，且社會團體與職業團體及政治團體的屬性不同，有必要單獨規範，因此擬具「社會團體

法」草案。該草案除將社會團體的設立由原許可制改為登記制外，管理面則鬆綁採低度規範，尊重團體自治、強化公共監督。其要點如下：

1.社會團體採登記制。 2.社會團體置負責人及理事、監事由會員（會員代表）中選舉之。 3.社會團體之年度收入決算數或資產總額達中央主管機關公告之一定金額以上者，其財務報表應經會計師查核簽證。 4.社會團體得依法減免稅捐。 5.主管機關或目的事業主管機關為促進社會團體之發展，得編列年度預算辦理相關教育訓練、獎勵及其他培力措施。 6.社會團體就應登記事項、相關會議紀錄、年度預決算、工作計畫與報告、接受補助、捐贈及支付獎助、捐贈之名單清冊等資訊主動公開。

至於職業團體法，尚在研議階段。有關規範，散布在教師法，以及工商團體、商業團體、輔導各級人民團體等相關法規。

第八目　財產權

一、財產權之意義及性質

財產權是人民對於其所有之財產，具有確保存續狀態行使自由使用、收益及處分之權利，不受他人非法侵害。基於個人之人格發展自由，個人得自由決定其生活資源之使用、收益及處分，因而得自由與他人交換生活資源，是以憲法於第十五條保障人民之財產權，又於第二十二條保障人民之契約自由。因此，從個人內在之保有以及外在之使用、處分、交換觀之，財產權是人民的一種自由權利。

財產權具有自由權利之性質。財產所有人有權去處分他的財產，當一個人享有某項財產權，這就意味著他可以自由地去處置該項財產❸❼。憲法學理論或人權思想，在此重新省思。

---

❸❼　許國賢：〈財產必須被繼承嗎？〉，臺北大學公行系《行政學報》，第二十七期（民國八十五年），頁一～三六。

二、西方財產權有神聖的觀念

　　羅馬立國一千年，貴族所有權逐漸失去劫掠的性質，而變成法律上的權利，甚至有神聖的色彩，誰侵犯此權利，法律上即受刑罰，道德上也受到唾罵。歐洲國家受羅馬法影響，學者均視所有權為神聖不可侵犯的權利 ❸ 。亞理斯多德以為最安全最持久的民主政治是建築在農業經濟的基礎上，洛克發現國家的起源及目的都是著眼於財產上，人類所以要組織社會的理由是在保障他們的財產，任何政府或權力侵害人民的財產，他們有權掀起革命予以推翻，這是倫理革命的經濟基礎。美國開國先賢麥迪遜在《聯邦者論集》第十號說，政府的功能在保護著人民以不同等能力獲取的財產。英國一六八八年的革命，是擁護財產者為保護其權利的革命行動 ❸ 。美國獨立革命是殖民地人民反抗母國英國政府的壓迫，而其反抗均與納稅有關即與人民自己的財產有關 ❹ 。共產國家前蘇俄（蘇聯），直到一九九三年亦承認私有財產制。

　　反觀中國古代，以國家為皇帝的私產，「普天之下莫非王土，率土之濱莫非王臣」，土地屬於皇帝，土地上的人民也屬於皇帝，皇帝侵犯人民的所有權，沒有法律上的責任。固然歷朝歷代律令也有保護人民財產的條文，但保護的是禁止個人侵害個人的財產，不是禁止政府侵害個人的財產。周代實行農奴制度，農人對於自己的土地只有使用權，沒有所有權。至於大地主的諸侯，又兼併不已，他們的財產有劫掠的色彩，所以不會發生神聖的觀念。朝代常更易，農田失去保障，土地所有主時時變更，皇朝新貴恃其功勞，橫奪民產，則保護所有權的法律，也沒有發達的機會 ❹ 。

❸　薩孟武：《水滸傳與中國社會》（臺北：三民書局，民國六十年版），頁七六～七九。

❸　Charles A. Beard 著，張金鑑譯：《政治的經濟基礎》（臺北：臺灣商務印書館，民國五十八年出版），頁一一～一七。

❹　薩孟武：《孟武隨筆》（臺北：三民書局，民國八十三年六版），頁九〇。

❹　薩孟武：《水滸傳與中國社會》（臺北：三民書局，民國六十年版），頁七六～七九。

三、財產權的社會功能

　　私有財產制度造就了中產階級，而中產階級的興起是西方民主憲政不可或缺的因素，私有財產制度對人權發展及立憲政治有密切關係。釋字第四〇〇號解釋指出：「憲法第十五條關於人民財產權應予保障之規定，旨在確保個人依財產之存續狀態行使其自由使用、收益及處分之權能，並免於遭受公權力或第三人之侵害，俾能實現個人自由、發展人格及維護尊嚴。如因公用或其他公益目的之必要，國家機關雖得依法徵收人民之財產，但應給予相當之補償，方符憲法保障財產權之意旨。」❷

四、財產權之限制

　　二十世紀各國憲法，對財產不再採絕對放任，德國威瑪憲法「所有權包含義務」的主張，首開其端；「財產權為社會職務而行使」的觀念普遍成為現今時代的共識。財產權非絕對自由，必需依法享有之。

　　我國憲法第十三章「基本國策」，第三節「國民經濟」，有關土地、私人財富及私人事業等之保障條文頗多。此外司法院大法官有關財產權之解釋日增，茲舉其要如次：

　　㈠釋字第四〇〇號解釋指，私人土地供公眾使用，成為道路，係因公用或其他公益目的之需要，即「因公益而特別犧牲」，政府應依法辦理徵收並給予補償。

　　㈡基於公共利益之維護，藥物廣告應受較嚴格之規範。釋字第四一四號解釋：「藥物廣告係為獲得財產而從事之經濟活動，涉及財產權之保障，並具商業上意見表達之性質，惟因與國民健康有重大關係，基於公共利益之維護，應受較嚴格之規範。藥事法第六十六條第一項規定：藥商刊播藥物廣告時，應於刊播前將所有文字、圖畫或言詞，申請省（市）衛生主管機關核准，旨在確保藥物廣告之真實，維護國民健康，為增進公共利益所

---

❷　吳庚：《憲法的解釋與適用》（臺北：作者自刊，民國九十三年版），頁二四四～二四五。

必要，與憲法第十一條及第十五條尚屬相符。」

㈢財產權所具有之社會義務，應受合理限制。釋字第五七七號解釋：「於菸品容器上應為上述之一定標示，縱屬對菸品業者財產權有所限制，但該項標示因攸關國民健康，乃菸品財產權所具有之社會義務，且所受限制尚屬輕微，未逾越社會義務所應忍受之範圍，與憲法保障人民財產權之規定，並無違背。」

㈣對財產權所為之限制、處罰應符妥當性。釋字第六四一號解釋：「菸酒稅法第二十一條規定：『本法施行前專賣之米酒，應依原專賣價格出售。超過原專賣價格出售者，應處每瓶新臺幣二千元之罰鍰。』其有關處罰方式之規定，使超過原專賣價格出售該法施行前專賣之米酒者，一律處每瓶新臺幣二千元之罰鍰，固已考量販售數量而異其處罰程度，惟採取劃一之處罰方式，於個案之處罰顯然過苛時，法律未設適當之調整機制，對人民受憲法第十五條保障之財產權所為限制，顯不符妥當性而與憲法第二十三條之比例原則尚有未符。」

第四節　受益權

憲法上之受益權，包括經濟上受益權（生存權與工作權）、行政上（司法上）受益權（請願權、訴願權與訴訟權）與教育上受益權（受國民教育，亦為人民之義務）。唯現今憲法學理論則將財產權歸類為自由權範圍，而生存權、工作權以及受國民義務教育權則歸類為社會權。

第一目　受益權的性質

一、受益權的積極性

受益權是人民請求國家為一定行為以照顧其生活的權利，其旨在於「民享」(for the people)，常需國家有所作為，又稱為積極的權利，而與人民居

於主動地位，以國家不作為為主旨的自由權不同，本質上，自由權則為消極的權利。受益權中，如受基本教育權，雖亦講求自由、平等，且有視之為自由權者❸，唯本質上，受教育是人民得向政府請求作為的權利，屬受益權頗為明顯。

二、受益權的相對性

十八、九世紀的近代憲法，著重人民的自由權，對受益權不甚重視；二十世紀的現代憲法正視受益權，並以社會主義扶助弱勢者，講究相對平等，即立足點的平等。我國憲法於經濟上受益權尤基於民生主義，在「基本國策」一章特別濟弱扶傾，採相對觀點保障人民的受益權。

三、受益權的國際化

現今受益權的保障，已成為各國憲政重要內涵項目，世界人權宣言第二十二條規定：「每個人，作為社會的一員，有權享受社會保障，並有權享受他的個人尊嚴和人格的自由發展所必需的經濟、社會和文化方面各種權利的實現，這種實現是通過國家努力和國際合作並依照各國的組織和資源情況。」我國憲法有關社會安全、教育文化等法制規定，都在力求符合世界人權宣言之要求。

第二目　經濟上的受益權（生存權、工作權）

我國憲法於第十五條規定：「人民之生存權、工作權及財產權，應予保障。」除財產權外，一般稱此為經濟上受益權之保障條款。又生存權與工作權為人民參與團體、營造社會生活所必需，亦稱「社會權」。此外，「基本國策」章，「國民經濟」、「社會安全」乃至「邊疆地區」各節，皆有重要的相關規定。

---

❸　Theodore Schussler, op. cit., pp. 252～257. 如美國之受教育權，即因種族背景而特重「分離而平等」原則，故視受教育為自由權，強調其為「選擇的自由 (freedom of choice)」。

一、生存權

　　生存權是人民要求國家維持其最低程度之生活條件，延續其生命之權利。日本憲法（第二十五條前段）指陳，「任何國民均有享受健康及文化的最低生活之權利」，生存權的內涵包括衛生保健、文化環境等之享有。我國憲法除於第十五條要求國家應保障人民之生存權外，復具體規定：1.對於勞工及農民生活之改良、生產技能之增進，應制定保護之法律，實施保護之政策。 2.對老弱殘廢無力生活及受非常災害者，國家應予以適當之扶助與救濟。 3.對於婦女及兒童，應實施福利政策，保護母性，以奠定民族生存發展之基礎。 4.對於邊疆各民族各項生活面向應扶助其發展。 5.為增進全民健康，應普遍推行衛生保健事業及公醫制度。

　　民國八十一年制定之憲法增修條文，重申國家應推行全民健康保險與保護婦女、殘障者、自由地區之原住民等重要規定，皆為與生存權有關之保障。其中，全民健康保險於民國八十四年起推行，實為實施憲政以來，極具重要意義的一步。

　　近年來有關生存權的重要議題，其一、安樂死。現代醫學對於瀕臨死亡之病患，因難以忍受病痛之苦，應其要求，給以安樂的解脫痛苦。包括用藥物或切斷病患之生命等方法。由於事關人的生命，故必需合法化，有法律依據方可使用。我國立法院於民國一〇〇年一月十日三讀通過，授權家屬要求拔管病末家屬可要求停止維生的法案「安寧緩和醫療條例」，即在呼應此一「病患自主權」、「協助病患解脫」的嚴肅課題。其二、死刑存廢。雖然許多國家已廢除死刑（二〇〇七年底有六十國保留，二十四國實際執行），死刑制度在我國也曾引起社會關注、廣泛討論（百分之八十的民眾反對廢除）。唯我國現行法制如刑法，尚維持死刑的刑罰。依司法院大法官解釋（如第四七六號），肯定對特定犯罪處以極刑，如目的正當、手段必要、限制妥當，亦符合憲法第二十三條比例原則。其三、環境權。憲法增修條文第十條第二項，規定「經濟及科學技術發展，應與環境及生態兼籌並

顧」。自然環境是人賴以為生存的條件，水資源、空氣、地質、土壤應維持一定健全品質，公害防制及處理必需把關。如臺灣東部土地規劃，無論是產業開發，或是高速公路建造，都與人民的環境權有關，如何透過專業諮商、公民審議與資訊透明是決策要件（花東地區發展條例於民國一〇〇年六月十三日經立法院三讀通過，設置「花東地區永續發展基金」有其必要）。

　　甚至食品衛生，亦攸關人民的生存權。民國一〇〇年五月爆發「食品違法添加塑化劑」事件，「塑化劑」對廣泛的消費者健康造成不利的影響，特別是干擾人體荷爾蒙雄性激素的訊息傳遞，影響男性生殖系統的發育，孕婦、胎兒、孩童也都會有不利的作用。我國環保署將此毒物 (DEHP) 列管為第四類毒性化學物質，需受毒化物管理法的規範，但製造及運送過程未受專業技術的管理，形成控管的漏洞。其次，監察院調查顯示，民國九十九年各縣市編列的食品衛生經費，每個國民平均只分配四點六元，而美、加、日、韓、澳等國十九個城市平均高達約一百零二元，差距懸殊，我國相關的行政資源顯然被忽略。再次，優良食品（如 CAS）廠商的食品檢出殘留的毒素，政府認證的權威正面臨挑戰，公信力面臨危機。

二、工作權

　　工作權是人民從事工作、選擇職業的權利，此項權利與生存權猶有手段與目的之密切關係。蓋獲致工作是圖生存的重要方法，而保障工作權，實亦即在保障生存權。美國聯邦最高法院（在 Traux v. Raich, 1951 一案）曾詮釋工作權，認為工作權乃是個人自由及發展之基礎❹。

　　憲法除了在第十五條宣示國家應保障人民之工作權，更明定：1.人民具有工作能力者，國家應予以適當的工作機會。2.保障勞工及農民之生活，特別保護婦工及童工。3.以法律調解與仲裁勞資糾紛。是以工作權之保障，應包括充分就業、工作條件及環境、調和勞資關係等要項。民國七十三年七月公布之「勞動基準法」，即強調其立法宗旨為「規定勞動條件的最低標

❹　周道濟：《基本人權在美國》，頁二九。

準，保障勞工權益，加強勞雇關係，促進社會與經濟發展」，並具體指出工作權保障的內涵是：

1.雇主不得以強暴、脅迫、拘禁或其他非法之方法，強制勞工從事勞動。

2.任何人不得介入他人之勞動契約，抽取不法利益。

3.雇主對於雇用之勞工，應預防職業上災害，建立適當之工作環境及福利設施。其有關安全衛生及福利事項，依有關法律之規定。

第三目　程序上的受益權（請願權、訴願權與訴訟權）

憲法第十六條規定：「人民有請願、訴願及訴訟之權。」此項規定與憲法第二十四條國家賠償制的規定，是人民維護其權利、提起損害救濟的保障條文。而第十六條規定之訴願，係向行政機關提出，依行政程序審理；訴訟則是向司法機關提出，依司法程序審理，故第十六條規定者，包含行政上受益權與司法上受益權。由於此權特重程序保障，故現今憲法學理論將此三者稱為程序保障權。

一、請願權

請願權，是人民就某些事項，向國家機關陳述願望之權利。其所受理機關，為國家機關，不論是中央或地方所屬機關，亦不以行政機關為限，除法院以外，對立法、考試、監察機關亦得提出。詳言之，依我國請願法規定，其要點包括：

1.請願之事項，包括國家政策、公共利益或其他權益之維護。

2.請願之事項，不得牴觸憲法或干預司法審判。

3.應依法提起訴願或訴訟之事項，不得請願。

4.請願應具請願書。

5.受理請願之機關，或請願人所屬機關之首長，對於請願人不得有脅迫行為，或歧視待遇。

6.受理請願之機關，應將處理結果通知請願人。

二、訴願權

訴願權，是人民因中央或地方機關違法或不當之處分，致其權利或利益受損害時，請求原處分機關之上級機關，審查該處分之當否，並為一定決定之權利。可知訴願權與請願權不同。訴願係：1.針對行政處分之違法或不當而提起。2.僅向行政機關提出，即向原處分機關之上級機關提出，如原處分機關係中央部、會或五院，則向該部、會或院提出，是為例外。3.違法或不當之處分，與人民權利之損害間，應有因果關係。4.受理機關應依規定程序及形式做成決定。各機關辦理訴願事件，應設訴願審議委員會，其委員除本機關高級職員外，社會公正人士、學者專家不得少於二分之一。訴願就書面審查決定之，惟必要時得進行陳述意見、言詞辯論；對訴願之決定，如有法定情形，訴願人、參加人或其他利害關係人得申請再審。

三、訴訟權

訴訟權，是人民於權利受侵害時，向法院提起救濟，請求裁判之權利。而所稱訴訟，包括民事訴訟、刑事訴訟、行政訴訟與選舉訴訟四者。1.民事訴訟，係因私法權利受私人之侵害時，請求普通法院為一定裁判之爭訟。民事訴訟即民事上法律關係之爭訟，主要依民事訴訟法審理。2.刑事訴訟，係因人民之權利受他人犯罪行為所侵害，向普通法院提起之訴訟，請求國家科以違法者刑罰之權利。刑事訴訟，為適用刑罰法規之爭訟，依刑事訴訟法審理。3.行政訴訟，係人民因中央或地方機關之違法處分，致損害其權利，經依訴願法提起訴願，而不服其決定，向行政法院提起之爭訟，請求撤銷原處分之權利。4.選舉訴訟，則為選民就某項選舉違法，或某候選人之當選違法，向普通法院提起選舉無效或當選無效之爭訟。

其中，行政訴訟制度則有重大變革。司法院於民國七十七年起研議行政訴訟法修正案歷經十年，民國八十七年十二月二十八日修正公布三百零

八條全新條文。其要者：1.行政法院增設為高等行政法院與最高行政法院，使行政訴訟成為二級二審制。2.行政訴訟不限於撤銷（違法之處分）訴訟，增訂確認、給付、請求應為行政處分等訴訟。3.第一審訴訟程序採言詞辯論。4.增訂和解程序、簡易訴訟程序。5.增設保全及執行程序。民國一〇〇年起，行政訴訟再改革，成為二審三級制，地方法院增設行政法庭，審理交通裁罰及簡易行政事件。

第五節　參政權

參政權是人民立於主動地位，參與政事、行使政權的權利。現今憲法學理論，又稱此為政治參與權。依中山先生學說，參政權即政權，包括選舉、罷免、創制及複決四項。選舉、罷免兩權，是管制政府人事的權利，可收可放；而創制、複決兩權，則是掌握政府之法制政策的權利，可建可廢。此外，憲法更規定人民有應考試服公職之權，當能落實主權在民、全民政治的理想。參政權的內涵頗為完備。

再者，參政權並非人人皆可享有，而是由具備一定條件的公民方可行使，故參政權又稱為公民權。因之，憲法第十七條，「人民有選舉、罷免、創制及複決之權」之規定，「人民」於此應解為公民之義。至於外國人或受褫奪公權之公民，皆不得享有參政權。

一、選舉權

選舉權是指公民經由選票之圈選或其他方法，選出官吏或民意代表的權利。依憲法第一三〇條之規定，我國國民年滿二十歲者有依法選舉之權；年滿二十三歲者有依法被選舉之權（現行選舉罷免法則對各種公職人員設定候選人的學、經歷限制；特別是對各級民意代表之限制，經司法院釋字第二九〇號解釋，與憲法尚無牴觸）。近年來，選民年齡應降低為十八歲，以適應教育普及、青年政治參與意識提高的社會，以及國民主權原則的要求，成為民國一一一年十一月公投議題（未通過）。

選舉權，為參政權中最重要而且經常行使的一種。民主政治即是以選舉產生官吏或代表的生活方式。除了選出官吏與代表外，選舉權的行使運作，更具有：1.滿足人民參與政治的欲望。2.使有志於參政者有出類拔萃的機會。3.有助於社會之流動與穩定等重要功能。透過選舉，人民乃能「看好」政府，使執政者了解「回應民意」的必要，表現主權在民的真諦。

至於選舉的性質，主要有三種學說。一是權利說，此說認為選舉權是人民固有的權利，是否行使，聽任自由，我國憲法似採此說。二是義務說，此說認為選舉權係基於社會利益的考量，而賦予人民的職務，有些國家如比利時、瑞士、菲律賓採行強制投票，顯然採此學說。三是權利兼義務說，認為選舉不僅是人民的權利，也是一種義務。

二、罷免權

罷免權是人民對於經由選舉產生的官員或民意代表，在其任期屆滿之前，得基於特定原因而以投票方法，罷除其職務的權利。人民享有此權，是一種直接民權或主權在民的設計，使人民對不稱職的公職人員，得撤回其原先支持，令其去職，是政治上「拉回來」的力量。罷免制度之設，顯然是將人民與其代表間，視為委託（授權）之關係。一旦人民對其代表之表現不滿，即可提案予以罷免。

從法理上檢視，主張應有罷免制度者，從委託說（授權說）立論，其理由顯然是認定罷免制度具有重要功能，如：1.警惕公職人員應尊重民意。2.對公職人員可產生嚇阻作用，以節制其行為。3.淘汰不稱職人員等。唯自由理論大師彌爾 (John S. Mill) 卻主張民意代表一旦選出，就應該容許他們表示不同的意見。因為代表應該對自己的良知負責，選民如不滿代表之表現，僅能於改選時，以選票予以「制裁」。依他看來，如果代表得受人民指示監督乃至罷免，將會破壞其創造力與責任感。彌爾反對罷免的理論，即所謂委任說或代表獨立說❹。我國法制兼採委託（授權）說與委任說。

---

❹　張明貴：〈約翰彌爾代議政府觀念析論〉，《憲政思潮》，第五五期（民國七十年九月），頁一八八～一八九。

　　事實上，罷免制度之運作頗為困難，且辦理一次罷免投票要花費甚大的財力物力。英、美、法、德、日諸國，對中央選任職官員及國會議員均無罷免之規定；美國僅對州或縣市官員有罷免之規定，實有其相當的考量。我國直到民國六十八年於高雄縣內門鄉鄉民代表陳秋香之被罷免，是地方自治史上第一樁罷免的案例。而對於中央民意代表，則以民國八十三年十一月臺北縣成立的四位立法委員罷免案，首開其端，但並未通過罷免案 ❹。至於中央民意代表，經政黨比例代表制產生的不分區代表及華僑代表，既非由地區人民選舉，則不適用罷免制度（釋字第三三一號解釋）。至於民意代表之言論免責，不影響選民罷免之行使，亦即民意代表之言論及表決，選民如認為不當，仍可依法提出罷免（釋字第四〇一號解釋）。

三、創制權與複決權

　　創制權，即公民以直接提出法制案的方式，或間接的向議會提出法制原則由議會立法的方式，完成立法定制的權利。複決權則是公民對立法機關所制定的法律，以投票決定是保留或廢棄的權利。創制、複決兩權是公民直接的立法權，創制，可說是公民立於積極主動的地位提出法案，而複決則是公民立於消極被動的地位確認法律。

　　主張人民主權的法國人盧梭，即認定選舉的功能有時而窮，選舉不是唯一表達人民願望的方法 ❹，因此必須借助於其他表達人民意見的方法。事實上，複決權就是起源於法國大革命時代的民權思想。法國於一七九三年首先採行，瑞士、美國各州亦相繼仿傚。根據統計，自一八六六年至一九八四年一百多年間，瑞士即運用了三百五十次，澳洲為三十九次，法國二十次，丹麥十四次 ❹。理論上，創制、複決兩權的功能或優點是：1.實

---

❹　臺北縣於民國八十三年十一月二十七日的罷免四位立法委員案，投票率僅百分之二一點三六，因未達過半數，該罷免案未獲通過。

❹　Austin Ranney, *Governing: An Introduction to Political Science*, (New Jersey: Prentice-Hall, 2001), p. 183.

❹　Ibid., p. 188. 至一九九一年，瑞士為四百二十次，澳洲為四十五次，義大利二十

現主權在民，彌補代議政治的缺失不足。 2.防止議會怠惰或濫權，透過創制、複決權可催促與節制議會提高議事效能。 3.引發人民參政興趣，培養其參政能力，收取政治社會化之效。 4.制定合乎人民需要的法律，法制不致與民意脫節❹。

　　然而，創、複兩權亦有其限制或缺點： 1.立法具專門技術性質，一般人民難以勝任，由人民直接立法恐失諸草率。 2.人民不具實務經驗，所提法案往往過於理想化，難以執行。 3.創、複兩權的運作，手續繁複，難符便民原則，需付出高昂的社會成本。

　　我國憲法於第二章（第十七條）及第十二章，肯定人民得行使創制、複決權，並規定應以法律加以規範（第一三六條）。然行憲迄今，尚未制定創制、複決法，人民當無法行使此兩項重要的公民權。臺北縣於民國八十三年十一月二十七日，除了辦理罷免四位立法委員的投票外，同時舉行是否贊成興建核能電廠的「公民投票」，內政部即認定其欠缺法源依據（該項投票，因投票率僅百分之一八點四五，不及一般認定的標準而未能通過）。民國九十二年十二月三十一日公民投票法公布施行，其有關內容見本書第十二章第三節。

四、應考試服公職權

　　憲法第十八條規定：「人民有應考試服公職之權。」依公務人員考試法之規定，被褫奪公權尚未復權者，不得應考；而依刑法之規定，被褫奪公權者，其公務員身分即喪失，不具公職人員之資格。可知應考試、服公職係人民的公權，亦為重要的公民權。而「應考試」與「服公職」間，看似具有因果關係，因一般公務人員之任用以經考試及格為條件，惟「考試權」、「服公職權」為兩項權利，如政務職、選任職，以及機要人員等，其任用不必經一般公務人員資格考試。今「考試權」日益受到重視，具備參

──────────

　　二次，法國二十一次，丹麥十四次，愛爾蘭十三次。

❹　張治安：《中國憲法及政府》（臺北：五南書局，民國八十一年修訂版），頁二一三～二一四。

與考試之條件者，國家必需依程序舉辦。

㈠應考試權

依憲法規定，凡公務人員的任用資格、專門職業及技術人員的執業資格，須經考試院考選銓定之 （憲法第八十六條）。為此，國家乃設各項考試，如高等考試、普通考試、特種考試、.專門職業及技術人員考試、檢定考試等。人民不分性別、宗教、種族、階級、黨派，只要具備應考資格，均得依考試法之規定參加考試，此即「公開競爭之考試制度」（憲法第八十五條之規定）的真諦。是以國家考試應採公開、競爭原則，公開舉辦、擇優錄取，不宜局限於特定人始得報考，以保障人民應考試的權利。

㈡服公職權

所謂服公職之權，是指具擔任公職的機會，亦即人民如具備法定資格，應有機會服公職，非謂國家必須授予人民公職之意。蓋公職除一般文官須經考試及格始得任用外，尚包括政務人員、民意代表及其他依法令從事於公務之人員，非以考試及格為任用條件。而即使是一般文官之任用，亦非以經考試及格為唯一要件也。至於文官即經國家依法任用，則服公職之身分受到法律保障，一旦遭免職處分，當允許其提起復審及行政訴訟 （釋字第二四三號及第四九一號解釋）。而考績法上的免職，依司法解釋則「具有懲戒性質」（釋字第二四三號解釋理由書）。

第六節　自由權利的保障制度

憲法第二章除列舉各項人民之自由權利外，復於第二十二條、第二十三條及第二十四條明定其保障之範圍、限制及賠償原則，以下依次述之。

第一目　自由權利的範圍

憲法第二十二條規定：「凡人民之其他自由及權利，不妨害社會秩序公共利益者，均受憲法之保障。」此一規定宣示我國人民之自由權利，不以

本章（第二章）所列舉者為限，只要不妨害社會秩序及公共利益者，也有屬於人民的自由權利項目。分析本條文的意義，有以下要點：

一、採概括規定

中山先生嘗指出，憲法是「國家之構成法，人民權利之保障書」，憲法前言亦表明「保障民權」是制憲的主要目的之一。而人民自由權利的內容，恆因時代的進步而變動衍生，例如現代社會所重視的環境權、資訊權、智慧財產權等，雖然未為憲法明文列舉，當涵蓋於憲法第二十二條「其他」自由權利的範圍。釋字第七一二號解釋指憲法第二十二條保障人民收養子女之自由；再如第十二條秘密通訊之自由涵括隱私權；第十四條人民有集會結社之自由，固為憲法所明定，自得引申出相關的、必要的「遊行」自由。至於自由權利之內涵及範圍則悉依社會觀念與法律規定認定之。我國憲法對於基本民權之保障，係採開放性的規範模式，即透過第二十二條賦予立法者及司法解釋機關，因應時代需求，擴展基本權之內容，填補憲法保障之缺漏。

論者就愛爾蘭憲法論之，其憲法上未列舉的權利，來源有：

㈠「隱含」於條文的權利：如居住自由即隱含隱私權，結社自由隱含「不參加組織權」，信仰自由隱含拒絕宗教之自由。

㈡不受拘束的權利：如賺取生活所需的權利。

㈢先於法律或國家而存在的權利：存在於自然法，如私有物所有權；做為一個人應當有隱私權、溝通權以及「有尊嚴生活」的權利。

歸納言之，已被承認而尚未見諸於憲法的權利有：健康權、免於非人道對待的權利、隱私權、婚姻權、育養子女權、無婚姻居家權、自然死亡的權利、獲取生計權、溝通權、國外旅遊權、司法近便權等❺⓿。

二、「範圍」寓含限制

本條文明定自由權利的範圍，以「不妨害社會秩序公共利益」為限。

---

❺⓿　Fergus W. Ryan, op. cit., pp. 152～165.

可知自由權利並非漫無邊際，而有其範圍。申言之，其他憲法未列舉的自由權利，亦不得妨害社會秩序及公共利益，否則仍不受保障。從此一限制的角度分析，本條條文與其後的第二十三條規定，雖有「參差之處」❺，但意旨相互呼應，不容分割。

三、憲法直接保障

我國憲法第二章，列舉人民之自由權利，並於本條文保障「其他」未列舉者，鉅細靡遺，由憲法自行詳加規定，並無「依法律」之字句，而「均受憲法之保障」，故明顯採取憲法直接保障主義（或稱直接保障主義或絕對保障主義）。如司法院釋字第四○○號解釋，指出國家機關雖得依法徵收人民之財產，但應給予相當之補償，「方符憲法保障財產權之意旨」，即表明憲法對人民自由權利直接保障之精神。

第二目　自由權利的限制

現代國家，對於人民自由權利之觀念，不再認為係神聖天賦不可侵犯，而已從個人權利本位主義，趨向於社會權利本位主義。如今，個人權利深受社會生活與團體觀念影響，必須有所節制限定，憲法第二十三條即為此一限制的基本規定。本條文規定，「以上各條列舉之自由權利，除為防止妨礙他人自由、避免緊急危難、維持社會秩序，或增進公共利益所必要者外，不得以法律限制之」。茲分析其義如次：

一、採取相對保障主義

權利來自社會，因社會生活而運用，必須兼顧公共利益，故人民之自由權利得以法律加以限制。因此我國憲法上人民權利之保障，是採相對保障，而非絕對保障。

---

❺　林紀東：《中華民國憲法逐條釋義(一)》（臺北：三民書局，民國七十一年二月修訂初版），頁三三八。

二、採取列舉的限制規定

依據憲法第二十三條之規定，國家對於人民之自由權利，不得任意加以限制，必須是基於「為防止妨礙他人自由，避免緊急危難，維持社會秩序，或增進公共利益所必要者」之目的，始得為之。

三、包含公益原則、法律保留原則與比例原則

㈠公益原則

團體重於個人；公益重於私利。對人民自由權利之限制，簡言之，實出於維護公益的目的。如司法院釋字第二六五號解釋指出，國家安全法限制入境之規定，係為確保國家安全、維護社會安定及秩序所必要。又如徵收土地、禁止非法之集會遊行，乃至寺廟管理❷，無非係基於公益的考量，而限制人民的自由權利。

㈡法律保留原則

憲法上，自由權利的保障不是絕對的（釋字第六二三號解釋）。如為限制人民之自由權利，必須以法律規定，究竟所限制者為何及如何限制。蓋中央法規標準法第五條規定，人民的權利義務（第二款）應以法律規定之。法律由國會（立法院）制定，而國會係代表人民行使立法權，以立法方式限制人民之自由權利，自合乎民主政治的原理。一方面，行政機關與司法機關，須依據法律為適法之運用，此乃法治國家「依法行政」之旨趣。另一方面人民亦應了解，只有在法治國家才有真正的自由❸。自由權利固然受法律保障，也受法律約束。如釋字第四八八號解釋，有關合作社、銀行之接管，對股東、經營者及其他利害關係人權益維護之解釋，其意旨謂：「憲法第十五條規定，人民財產應予保障。對人民財產之限制，必須合於

---

❷　司法院大法官會議釋字第二〇〇號（民國七十四年）指出，內政部依職權訂定寺廟登記規則，對寺廟之管理係為保護寺廟財產，增進公共利益所必要。

❸　孟德斯鳩並主張用法律保障公民的各項自由，參閱張宏生、谷春德主編：《西洋法律思想史》（臺北：漢興書局，民國八十二年出版），頁一六五。

憲法第二十三條所訂必要程度，並以法律訂之，其由立法機關明確授權行政機關以命令訂定者，須據以發布之命令符合立法意旨且未逾越授權範圍時，始為憲法之所許，迭經本院解釋在案。」

(三)比例原則

本條文揭示「必要」的限度，即為比例原則。對於人民之自由權利之限制，與所為達成之「防止妨害他人自由」等目的間，應有適當而合理的關係。申言之，所為之限制，有助於目的之達成（適合性），對自由權利之侵害應至最低限度（最少侵害原則），而所受之損害不宜超過所維護之公益（比例性）❺❹。如實施電影分級，雖限制某些觀眾，但對社會風氣、消費者權益、業者的利益之維護有助益，即合乎比例原則。再如釋字第四七六號解釋，即從比例原則指出：「毒品對於國民身心健康、社會秩序、國家安全為害甚鉅，當非個人一己之生命、身體法益所可比擬。對於此等行為之以特別立法嚴屬規範，當已符合比例原則；抑且製造、運輸、販賣煙毒之行為，除有上述高度不法之內涵外，更具有暴利之特質，利之所在，不免群趨僥倖，若僅藉由長期自由刑措置，而欲達成肅清、防制之目的，非但成效難期，要亦有悖於公平與正義。因此肅清煙毒條例中關於死刑、無期徒刑之法定刑規定，係屬必要。」

舊道路交通管理處罰條例第三十七條第三項規定：「計程車駕駛人，在執業期中，犯竊盜、詐欺、贓物、妨害自由或刑法第二三○條至第二三六條各罪之一，經第一審法院判決有期徒刑以上之刑後，吊扣其執業登記證。其經法院判決有期徒刑以上之刑確定者，廢止其執業登記，並吊銷其駕駛執照。」對此等規定，大法官釋字第七四九號解釋則指，僅以計程車駕駛人所觸犯之罪及經法院判決有期徒刑以上之刑為要件，而不問其犯行是否足以顯示對乘客安全具有實質風險，均吊扣其執業登記證、廢止其執業登記，已逾越必要程度，不符憲法第二十三條比例原則，與憲法第十五條保障人民工作權之意旨有違。

---

❺❹　比例原則即禁止過當、合理原則。

第三目 公務員責任與國家賠償法制

憲法第二十四條規定,「凡公務員違法侵害人民之自由或權利者,除依法律受懲戒外,應負刑事及民事責任。被害人民就其所受損害,並得依法律向國家請求賠償。」是為人民權利之「事後救濟」。分析之,其要點如次:

一、公務員的責任

本條文首揭公務員違法侵害人民自由權利,應負三項主要責任(除政治責任或道義責任外),即:

㈠**懲戒責任**

即公務員懲戒法上之責任。公務員因違法失職行為,侵害國家或人民之權益,經監察院彈劾後,移送司法院公務員懲戒委員會審議,而為適當之處分。對一般公務人員得為包括撤職、休職、降級、減俸、記過、申誡等六種懲戒處分,對政務官僅得為撤職或申誡之懲戒。

㈡**刑事責任**

即刑法上之責任。公務員因違反刑法規定之犯罪行為,應受刑罰制裁。如犯職務上之罪(瀆職、貪污等),即為職務犯,又稱身分犯;如犯一般人民亦得觸犯之罪,稱為準職務犯,二者皆加重其刑。

㈢**民事責任**

即民法上之責任。公務員立於民法關係的地位,與普通人民無異,如違反民事法律之規定,亦依法負其責任,屬一般之損害賠償責任。

二、國家賠償責任

本條文再補充規定,人民就其所受損害,尚可依法律向國家請求賠償。可知除公務員應負民事責任外,國家並擔負賠償責任,公務員與國家具有連帶賠償責任之關係。而所謂依據法律,除土地法、刑事補償法、核子損

害賠償法、郵電法等外，民國六十九年七月公布的國家賠償法，更作一般規定，以落實憲法第二十四條揭舉的國家賠償責任的法制。依據該法，國家賠償責任法制包含以下要義或特色：

㈠國家單獨責任

公務員於執行職務行使公權力時，因故意或過失不法侵害人民自由或權利者，國家應負損害賠償責任。唯如公務員有故意或重大過失時，賠償義務機關對之有求償權（或稱國家代位責任）。國家賠償法採國家直接責任制，賠償所需經費由各級政府編列預算支應之，以有效履行賠償責任而保障人民的自由權益。

再者，民國八十七年十一月二十日司法院大法官作成釋字第四六九號解釋，指出：人民對於因公務員「怠於執行職務」（失職）所致生命、身體或財產之損害，人民不論有無公法上請求權（如申請土地登記、營業執照），皆可以請求賠償。此號解釋宣告最高法院於民國七十二年作成的第七〇四號判例違憲；該判例認為公務員「怠於執行職務」必須滿足兩個要件： 1.被害人對於公務員為特定職務，有公法上請求權。 2.經向其請求執行職務，而怠於執行。釋字第四六九號解釋，只問政府有無可歸責性，不論公務員行為是積極作為或消極不作為，使國家賠償法制更加完備。

㈡國家責任主義

國家賠償包括公務員之不法行為（包括積極行為與消極怠惰之行為）的賠償，與公物因設置或管理有欠缺的賠償，前者以故意過失為要件，而後者則不以故意過失為要件，只要人民生命、身體或財產受損害，即應予賠償。只需其間有個相當因果關係，就由國家負起賠償責任，此即國家責任主義。

㈢效能原則

國家賠償的請求，係以公務員或公物所屬機關為賠償義務機關。國家賠償的提出，採協議先行制度，協議成立，所作之協議書，即為執行賠償之依據。如協議不成立，請求權人得向普通法院提起國家賠償之訴。而國家賠償的請求，更採短期時效原則，自請求權人知有損害時起，因二年間

不行使而消滅；自損害發生時起，逾五年者亦同。

㈣便民原則

國家負賠償責任以金錢給付為原則。法院於受理損害賠償之請求時，得依聲請為假處分，命賠償義務機關暫先支付醫療費或喪葬費。

㈤公道原則

對於有審判或追訴職務之公務員，因執行職務侵害人民自由或權利，須俟其參與審判或追訴案件犯職務上之罪，經判決有罪確定者，始適用國家賠償法。依釋字第二二八號解釋，對此類公務人員「職務之特性所為之特別規定，尚未逾越立法裁量範圍，與憲法尚無牴觸」。如被害人為外國人，以依條約或其本國法令或慣例，我國人民得在該國與該國人民享受同等權利者為限，適用國家賠償法。

㈥比例原則

國家賠償恆有一定法定要件，此等要件限制，理應符合憲法第二十三條所揭示的比例原則，不得過當。如釋字第四八七號解釋指出，冤獄賠償法（改稱刑事補償法）第二條第二款前段，僅是以受害人的行為違反公共秩序或善良風俗為由就剝奪其請求賠償的權利，未能考量情節是否重大、有無逾越社會通常觀念所能容忍的程度作為衡量標準，與其他不得賠償事由相比，也有輕重失衡之處，與憲法比例原則亦不盡相符。

第四目 人權發展與現實

一、人權出現的軌跡

1.羅馬（帝國）時期（西元前二十七年至一四五三年）：自由權。

2.十八世紀：美國以「獨立宣言」確立人權原則，憲法則提出自由、財產及平等權。隨後之法國大革命宣示民族主義與自由主義，提出自由、平等（博愛）口號。

3.十九世紀初：普魯士、奧地利民法保障姓名權。

　　4.二十世紀初：出現選舉權、創制複決等參政權。

　　5.一次戰後：威瑪憲法提出勞動（工作）權、休息權、生存權、社會權。

　　6.二次戰後：環境權、淨水權、眺望權、民族自決、集體權等；法國學說及判例注意人格權、名譽權、秘密通訊權；一九五八年法國第五共和法院認定肖像權；一九七○年代法國民法修訂尊重隱私權；美國重視隱私權保護❺❺。

二、臺灣人權發展

　　人權發展一向是國人及國際關心的議題。依據民間團體所做《二○一○年台灣人權報告》，民國九十九年主要的十項人權事件（其中環境及公平審判各有兩件）如次：

　　㈠環境權：1.中科三期土地徵收案，環評未能通過、行政訴訟敗訴，環保機關仍基於廠商信賴利益之保障，設法力求補救。引發依法行政與廠商利益（行政部門指稱「信賴利益」）之對峙（甚至在中央研究院法學研討會上，猶見環保機關首長與地方代表激烈論辯）。2.彰濱濕地石化建廠，引起石化政策的檢討及環保運動，至民國一○○年政府終於否決該案。

　　㈡生命權：死刑犯之執行延宕不決，經立委質詢，各界議論，要求依法行政，法務部長旋即被迫辭職。

　　㈢隱私權：個人資料保護法立法通過，媒體言論免責，個人資訊自主性是否有欠缺引起爭議。

　　㈣財產權：臺灣中部幾起土地徵收引起抗爭，社會要求相關規定之公共利益之準據必需明確界定，徵收應兼顧經濟發展及農民權益。

　　㈤兩岸安全：兩岸簽署 ECFA 後對人民權益、國家安全之影響，應有評估及監督機制。

---

❺❺　杜力夫：〈論人權存在的形態〉；黃曉輝：〈論權利成熟度與權利訴訟需求〉，民國九十九年社會暨公共事務國際學術研討會，臺北市立教育大學社會暨公共事務學系主辦，民國九十九年十二月十一日，論文集。

㈥公平審判權：包括 1.貪瀆法官及恐龍法官（不了解社會現實及民心感受的法官）的出現，更引起社會發起「白玫瑰運動」，同聲撻伐。「司法為民」的理想、司法公信力淪喪。政府一再聲明從法官法立法、肅貪機構之設置著手，尋求對策。 2.死刑案纏訟近二十年，久懸未決，人權保障與司法效能受質疑。

㈦自治權：五都成立後，如何確保原住民族參政權及自治地位。

㈧外勞生存權：南投國道六號民國九十九年十月一日工程意外，造成外勞嚴重傷亡。基於人權及國際平等互惠原則，除了查緝，其職災、意外事故之賠償保障需要建制立法❺❻。

第七節　人民的義務

十八、九世紀之憲法，以個人主義為其思想基礎，所重視的是義務❺❼。二十世紀以後的現代憲法，以德國威瑪憲法首開其端，則重視人民的義務，將「所有權包含義務」的理念，制定成憲法的具體條文（威瑪憲法第一五三條）。我國憲法第二章雖僅列舉納稅、服兵役與受國民義務教育三者，但所列舉者，係為例示而已，非謂人民只負擔此三項義務，或僅能謂此三者為基本義務❺❽。此外，人民尚有服從法律、尊重公益之義務，如具體言之，依民事訴訟法，任何人有為證人的義務；依建築法，室內裝修業者對業主有違建告知的義務；依行政執行法，違建所有人有拆除違建的義務。

---

❺❻　參考《二○一○年台灣人權報告》（財團法人台灣人權促進會編印，民國一○○年三月出版），頁二四一～二四七。

❺❼　張治安：《中國憲法及政府》（臺北：五南書局，民國八十一年修訂版），頁七八～八○。

❺❽　張治安：《中國憲法及政府》（臺北：五南書局，民國八十一年修訂版），頁八二。管歐著，林騰鷂修訂：《中華民國憲法論》（臺北：三民書局，民國九十九年增訂第十二版），頁九九。

一、納稅的義務

租稅是國家財力的主要來源，經由議會決定，依據法律向人民徵收。故憲法第十九條規定，人民有依法律納稅之義務。此項規定為法治國家基本精神之一❺❾。所謂依法律納稅，指依據各種賦稅法律納稅。即有關納稅主體、稅目、稅率、納稅方法及納稅期間等事項，由法律規定之（司法院釋字第二一七號解釋），此稱「租稅法律主義」。而直轄市、縣（市）地方團體依「地方稅法通則」，得為課徵直轄市縣地方稅之依據（司法院釋字第二七七號解釋）。

再者，所謂租稅法律（定）主義，一方面對人民要求依據法律規定納稅，於租稅法律之外，別無其他名目之租稅。若無法律規定，當無繳納之義務。另一方面，政府機關於課徵人民之租稅，亦應依據法律。例如民國八十三年五月，行政院即指出，部分鄉鎮自行徵「鎮長稅」（向建築商收取代為恢復建物周邊環境之規費）作為地方建設之公益捐於法無據。凡主管機關徵收的各種稅、費、捐均應依據稅法、稅捐稽徵法及財政收支劃分法等法律。

二、服兵役的義務

憲法第二十條規定，人民有依法律服兵役之義務。我國採徵兵制，凡役齡男子均有服兵役的義務。所謂「依法律」，指依兵役法、兵役法施行法等法律；「服兵役」，則包括軍官役、士官役及士兵役。其免役、禁役、緩徵、緩召、服役年限等，亦應以法律規定之。再者，服兵役者首重對國家之忠誠，故以我國國民為限。至於女子合於兵役年齡者，得依其志願服役，有關其徵集及服務，仍以兵役法規定之。憲法第二十條明定人民有服兵役的義務，惟人民如何履行服兵役義務，憲法未明文規定，有關重要事項應

---

❺❾　英國憲法的重要原則之一是：「不經國會通過法律，國王便不能向人民徵稅。」此為英國基本的法治精神。李聲庭：《英國憲法論》（臺北：自由太平洋文化公司，民國五十四年三月初版），頁二八五。

由立法者斟酌國家安全、社會發展之需要，以法律定之。兵役法第一條規定男子皆有服兵役義務，即考量男女生理之差異及因此種差異所生之社會生活功能角色不同，乃為實踐國家目的及憲法上人民之基本義務而設（司法院釋字第四九〇號解釋）。

　　自民國八十九年起，實施兵役替代役，所稱替代役包括社會治安類（警察役、消防役）、社會服務類（社會役、環保役、醫療役、教育服務役、農業服務）以及其他經行政院指定之類別（民國一〇七年十一月二十八日修正公布之替代役實施條例第四條）。中華民國男子年滿十八歲之翌年一月一日起，於徵兵檢查為常備役體位者，得依志願申請服替代役；替代役體位者，應服替代役。申請服替代役役男，具下列資格者，得優先甄試，並依下列順序決定甄試順序：1.因宗教、家庭因素者。2.國家考試及格合於前條第一項類別專長證照者。3.取得中央目的事業主管機關核給合於前條第一項類別專長證照者。4.具備相關之學歷、經歷及專業訓練者。替代役體位或以家庭因素申請服替代役之役期與常備兵役同；常備役體位或以宗教因素申請服替代役之役期較常備兵役期長六個月以內。常備役體位服替代役之役期或以宗教因素申請服替代役之役期，由主管機關報請行政院核定之。為執行兵役及替代役事務，內政部應成立役政署，並得設置地區役政檢訓中心，各就主管事項，分別辦理各區之兵役及替代役有關事務。直轄市、縣（市）政府應受主管機關指揮、監督，執行替代役業務。

三、受國民教育的義務

　　憲法第二十一條明定：「人民有受國民教育之權利與義務。」國民教育之實施，乃為發展個人的人格才能，並提昇民族精神、社會道德與國家發展能力，故為人民的權利亦為人民的義務。以其為人民的義務，國家自得強制學齡兒童入學，因此國民教育又稱強迫教育。憲法進一步於第一六〇條第一項規定，「六歲至十二歲之學齡兒童，一律受基本教育，免納學費。其貧苦者，由政府供給書籍。」而此為期六年之義務教育，實際上已於民國五十七年起延長為九年；省、市地方政府更自民國八十二年開始先後免

除受義務教育者的雜費、書籍費，以落實此項具有權利性質的義務；民國一〇〇年七月政府規劃自一〇三年起，國民義務教育延長為十二年。

　　以上憲法明定的三大義務，人民應當依法遵守及履行，對於違反規定者，法律並訂有嚴屬的處置方法。如違反納稅之義務，得科以滯納金、罰鍰等金錢罰，並得移送法院強制執行；如違反服兵役之義務，得強迫其入營，並得依兵役法科以刑罰；如違反受國民教育之義務，得強迫其入學，並得對其父母或監護人科以罰鍰。

關鍵詞

- 相對保障
- 例示主義之保障
- 列舉主義之限制
- 政教分離
- 隱私權
- 提審
- 正當法律程序
- 言論自由
- 出版自由
- 預防制與追懲制
- 財產權
- 請願、訴願、行政訴訟
- 國家賠償
- 比例原則
- 法律保留原則

摘　要

　　憲法第二章，規定人民的權利與義務，是我國極為重要的人權條款。而我國憲法，如同二十世紀現代國家憲法，於人民自由權利之外，更規定人民之義務，為權利與義務之規定並重的憲典。

　　概括的說，我國憲法有關人民自由權利之保障，包括內容廣泛適應時代趨勢、權利採相對保障、義務含有積極意義、兼採各種立法精神等各項特色。而民國八十一年增訂的憲法增修條文，更順應社會需要，明定現代的人權保障規定，如獎勵科技發展及投資、促進產業升級、推動農漁業現代化、經濟及科技發展應與環境及生態保護兼籌並顧、推行全民健康保險、維護婦女及殘障者之權益、保障自由地區原住民之地位及政治參與、教育文化、社會福利、經濟事業等。

　　內容上，憲法第二章首先規定平等權，繼而規定自由權、受益權、人民的三大義務，最後就自由權利之範圍及限制，宣示其基本原則，並規定自由權利遭受損害時的國家賠償，自由權利之保障因之能與時俱進，不致缺漏。

　　法制上，有關社會福利、集會遊行、社會秩序維護，乃至全民健康保險等重要法律，已一一完成立法或修法並實施。選舉、稅捐等各項法律亦逐次修訂，創制複決之立法進度則最為緩慢。而經由司法院之解釋，對人民自由權利觀念之澄清、保障之落實與周全，猶有莫大的助益。民國九十八年政府批准並簽署兩項國際人權公約，其重要內容如禁止刑求等，納入我國人權保障相關法制。

第三章　國民大會

憲法第三章，為國民大會之專章，自第二十五條至第三十四條，凡十條文，規定國民大會之組織及職權。

國民大會制度源於孫中山先生權能區分理論，由國民大會代表人民行使中央政權，監督中央政府❶。今臺灣幅員不大，立法院代表人民行使立法權，監督政府，總統副總統改由人民直接選舉，民國九十二年五月二十日立法院承接國民大會秘書處業務。同年十二月三十一日公民投票法公布施行，人民得直接行使創制複決權，國民大會遂功成身退。

民國九十四年六月十日公布之憲法增修條文，增訂第一條第二項：「憲法第二十五條至第三十四條及第一百三十五條之規定，停止適用。」

第一節　國民大會的性質

依憲法意旨及其規定，國民大會具有以下之性質：

一、國民大會為人民之代表組織

國民大會係代表人民行使中央政權（包括選舉罷免創制複決等權）之中介組織。

二、國民大會為中央政權機關

憲法第二十五條揭示：「國民大會依本憲法之規定，代表全國國民行使政權。」國民大會係代表人民行使中央政權之機關，監督中央政府。

---

❶　林紀東：《中華民國憲法逐條釋義㈠》（臺北：作者自刊，民國五十九年），頁三七三～三七六。

第二節　國民大會的地位

依權能區分理論即司法解釋，其地位如次：

一、國民大會居於治權機關之上

從權能區分理論架構，政權控制治權，國民大會為政權機關，係監督中央政府之機關。惟此監督不干涉政府本身的治權❷。

二、與立法院等相當於外國之國會

司法院釋字第七六號解釋（民國四十六年五月三日公布）曾指出國民大會、立法院與監察院均由人民直接間接選舉之代表或委員所組成，其所分別行使之職權，亦為民主國家國會重要之職權。就憲法上之地位及職權之性質而言，應認三者共同相當於民主國家之國會。

第三節　國民大會代表

第一目　國民大會代表之選舉

一、憲法原文規定

依憲法第二十六條及第一三五條之原來規定，國民大會包括八種代表，分別是：1.每縣市及其同等區域各選出代表一人，但其人口逾五十萬者，每增加五十萬人，增選代表一人。縣市同等區域，以法律定之。2.蒙古選出代表。3.西藏選出代表。4.各民族在邊疆地區選出代表。5.僑居國外之

---

❷　林紀東，《中華民國憲法逐條釋義(一)》（臺北：作者自刊，民國五十九年），頁三七八。

國民選出代表。 6.職業團體選出代表。 7.婦女團體選出代表，其名額以法律定之（第二十六條）。 8.內地生活習慣特殊之國民代表（第一三五條）。

二、憲法增修條文之修訂

民國八十年第一階段修憲，凍結憲法第二十六條及第一三五條之規定，增訂代表分別是： 1.自由地區每直轄市、縣市各二人，但其人口逾十萬人者，每增加十萬人增一人。 2.自由地區平地原住民及山地原住民各三人。 3.僑居國外國民二十人。4.全國不分區八十人。並對婦女名額特別保障（民國八十六年七月二十一日公布之憲法增修條文第一條第二項之規定）；民國八十九年四月二十四日，國民大會通過憲法增修條文，第一條第一項規定：「國民大會代表三百人，於立法院提出憲法修正案、領土變更案，經公告半年，或提出總統、副總統彈劾案時，應於三個月內採比例代表制選出之。」是為任務型國大；民國九十三年八月二十六日，立法院通過修憲案，經公告半年，於三個月內採比例代表制選出國民大會代表；民國九十四年五月十四日舉行選舉。

第二目　國民大會代表之身分

依憲法第二十八條第三項規定及司法院解釋，國民大會代表有以下身分限制：

一、現任官吏得在管轄區外當選國民大會代表

現任官吏不得於其任所所在地之選舉區，當選為國民大會代表（憲法第二十八條第三項）。

二、國民大會代表之兼職限制

依歷次司法院解釋，國民大會代表不得兼任監察委員、立法委員、省縣議會議員等。

第三目　國民大會代表之任期

一、憲法原定之任期

依憲法規定，「國民大會代表每六年改選一次。每屆國民大會代表之任期，至次屆國民大會開會之日為止」（第二十八條第一項及第二項規定）。於此，國民大會代表之任期，是「每六年改選一次」，非明定為六年，而與立法委員之任期為三年，省、縣議員之任期為四年等規定不同。

二、釋字第二六一號解釋的宣示

司法院釋字第三一號解釋：「在第二屆（立法院與監察院）委員未能依法選出集會與召集以前，自應仍由第一屆立法委員、監察委員繼續行使其職權」。民國七十九年六月二十一日公布釋字第二六一號解釋，指「為適應當前情勢，第一屆未定期改選之中央民意代表除事實上已不能行使職權或經常不行使職權者，應即查明解職外，其餘應於民國八十年十二月三十一日以前終止行使職權」，此項解釋為第二屆中央民意代表選舉設定法源，並開啟民國八十年起憲政改革的契機。

三、憲法增修條文之規定

依憲法增修條文（民國八十三年八月一日）規定：「國民大會代表自第三屆國民大會代表起，每四年改選一次，不適用憲法第二十八條第一項之規定（第一條第六項）。」國民大會代表之任期，從六年縮短為四年，乃為配合第九任總統起任期改為四年之規定。民國八十九年四月二十四日通過憲法增修條文，第一條第三項規定代表集會行使職權之期間為一個月，是稱「任務型」組織，代表已無屆期或任期。

第四目 國民大會代表之保障

國民大會代表、立法院立法委員以及各級地方民意代表機關之代表，皆享有言論免責及不被逮捕之自由權利，此為民意代表之特別保障，係民主憲政國家之通例。以下分述之：

一、言論免責

㈠歷史淵源

議員言論免責，緣自英國一六八八年權利法案 (Bill of Rights) 第九條之規定：「議會內之言論自由、討論或議事不應在議會外之任何法院或場所，受追訴或審問。」其立意與議會政治及權力分立體制的建立息息相關。

美國聯邦最高法院曾在訴訟案（一八〇八年的 Coffin v. Coffin 與一八八一年的 Kilbourn v. Thompson）中，闡釋美國國會議員在議會言論免責權保障上，其目的是：1.不只是為了國會議員個人的便利和私益，也用以保證議員個人獨立進而維護立法程序的尊嚴。2.不僅保護議員不受審判，而且為顧及其所代表之選民利益及權利，使其在議會行使職權時無所忌怕。往後最高法院在歷次裁判又加上幾點：1.保障立法機關獨立行使立法權，不受行政機關之威脅干涉。2.防制司法機關以涉訟壓力干擾立法權。3.使議員不因涉訟或訴訟辯論所牽累。4.其最終的目的乃在建立立法獨立 (legislative independence) 而非立法獨尊 (legislative supremacy)❸。足證議員言論免責是推行議會政治、權力分立制度極為重要的基本條件。

㈡我國法制

依我國現行法制，各種民意代表皆享有此項言論的特殊保障，如：

1.國民大會代表在會議時所為之言論及表決，對會外不負責任（憲法第三十二條）。

---

❸ 楊日旭：〈美國憲法國會議員言論免責權之實施〉，《憲政評論》，第一五卷第八期（民國七十三年八月）。

　　2.立法委員在院內所為之言論及表決，對院外不負責任（憲法第七十三條）。

　　3.省議會議員在會議時，就有關會議事項所為之言論及表決，對外不負責任（臺灣省議會組織規程，民國八十三年修正公布第四十條。今此法規已廢止）。

　　從我國的有關法制分析，此項言論免責之保障，應以在會議時所為者為限，亦即，在議會之大會、各種委員會、小組會議等各種會議所為之言論及表決，均受保障。故如在會議外所為，則屬個人行為，應自行負責。又如將會議時所為之言論，對社會散布、出版，亦與會議時行使職權無關，不受保障。如行政院曾於民國七十三年三月十一日，針對言論免責權問題召集協調會議，並達成以下決議：

　　1.民意代表言論免責權應依憲法規定予以保障。

　　2.民意代表在會議時之言論如涉及違法，其擴散者應負法律責任。

　　3.民意代表本人利用書報、雜誌、錄音、錄影擴散會議時之言論，視言論內容個案處理❹。

　　至於「對會外不負責任」，係指不受行政或司法機關干涉、限制、審問或處罰，亦即不被追訴、處罰。然我國設有罷免制，議員尚須對選民負政治責任，議員如辜負選民之所託，選民可提議罷免之，以其與言論免責無關涉之故。

　　從法條文字觀之，有關議員之言論免責及不被逮捕之保障，係對議員所為之特別保護，如為一般人民或官吏，於赴議會時，自不得享有之。至村里民大會上，未具有議員身分之公民所為之言論及表決，亦不得援用。

(三)**理論探討**

　　有關議員言論免責，理論上有兩種不同之主張：

　　1.相對保障說：

　　主張議員在會議時所為之言論，僅以合法或與議題有關者為限，如有

---

❹　〈政院頃對言論免責權開高層次決策會議〉，《民意代表言論免責權》（臺北：臺北市議會圖書室，民國七十七年四月出版），頁四一～四二。

誹謗他人、洩露機密，仍須負責。如我國司法院歷次解釋：「縣參議員在會議時所為無關會議事項之不法言論，仍應負責。」（院解字第三七三五號解釋）；「地方議會議員在會議時就有關會議事項所為之言論，應受保障，對外不負責任。但就無關會議事項所為顯然違法言論仍難免責」（釋字第一六五號解釋），即指出地方議會議員，僅享有相對的言論免責。

主張相對保障制者，其主要理由是：(1)議員與一般人民一樣必須守法，其在議會中的言論，如涉及他人名譽，仍應負誹謗之罪責，所謂人人平等，議員何能獨外。(2)從歷史背景觀察，對議員之言論保障係由議會主權的思想發展而來，並為對抗行政專制，乃賦予議員此一特權，如今時代不同，不宜再任憑議員享有之❺。

2.絕對保障說：

主張議員在會議時所為之言論，不論內容如何，一概對外不負責任，英、美、法、日等國國會議員，即享有絕對的言論免責。我國自行憲以來，中央民意代表在司法實務上，亦乏有代表因言論不當而受判決的案例。

主張應採絕對保障者，其論點誠如美國聯邦最高法院於一八八一年Kilbourn v. Thompson 一案的判決所言，憲法之給予議員此項保障，其目的不在於維護議員本身之利益，亦非對其個人之故為放縱，而是為了公眾的利益，使其暢所欲言。再就民主政治之尊重個人人格尊嚴而言，「如果議員濫用此項特權，侵犯私人人格尊嚴，而猶能免責，此就制度說，固屬不當，就受害人說，實屬無辜，值得同情。但是若因此而放棄絕對保障，則影響所及，顯非一個人或少數人之利益，而是代議制度功能之削弱，民主政治進步之障礙，以及整個國家人民的全體利益」❻。

事實上，於採行議員言論絕對免責論國家，即經由以下主要途徑，監督控制其議員之言論表現：(1)定期選舉中選票的有力制裁。(2)大眾傳播媒

---

❺　林紀東：《中華民國憲法釋論》（臺北：作者自刊，民國七十六年版），頁一八八～一九○。

❻　荊知仁：〈論議員的言論免責權〉，《憲政論衡》（臺北：臺灣商務印書館，民國七十二年初版），頁四一○。

體對議場開會的適時報導，使選民得以「現場」監督議員。(3)議會內部紀律的拘束及制裁，對違反議事規則者，得交付議會紀律委員議處，英、美、日諸國議會即訂有嚴屬的處罰規定，如警告、制止其發言、定期停止其出席會議，甚至於予以除名。我國立法院亦訂有口頭、書面道歉、停止出席會議三種懲處。(4)政黨黨紀的規約督策等是。因之，議員言論免責之保障亦非漫無限制也。

㈣我國法制之問題

從理論言之，議員言論免責之保障，似以絕對保障較相對保障周延，且合於民主政治之真義。再進而以我國法制言之，其偏重中央民意代表之保障，不免為明顯的缺失。實務上，地方民意代表即時而因於會議時所為言論遭受起訴、判刑，與中央民意代表尚無受判刑之情形，不可同日而語。

誠然如司法院釋字第一六五號解釋所指陳，為使地方議會發揮其功能，「對於議員在會議時所為之言論，並宜在憲法保障中央民意代表言論之精神下，依法予以適當之保障，俾得善盡表達公益及監督地方政府之權責」。地方自治法規在公法上的地位及效力，雖不如憲法之崇隆優越，但這兩種法規對民意代表言論免責之保障，在精神上具完整性及一貫性，則不容予以割裂。中央與地方民意代表雖有位階及職稱之分，但其為民意代表之本質及任務，以及在言論免責保障之需要上實不分軒輊，是以二者之言論保障不應有差別待遇。

至釋字第四三五號解釋，將民意代表（立法委員）之言論免責範圍，進一步確定在院會或委員會之發言、質詢、提案、表決等，更包括「附隨行為」，如公聽會、黨團協商等之行為。

表 3-1　民意代表言論免責有關解釋

解釋類別	公布時間	主要內容
行政院會議決議	民國七十三年三月三十一日決議	民意代表之言論如涉及違法，其散播者應負法律責任；民代本人利用媒體擴散會議時之言論，視個案處理。

司法院院解字第三七三五號解釋	民國三十六年十二月二十日	縣參議員無關會議顯然違法之言論仍難免責。
司法院釋字第一二二號解釋	民國五十六年七月五日	司法院院解字第三七三五號解釋，尚不發生違憲問題。
司法院釋字第一六五號解釋	民國六十九年九月十二日	地方議會議員無關會議顯然違法之言論仍難免責。院解字第三七三五號解釋應予補充。
司法院釋字第四三五號解釋	民國八十六年八月一日	立法委員在院會、委員會之發言、質詢、提案、表決等，以及相關之附隨行為，如黨團協商、公聽會之發言仍受保障。

二、身體自由之保障

國民大會代表，除現行犯外，在會期中，非經國民大會許可，不得逮捕或拘禁（憲法第三十三條）。此即國民大會代表之不被逮捕權，或身體自由之保障。分析之，要點有二：

(一)**現行犯不受保障**

所謂現行犯，與憲法第八條所指之現行犯同義。依法不問任何人，皆得以逮捕之。犯罪在實施中或實施後即時發覺者，為現行犯（刑事訴訟法第八十八條前二項）。

(二)**僅限於會期中**

所謂「會期中」，指各種會議之開會期間，不論是常會或臨時會，只須自通告集會之日起，整個開會期間在內。於會期中，須經國民大會同意許可，方得予以逮捕拘禁。如在會期前後，自得依一般法定程序逮捕拘禁，與人民之待遇相同。

此項議員之特別保障，亦源自英國之議會政治，為保護議員不受王權任意逮捕拘禁，使議員得以出席議會，議會得以順利運作。再者，傳統上英、美等國對議員之此項保障，只限於民事案件 (freedom from arrest in civil matters)，但如今此項限制意義已不如往昔 ❼，頗值得注意。

第五目　國民大會代表之待遇

司法院曾就國民大會代表之待遇，著成釋字第二八二號、第二九九號及四二一號解釋，根據這些相關解釋，制定國民大會代表報酬及費用支給條例（民國八十六年五月三十一日修正通過。今已廢止），要點如次：

1.國民大會代表依法集會期間得支領之報酬，比照相當政務官每月支領待遇之標準發給出席費。但兼具公職之代表，應擇一支給之。

2.國民大會議長、副議長按相當職務人員支給月俸、政務加給之待遇及因公支出之特別費。

3.國民大會代表依法集會期間，得支給膳宿、交通費用。

4.國民大會代表聘用助理人員二人，協助代表研究憲政及服務選民等有關事宜。

5.國民大會代表因職務關係，非屬個人報酬之交通、郵電、文具、選民服務等費用，由國民大會編列預算支付。

6.國民大會代表在任期中，得準用公務人員保險法之規定，參加公務人員保險；其保俸比照政務官列級。

第四節　國民大會的組織

第一目　議長、副議長

過去，國民大會設主席團，由出席代表互選三十三人組織之（原規定為八十五人），其職掌為：1.關於議事程序事項。2.關於國民大會行政事項。3.擬訂各種委員會之組織法。4.就秘書處秘書長、副秘書長人選提請

---

❼　John Marston and Richard Ward: Cases and Commentary on Constitutional and Administrative Law, (London: Pitman Publishing, 1997), p. 202.

大會決定等。每次開會，由主席團互推一人為主席主持會議。

　　依憲法增修條文（民國八十三年八月一日）規定：「國民大會自第三屆國民大會起設議長、副議長各一人，由國民大會代表互選之，議長對外代表國民大會，並於開會時主持會議。」（第一條第八項）

　　民國八十九年四月「第六次修憲」後，國民大會成為「任務型」組織，國民大會代表因需要集會行使職權而選舉，議長、副議長自無常設之必要。

第二目　內部委員會及秘書處

　　國民大會為便於運作，內部設各種委員會，如：

　1.代表資格審查委員會。

　2.提案審查委員會。

　3.紀律委員會。

　4.其他特種委員會。

　　國民大會設秘書處，置秘書長一人、副秘書長二人，其人選由主席團提請大會決定之。秘書長承主席團之命，處理全會事務。秘書處之組織及處務規程，由國民大會主席團訂定之。八十九年四月修憲後，國民大會任務單純，集會限定為一個月，國民大會內部組織自應簡化。國民大會秘書處業務，自九十二年五月二十日起，移交立法院承接。九十四年六月修憲，正式凍結國民大會。

第五節　國民大會的職權

第一目　憲法規定國民大會的職權

　　依憲法第二十七條第一項之規定，國民大會的職權包括：

　1.選舉總統、副總統。

2.罷免總統、副總統。

3.修改憲法。

4.複決立法院所提之憲法修正案。

　　至於創制、複決兩權之行使，第二項則規定除前項第三、第四兩款規定外，俟全國有半數之縣市曾經行使創制、複決兩項政權時，由國民大會制定辦法行使之。

　　此外，憲法第四條規定：「中華民國之領土，依其固有之疆域，非經國民大會之決議，不得變更之。」因之決議領土變更案，亦屬國民大會之職權。而其決議依一般提案，以過半數之多數決決定之。

　　綜合前述各項規定，可知憲法所規定之國民大會之職權有六項：

1.選舉總統、副總統。

2.罷免總統、副總統。

3.修改憲法。

4.複決立法院所提之憲法修正案。

5.創制、複決一般法案。

6.決議領土變更案。

第二目　憲法增修條文規定國民大會的職權

一、民國八十九年四月修憲前之規定

　　民國八十九年四月「第六次修憲」前，依憲法增修條文（民國八十三年公布）第一條第三項之規定，國民大會之職權如下，不適用憲法第二十七條第一款、第二款之規定。計有以下六項：

1.補選副總統。

2.提出總統、副總統之罷免案。

3.議決立法院提出之總統、副總統彈劾案。

4.修改憲法。

5.複決立法院所提之憲法修正案。

6.對總統提名之人員行使同意權。

此外，並規定其他兩項職權，合併如下：

7.提供國是建言。

8.制定國民大會行使職權之程序。

二、民國八十九年四月修憲後之規定

國民大會於民國八十九年四月修憲後，成為「任務型」國大，只有三項任務，亦即：1.複決立法院所提之憲法修正案。 2.複決立法院所提之領土變更案。 3.議決立法院提出之總統、副總統彈劾案。民國九十二年十二月三十一日公布施行公民投票法，規定修憲案應交付公民投票複決，民主的進程猶往前推動；民國九十四年六月修憲後，國民大會職能凍結，而劃歸立法院行使。

第六節　國民大會的集會

第一目　憲法有關國民大會集會之規定

憲法有關國民大會之集會，規定有常會與臨時會兩種。前者行使經常性職權，後者則決定臨時性事務。

一、常會（定期會）

國民大會之常會，依憲法規定，國民大會於每屆總統任滿前九十日集會，由總統召集之（第二十九條）。其要點是：

1.集會時間：每屆總統任滿前九十日。

2.集會原因：選舉總統、副總統。

3.定期召集：每六年一次，即配合總統、副總統之選舉而設置會議。

4.召集人：總統。

二、臨時會

國民大會之臨時會為憲法所明定（第三十條），其要點是：

1.集會時間：不特定。

2.集會原因：

(1)依本憲法第四十九條之規定，應補選總統、副總統時。

(2)依監察院之決議，對於總統、副總統提出彈劾時。

(3)依立法院之決議，提出憲法修正案時。

(4)國民大會代表五分之二以上請求召集時（如為修改憲法）。

3.召集人：應補選總統、副總統時；對於總統、副總統之彈劾案為罷免之決議時，由立法院院長通告集會。依立法院之決議，提出憲法修正案時；國民大會代表五分之二以上請求召集時，則由總統召集之。

第二目　憲法增修條文有關國民大會集會之規定

一、民國八十九年四月修憲前之規定

民國八十九年四月「第六次修憲」前，國民大會依憲法增修條文，於第一條分別就各項職權之行使，規定其如何召集會議並規定一般集會，不受憲法第三十條之限制。國民大會之集會有以下兩種類型：

㈠**普通集會**

憲法增修條文（原第一條第八項）規定：「國民大會集會時，得聽取總統國情報告，並檢討國是，提供建言；如一年內未集會，由總統召集會議為之，不受憲法第三十條之限制。」

㈡**特別集會**

有關國民大會之特別集會，其會議事項包括：

1.補選副總統。　2.修改憲法。　3.複決立法院所提憲法修正案。　4.行使

人事任命同意權。5.國民大會代表之請求。6.提出總統、副總統之罷免案。7.議決監察院提出之總統、副總統彈劾案。

二、民國八十九年四月修憲後之規定

依「第六次修憲」制定之憲法增修條文第一條第三項，國民大會代表於選舉結果確認後十日內集會，國民大會集會以一個月為限，不適用憲法第二十九條及第三十條常會與臨時會之規定。

第三目　集會之人數計算

至於國民大會之集會，「非有代表三分之一以上人數之出席，不得開議，其議決除憲法及法律另有規定外，以出席代表過半數之同意為之」（國民大會組織法第八條，現已停止適用）。而其人數之計算，係以國民大會代表「總額」為法定人數計算。有關憲法所稱國民大會代表總額（第一七四條第一款），曾因政府遷臺，致第一屆代表人數銳減，經司法院解釋，「在當前情形，應以依法選出，而能應召集會之國民大會代表人數，為計算標準」（釋字第八五號解釋）。第二屆國民大會代表，由自由地區選舉產生，自亦以依法選出之第二屆國民大會代表之人數為總額，計算各項會議規定之人數。

第四目　國民大會之開會地點

國民大會之開會地點在中央政府所在地（憲法第三十一條）。因國民大會代表全國國民行使政權，對於中央政府有一定的互動關係，是以規定其在中央政府所在地開會，有其必要及需要。而我國憲法未明定「首都」，遂以中央政府所在地為規定。

關鍵詞

· 政權機關
· 治權機關
· 釋字第二六一號解釋
· 言論免責

· 絕對言論免責之保障
· 相對言論免責之保障
· 國是建言

摘 要

　　憲法第三章，為有關國民大會之專章。國民大會係代表全國國民行使政權，為我國之政權機關。依五權憲法之架構，國民大會超然於五種治權之外，而與總統、五院構成我國中央政制。

　　國民大會依司法院解釋，為我國中央民意機關之一，相當於西方國家國會之一部分。就代表之選舉言，憲法原規定包括八種代表，今憲法增修條文則規定由自由地區之直轄市及縣市、原住民、僑居國外國民及全國不分區代表等代表組成。就代表之身分言，國民大會代表得兼任官吏，不得兼任監察委員、立法委員及各級地方議會議員。就代表之任期言，國民大會代表原為每六年改選一次，後改為每四年改選一次。民國八十九年四月的修憲更改為有任務才選舉代表，且集會期間僅有一個月，其間司法院釋字第二六一號解釋，對中央民意代表之任期為創設性指示，開啟憲政改革的契機。經過七次修憲，國民大會從「任務性」組織而至功能凍結。立法院成為單一國會，人民透過公民投票，行使直接民權，參與國家事務。

第四章　總　統

依五權憲法體制，總統超然於五權之上，並與行政、立法、司法、考試、監察五院構成我國的中央政府。今憲政時期，依憲法之規定，政府事務分由五院行使，總統成為統合中央政府之象徵。

各國政府體制，主要包括內閣制、總統制與委員制三種類型。內閣制國家，元首虛位 (titular head)，其公布法令由行政首長副署，行政首長自國會議員中產生或經國會同意，行政首長乃對國會負責，其間有倒閣與解散的機制。總統制國家，元首即行政首長，與國會議員分別經人民選舉產生，各自對人民負責，明顯採行權力分立原則。委員制國家，元首為國家行政委員會成員之一，由這些委員輪流出任，元首僅為該委員會開會時之主席，政策由該會議決定。而我國之行政院院長須向立法院負責，其間也有倒閣與解散的負責機制，總統公布法律發布命令應由行政院院長副署並執行。凡此，顯示我國具內閣制國家之特徵。

比較之，根據 Matthew S. Shugart 與 John M. Graey 的研究，美國憲法上的總統是受到抑制的，制憲者深信美國多元文化比總統一人更好，更容易妥協與包容❶，相對的，盛行總統制的拉丁國家，卻頻頻出問題。議會（國會），好的如橡皮圖章，壞的形同反對團體，總統與議會間的互動變成零和遊戲，彼此廝殺，總統要繞過議會，倚賴黨紀，運用其權力，甚至越權。有些國家總統表現消極，如阿根廷、智利；有些國家總統常常被迫下臺，如祕魯；或總統權力被中斷，如厄瓜多爾❷。

❶ David R. Mayhew, *America's Congress: Actions in the Public Sphere, James Madison Through Newt Gingrich*. New Haven: Yale University Press, 2000, pp. 216～217.

❷ R. L. Millett, et al. (eds.), *Latin American Democracy: Emerging Reality or Endangered Species?* New York: Routledge, 2015, pp. 94～111.

　　至法國第五共和憲法之政府體制稱為「混合制」或「半總統制」。總統由全體公民直接選出，任期固定（原為七年，後改為五年），不因政治責任而被罷免或去職。總統任命國務總理，發布緊急處分、得退回國會通過之法案要求覆議、交付公民複決案，並不須經總理副署，得解散國會。惟總統公布法律、發布命令、統帥軍隊、派遣使節，均須內閣副署。此種體制有認為係出於「總統主政，總理執行」的理念，法國半總統制之所以稱「半」，明顯地在於它將總統制兩分，以二元權力結構取代總統制單一中心的權力結構，總統必須與總理共享權力，半總統制是在權力共享的基礎上運作❸。除法國外，芬蘭、奧地利、愛爾蘭、冰島、葡萄牙與新加坡等國以及臺灣亦採類似體制，法國杜維傑 (M. Duverger) 以其介於內閣制與總統制間，故稱之為「半總統制」。亦有稱內閣制國家元首由公民直選者為「半總統制」國家。

　　近年來總統由人民直接選舉，成為影響體制走向極重要因素。雖然元首來自人民選舉產生，不是內閣制或總統制之指標，但無疑的將帶動或助益於總統制之發展❹。再者，總統為決定國家安全大政方針，於總統府設國家安全會議及所屬國家安全局，國家安全會議雖以諮詢性機關定位，實務上總統對外交、國防及兩岸事務有明顯的主導角色。

第一節　總統的地位

一、國家元首

　　我國憲法第四章「總統」首揭：「總統為國家元首，對外代表中華民國。」（第三十五條）故於國際關係上，總統以元首地位，表達國家之意

---

❸　G. Sartori 著，雷飛龍譯：《比較憲政工程》（臺北：國立編譯館，民國八十七年出版），頁一二七。

❹　有稱內閣制國家，總統間接選舉產生者為「雙首長制」國家；總統直接選舉產生者為「半總統制」國家。

思，如派遣駐國外使節、接受外國使節、出席國際會議。蓋國家係國際社會之單元，為公法人，以元首為當然代表。

　　再者，總統猶為國家統合的象徵。國家在地理上劃分為許多行政區域，人民包含眾多民族，社會容納各種團體，莫不以國家元首為凝聚精神的象徵。總統府設國家統一委員會，擬訂國家統一綱領，更具體顯示元首居社會整合的崇高地位。

　　再次，總統與政府五院構成中央政府，唯總統之地位超然於五院之上，是以提名行政院、司法院、考試院及監察院之首長，召集國民大會甚至立法院集會，皆由總統為之。總統應非屬於治權或政府權之一部分，總統為統合政府之象徵，憲法畀予總統調和五院紛爭故也。

　　惟依憲政體制，總統地位超然，居五院之上，統合社會，凝聚國力。是以總統應否兼任政黨（執政黨）主席，向無定論。而揆諸實際，政府體制的不明，致總統角色難定是主要原因。以陳水扁總統為例，民國八十九年五月，為實現全民政府，主張總統應免兼任黨主席，至民國九十一年則力主總統兼任黨主席，可以達到黨政同步，有其必要。然民國九十三年六月，陳總統卻堅信總統應免兼黨主席，如此方可以超然地位推動憲政改革。馬英九總統為求「以黨輔政」，民國一〇二年兼任國民黨主席，民國一〇三年十一月地方選舉國民黨重挫，馬總統即辭去黨主席。總統再度回歸「第二線」，向全民負責，而行政院站在「第一線」，直接向立法院負責。蔡英文總統於民國一〇五年五月二十日就職後，續任民進黨主席，以平衡黨內派系，以集體領導疏通國會及地方。

二、半總統制（雙首長制）的總統

　　依薩托利 (G. Sartori) 的理論，雙首長是指：㈠總統是國家元首，經人民選舉產生，有固定任期。㈡總統任命總理，總統與總理（閣揆）分享行政權，形成二元行政權結構，容許總統與總理間權力變動（換軌）。法國第五共和總統與總理同屬一政黨即採總統制，反之，如總統與國會多數黨分屬兩政黨，即採內閣制。㈢總統獨立於議會之外，其意志由總理表達並處

理。㈣總理因議會之信任與否決定去留。

　　我國總統是國家元首，經人民直接選舉產生，任期四年。總統任命行政院院長，不須經立法院同意；總統與行政院（院長）關係密切，總統職權多建立在行政院院會通過及立法院同意的基礎上。總統的政見得經由其任命之行政院院長變更先前之施政方針或政策加以實現（釋字第五二○號解釋），總統於憲法及憲法增修條文有關規定上，是最高行政（機關）首長（釋字第六二七號解釋）。然行政院是國家最高行政機關（憲法第五十三條），行政院院長掌有完整的行政權，是最高行政首長（釋字第五八五號、第六一三號解釋）。行政院必須向立法院負責，得到立法院信任，立法院得對行政院院長通過不信任案迫使其去職。凡此，足證我國體制具有雙首長制主要特徵。

　　民國九十八年八月八日臺灣中南部遭逢水患，馬總統風塵僕僕，屢次下鄉勘災救災。旋即於十月十九日兼任執政黨主席，黨政同步，更應合於政黨政治與民意政治的要求。然，監察院不日（十二月二日）卻通過糾正案，指摘行政院救災體系紊亂，並批評總統干預行政，破壞一元指揮的救災體系。總統在元首權與行政權間的權責分際，猶亟待立法建制加以釐清。

第二節　總統的職權

　　美國總統「多元職位」，總統不是單一職位，而是許多機構、顧問及勢力交互作用，共同組成。甚至威爾遜總統一九二○年初至四月，生病期間，其夫人「代行」總統職務，被稱為「攝政」、「實際總統」。杜魯門總統相信，總統夫人的真正作用值得評估❺。我國總統的職權，依憲法第三十五條至第四十四條之規定，包容廣泛，其中多為「職」的性質。茲分述如次。

---

❺　羅伯特・沃森著，任美芬等譯：《美國第一夫人的作用》（臺北：昭明，民國九十一年出版）。

第一目　有關外交的職權

一、代表國家之權

　　國家為公法人，以總統為其代表，參與國際組織及活動。是以憲法第三十五條規定：「總統為國家元首，對外代表中華民國。」國家派遣駐外使節、接見外國使節，由總統為之；國際組織或國際間政經活動，即以總統為當然首席代表。一九九四年日本廣島亞運，主持的亞奧會即曾函邀我國總統參觀。而每年一度的亞太國家經濟合作會議 (APEC)，按其章程所定，亦以我國總統為國家之首席代表，不過目前這類活動大都以有關財經機關首長或企業界領袖為總統之代表，代表我國參加。

二、締約、宣戰、媾和之權

　　總統依憲法之規定，行使締結條約、宣戰及媾和之權（第三十八條）。而依憲法規定，這些國家重要事項必須先經行政院會議提議、立法院決議，並由行政部門執行，受國會監督。所稱條約，是國際間為成立、變更或消滅權利義務而成立的公法契約；所稱宣戰，是對外宣布戰爭，包括主動宣戰的攻擊權與被動宣戰的防禦權；所稱媾和，則為終止戰爭恢復和平狀態之和議行為。其中，條約經簽署、批准（行政院會議議決、立法院決議）及互換批准書後明令公布，即發生國內法之效力。而條約名稱上包括公約、行政協定等，如為行政協定，而附有批准條款者，亦應送立法院審議，其餘國際書面協定，除經法律授權或事先經立法院同意簽訂，或其內容與國內法律相同外，亦應送立法院審議（司法院釋字第三二九號解釋）。

第二目　有關行政的職權

一、任免文武官員權

　　憲法第四十一條規定：「總統依法任免文武官員。」歸納憲法有關規定，包括以下三項，而前兩項之任免與行政有關。

㈠一般事務官

　　依公務人員任用法，初任簡任各職等之公務員、初任薦任職等公務員，經銓敘機關審查合格後，呈請總統任命之。武職人員及警察人員比照一般公務人員之任用程序。另外，一般法官之任免，並受憲法對其終身職之保障的限制。

㈡政務職人員

　　總統任命之政務職人員包括：1.行政院院長：依憲法增修條文（民國八十六年七月公布）第三條第一項規定，行政院院長由總統任命之。此項修訂，排除憲法第五十五條行政院院長之任命須經立法院同意之程序限制。基於行政院對立法院負責之體制，一般相信，總統任命行政院院長，仍須盱衡立法院政黨形勢及民意趨向。2.行政院副院長、各部會首長、政務委員：此類人員則由行政院院長提請總統任命（憲法第五十六條）。而此類人員之選任，分提名與任命兩階段，事實上例由總統與行政院院長共同商定，總統顯然居主導地位。

㈢司法、考試、監察重要人事

　　此三院院長、副院長、司法院大法官、考試院考試委員、監察院監察委員，由總統提名，經立法院同意後任命（民國九十四年六月十日修正通過憲法增修條文第五條第一項、第六條第二項、第七條第二項）。這些人員之任免並受其任期規定之限制。

二、發布命令權

㈠公布法律令、人事令

依憲法第三十七條之規定，此項公布須經行政院院長及（或）有關部會首長副署。

㈡發布緊急命令

依據憲法第四十三條，緊急命令由總統發布，現則依憲法增修條文（民國八十三年增訂）第二條重行規定之，其要點為：

1.發布原因：避免國家或人民遭遇緊急危難或應付財政經濟之重大變故，原以為避免天然災害、癘疫或國家財政經濟之重大變故為限，現行規定之原因較為寬廣。

2.發布時間：不限於立法院休會期間。

3.發布程序：只須經行政院會議通過（增修條文規定「得經行政院會議之決議」），不須依緊急命令法（迄今尚未制定）之規定。

4.立法院之追認：緊急命令於發布後，須於十日內提交立法院追認，憲法第四十三條原定此項提請追認之時間為一個月內。此項修訂，諒以現代動員應變能力提昇，且非常法制宜及早受國會監督之故。再者，如總統於立法院解散後發布緊急命令，立法院應於三日內自行集會，並於開議七日內追認之，但於新任立法委員選舉投票日後發布者，應由新任立法委員於就職後追認之。如立法院不同意時，該緊急命令立即失效（民國九十四年六月十日修訂憲法增修條文第二條第三項，以及第四條第四項）。

三、決定國家安全大政方針

總統職務，一般以國家安全會議上總統決定國防、外交、兩岸關係等大政方針（國家安全會議組織法第二條），為總統掌理之行政權力，事實上，行政院各相關部會依然是執行的權責機關。此可觀察卸任而在監服刑的陳水扁先生，發表於媒體刊物之文章，若干片段陳述：「二〇〇三年八月十六日，內政部長率團乘艦到過太平島；二〇〇五年，我把南海小組提昇

到國安層次。二〇〇六年，我交代國防部長規劃太平島的機場興建。二〇〇七年三月三日，並劃定海龜（稀有海龜）保護區；國防部長克服困難，才在十二月十二日完成機場的興建。我在二〇〇八年一月二十八日上午十點三十二分踏上南沙群島最大島嶼：太平島。因一九九六年在臺海危機，傳出共軍奪我外島，我任內幾次的『玉山兵推』也是從共軍奪取我外島（的假定）開始」❻。

　　以上案例，決定權責機關、指令建築規劃、劃定稀有海龜保護區、舉行軍事演習等，俱由主管部掌理執行，總統職務，實際上仍未逾越憲法上「職大於權」之性質。司法院釋字第六二七號解釋（民國九十六年六月十五日公布）理由書所列舉總統的各項職權，應限於「維護國家安全與國家利益」之層次。

四、決定國家機密及不予公開之權

　　政府為建立國家機密保護制度，確保國家安全及利益，特制定國家機密保護法（民國九十二年二月六日公布施行）。依司法院釋字第六二七號解釋（民國九十六年六月十五日公布），「總統依憲法及憲法增修條文所賦予之行政權範圍內」，就有關國家安全、國防及外交之資訊，認為其公開可能影響國家安全與國家利益而應屬國家機密者，有決定不予公開之權力，此為總統之國家機密特權。本號解釋明白宣示係基於權力分立與制衡原則，不得妨礙司法調查權之行使。

---

❻　《壹週刊》，第五二七期，專論，民國一〇〇年六月三十日出版，頁一二六～一二七。

第三目　有關軍事的職權

一、統帥軍隊權

㈠憲法規定

憲法除了於第三十六條明定：「總統統率全國陸海空軍。」更進而要求「全國陸海空軍，須超出於個人、地域及黨派關係以外，效忠國家，愛護人民」（第一三八條），故名義上以總統為三軍統帥，元首為軍隊之統帥乃各國之通例。

唯於政府宣布戒嚴不久，民國三十九年三月十五日總統命令載：「以參謀總長為幕僚長，並在統帥系統下，設陸海空軍各總司令部，及聯勤總司令部，為陸海空軍及聯勤業務之執行機構，其依戰鬥序列成立之最高級指揮系統，均隸屬於統帥系統。至隸屬於行政院之國防部長之職務，則為依法行使行政權，負責控制軍事預算，獲得人力物力，監督有效使用，以充實國防力量。」乃有軍令權與軍政權分立的二元系統，軍令權屬於統帥系統，隸屬總統；軍政權屬於國防部，則歸屬行政院統轄，對立法院負責。由於軍令體系不須赴立法院乃至不受立法委員質詢，引起朝野一致關切。民國八十九年元月十五日，依憲法（第一三七條第二項）制定國防法，整合國防機關，軍政軍令一元化，國防部統整軍政與軍令。

㈡憲法解釋

究竟參謀總長及軍令系統應否列席立法院備詢？立法院包括朝野各黨一百二十四位立法委員，於民國八十五年七月聯署向司法院聲請解釋。司法院於民國八十七年七月二十四日作成釋字第四六一號解釋，依該解釋，參謀總長不是部會首長，雖然無須依憲法規定接受立法委員的質詢，但是立法院各委員會依憲法第六十七條規定邀請到會備詢時，除非因執行關係國家安全之軍事業務而有正當理由外，參謀總長不得拒絕應邀到會備詢。民國八十七年九月三十日，參謀總長唐飛上將率同軍方將領赴立法院，提

出報告並接受立法委員質詢成為先例。

㈢國防法的建制：軍政軍令一元化

我國國防法於民國八十九年一月十五日完成立法手續。依國防法規定，總統為三軍統帥，而其統帥權，由總統直接責成國防部長，並由部長命令參謀總長指揮執行之。總統決定國家安全有關之國防大政方針，總統得因應需要召開國家安全會議。國防部長主導國軍人事、預算、法制及建軍政策，每週定期與總統會晤，期貫徹文人領軍精神。同時，落實軍政軍令一元化，自民國九十年二月一日起，軍中頒訂命令均為「部長令」，非「總長令」。軍令經由軍政，透過國防部及行政院向立法院負責，受國會監督。

㈣外國體制

一般常將我國憲政體制與法國類比。就一九五八年的法國第五共和體制言之，總統為三軍統帥，主持國防最高會議及委員會，於國家遭遇危急之威脅，得宣布緊急處分，擁有核子武器按鈕權。其中，國防委員會扮演決策性的角色，其主要任務是，針對國防政策與軍事指揮事宜決定政策，包括國防建設方針、與國防有關之建設、軍隊之部署及指揮。該委員會由總統主持，而總理亦可應總統之授權代理總統主持。

至於法國總理，實際上則在國防事務上居領導地位。第五共和憲法規定：政府制定並執行國家政策，政府支配行政機構及軍隊（第二十條）；總理指揮政府行動，負責國防，確保法律之遵行（第二十一條）。且一九五九年的一項行政法案更明定總理的職掌為：負責全國國防之政策擬定與領導執行。法國國防部長，乃承總理之命，負責執行軍事政策，尤其是組訓、管理、指揮與動員事項。國防部之參謀總長，則在協助部長指揮軍隊並執行國防政策。

法國體制明定總統與總理之權限，而以總理掌握較為倚重的職掌。另外，法國體例尚有頗為特殊者是，由總統主持部長會議，在國家整體政策的計畫與執行上居主導決策之地位，國防政策即由部長會議研議決定，其部長會議則相當於我國的行政院會議❼，其總統主政的地位較我國明顯。

❼　張臺麟：〈法國國防安全組織與政策〉，《問題與研究》，第三○卷第二期（民國八

二、宣布戒嚴權

戒嚴係國家或某一地區因內亂或外患，而於全國或局部地區施以兵力戒備之行為。戒嚴為一非常時期之軍事統制，民事及司法皆歸軍方接管，受當地軍事長官監督，人民之自由權受極嚴格限制，故憲法於第三十九條詳為規定。該條文要點如次：

1.須依照戒嚴法之規定，亦即符合戒嚴法規定之原因及程序。

2.戒嚴案須經行政院會議議決，提交立法院通過，始得宣布之。如為地區戒嚴，仍應依層級呈報行政院，經行政院會議議決、立法院通過，始得發布（戒嚴法第三條）。

3.如情況緊急，總統得經行政院之呈請，宣布戒嚴，但應於一個月內提交立法院追認；如時值立法院休會，應於其復會時為之。

4.戒嚴之原因消失，總統應即宣告解除戒嚴，如總統未宣告而立法院認為必要時，亦得以決議移請總統解嚴。自解嚴之日起，一律回復原狀（戒嚴法第十二條）。

臺灣地區自民國三十八年五月二十日零時起實施戒嚴，至民國七十六年七月十五日零時起依總統令宣告解除戒嚴，其間歷時三十八年又一個月。而依憲政體制，解除戒嚴的方式有三：1.行政院議決解除戒嚴案，立法院審議通過，移請總統宣告解除戒嚴。2.立法院主動作成決議，移請總統解除戒嚴。3.總統逕行宣告解除戒嚴。民國七十六年七月解除戒嚴採取第一種方式。按民國七十六年三月立法院開始審議「動員戡亂時期國家安全法」草案，六月二十三日完成三讀程序；七月一日，總統公布國家安全法；七月二日，行政院於第二○三八次會議議決通過國家安全法施行細則、臺灣地區解嚴案，送請立法院查照；七月七日立法院於七十九會期第四十次會議通過予以備查；並咨請總統宣告解嚴。總統於民國七十六年七月十四日明令，依立法院咨文「宣告臺灣地區自七十六年七月十五日零時起解嚴」，並同時公布施行國家安全法。至於解除戒嚴之意義有三：1.軍事管制範圍

十年二月）。

縮減。 2.人民權利（如集會結社、組織政黨等）恢復憲法之保障。 3.行政必須依據法律。

第四目　有關立法的職權

一、公布法律權

　　憲法第三十七條，首先規定「總統依法公布法律」，進而規定「須經行政院院長之副署，或行政院院長及有關部會首長之副署」。一方面表示，法律之公布，為立法程序之重要步驟，因公布而完成立法程序並發生效力。另一方面，由副署之行政首長負執行責任，並對立法院負政治責任。第三十七條，設定我國憲政體制上極為重要的「副署制度」，為內閣制重要的特徵。

　　至於總統公布法律，應於立法院送達三讀通過之法律案後十天內為之（憲法第七十二條），這期間，行政院得呈請總統核可，將法案提交立法院覆議。再者，此一公布手續，為法律成立的形式要件之一，不應對法律之實質效力構成影響。故以立法院代表人民行使立法權，法律為人民意志的具體呈現，設若於該十天內未為公布而行政院亦未請求立法院覆議，則該法律理當生效。

二、覆議核可權

　　另依憲法增修條文（民國八十六年七月二十一日公布）第三條第二項規定，行政院對於立法院決議之法律案、預算案、條約案，如認為窒礙難行時，得經總統之核可移請立法院覆議，此即「覆議核可權」。

　　「覆議」本為總統制國家重要特徵，期分立的行政與立法兩權得以溝通對話並解決問題，初非內閣制國家所行制度。唯從我國行政院對立法院負責的體制觀之，行政院之政策與立法院之決議不合時，是以要求覆議的方式探求民意是否支持，總統理應核可之。一則從而使政策接受民意考驗，

一則使總統免於介入政策論爭，誠屬地位超然於五院之上的元首之職務。

民國八十三年修憲後，總統由公民直接選舉，且釋字第五二〇號解釋，指行政院院長應落實總統的政見。處此情勢，核可覆議權是否仍為總統的實權？總統可否決行政院院長的覆議要求或主動催促？由於行政院為國家最高行政機關未嘗改變，基於行政權完整原則、權力分立原則以及責任政治，總統覆議核可權的行使當與行政院配合，仍應尊重行政院院長的決定。

有須進一步討論者是，總統於為此項「核可」時，得為實質審查或形式審查？或得於十日內指示行政院提覆議案？就此有各種見解。有主張基於國家權力彼此制衡，以及法律安定原則，應明確規定總統於核可法律案的覆議案時，得為實質審查。民國一〇三年會計法第九十九條之一修正案的覆議案，似為朝向此方向發展的事例（馬總統於聽取各方意見後，責成行政院提出覆議案，但行政院由主計總處提案經行政院院會通過，其作業過程則顯示行政院有相當主動的地位）❽。

三、宣告解散立法院

總統於立法院通過對行政院院長之不信任案後十日內，經諮詢立法院院長後，得宣告解散立法院。但總統於戒嚴或緊急命令生效期間，不得解散立法院（民國八十六年憲法增修條文第二條第五項前段）。總統宣告解散立法院係以立法院通過對行政院不信任案為實質要件，並經諮詢立法院院長後為之。此外，總統此項權力之運作，在時間上尚有於戒嚴或緊急命令生效期間不得為之的限制。

四、提出國情報告

立法院於每年集會時，得聽取總統國情報告（民國八十九年四月二十四日國民大會通過憲法增修條文第四條第三項）。此項國情報告，應具有「鼓舞」、「警告」、「諮商」的作用，提供國人及政府參考。國情報告與政

---

❽ 劉幸義：《法律推論與解釋》（臺北：翰蘆，民國一〇四年出版），頁九一～一〇九。

府政策不同，政府政策較為具體，由行政院及各部會向立法院提出，並根據其制定及執行之成敗對立法院負責。按此項憲法增修條文之規定，總統與立法院得有正面的互動，改變過去總統依例不赴立法院院會之傳統。民國九十三年九月陳總統表示願意赴立法院，就軍購（經費達新臺幣六千一百零八億元）議題提出國情報告，期化解朝野爭議；民國一○四年十一月「馬習會」後，馬總統要求到立法院報告會面經過。然以國情報告應尊重國會職權，如何提出，總統與立法委員如何互動，以及與行政院之為國家最高行政機關間的權責分際，有待朝野進一步溝通建制。

第五目　有關司法的職權

憲法第四十條規定：「總統依法行使大赦、特赦、減刑及復權之權。」是為總統有關司法的職權，稱為赦免權。往昔君主專制時代，是統治者用以感召祥和、消災祈福之恩典，如今民主法治時代，是為救濟立法與司法之窮而設。蓋法律可能未盡完善，所謂惡法亦法，如因此據而審判，必難期公允；或罪犯雖其行可誅，但其情可憫，而斷者不能續，死者不能復生，有賴以政治之力為救濟；且刑之宣告及執行已然予犯罪者相當嚴重之處罰，亦當允其有悔過自新的機會，故有赦免制度之設。依赦免法之規定，其主要內涵如次：

一、大　赦

是對某時期某種類之全部刑事罪犯，不受刑之追訴及執行，使罪刑歸於消滅。亦即犯罪者如已受刑之宣告者，使其宣告為無效；其未受刑之宣告者，其追訴權消滅。因犯罪者之罪與刑在法律上完全消滅，故被赦者不但免除其刑之執行，且得恢復褫奪之公權，再犯之時，不以累犯論。

二、特　赦

是對特定之刑事罪犯，於其受刑之宣告後免除其刑之執行，其情節特

殊者，得以其罪刑之宣告為無效。因其效力僅及於刑之消滅，其罪仍存在，故如再犯以累犯論。特赦是經判決確定後才發生，屬總統的司法權；人犯的保外就醫是獄政主管機關依據醫療專業鑑定而為的行政處置，屬行政權。

三、減　刑

對於已受罪刑宣告之特定罪犯，減輕其刑之程度。減刑尚有全國性減刑，必須立法，如民國九十六年七月四日公布的「中華民國九十六年罪犯減刑條例」。為避免監獄人滿為患，改善受刑人待遇，擴建監房，減少犯罪率是根本之道，而減刑是民主及人道國家不得已的選擇。

四、復　權

是對於被褫奪公權者恢復其公權。赦免權係刑罰權之例外，與犯法者受罰之理念不合，而奸宄提前出獄，不免影響社會秩序，尤難以撫平受害者之不平，故必須審慎行之。大赦須經行政院議決、立法院通過立法，方能為之；全國性減刑比照大赦程序辦理。

赦免法第六條規定：「總統得命令行政院轉令主管部為大赦、特赦、減刑、復權之研議。」特赦，僅能由總統發動，但總統未可煩以細節，故解釋上亦可由主管部審議，經行政院呈請總統核可，不必拘泥於文字。而各國如土耳其，對元首對閣員之赦免加以限制，值得我國研究，主管部應慎重其事❾。

第六目　授予榮典權

依憲法第四十二條之規定：「總統依法授與榮典。」所謂榮典，指對於有功於國家社會之人民或友邦人士，頒授勳章、獎章、獎狀等榮譽。總統不僅為國家元首，亦為榮譽之象徵，故由其授與國家之名器，以昭崇隆慎

❾　林紀東，《中華民國憲法逐條釋義》，第二冊（臺北：三民，民國八十一年），頁八六～九四。

重，或敦睦邦交。其有關法制主要由勳章條例、褒揚條例、獎章條例定之。國家榮典主要包括勳章、褒揚與獎章三種。

我國之勳章，包括采玉大勳章、中山勳章、中正勳章、卿雲勳章及景星勳章五種。總統佩帶采玉大勳章，采玉大勳章得特贈外國元首；中山勳章、中正勳章，應由總統親授之。卿雲勳章、景星勳章，一等者，由總統親授之，其餘各等，發交主管院或該管長官授與之（勳章條例）。

有關勳章之呈請，如為授予一般公務人員或人民，除由總統特授或特交總統府稽勳委員會逕行審核者外，應由呈請機關檢具文件，遞轉初審機關（公務人員部分為銓敘部）審核，陳報主管院轉呈總統；政務官則由呈請機關陳送主管院審議；不屬五院者逕送總統府審議。授與外國人勳章之手續，由外交部定之（參「勳章條例施行細則」）。至於總統特授或特交案例並不多見，民國八十六年八月十一日，李總統頒授甫退休的法醫楊日松勳章，以鼓勵對社會貢獻的民間人士，即是由總統府主動決定的案例。

至於「褒揚」，係對德行優異或熱心公益者之獎勵，由內政部審核，經行政院呈請總統核定後為之，分為匾額與褒章兩種（褒揚條例）。此外，「獎章」係對國家著有功績，或特殊優良表現之公教人員或其他國人或外國人之表揚，包括功績、楷模、服務、專業獎章四種，則由主管機關報請主管院核定後，由各該機關首長頒給（獎章條例）。

第七目　院際調和權

依憲法第四十四條之規定：「總統對於院與院間之爭執，除本憲法有規定者外，得召集有關各院院長會商解決之。」是為院際調和權，或院際權限爭議處理權，或整合權。

所謂院間之爭執，為五院之事務管轄、權限劃分或法制見解之歧異爭議。而所以稱會商，即交換意見，不具會議之形式❿。至於「本憲法有規

❿　洪應灶：《中華民國憲法新論》（臺北：作者自刊，民國四十五年五月再版），頁一五○。

定者」是指：

　　1.如行政院與立法院因重要政策、法律案、預算案、條約案之爭議，依第五十七條之規定處置。

　　2.院間因行使職權發生憲法、法律或命令適用上的爭議，得提請司法解釋，依第七十八條規定為之。

　　3.省自治法施行之重大障礙，由司法院召集有關方面陳述意見後，由五院院長組織委員會，以司法院院長為主席，提出方案解決之，係依第一一五條之規定。

　　憲法上院際憲政爭議之解決，即有提出覆議、聲請解釋、由司法院協助，以及由總統會商調和等各種方法。院際調和之方法，應為一種補充協助，以總統為國家元首之超然地位，當可發揮調和鼎鼐之作用，救濟其他政治或法律途徑之不足。唯政府五院中僅行政院為首長制機關，其餘四院為合議制機關，在執行會商結論上則缺乏有力的體制。

　　民國八十九年十月二十七日行政院逕行宣布停止執行「核四」預算，引發行政、立法兩院爭議、朝野對峙。為此，陳水扁總統於十月三十日邀集五院院長召開座談會（立法院院長王金平未參與），雖達成「回歸民主法治與憲政體制」等五項共識，而有關行政、立法兩院之爭議，特別強調「應回歸憲政體制之運作，尋求解決」，但後來仍由行政院聲請司法院解釋（此案頗類似釋字第七六號解釋化解當時何謂我國國會之爭論）。翌年一月十五日釋字第五二〇號解釋公布，要求行政、立法兩院依憲法規定之體制解決爭議。陳總統於二月農曆除夕談話指出，兩院協商如有困難，他願意再依憲法第四十四條召集各院院長會商，惟行政院院長終於在二月十四日宣布核四復工，始化解此一憲政爭議引發的危機。總統運用調和權，是有其一定的緩和轉圜的作用，實際的運作及效果仍有侷限性。民國一〇一年十一月，馬總統拒絕在野人士召開國是會議的要求，二十一日邀集行政、立法、考試三院長在總統府「會談」退撫基金改革工作，此舉又與院際調和有別。

　　上述總統之職權，論者有將其依是否必須副署分類，可分為「勿須副署的職權」與「必須副署的職權」兩類，其要如下（表4-1）：

表 4-1　總統職權是否須副署的分類

勿須副署的職權	1. 統率全國陸海空軍（軍令權） 2. 發布緊急命令 3. 院際爭議調和 4. 覆議核可 5. 發布行政院院長與經立法院同意任命人員之任免令 6. 解散立法院之命令 7. 召集立法院臨時會
必須副署的職權	1. 公布法律 2. 發布命令 3. 締結條約、宣戰、媾和 4. 行使赦免 5. 任免文武官吏 6. 授與榮典

引自華力進：《政治學》（臺北：經世書局，民國七十六年十月增訂版），頁三〇五～三〇六；本書並加修正。

第八目　總統職權之評析

一、勿須經副署之職權的性質

　　其中「必須副署的職權」，多為經常性、行政性之業務，而「勿須副署的職權」中，如發布緊急命令、覆議核可二者是否因毋須副署，而視為是總統的實權？則頗可研究。以發布緊急命令言之，其發動權在行政院，必須經行政院院會通過，且於發布後，必須在十天內移請立法院追認，其間總統當予尊重或配合。緊急命令的發布，難謂屬總統的實權。至於覆議核可，因行政院對立法院負政策成敗之責，如行政、立法兩部門發生爭議，於行政院呈請移交立法院覆議時，總統對由其提名任命的行政院院長之請求，豈有不予核可的道理？故覆議核可權，亦難謂為總統之實權，總統允宜依行政院院長之意向而為核可。

二、總統職權的有關解釋

過去司法解釋，將總統職權界定在超然於政府的角色。如釋字第三八八號解釋，是從國家元首詮釋總統不受刑事上訴究之理由，論述簡明；釋字第四一九號解釋副總統的兼職案，還注意到總統的統治行為，指總統的元首權係立於行政、立法、司法等之上，以中立之態度協調於五院之間，定位清楚。至有關核四案的釋字第五二〇號解釋，尚且含蓄的要求：總統得經由其任命之行政院院長推行其競選時之承諾，行政院院長當可變更先前行政院之政策。揆諸歷次解釋意旨，總統與行政院職權各有分際。在此層次的理解上，總統職權之行使，未嘗有制衡的嚴格探求。

釋字第五八五號有關三一九槍擊案立法院應否有司法調查權的解釋，以及釋字第六一三號國家通訊傳播委員應如何產生的解釋，都肯定行政院是最高行政機關，行政院院長是最高行政首長。及至釋字第六二七號解釋，直截了當將總統定位為行政首長，指其享有的行政特權是涉及國家安全、國防或外交之國家機密事項上，政策形成過程，有不予公開的權力。

三、釋字第六二七號解釋的轉變

依釋字第六二七號解釋，總統依憲法及憲法增修條文所賦予的職權略為：元首權、軍事統帥權、公布法令權、締結條約、宣戰及媾和權、宣布戒嚴權、赦免權、任免官員權、授與榮典權、發布緊急命令權、權限爭議處理權、國家安全大政方針決定權、國家安全機關設置權、立法院解散權、提名權、任命權等，為憲法上之行政機關。總統於憲法及憲法增修條文所賦予之行政權範圍內，為最高行政首長，負有維護國家安全與國家利益之責任。解釋文並肯定總統的國家機密特權是源自於行政權，有意將總統之職權解釋為行政權至為明顯。

然本號解釋的問題之一是，赦免權旨在濟司法及立法之窮，學理上歸類為司法權的一環，何以行政權論之？問題之二是，覆議核可權亦屬總統重要之職權，何以遺漏未曾述及？問題之三是，所列「立法院解散權」，未

提及立法院通過對閣揆不信任案之前提條件，以及總統僅立於被動「宣告」的地位，不免過於簡化之嫌。

我國政府體制，摻揉內閣制與總統制，原本難以界定其義、釐清其貌。近年來更以「雙首長制」相類比，體制益加紛亂。其實法國「雙首長制」，總統與內閣總理分享行政權，各有明定的權限：總統主持部長會議、得主動宣告解散國會、行使法律覆議權、簽署總統行政命令及部長會議所議決之行政命令等，與總理在行政權上分庭抗禮。而依憲法規定，我國總統超然於五院之上，不直接掌理行政，總統得提名司法、考試、監察三院人事，直接任命行政院院長，職權頗為重要，引人關注並思角逐總統職位。然其人事提名及任命權，畢竟非屬一般行政範疇（釋字第六一三號解釋指一般行政權屬行政院），而總統依憲法行使之有關行政職務，是與行政院有較密切關係，但幾全建立在行政院院會通過及立法院同意的基礎上，可以說，我國政府體制內閣制傾向明顯可徵。至於實際運作，趨向總統制發展，加以總統直接由公民選舉且多兼任執政黨主席，憲政實務已展現不同態樣矣！

唯總統於修憲後，對於行政部門之重大決策如親力參與，自屬總統的「實施職務行為」，自應比照公務人員依法行政，並負起責任。最高法院在民國九十九年十一月十日一項判決指出，只要公務員行為與職務具關聯，並具「實質影響力」，就是職務上行為。最高法院否決下級法院之見解：最高法院對職務範圍採「實質說」，認定只要公務員實質上職務影響力所及，就屬於職務上行為。因此總統家屬收受企業給款、總統以其身分介入桃園龍潭購地，「行為與職務具有關聯性」，就已構成以職務上行為收賄的對價。

第三節　總統的選舉

第一目　選舉方式

各國元首，除君主國之君主出於世襲繼承外，共和國之元首，有由全

體公民直接選舉產生者，亦有由議會間接選舉產生者。我國自行憲以來，總統、副總統向由國民大會選舉，屬間接選舉之類型。

唯第三次修正之憲法增修條文（民國八十三年八月公布施行）第二條第一項則規定：「總統、副總統由中華民國自由地區全體人民直接選舉之，自中華民國八十五年第九任總統、副總統選舉實施。」因之自第九任總統、副總統選舉，開始採直接選舉的方式。採公民直接選舉方式符合主權在民的理想，可提高人民參與政治之興趣。

第二目　候選人的產生

依憲法增修條文規定：「總統、副總統候選人應聯名登記，在選票上同列一組圈選，以得票最多之一組為當選。」（第二條第一項部分規定）可略知總統、副總統之選舉程序要點是：

1.總統、副總統同列選票，以每一政黨提名者列為一組（當許自行參選，亦同列一組）。總統與副總統同時選出，其得票數必然完全相同，選民只需於每一組之共同圈選欄圈選即可。

2.此一程序，以總統候選人為首要，副總統之人選當以尊重總統候選人之意向選擇。

至於總統候選人則由政黨推薦，或一定數額的公民連署產生，其主要理由是，民主政治就是政黨政治，故應由政黨推薦候選人，或具備相當的民意基礎。如此規定將限制「獨立候選人」不得參選，或以尋求公民連署的方式取得候選人資格。

第三目　候選人之資格

憲法第四十五條規定：「中華民國國民年滿四十歲者，得被選為總統、副總統。」此項規定頗為簡要，亦即其資格包括兩項：

1.具有中華民國之國籍。

2.年滿四十歲。

此外，總統副總統選舉罷免法（民國九十八年五月二十七日修正公布）規定：1.候選人應在中華民國自由地區居住滿六個月，且曾設籍十五年以上。2.具備保證金。3.經政黨推薦或公民連署推薦。4.未有消極條件（曾犯貪污罪、組織犯罪防制條例之罪、依法停止任用或休職者等）。5.非現役軍人、辦理選務人員、具有外國國籍者等（參本法第三章第三節「候選人」相關規定）。

再者，總統副總統選舉罷免法施行細則（民國一○○年九月一日修正公布）第十一條規定，總統、副總統候選人應繳交學士以上學位證件。故候選人須具備學士以上學歷。

第四目　法制要點

立法院在民國八十四年七月二十日三讀通過「總統副總統選舉罷免法」，確定總統、副總統由人民直接選舉，並賦予華僑投票權。該法（依民國一一○年十二月十五日修正公布）較為重要之規定者如：

1.選舉罷免辦理機關：中央選舉委員會。

2.候選人資格：年滿四十歲，在中華民國自由地區繼續居住六個月以上，曾設籍十五年以上且符合一定條件的國民，均可申請登記為總統、副總統候選人。

3.華僑行使投票權要件：年滿二十歲，在中華民國自由地區繼續居住六個月以上，或人在國外但曾在臺灣繼續居住六個月以上，持有我國護照的僑民，可以申請返國投票選舉總統、副總統。

4.競選經費：競選經費有上限的規定（應以中華民國自由地區人口總數百分之七十，乘以基本金額新臺幣二十元，加上一億元之和）。另禁止候選人發行有價證券募集競選經費。政治獻金法（民國一○七年六月二十日）第十八條：「對同一（組）擬參選人每年捐贈總額，不得超過下列金額：一、個人：新臺幣十萬元。二、營利事業：新臺幣一百萬元。三、人民團

體：新臺幣五十萬元。（第一項）政黨對其所推薦同一（組）擬參選人之金錢捐贈，不得超過下列金額：一、總統、副總統：新臺幣二千五百萬元。（第二項第一款）」

　　候選人應於投票日後三十日內，向中央選舉委員會申報競選經費收支結算。

　　5.候選人的產生：其產生方式包括兩種方式，即政黨推薦與公民連署二者。政黨必須在最近一次總統、副總統或立法委員會選舉中，得票率達有效票的百分之五以上，始得推薦。民國九十二年十月本法修訂後，二個以上政黨得共同推薦一組總統、副總統候選人。公民連署則採「自辦連署」，即自行參選人應在選舉公告發布後五日內，向中選會申請為被連署人，四十五日內，爭取到最近一次立法委員選舉選舉人總數百分之一點五以上選民的連署，始得登記參選。依連署方式登記為候選人者，應繳交保證金新臺幣一百萬元❶。

　　6.電視辯論：中央選舉委員會應以公費讓候選人在電視上發表政見；只要兩組以上候選人同意，即可舉行全國性無線電視辯論會，電視臺不得拒絕，電視臺並得向中選會申請經費補助。但總統電視辯論會以三場為限，每場每人限時三十分鐘；副總統電視辯論會比照總統辯論會辦理，但以一場為限。

　　7.競選行為的限制：除規範選舉言論不得違法及妨害其他候選人活動外，並規定「政黨及任何人或法人代表不得在投票前十日內發布有關候選人或選舉之民意調查資料」。

　　8.候選人的安全保障：為避免選舉遭破壞，明訂總統候選人之一在選舉期間死亡，選舉活動立即停止；為保護候選人安全，規定於選舉期間，總統、副總統候選人的安全事宜，由國家安全局掌理。

---

❶　總統候選人的產生方式，依釋字第四六八號解釋（民國八十七年十月二十二日公布），旨在防止人民任意參選，耗費社會資源，是屬合理範圍內之適當規範。施明德：〈參選總統這麼難嗎？〉，《中國時報》（民國一〇四年十二月十日），第A14版。

9.相對多數當選制：總統、副總統選舉以得票最多的一組為當選，不必得票過半。世界各國，採絕對多數（兩輪投票）與相對多數國家數目約略相當。

觀察世界各國，除純粹內閣制國家（如英、日、德等國）外，雙首長制國家總統選舉，有採絕對多數當選制（兩輪投票制），有採相對多數當選制，如臺灣。重點是，這兩種選舉制度有以下兩項關係：其一、採相對多數當選制與採絕對多數當選制這兩種制度的國家，數目差不多。但一般相信，多元利益國家採絕對多數當選制（兩輪投票制），有助於政局穩定，故一般建議臺灣宜改採兩輪投票制。其二、採相對多數當選制國家，唯一的一次投票，選票集中前兩名；而第一名的候選人（當選人），得票過半的機會高於兩輪決選制下的候選人，因此我國一向採行的相對多數當選制，仍有許多國家採用 ❷。

觀察民國九十三年三月二十日第十一屆總統副總統選舉：當天開票結果，尋求連任的陳水扁與呂秀蓮以不到三萬票的些微差距，領先連戰與宋楚瑜這一組候選人。由於投票前一天發生槍擊案，陳、呂受傷，細節不明；加上選前有政府啟動「國安機制」影響軍人返鄉投票之說，以及「公投綁大選」之安排，一再引發社會質疑選舉不公，群情激憤，致強烈抗議持續七天之久。其間，三月二十六日，中央選舉委員會更在喧鬧衝突中公告總統副總統當選名單。翌日，三月二十七日，總統召開中外記者會，表示為尊重司法，只要連、宋提起選舉訴訟，他同意不必舉證，無須法院開庭，立即驗票（行政驗票），以杜絕爭議及疑慮。依規定，司法驗票必須先經中央選舉委員會公告當選人名單，候選人提起選舉訴訟方可要求，而程序簡便的「行政驗票」卻缺乏法源依據，而為此，有意修改總統副總統選舉罷免法又緩不濟急。實際上，三月二十六日藍綠兩陣營修法的協商已破局。四月一日國、親兩黨要求成立調查委員會，府院亦未能同意。四月二十二

---

❷　蘇子喬：〈我國總統選舉制度的檢討：相對多數制或絕對多數制〉，中國文化大學中山與中國大陸研究所：《中山思想與當前憲政體制學術研討會論文集》，二〇一五年六月十二日。

日，臺灣高等法院確定自五月十日起正式驗票，預計進行十天。五月十八日「司法驗票」完成，高等法院即傳喚連宋、陳呂兩造律師團，進行不公開的協商以處理爭議票問題，選舉爭議的風波方告一段落。

　　再看美國二〇〇〇年十一月七日的總統選舉：投票後開票結果，小布希（時任德州州長）與高爾（時任副總統）兩位候選人在「總統選舉人」票（計五百三十八張）上都未過半，但差距有限。第二天，尚未開完票而擁有二十五張選舉人票的佛羅里達州即成關鍵，只要獲得本州的支持，即可跨越門檻獲得勝選，而第二天全州開票完畢，小布希得票比高爾多一千七百八十四票。由於候選人得票差距過小，依法重行計票（與投票時一樣用機器進行），但高爾陣營特別要求棕櫚灘郡等四郡用人工驗票（與先前用機器計票不同），十一月十日驗票結果小布希領先三百二十七張票，差距縮小，小布希陣營即向該區聯邦地方法院緊急請該四郡停止人工驗票（有些「酒窩票」，打孔後的選票未打穿，僅留下痕跡，原來不計入有效票，也算有效），以免引起爭議。但法院以事權屬州管轄範圍為由，予以駁回，小布希遂向聯邦上訴法院上訴。同時，佛州最高法院裁定該四郡可以繼續進行人工開票，但必須在十一月二十六日前上報計票結果。十二月四日，聯邦最高法院宣判，判定佛州最高法院下令重新進行人工計票之判決，「欠缺充分依據」，而應予廢棄，發回更審。十二月八日，佛州最高法院判決該州六十七個郡約四萬五千張選票有爭議，因此，小布希方面乃緊急請求停止人工計票作業，聯邦最高法院以十二月十二日選舉人團產生的期限迫在眉睫，人工驗票難以完成，九位大法官於十二月九日以五對四多數決同意，下令停止佛州人工驗票。此時小布希的領先，縮小到一百五十四張票。在判決書中，聯邦最高法院主張各州賦予每一位選民的投票權是人人平等，州政府不得再以恣意而截然不同的對待方式，使某一個人的選票價值高於另一個人。而機器計票與人工驗票，又使選票之有效或無效之認定產生不同結果，加以限期驗票「時間的壓力，不足以減少憲法層次之考量。對於處理速度之需求，亦不足以成為忽略平等保護所提供之保障的概括藉口」。法院強調，平等對待每一張選票比用人工驗票探求選民真正的投票意思更為重

要，於是判決撤銷佛羅里達州法院人工驗票的決定，此舉使高爾反敗為勝的希望破滅，原初開票結果小布希些微領先即成定局，終於司法判決決定美國總統選舉的結果。

美國總統由各州選出的總統選舉人團選舉，也是不斷在修法中摸索。一八八七年的選舉計算法案 (the Electoral Count Act, 1887) 規定，每個州總統選舉人制度以及選舉人名單如有爭議，由各州議會決定，但該法公布施行前後，美國仍時而發生當選總統者獲全國選民票較少、選舉人票多的「少數總統」。而美國總統選制造成大州壟斷選舉，不合民主原則的現象 ❸，至今這種現象依然一再發生。二○二○年十一月川普總統連任未能成功，他懷疑民主黨作票，二○二一年一月拜登總統就職前，發生「一月六日國會暴動」，支持川普者試圖利用該法推翻大選結果，各界（包括兩大黨）改革該項選舉法之聲又起。

第四節　總統的任期及責任

第一目　總統的任期

我國總統之任期，有關規定為：

1.憲法第四十七條規定，總統、副總統任期為六年，連選得連任一次。

2.憲法增修條文（民國八十三年修正公布）第二條明定，自第九任總統、副總統起，任期為四年，連選得連任一次。

依憲法原規定，總統、副總統之任期為六年，於世界各國論，是採長任期制，今縮短為四年，則與多數國家同為較適中的規定。長任期制，固然有穩定中樞、累積經驗，得以施展作為等優點，但民意之不易及時更新，流於守舊則是其缺憾。法國密特朗總統兩任總統，長達十四年的任期，至晚期即呈保守（今已改為一任五年）。

---

❸　謝延庚，《美國總統的選舉》（臺北：嘉新水泥，民國五十六年），頁一六八。

　　至於連任次數，我國向採連任一次之規定，亦屬適中之限制，唯近年來中南美洲國家限制總統不得連任，頗受各國重視。美國憲法原定總統任期四年，對是否可連任未加明定，但自華盛頓、傑佛遜拒絕三任，即樹立連任一次的慣例。及至二次世界大戰時期，羅斯福總統竟四次當選總統，人民頗多疑慮，美國旋即於一九五一年通過憲法修正案，限制不得三次當選總統（如加上繼任，一人不得連任十年的總統職務）。我國憲法於總統任期允宜作明確的規定。

第二目　總統的繼任與職務的代理

　　總統為國家元首，其職務運作不能中斷，因此各國憲法重視國家元首職務之代理。美國憲法第二十五條修正案，即詳細規定副總統如何代理總統之程序。我國憲法第四十九條規定：「總統缺位時，由副總統繼任，至總統任期屆滿為止。總統、副總統均缺位時，由行政院院長代行其職權，並依本憲法第三十條之規定，召集國民大會臨時會，補選總統、副總統，其任期以補足原任總統未滿之任期為止。總統因故不能視事時，由副總統代行其職權。總統、副總統均不能視事時，由行政院院長代行其職權。」而有關總統之繼任與代理，規定頗為詳細，其要點如次：

(一)總統缺位的繼任

　　總統缺位時，由副總統繼任。「缺位」是指於任內辭職、病故或被罷免，致不能任職。而規定由副總統繼任，即因副總統無一定職掌，而其繼任總統，「至總統任期屆滿為止」，則以其與總統同時經選舉產生之故❶❹。

　　我國副總統，於憲法上除此項「繼任總統」之條文外，並無其他規定，尤以副總統一旦缺位時，亦無補選之法制。因之，憲法增修條文補充規定：「副總統缺位時，總統應於三個月內提名候選人，由立法院補選，繼任至

---

❶❹　各國設副總統者不多，以美國而言，制憲之初並不作考慮，而設副總統的理由相當牽強，參吳祖田：〈美國副總統職位與角色之探討〉，《問題與研究》，第二八卷第九期（民國七十八年六月）。

原任期屆滿為止。」（民國九十四年增修條文第二條第七項）

按我國自行憲以來，副總統除擔任特使出使友邦外，以兼任行政院院長而受爭論。過去，陳誠、嚴家淦先生即先後以副總統兼任行政院院長，及至連戰副總統於民國八十五年五月二十日就職起，其兼任閣揆一職，爭論即從法理擴及實務。為此，連院長赴立法院作施政報告時被拒於門外，兩院僵持，至民國八十六年八月連內閣總辭，創下行政院院長一年三個月未曾出席立法院的先例。其間，司法院著成釋字第四一九號解釋，指出副總統與行政院院長職務「非顯不相容」，然其所以由憲法分設職位，「應由不同之人分別擔任」，對此一兼職之事實，（有關機關）「應依上開解釋之意旨為適當之處理」。

㈡總統、副總統均缺位的代理與補選

總統、副總統均告缺位時，應「由行政院院長代行職權」，並依憲法第三十條之規定，召集國民大會臨時會，補選總統、副總統。此項代行職權之規定，於總統改由人民直接選舉後依然維持（憲法增修條文第二條第八項）。

唯行政院院長之代行總統職權，「其期限不得逾三個月」。而此三個月應作從寬解釋，如三個月期滿而代行之原因未消失，當予延長。一般認為，五五憲草於此規定代行期間為六個月，似較合於實際。

又依憲法增修條文（民國九十四年六月十日公布）第二條第七項之規定，副總統缺位時，總統應於三個月內提名候選人，由立法院補選，繼任至原任期屆滿為止。

㈢總統因故不能視事時之代理

所謂「不能視事」，即因事故而不能處理職務。至於是否「不能視事」，則由總統自行決定❶，並無法律規定。美國憲法第二十五條修正案明定，總統於不能執行其職權時，得以書面聲明送國會參、眾兩院議長，將其職權授予「為代行總統的副總統」；並進而規定（如總統因受心理疾病之苦而不承認不能執行職務時），由副總統和內閣的多數決議，「或其他團體如國

---

❶　張治安：《中國憲法及政府》（臺北：五南書局，民國九十六年六版），頁二三〇。

會得立法規定」，被授權以書面通知國會兩院議長，宣布總統不能執行職務並由副總統代行總統職權，規定頗為明確。一九八五年雷根總統於手術前，即適用此一程序。

而此項代理，應屬法定代理，蓋代行總統職務之原因及代理人皆為憲法所明定，故其代理人為副總統，乃不容變更者。

至若總統、副總統均因故不能視事時，即由行政院院長代行總統職權，係前述總統、副總統均缺位之代行的引申。

唯總統、副總統任滿而次任總統尚未選出，或選出後總統、副總統均未就職時，亦由行政院院長代行總統職權。憲法第五十條作此規定，有認為在於防止總統職權之中斷，為權宜之計❻；有認為此條文為世界各國所僅見，何不由原任總統或副總統繼續行使職權？可見規定過於機械❼。從法理論之，時值非常狀態，總統既已任期屆滿，理應解職，而行政院院長尚在職，則比照前述代行總統職權之規定，由行政院院長代行，為合理的推論。

㈣副總統的職務

我國副總統在憲法上僅規定：總統缺位時，由副總統繼任。憲法未賦予副總統其他具體任務，不若美國憲法規定副總統兼任聯邦參議院議長（僅主持國會開幕儀式，不參與平常議事）。實際上我國副總統或代表總統出席國內外會議，或兼任司法、考試、監察人事提名審薦小組、年改會等召集人臨時性任務。副總統輔佐國家元首，屬備位性質，依總統意思協助國務。行憲以來，副總統因總統之性格態度而有不同表現，或可積極任事，或為沒有聲音的人。

㈤副總統兼任閣揆之爭議

行憲以來，副總統曾有兼任行政院院長的事例，如陳誠、嚴家淦、連戰諸位副總統。連戰擔任行政院院長期間，內閣改組兩次，第一次是在民

---

❻　張治安：《中國憲法及政府》（臺北：五南書局，民國九十六年六版）頁二七三。

❼　林紀東：《中華民國憲法釋論》（臺北：作者自刊，民國七十六年版），頁二一〇～二一一。

國八十三年底，其中安排徐立德任副院長兼任經建會主委，此項人事受矚目，主要目的是為了亞太營運計劃的推動，如此安排可以提昇我國亞太經合會代表的層級。

第二次內閣改組是民國八十五年五月，由於第三屆立委（民國八十五年二月一日任期開始）選舉結果三黨鼎立，國民黨僅以三席過半數；民國八十五年二月，連院長依憲政慣例提出總辭，五月新任總統就職，勢必再提名閣揆，故有主張考量政局安定與政策延續，由連副總統繼續兼任行政院院長。

此時，朝野推動「二月政改」，重點在民、新兩黨推出候選人與國民黨角逐立院院長與副院長寶座。由於國民黨是脆弱的多數，第一次投票結果，八十票對八十票，情勢緊張。第二次投票，國民黨（劉松藩）始以一票之差險勝。二月十六日，閣揆任命同意權行使，連戰以八十五票，百分之五十一點八三得票率過關。

隨著第九任總統就職日逐漸接近，副總統是否應兼任閣揆仍舊是眾人關切的焦點，藍綠各有主張沒有共識。於是李登輝總統以黨主席身份，分批接見黨籍立委，徵詢意見。多數黨籍立委支持連戰續任行政院長。五月底，李總統終於在連院長總辭的公文上批示「著毋庸議」，並宣布由連戰以副總統身份續任閣揆，進而考量既然是續任，不必咨請立法院行使同意權。

然而，在野黨卻不這麼認為，他們表示副總統兼任閣揆是違憲，要求總統重新提名行政院院長，並經立法院同意，隨即引發朝野對立。面對在野勢力的反對，國民黨籍立委連署，提出釋憲案，行政院亦成立釋憲小組提出釋憲案。

司法院共受理了四件副總統是否應兼任閣揆的釋憲案，經兩次公開言詞辯論，四十四次審查會，於民國八十五年十二月三十一日作出四一九號解釋。解釋文並未出現合憲或違憲字眼，媒體指這是一份具「創造性模糊」意味的解釋案，因此藍綠雙方各有所本，各有解讀。執政的國民黨認為，解釋文明白指出副總統與行政院院長二者職務非顯不相容，兼任閣揆並不違憲。然而反對黨則持相反意見，認為解釋文指出，副總統如兼任閣揆，

將影響憲法上總統職務之繼任及代理之設計，與副總統與行政院院長兩個職位分屬不同之人擔任之本旨未盡相符，兼任已屬違憲，應依解釋意旨為適當之處理。爭議依然餘波盪漾。

在爭議的氣氛下，至次年（民國八十六年）七月完成修憲，八月二十一日，連內閣提出總辭，連戰始卸下行政院院長一職，專任副總統。同時，李總統任命立委蕭萬長接任行政院院長（修憲後不必經立法院同意），一年多的副總統兼任閣揆之爭議，就此落幕⓮。

第三目　總統的特權與責任

總統對外代表國家，為國家權力、榮譽及統合的象徵。因之憲法特予明定：「總統除犯內亂或外患罪外，非經罷免或解職，不受刑事上訴究。」（第五十二條），如同各國對於元首之特殊保障。但總統究屬公職人員，應依據憲法任職，也依據憲法負擔責任。根據本條規定，總統負有政治責任與法律責任，如違反責任，得予罷免或訴究。

一、總統的特權

㈠不受刑事上之訴究（刑事豁免權）

憲法第五十二條規定，總統除犯內亂或外患罪外，非經罷免或解職，不受刑事上之訴究。此係憲法基於總統為國家元首，而對其重要職責及特殊身分所為之尊崇與保障 （釋字第三八八號解釋），此即總統之刑事豁免權。而此不受刑事上之訴究，乃在使總統犯內亂或外患以外之罪者，暫時不能為刑事上訴究，並非完全不適用刑法或相關法律之刑罰規定，故為一種暫時性之程序障礙，而非總統就其所為犯罪行為享有實體之免責權。亦即，暫時不得以總統（於其任期內）為犯罪嫌疑人或被告而進行偵察、起訴與審判程序；但對總統之尊崇與職權之行使無直接關涉之措施，或對犯

⓮　徐立德：《情義在我心：徐立德八十回顧》（臺北：天下文化，民國九十九年九月），頁三〇六～三一一。

罪現場之即時勘察，不在此限（釋字第六二七號解釋）。

如有搜索與總統有關之特定處所以逮捕特定人、扣押特定物件或電磁紀錄之必要者，立法機關應就搜索處所之限制、總統得拒絕搜索或扣押之事由，及特別之司法審查與聲明不服等程序，增訂適用於總統之特別規定。

惟憲法第五十二條的特殊保障，旨在使總統於任期內，除犯內亂外患罪外，刑事上訴究時構成暫時性程序障礙，如有民事責任，於其任內仍可追究❶。

㈡總統之國家機密特權

總統依憲法及憲法增修條文所賦予之行政權範圍內，就有關國家安全、國防及外交之資訊，認為其公開可能影響國家安全與國家利益而應屬國家機密者，有決定不予公開之權力，此為總統之國家機密特權。總統得依國家機密保護法程序核定機密等級，決定不公開有關國防、外交及國家安全的資訊。總統依其國家機密事項於刑事訴訟程序應享有拒絕證言權，並於拒絕證言權範圍內，有拒絕提交相關證物之權。總統對檢察官或受訴法院駁回其上開拒絕證言或拒絕提交相關證物之處分或裁定如有不服，得依本解釋意旨聲明異議或抗告（釋字第六二七號解釋）。

總統對檢察官或受訴法院駁回其上開拒絕證言或拒絕提交相關證物之處分或裁定如有不服，得依本解釋意旨聲明異議或抗告。總統如以書面合理釋明，相關證言之陳述或證物之提交，有妨害國家利益之虞者，檢察官及法院應予以尊重。法院審理個案，涉及總統已提出之資訊者，總統如將系爭資訊依法改核定為國家機密，或另行提出其他已核定之國家機密者，法院即應改依上開規定之相關程序續行其審理程序，不因而違反國家機密保護法及法院辦理涉及國家機密案件保密作業辦法相關之程序規定。

---

❶ 如陳水扁總統於民國九十三年十一月十四日臺北縣立委選舉活動及民進黨中常會上表示，連戰與宋楚瑜如當選總統、副總統，將發動軍事將領辭職或請假進行「七日政變」，此稱「柔性政變」。經連、宋二人提告總統言論已構成損害名譽，訴請賠償。臺北地方法院於民國九十四年十二月四日辯論終結，做成民事判決，要求總統賠償連、宋二人各新臺幣一元，並在三大報刊登道歉啟事。

　　依權力分立原則，總統的行政特權，非絕對且無限制，不得妨礙司法部門執行追求刑事正義之憲法使命。行政特權之運作，若無其他更重要理由，無論於何種情況下，均不足以支持總統得於司法程序中享有絕對、無限制之豁免權。美國最高法院於一九七四年水門案的判決，有關論述，即強調權力的有限性❷⓿。

二、總統的責任

㈠政治責任

　　總統職務繁多，對於全國人民負政治責任，如總統就職之誓詞指出，「必遵守憲法，盡忠職務」（憲法第四十八條），如「負國民付託」時，得由立法院提議罷免之。依憲法增修條文規定：「總統、副總統之罷免案，須經全體立法委員四分之一之提議，全體立法委員三分之二之同意後提出，並經中華民國自由地區選舉人總額過半數之投票，有效票過半數同意罷免時，即為通過。」（民國八十九年四月國民大會通過憲法修正條文第二條第九項）而有關對就任未滿十二個月之總統不得為罷免之提議；又罷免案如經否決，對於同一總統，原聲請（提議）人不得再為罷免之聲請等規定，應繼續適用，罷免案通過，被罷免人應即解職。民國八十九年，因行政院宣布停止執行核四預算，引發朝野對立，在野立委提案罷免總統，後以陳水扁總統就職未滿一年而作罷。在野捨棄對行政院院長提不信任案，而選擇對總統提議罷免，以政府體制及政治責任歸屬不明之故。

㈡法律責任

　　總統如犯內亂外患罪，危害國家安全，則不應再予保障，應受刑事上之追訴。依憲法增修條文規定：「立法院對於總統、副總統之彈劾案，須經全體立法委員二分之一以上之提議，全體立法委員三分之二以上之決議，

❷⓿　民國九十八年十二月二十四日，最高行政法院認為馬總統依法行使審定國家機密職權，沒有因註銷前總統核定的國務費卷證機密，而侵害前總統的權益。民國一〇五年六月十二日，總統府依國家機密保護法，考量國家安全及可能的風險，駁回剛卸任的馬前總統赴香港進行（六月十五日）演講的出境申請案。

聲請司法院大法官審理。」（民國九十四年六月十日修正公布憲法增修條文第四條第七項）。立法院通過此項彈劾案，仍須向司法院大法官提出，以判決是否成立及解職（民國九十四年六月十日公布憲法增修條文第五條第四項）。再者，總統、副總統彈劾案之提出，應不限於犯內亂外患罪，可能包括刑事上重罪（按美國憲法第二條第四款規定，總統、副總統及所有其他文職官員，因叛國、賄賂或其他重罪或輕罪 (high crimes and misdemeanours)，被彈劾且定罪者，應被解除職務）。

第五節　總統府的組織

依中華民國總統府組織法之規定，總統依據憲法行使職權，設總統府。其內部單位及所屬機關如次。

第一目　幕僚單位

總統府之主要幕僚原為秘書長與參軍長，秘書長一人，特任，承總統之命，綜理府內事務，並指揮、監督府內所屬職員，府內原設六局，民國三十九年初簡化為三局。依民國八十五年一月二十四日修正公布之「中華民國總統府組織法」，總統府設三局，第一局掌公布法令、發布命令之擬議、文武官員之任免、國民大會及立法院行使任命同意權之提名作業等事項；第二局掌授予榮典、璽印典守、印信勳章製發等事項；第三局掌典禮、交際、事務管理等事項。此外並設機要室、侍衛室、公共事務室，以及人事、會計、政風三處。總統府仍置秘書長一人，副秘書長增置為二人，其中一人特任，另一人職務比照簡任第十四職等，至於參軍長則裁撤。

第二目　顧問組織

總統府置資政、國策顧問及戰略顧問。資政，由總統就德高望重者遴

選聘任之，對於國家大計，得向總統提供意見，並備諮詢。

　　國策顧問，由總統就翊贊中樞，有勳勞於國家者，信望素孚，富有政治經驗或學術研究者，以及對於建國事業有重大貢獻者遴聘之，國策顧問亦得轉任資政。民國七十九年四月，為控制員額，總統府有意將資政、國策顧問之聘任建立任期制，以該年計，資政達二十六人；國策顧問為七十六人（法定員額為三十一至四十七人）。依舊法規定，資政有給職者，不得逾十五人；無給職者，不得逾十五人。國策顧問有給職者，不得逾三十人；無給職者，不得逾六十人。民國九十九年八月十九日總統府組織法修訂，資政及國策顧問一律改為無給職。

　　戰略顧問，對戰略及有關國防事項得向總統提供意見，並備諮詢。戰略顧問員額為十五人，上將，由總統任命之。戰略顧問委員會組織條例於民國八十六年五月七日廢止。

　　此外，尚有任務編組的諮詢組織。如：1. 人權諮詢委員會：為保障及提昇人權，落實人權法制化，並參與國際人權事務，適時提供總統諮詢建議而設置。民國八十九年九月十三日經總統核定設置，此委員會由副總統兼任主任委員，另置副主任委員一至二人，下設六組辦事。民國九十四年五月十六日，人權諮詢委員會曾做成決議，以違憲、違法及具危險性，反對「全面換發國民身份證捺錄指紋」，此案並經總統批示送行政院參考（總統府人權諮詢委員會網站，民國九十六年七月三十日摘錄）。2. 科技諮詢委員會：為提昇國家競爭力，強化國防安全，促進永續發展設置，以適時提供相關諮詢及建議。民國八十九年八月二十九日經總統核定，由副總統擔任召集人，下設六組：基礎科學與尖端科技、生態能源與永續發展、國防科技、產業科技、國際科技合作交流、科技法規研議等各組。馬英九總統就任後於民國九十七年九月設置財經諮詢小組，由副總統蕭萬長擔任召集人，就經濟情勢邀集各界人士提供建言。馬總統表示此小組是諮詢性質，目的在幫助政府聽到更多的聲音，不是要取代行政院。

第三目　所屬機關

一、國家安全會議及其所屬國家安全局

　　過去依據動員戡亂時期臨時條款，授權總統設置國家安全會議，以決定有關大政方針，及處理戰地政務，民國五十六年公布之「國家安全會議組織綱要」為其組織法規❷。民國九十二年六月二十五日修正公布施行的國家安全會議組織法，要點如次：

　　1.職掌：為總統決定有關國防、外交及兩岸關係等國家重大事項之國家安全有關大政方針之諮詢機關。

　　2.組織：以總統為主席。出席人員包括副總統、總統府秘書長、行政院院長、副院長、內政、外交、國防、財政、經濟各部部長、行政院大陸委員會主任委員、參謀總長、國家安全會議秘書長、國家安全局局長。

　　3.國家安全會議及其所屬國家安全局應受立法院之監督。

　　4.幕僚之軍職人員的任用，不得逾編制員額之三分之一。

　　而國家安全局則綜理國家安全情報工作及特種勤務之策劃與執行，並支援政府相關機構之有關國家安全情報事項。為具有執行功能之機關，局長並出席立法院備詢。

二、中央研究院

　　中央研究院，為我國最高研究學術機關，成立於民國十七年，直屬國民政府，行憲後改隸於總統府。依其組織法規定，中央研究院之任務有三：1.人文及科學研究。2.指導、聯絡及獎勵學術研究。3.培養高級學術研究人才。置院長一人，特任；院士為終身名譽職。院內設各類研究所，實際從事研究工作，與大學之從事教學者不同。此外，中央研究院設評議會，

---

❷　前中央研究院院長吳大猷曾任國家安全會議科學指導委員會主任委員，他說蔣中正總統要國家安全會議自我節制，不宜侵越行政院職權。他譬喻自己是廚子，而主人給的買菜錢越來越少。

具學術評議之職責，除以院長、總幹事、各研究所所長為當然評議員外，其餘評議員則由院士選舉產生。民國八十四年一月接任院長的李遠哲先生，即由評議會推選出三位候選人，經總統遴選特任。

三、國史館

國史館掌理纂修國史事宜，成立於民國三十五年，置館長一人，主持館務，並設纂修、協修及助修人員，以負責史料之審查及國史之編纂。民國九十三年一月二十日立法院通過「總統副總統文物管理條例」，規定總統副總統文物，於任職期間，為國家所有，交由國史館管理。

民國八十五年一月二十四日修正公布的總統府組織法，裁撤國策顧問委任會、戰略顧問委員會與稽勳委員會。

第四目　所屬機關組織的地位

總統府及其所屬單位及機關，有關預算及組織法案，向由行政院代為提出，僅於立法院審議有關其預算及組織時，方以秘書長或有關部門主管出席立法院備詢。自民國八十三年起，國家安全會議及其所屬國家安全局，明定應受立法院監督，則開啟了憲政先例。唯所謂「受立法院監督」，僅指事後之備詢，而非事前的政策報告，總統依然超越五院之上，不對立法院負責，對政府體制之影響有限。

再者，有些任務特殊而必須保持中立地位的機關，常聞應改隸總統府之議，如中央銀行、中央選舉委員會、證券管理委員會等是。其中，中央銀行且曾一度隸屬總統府。唯此等機關，所掌理之事務，如金融檢查及匯率政策、選務工作、證券投資之立法及裁決等，俱為行政項目，而其機關組織為合議制，故隸屬行政部門，受立法院監督，較隸屬總統府合理。民國八十九年四月修憲後，規定「立法院於每年集會時，得聽取總統國情報告」（憲法增修條文第四條第三項），總統與立法院間有正面的互動。今總統已由公民直選，此一互動實有強化發展的空間。

關鍵詞

- 內閣制
- 總統制
- 對外代表國家
- 提名權
- 緊急命令
- 統帥權
- 戒嚴
- 覆議核可
- 大赦
- 減刑
- 榮典
- 院際調和權
- 國家機密特權
- 不受刑事訴究
- 總統之繼任與代理
- 總統之罷免
- 總統之彈劾
- 國家安全會議

摘　要

　　我國總統之地位，超然於五院之上，並與行政、立法、司法、考試、監察五院構成我國的中央政府。總統對外代表國家，為國家統合的象徵。而從總統、行政院與立法院三者的互動關係分析，我國具有明顯的內閣制特徵。憲法增修條文順應民意，將總統改由人民直接選舉，縮減副署範圍、裁撤立法院閣揆任命同意權等，對於憲政體制產生相當大的衝擊。

　　憲法上總統之職掌繁多，涉及外交、行政、軍事、立法、司法、考試、監察方面，益見總統居統合政府之重要地位。其中，以提名行政院院長具重大的影響，尤於立法院有優勢的多數黨時，其提名的抉擇舉足輕重。

　　修憲後，總統任期縮減為四年。總統之罷免與彈劾程序，提高立法院提議與同意人數門檻，與總統直接民選呼應。

　　總統府所屬國家安全會議及國家安全局，受立法院監督，以其具行政業務之故；而民國八十九年四月的修憲，規定「立法院於每年集會時，得聽取總統國情報告」，政府體制在微妙中轉變。

　　唯國務機要費引發的釋字第六二七號解釋，肯定總統享有國家機密特權，更進而闡述總統是「行政機關」、「最高行政首長」，憲法第五十三條明定行政院是國家最高行政機關，正面受到挑戰。對照不久前公佈的釋字六一三號解釋（認定國家通訊傳播機關成員之任命權屬行政院，行政院是最高行政機關，應具有完整的行政權），政府體制的運作軌道出現大轉彎。

第五章　行　政

　　行政，是國家事務最為繁重的部分。性質上，行政具主動性與積極性，是以行政機關之組織，遠較立法、司法機關之組織繁多，並且因應社會需要，以各種不同階段的政策表現行政的性質。

　　現代國家，行政機關必須對立法機關負責，其間的負責互動之關係，形成政府體制的類型，如內閣制、總統制與委員制等。依我國體制，行政院居五院之首，頗具有內閣制國家行政權之特徵，行政與立法兩權關係更為政府責任的重心。

　　憲法第五十三條明定：「行政院為國家最高行政機關。」歷次修憲未曾更動，然民國八十三年的憲法增修條文規定總統直接由公民選舉，民國八十六年進而取消立法院的閣揆任命同意權，政府體制於內閣制與總統制間擺盪，行政院的地位卻不時被指為是「總統的幕僚機關」，行政院院長是總統的「執行長」。司法解釋，如釋字第五二〇號解釋（理由書）指總統經由其任命之行政院院長變更先前之施政方針或政策，毋寧是政黨政治之常態；釋字第六一三號解釋，仍指憲法第五十三條明定行政院是國家最高行政機關，有「行政一體」之意含；釋字第六二七號卻又指總統是「最高行政機關」、「最高行政首長」。紛至沓來的司法解釋，穿透力強大的總統直接民選，交光互影，體制的應然面與實然面有顯著落差。

第一節　行政院的地位及性質

　　憲法第五十三條，首先明示：「行政院為國家最高行政機關。」此憲法體制關鍵條文，常因經濟社會現實環境，而各種論述。究竟「最高」意涵為何？

第一目　行政院的地位

一、「行政中樞」說

　　林紀東先生認為，我國總統非內閣制國家虛位元首可比，總統除為國家元首外，「既具行政首長之地位，對於行政院有相當之指揮權，則所謂行政院為最高行政機關云云，即不能僅由文字表面上意義解釋，而應解為行政中樞機關之意，本條之規定，亦所以求與後述第六十二條、第七十七條、第八十三條及第九十條各條相呼應而已。因由憲法之整個規定觀之，行政院固非最高行政機關，然其為行政中樞機關，承上啟下，操行政權行使之關鍵，則屬無可置疑者也。」❶

　　民國八十五年開始由公民直接選舉總統，民國八十六年修憲授予總統任命行政院院長，不必經立法院同意，一般相信，我國政府體制已傾向總統制發展。加上行政首長副署權的縮小（如經國會同意之人事任命案不必副署），內閣制精神更受到侷限。釋字第五二〇號解釋（民國九十年一月十五日公布），總統得經由其任命之行政院院長推行其競選之承諾；釋字第六二七號解釋（民國九十六年六月十五日公布），指出：總統基於憲法及憲法增修條文所賦予之各項職權，「為憲法上之行政機關」「為最高行政首長」，負有維護國家安全與國家利益之責任，憲法第五十三條備受挑戰。

二、「最高行政機關」說

　　持此說者，認為憲法第五十三條「最高行政機關」之「最高」，應做「最高」解。其理由是❷：

---

❶　林紀東：《中華民國憲法釋論》（臺北：作者自刊，民國七十六年版），頁二一二～二一三。

❷　管歐著，林騰鷂修訂：《中華民國憲法論》（臺北：三民書局，民國九十九年增訂第十二版），頁一四九～一五二。

1.行政院係掌理政府權中的行政權，為最高行政機關，如同立法院、司法院、考試院及監察院，於各自所掌職權，為最高權責機關。

2.行政院為國家最高行政機關，亦即為中央政府的最高行政機關。行政院向立法院提出預算案及法案，並決定行政各部門的政策。行政院對其各部會有指揮監督權責。

第二目　行政院的性質

我國政府體制有些具內閣制特徵，有些具總統制特徵，或稱雙首長制或半總統制。茲比較行政院之性質如次：

一、與內閣制之比較

內閣制 (Cabinetal or Parliamentary System)，或稱議會內閣制，以英國政府為典型，日本、德國、以色列、泰國等國亦採行此制。其特徵是：

1.國家元首統而不治，為國家統一的象徵，不負政治責任。

2.內閣總理（閣揆）由國會多數黨領袖出任，或應得到國會同意。

3.國家元首公布法律、發布命令，須經內閣總理及閣員副署。

4.行政、立法兩權得以倒閣與解散相互對抗。

我國體制仍有不同於內閣制者，要有： 1.立法委員不得兼任官吏。 2.行政院有移請覆議權。 3.總統任命行政院院長不必經立法院同意。

二、與總統制之比較

總統制 (Presidential System)，以美國政府為典範，為南美洲國家、菲律賓所仿效。但於世界各國，採行總統制國家遠較採內閣制者為少。此制之特徵是：

1.總統為國家元首，並為行政首長，實際上負政策制定及執行之責，無副署制度。

2.行政與立法兩權分立。即總統及各部會首長不得兼任議員，但有覆議權。

3.總統任免各部會首長，各部會首長對總統負責。

而依我國憲法規定，行政院對於立法院之決議，有移請覆議之權；立法委員不得兼任官吏，凡此與總統制國家相同。

三、行政院相當於內閣制國家之內閣

我國憲法摻揉西方之內閣制與總統制的特徵，如此「內閣制、總統制均東拼西湊，任意取捨，結果就成了個大拼盤。五權憲法的盤子盛入內閣制與總統制各一部分的菜餚。 亦算是中外政治制度史及法制史上之一奇。」❸

依憲法第五十三條之規定，行政院為我國最高行政機關。行政院院長之產生，須經立法院同意；行政院對立法院負責；行政院院長及各部會副署總統公布之法律及發布之命令，在在建構為政府施政與對人民負責的根本機制。憲法之為國家之構成法，主要內涵盡攝於此。行政院之性質略似內閣制國家之內閣。

至於雙首長制或半總統制國家，有些總統是人民直選，權力有限，如愛爾蘭、冰島；有些總統民選，支配行政權，如俄羅斯、法國；有些介於其間的是，總統與總理分享權力者，如葡萄牙、芬蘭，行政權割裂由雙首長掌理。我國通常被歸類在雙首長制國家的第三類型，總統掌外交、國防及兩岸事務，其實，救災、產業促銷、工業設廠、塑化劑事件等行政事務，又見總統站在第一線，雙首長制又有不同意義。

第三目　少數政府、左右共治與聯合政府的抉擇

民國八十九年五月二十日，我國政府首次發生政黨輪替，往後八年的執政黨未能在立法院取得多數，致生「朝小野大」局面，不符多數執政的

---

❸ 耿雲卿：《中華民國憲法論》（臺北：華欣文化公司，民國七十一年出版），頁二二〇。

民主常規。然左右共治或聯合政府，畢竟是許多人民心目中的理想政府。民國九十四年，陳總統第二任的任期開始，「扁宋會」則對國內政局投下一大變數，行政院並為在野政營保留副院長職位，試圖營造朝野合作的氣氛，惜彼此互信基礎薄弱，聯合政府始終未能實現。聯合政府在我國固然是新的嘗試，但是這個嘗試一方面被指為是大勢之所趨而應以立法院各黨席次為實力指標，分配內閣職位或在政策議題上尋求合作。另一方面，識者也有反對「左右共治期間」組聯合政府者。其主張是，在野黨應走出自己的路，並呼籲第三大黨固守在野城池，以發揮監督者的角色，是出於理論認知的考量。在朝野尖銳對立的局勢，此說頗合於現實。

政局多變，政黨體制間不過一線之隔。英國卡麥隆 (David Cameron) 二○一○年執政之後，至今保守黨多組聯合政府，第三黨自民黨成為組閣對象。德國在梅克爾第四次執政時已組聯合政府，二○二一年接任的蕭茲總理也繼續多黨聯合。

觀察歐陸聯合政府的形成，通常是在選舉過後才開始組閣程序，雖然有時在選舉前相關政黨即組選舉聯盟，其第一個步驟是尋找可能的閣僚伙伴，荷、比兩國稱為 a formateur。一旦相關政黨同意組聯合政府，就開始第二步驟，即提出詳細政府計畫並選任部會首長。在第一步驟時，政府計畫粗略大綱已獲各黨同意以避免將來起衝突，荷、比兩國慣例起草冗長文件（長達七、八十頁），如聖經般指引未來政府計畫，部長選任數月後政府即組建完成。

歐洲國家聯合政府往往在國會選舉前即開始運作，政黨透過正式協商與談判，取得基本政策的共識，簽署正式的政黨公約並向選民公開，進一步尋求民意支持。不論是內閣制、半總統制或雙首長制，多數執政是恆常不變的定律，而多數執政必需建立在政黨合作與結盟的基礎上。國會選舉過後，哪一政黨是最大黨不是關鍵，重要的是何黨能結合其他政黨並形成國會穩定多數，誰就有權組閣。聯合政府的基礎在國家定向及憲政主義的共識，如果這些要素薄弱欠缺，形式上亦缺乏黨對黨的協議文件，聯合政府無異空中樓閣。

第四目　看守內閣

　　繼民國九十七年、民國一〇一年之後，民國一〇五年是第四次政黨輪替。朝野為應否由立法院多數黨組閣（「多數組閣」），以符責任政治、政黨政治引發激烈爭論，因此行政院毛院長執意辭職竟然非常困難，直到最後總統才任命繼任的人選。而社會都認定新內閣只要過渡到五二〇新任總統就職就可以，責任問題卻可以忽略。其實，立法院少數黨組成的「看守內閣」都不免發生責任歸屬問題，而行政院應向立法院負責的體制反而被視為怪異。重要的是，行政院向立法院負責是政府負責機制的主軸，應予明確規定。

第二節　行政院的組織

　　行政範圍廣泛，憲法第六十一條規定：「行政院之組織，以法律定之。」即為廣義之行政院的組織，包括各部會等行政系統。至於狹義的行政院則僅指行政院院長、副院長、各部會首長、不管部會之政務委員及院內秘書處而言。

第一目　行政院院長

一、行政院院長之產生

　　1.依憲法第五十五條規定：「行政院院長由總統提名，經立法院同意任命之。立法院休會期間，行政院院長辭職或出缺時，由行政院副院長代理其職務，但總統須於四十日內咨請立法院召集會議，提出行政院院長人選，徵求同意。行政院院長職務，在總統所提行政院院長人選未經立法院同意前，由行政院副院長暫行代理。」

　　2.依憲法增修條文（民國八十六年七月二十一日公布），第三條第一項之規定：「行政院院長由總統任命之。行政院院長辭職或出缺時，在總統未任命行政院院長前，由行政院副院長暫行代理。憲法第五十五條之規定，停止適用。」

　　憲法原來規定，行政院院長由總統提名，經立法院同意後任命之❹。今修憲後，不需經立法院同意，而由總統任命之。此項改制，應出於總統改由人民直接選舉後，並化解政治僵局（立法院多黨形勢下難產生占優勢的多數黨）之考量。但基於行政院對立法院負責，也是責任政治的體現，咸信總統之此項提名，仍須以民意之趨向、立法院多數支持為依歸。民國八十九年三月大選後，民進黨陳水扁當選第十屆總統，決定提名國民黨籍的國防部部長唐飛為行政院院長，應出於國民黨為立法院的多數黨之考量。

二、行政院院長之職權

　　行政院為國家最高行政機關，略似西方國家之內閣，職務至為繁重。行政院院長相當於內閣制國家之內閣總理或首相，掌理行政部門之政務。依憲法及行政院組織法之規定，行政院院長所掌理之職權與行政院之職務略同，其要如次：

　　1.向立法院提出施政方針及施政報告，並接受立法院之質詢。

　　2.向立法院提出法律案、預算案、戒嚴案、大赦案、條約案、宣戰案、媾和案等，移請完成立法。

　　3.對於立法院之決議得移請覆議。

　　4.副署總統公布之法律、發布之命令。

　　5.提請任命行政院副院長、各部會首長及不管部會之政務委員。

　　6.組織並主持行政院會議。

　　7.綜理行政院院務，並監督所屬機關。

　　8.代行總統職權。

---

❹　立法院應召開全院委員會加以審查，再提出院會投票。近年來，行政院院長被提名人並應邀至立法院報告。

9.參與總統召集為解決院際爭執之會商。

三、行政院院長之解職

行政院院長，究竟有無任期？或究竟應否建立任期，向為憲政論者所關注。而事實上我國自行憲以來，行政院院長除個人原因外，多因總統之改選而辭職，民國八十二年初更有以立法院改選而辭職者。行政院院長之解職原因迄今尚無一定之常規。如依憲法規定，行政院院長之解職，其可能原因包括個人因素、責任體制及法律因素，要有：

1.自行辭職或死亡。

2.行政院之政策或向立法院所提之法案未得到立法院支持，或立法院通過對行政院提出不信任案。

3.立法委員改選，次屆立委集會前總辭（釋字第三八七號解釋），此為實質的課責機制。

4.每屆總統改選後，向總統請辭（釋字第四一九號解釋），此為形式的（禮貌性）課責機制。

5.因違法失職，經監察院彈劾，為懲戒法院決撤職。

6.因觸犯刑法，經判決為有期徒刑以上之刑確定並執行，或褫奪公權。

基於責任政治體制，上述原因應以 2、3 為常態。行政院院長之重要政策既須得到立法院支持，否則即應辭職，則只要立法院支持，行政院院長即可繼續執掌職務，總統之更易及立法委員之任期為幾年，似無關閎旨矣。

四、行政院院長是總統的幕僚長？

依憲政體制，行政院院長在立法院接受質詢，對立法院負責，因為政策負責而下臺，而總統既不必接受國會質詢，且至任期屆滿方卸職。因此或曰「總統有權無責，行政院長有責無權」，或形容行政院院長是「砲灰」，代人受過。然則，我國行政院院長不應是總統的幕僚長，理由如次：

㈠我國採行雙首長制，在總統直接民選之後，或稱我國體制是「半總統制」。唯畢竟與美國總統制仍有差異，即便民國八十六年修憲後，總統任

命行政院院長不需經立法院同意，總統對行政院影響力加大，體制更趨向總統制，但基本憲政架構未更改，依然不能稱為總統制，總統不是最高行政首長。

㈡憲法體制含有內閣制精神。民國八十六年修憲後，採納倒閣與解散制度，融合內閣制精神，而行政院對立法院負責，行政院長副署總統公布之法令，內閣制要件則頗為完備。

㈢行政院是最高行政機關。我國或可稱為是「總統主政，行政院執行」的體制，行政院還是憲法第五十三條明定的「我國最高行政機關」。就以總統發布之緊急命令言，「得經行政院院會之決議」，仍需經行政院院會通過，並由行政院執行，行政院實掌握決定性的權責角色。

㈣總統未與行政院院長分掌行政權。我國總統掌元首權，行政院院長握有完整的行政權（參釋字第六一三號解釋），稱雙「首長制」似已勉強。法國總統與總理共同掌理行政權，總統相當充分介入行政權，主持類似我國行政院院會，法國體制猶明顯與我國有別。

第二目　行政院副院長

行政院副院長係由行政院院長提請總統任命（憲法第五十六條參照）。於政府五院中，行政院副院長之任命，與行政院院長分開，頗為獨特，蓋因行政院之體制，為獨任機關，政務人員由院長提請總統任命，並對院長負責，行政院院長角色倚重，而副院長則為其從屬。

行政院副院長主要職掌是：1.輔助院長，以處理院務，若干事項由副院長決定。2.出席行政院會議，並於院長因事不能出席時，代理會議主席。3.出席立法院院會，但依慣例非為立法委員質詢對象，如接受質詢係以其兼職身分為之。4.代理院長職務，於行政院院長因故不能視事時，為法定代理人。5.主持院內小組。

就人選而言，行政院副院長例由執政黨人士出任，間或曾延攬財經專業人士，以彌補閣揆專業的不足。唯時而聘請在野精英，以塑造朝野協同

合作的形象。民國九十四年二月，行政院新內閣產生，執政黨標榜「和解共生」，有意「虛位以待」，將副院長一職留給在野黨，並指定由曾任財經首長者擔任，但在野黨以未經政黨協商而未予接受。

第三目　各部會首長及不管部會之政務委員

憲法第五十六條規定，行政院副院長、各部會首長及不管部會政務委員，由行政院院長提請總統任命之。

行政院各部會，為行政之支柱，構成行政院之主體。各部會首長不僅為機關首長，掌理各該部、會事務，並以政務委員身分出席行政院會議。亦即各部、會（如過去蒙藏委員會、僑務委員會）首長，兼具機關首長與政務委員兩種身分。以其為政務委員身分，出席院會或協調有關機關，當以宏觀眼光發言任事，不應出於本位主義局限於主管事務。

至於不管部會之政務委員，多年來維持為五至七位，民國九十九年二月三日修正公布之行政院組織法則增至七人至九人，專職之政務委員性質與職掌頗類似英國之不管部大臣 (minister without portfolio)。不管部會之政務委員，係行憲後始設置，不掌理特定機關事務，而以出席行政院會議為主要任務，並依專長主持各種法案審查、政策協調之工作。

第四目　行政院各部及委員會等所屬機關

行政院所屬機關為數眾多。以部、會言之，行憲初期設有十四部，即內政、外交、國防、財政、教育、司法行政、農林、工商、交通、社會、水利、地政、衛生、糧食各部，並設有資源、蒙藏、僑務三委員會。政府遷臺後，為精簡組織，將農林、工商、水利三部及資源委員會併成經濟部；社會、地政、衛生三部併入內政部；糧食部併入財政部。至民國一〇一年一月各部會調整前，「八部二會」成為行政院組織基本格局。包括：八部：內政部、外交部、國防部、財政部、教育部、法務部、經濟部、交通部。

二會：蒙藏委員會與僑務委員會。

　　行政院除八部、二會外，依行政院組織法設主計處、新聞局。主計處掌理全國歲計、會計及統計事宜。新聞局掌理闡明國家政策、宣揚政令政績、發布國內外新聞等事項，近年來更掌理出版事業、廣播電視事業之行政，兼具行政院幕僚與事務權責機關雙重地位，行政院新聞局局長有政府發言人之稱。民國八十九年五月，首次政黨輪替執政，行政院專設發言人，行政院新聞局局長不再擔任此項工作。

　　此外，行政院為處理特定事務，設有中央銀行、人事行政局、衛生署、環境保護署、海岸巡防署、金融監督管理委員會、經濟建設委員會、國軍退除役官兵輔導委員會、原子能委員會、國家科學委員會、研究發展考核委員會、農業委員會、勞工委員會、文化建設委員會、中央選舉委員會、公平交易委員會、北美事務協調委員會、大陸委員會、消費者保護委員會、體育委員會、原住民委員會、客家委員會、故宮博物院等機關。

　　一九九二年，歐斯本 (D. Osborne) 與賈伯樂 (T. Gaebler) 在《新政府運動》 (Reinventing Government) 一書，提倡 「企業政府 (entrepreneurial government)」的理念，即蔚為世界風潮。為精簡政府組織，建構效能政府，行政院於民國八十七年一月二日第二五六〇次會議通過「政府再造綱領」，期「引進企業精神，建立一個創新、彈性、有應變能力的政府，以提昇國家競爭力」，行政院下轄三十二個部、會、局、署、處等機關，如何精簡成為主要目標。在「中央政府組織基準法」、「中央政府總員額法」之架構下，行政院所屬機關有整併調整之必要。按日本總理府所轄二十二個部（省）級機關已重整合併為十二個，於二〇一一年起運作，成效備受各國矚目。

　　根據民國九十三年六月十一日立法院三讀通過的「中央行政機關組織基準法」，行政院所屬二級機關，將從三十五個減為「十三部、四會、五個獨立機關」，總數為二十二個。但行政院先前送立法院的行政院組織法修正草案，則設十五部六會，分別如下： 1.十五個部：內政、外交、國防、財政、教育、法務、經濟貿易、通訊運輸、退伍軍人事務、衛生及社會安全、農業、文化體育、勞動及人力資源、環境資源、海洋事務等部。 2.六個委

員會：僑務委員會、原住民族委員會、客家委員會、行政院國家發展委員會、行政院科技委員會、行政院大陸委員會。

　　究竟應設立多少部、會，尚待行政院評估。至於獨立機關原訂五個，包括中央銀行、金融監督管理委員會、中央選舉委員會、公平交易委員會、通訊及傳播委員會，「中央行政機關組織基準法」規定其首長由行政院院長提名，經立法院同意後任命。而依司法院釋字第六一三號解釋，首屆國家通訊及傳播委員會委員之任命不符權力分立原則，係違憲之舉。行政院乃有意修改上開基準法有關獨立機關成員之任命方式。獨立管制機關如何保有專業及獨立性，備受關注。

　　民國九十九年一月，行政院組織法、中央行政機關組織基準法等修正案，經立法院三讀審議，行政院設十四部、八委員會、三獨立機關，並設中央銀行及故宮博物院等附屬機關，計二十七個，並訂於民國一○一年一月一日起施行。所增設之部為勞動部、農業部、環境資源部、文化部、科技部；增設的委員會有國家發展委員會、海洋委員會；獨立機關為中央選舉委員會、公平交易委員會、國家通訊及傳播委員會；並設人事總處及主計總處，裁撤新聞局。

　　行政院組織法（民國一一一年一月十九日修正公布）第三條規定，行政院設下列各部：一、內政部。二、外交部。三、國防部。四、財政部。五、教育部。六、法務部。七、經濟及能源部。八、交通及建設部。九、勞動部。十、農業部。十一、衛生福利部。十二、環境資源部。十三、文化部。十四、數位發展部。第四條規定，行政院設以下各委員會：一、國家發展委員會。二、國家科學及技術委員會。三、大陸委員會。四、金融監督管理委員會。五、海洋委員會。六、僑務委員會。七、國軍退除役官兵輔導委員會。八、原住民族委員會。九、客家委員會。

　　不當黨產處理委員會　民國一○五年八月十日，政黨及其附隨組織不當取得財產處理條例制定公布，第二條規定，行政院設立不當黨產處理委員會，依法進行政黨、附隨組織及其受託管理人不當取得財產之調查、返還、追徵、權利回復及本條例所定之其他事項。政黨、附隨組織自民國三

十四年八月十五日起取得，或其自中華民國三十四年八月十五日起交付、移轉或登記於受託管理人，並於本條例公布日時尚存在之現有財產，除黨費、政治獻金、競選經費之捐贈、競選費用補助金及其孳息外，推定為不當取得之財產（本法第五條第一項）。

　　民國一〇五年八月三十一日不當黨產處理委員會成立（民國一〇五年八月十二日發布不當黨產處理委員會組織規程），自成立以來，黨產會針對國民黨財產及其基金會、已出售的財產，以及國民黨的附隨組織進行查處。查處期間，民國一〇七年十月五日，大法官會議決議，不受理監察院（民國一〇六年三月二十四日）聲請黨產條例解釋案，主要理由是此案非因監察院行使職權發生憲法上爭議，且憲法未賦予監察院違憲審查或聲請解釋專權。

　　民國一〇九年四月二十七日內政部要求原依照「人民團體法」備案、立案的政黨與政治團體應依政黨法之規定，在二年內轉換登記為政黨。之後辦理二百零三個政黨廢止備案及四十二個政治團體廢止立案相關事宜。

　　促進轉型正義委員會　促進轉型正義條例（民國一〇六年十二月二十七日）制定公布，促進轉型正義委員會於民國一〇七年五月三十一日成立（以下簡稱促轉會），不受中央行政機關組織基準法（不得再設置機關、機關及單位總量、暫行組織規程之訂定及存續期限）及行政院組織法第九條（獨立機關限三個）規定之限制。促轉會隸屬於行政院，為獨立機關，規劃、推動下列事項（五大任務）：一、開放政治檔案。二、清除威權象徵、保存不義遺址。三、平復司法不法、還原歷史真相，並促進社會和解。四、不當黨產之處理及運用。五、其他轉型正義事項（本法第二條）。本法所稱威權統治時期，指自民國三十四年八月十五日起至八十一年十一月六日止之時期。所稱政治檔案，指由政府機關（構）、政黨、附隨組織及黨營機構所保管，於威權統治時期，與二二八事件、動員戡亂體制、戒嚴體制相關之檔案或各類紀錄及文件；已裁撤機關（構）之檔案亦適用之（第三條第一款、第二款）。促轉會應於二年內提出任務總結報告。其於二年內未能完成者，得報請行政院長延長之；每次以一年為限（本法第十一條第一項）。

　　民國一一一年二月二十四日，行政院院會通過決議，五月三十日，促轉會任滿不再延任，行政院改置「推動轉型正義會報」，以院長擔任召集人，院內設置「人權及轉型正義處」接續有關業務，並由相關六部會繼續推動有關業務。包括法務、內政、文化、衛福、教育等五部，以及國家發展委員會。法務部主責平復司法不公、行政不法、識別及處置加害人等；內政部處理威權象徵事項；文化部主管保存不義遺址事項等。

　　民國一一一年五月十七日，立法院三讀通過，修正「促進轉型正義條例」、「威權統治時期國家不法行為被害者權利回復條例」，明定行政院設置會報，負責促轉會報的統合、協調及監督功能。促轉條例，增訂為推動事項為平復司法不公及行政不法、還原歷史真相，並促進社會和諧，並對「行政不法」加以定義。權利回復條例則具體設置賠償基金，並明訂各種不法行為的賠償金額及計算基準。行政院任務組織，是臨時性編組，於一定存續期間處理特定事務，今促轉會卻「升格」改設於院內層級，更演變成常設性組織。

第五目　幕僚組織

　　依民國九十九年二月三日修正公布的行政院組織法,設置秘書長一人,特任,綜合處理本院幕僚事務。副秘書長二人,其中一人職務比照簡任第十四職等,襄助秘書長處理本院幕僚事務。發言人一人,特任,處理新聞發布及聯繫事項,得由政務職務人員兼任之。

　　行政院內部單位包括以下四類：

　　1.業務單位：包括綜合業務處、內政衛福勞動處、外交國防法務處、交通環境資源處、財政主計金融處、經濟能源農業處、教育科學文化處、消費者保護處、性別平等處、新聞傳播處、國土安全辦公室、災害防救辦公室、法規會。

　　2.幕僚單位：包括公共關係處、秘書處、人事處、政風處、會計處、資訊處。

　　3.任務編組：包括行政院國家永續發展委員會、行政院社會福利推動委員會（由衛福部社家署推動）、中央廉政委員會（由法務部推動）、行政院促進民間參與公共建設推動委員會（由財政部推動促參司推動）、行政院性別平等會、行政院消費者保護會、行政院節能減碳推動會（由經濟部能源局推動）、行政院原住民族基本法推動會（由原民會推動），以及行政院科技會報、中央災害防救會報、國家資通安全會報、人權保障推動小組、海洋事務推動小組、國家資訊通信發展推動小組、花東地區發展推動小組（由國發會推動）。

　　4.常設任務編組：包括科技會報辦公室、資通安全辦公室，以及中部、南部、東部雲嘉南區聯合服務中心。

　　行政院內小組與單位增多，應可為行政院協調聯繫及決策發揮功能。布萊爾 (Tony Blaire) 領導的英國政府，建置核心行政首長 (core executive)，成員皆有資源，且分享資源；大家行事彼此互賴，不依恃指令，內閣、政黨、各部會間建置各種聯繫機制（英國財政部掌控資訊、主導政策有其特殊歷史背景）。其實早先的柴契爾夫人主政時，在政府再造之外，更注意社團、市場及自願團體的運用❺，行政部門為追求效果，回應民意，組織運行具高度權宜性。

第六目　行政院會議

　　行政院類似西方國家之內閣，行政院會議猶如西方國家之內閣會議，是我國「政策合法化」之憲定程序。其運作，不但是決策之必要過程，更表現行政院體制之為獨任制形態。

一、會議成員

　　依憲法第五十八條之規定，行政院會議由院長、副院長、各部會首長

---

❺　Martin J. Smith, The Core Executive in England, London: MacMillan Press, LTD., 1999, pp. 1～2, 153～154, 204～208.

及不管部會之政務委員組織之，以院長為主席。如院長因事不能出席時，由副院長代理之；院長、副院長均因事不能出席時，由出席者公推一人代理主席（行政院會議議事規則第二條）。行政院秘書長、副秘書長、新聞局局長、主計處主計長、行政院所屬機關首長、省及直轄市首長，均列席行政院會議。

行政院會議，依例每週舉行一次，於星期四上午召開，必要時院長得決定召開臨時會議。如院會法定出席人員三分之一認為有召開臨時會議之必要時，亦得請行政院院長召集之（行政院會議議事規則第三、六條）。

二、會議事項

依行政院會議議事規則之規定，行政院會議議程包括報告事項、討論事項及任免事項。討論事項包括：

1.依憲法第五十八條之規定應提出於立法院之事項：這些事項如法律案、預算案、戒嚴案、大赦案、宣戰案、媾和案、條約案等，於提請立法院審議前，須提交行政院會議議決之。

2.涉及各部會共同關係之事項：凡各部不能直接解決之事項，如涉及權限、預算、法制，均得提出於院會解決。以院會為溝通各部會之最重要機制之故。

3.依法須提出於院會議決之事項：如發布緊急命令、增設或裁撤所屬機關、停止或撤銷省市地方違背法令或逾越權限之命令或處分事項等是。

4.其他重要事項：如稅則之決定、政策之研議、規章之核定、法制之變更、簡任職以上之人事任免等事項。而所為決定，則以方案、計畫、協定及法規為最常見的形式。

三、議案的先期研審

行政院會議之議案，來自於各部會所屬機關，其立法技術可能未及注意，或政策觀點不能顧全大局，故於提出院會前，需要預先研商審議，以為調和整理。而這類先期研審的程序，除專就預算案經規定編審程序外，

其餘各種議案之預審已漸次形成成文或不成文制度❻。茲就其要者述之如次：

　　1.法案審查或政策協調會議：議案如涉及應提出行政院會議議決之重要政策或法案，須先行協調者，由院長指定政務委員一人先行審查，遇有重要事項間或指定副院長主持審查。審查多以會議方式進行，並得邀請有關行政首長或他院所屬人員參加。

　　2.召開年度計畫及預算審核會議：各機關依年度施政方針，按照預算編審辦法，擬定其施政計畫、事業計畫與歲入歲出概算，送行政院交由主計總處彙總整理，並就總資源供需情況評估結果提出報告，陳送行政院，於年度計畫及預算審核會議審核。會議由院長或副院長召集主持，參加人員包括全體不管部會之政務委員、財政部部長、經濟部部長、行政院秘書長、行政院國家發展委員會主任委員、行政院主計長等。其審議結果，由行政院函知各機關編擬預算，送由行政院主計總處彙整為中央政府總預算案，提出於行政院會議。

　　此外尚有經由行政院法規委員會或院內各處先行研議者，形式不一。

第七目　行政院的組織體制

　　憲法第五十八條明定，行政院設行政院會議，並規定行政院及各部會首長，須將應行提出於立法院之各種提案，或涉及各部會共同關係之事項，提出於行政院會議議決之，據而論定行政院為合議制機關。唯行政院應屬獨任制形態，行政院院長掌握實際的決定地位，可由以下法制觀察得證：

一、院長決定重要人事（組閣權）

　　行政院副院長、各部會首長、不管部會之政務委員會，係由行政院院長提請總統任命（憲法第五十六條、釋字第六一三號解釋）。由於行政院對

❻　胡開誠：〈行政院會議〉，《軍法專刊》，第三五卷第五期（民國七十八年五月），頁五。

立法院負政治責任，故此項提名當得到總統的充分尊重。而此項提名，更使院長掌控政策方向，對各部會產生一定的拘束力。

二、院長裁定院會決議（閣揆權）

行政院會議，依憲法第五十八條規定由與會者「議決」會議事項觀之，似應經討論、表決之程序，其會議議事規則亦規定以出席人過半數之同意議決，然行政院會議議案經出席人員討論後，由主席作成決議。各種議案由行政院綜合業務處編擬，經院長或授權之人核定後列入議程；必要時需變更、調整者，亦同（行政院會議議事規則，民國一〇七年一月十七日修正發布，第五條與第八條前項規定）。院長居裁決者之地位明顯，是以政府遷臺迄今，行政院會議未嘗動用表決，即使動用，院長仍有最後決定權。院長之於院會，與一般會議之主席持中立立場者迥然不同，此乃以其對立法院負特殊責任之故。

三、院長指揮監督各部會（首長權）

行政院各部會固為行政支柱，各有其一定職權，唯基於行政一體原則，行政院與其各部會間存在著上下級隸屬關係，行政院對各部會有指揮監督之權責，各部會應依循並執行行政院之政策及決定。同時，行政院得經行政院會議變更或撤銷各部會之命令或行政命令。

從上述說明，可知行政院應為獨任制機關，由院長決定政策並向立法院負政治責任。

第八目　行政院決策過程

行政院所屬機關雖為層級節制體系，但內涵單位繁多，系統複雜，加以內外在環境因素多元多樣，其決策模式，難以單一制式而多所變化。

一、應然面與實然面

行政院是國家最高行政機關，決定政策；行政院為獨任機關，由院長主導決策，經由行政院院會，行政院決定提出於立法院的政策及法案。這一憲法規定的決策過程，看來單純，實際上因素多重，節奏沉重。

民國八十九年首次政黨輪替，「朝小野大」政局下，行政院出現停止執行核四預算的粗糙決策，以後得因釋字第五二○號解釋而暫時解決爭議。即便是民國九十七年五月，形成「一致政府」，猶屢屢見到政策反覆的個案，不論是政策（美國牛肉進口案）或法案（二代健保案）皆然。

二○一一年三月十六日，日本天皇因海嘯災難，透過電視，向日本全國人民表達憂心與關懷。一般相信，日本天皇的立場「中性」，行動應無政策性意涵。同一天，馬英九總統取消黨部中常會，赴核能一廠看閘門，對於因海嘯關閉閘門的時間，與主管行政部門認知上有落差。而主管部門試圖依總統意見，修正原決定，行政體制的運作改變一向的慣行模式，我國總統「站在第一線」，行政院決策體制的應然面與實然面有差異。

二、影響因素

行政院職權廣泛，決策過程充滿變數，分析之，要者如次：

其一、總統指示。民國九十九年三月對菲律賓遣返我國嫌犯案，總統的意見左右行政院的政策。同年因應「恐龍法官」與貪瀆法官的禍害，如何建立法官退場機制，從「廉政公署」到法官法，都有總統的意見。

其二、院長個人風格。行政院院長多各具獨特風格，可能形成不同決策模式。或傾向溝通，或傾向領先議題，或求明快決定。蔣經國主持行政院院會，院會上的決定即交付執行，不需多用公文；唐飛院長頗重視協調，尊重院會的合議功能。一般涉外事務的政策上院長多「站在第二線」。

其三、立法院立場。民國七十年代公務員年終獎金預算案：因立法院決議要求修正（增加預算支出），行政院遂「暫緩執行」該決議而聲請司法院解釋。立法委員多處在黨意與民意間猶豫思考，於立法院監督行政之過

程常構成影響因素。

末者，是社會輿論。如兩岸政策，即常受輿論影響，曾因民意而出現「戒急用忍」政策。選舉的到來，亦常見行政院改變立場以配合輿論。軍、公、教課徵所得稅議題，多年遲遲未能定案，民國一〇〇年年初即快速通過，因應輿論應是主因。

三、決策模式

察考行政院的決策模式，主要有以下三者：

菁英主義 (elitism)。從權力結構及責任觀察，行政院是科層體系，其決策是菁英主義的模式 [7]。院長是機關首長，院會裁決者，是承擔行政院對立法院負責任的人。所以稱「俞內閣」、「劉內閣」等，表示行政院是由一人負起政策制定及執行的成敗責任。依院會會議議事規則，院長角色特出，彰顯行政院菁英主義的特質。相對的是考試院，其決策則是多元主義 (pluralism) 的模式，以合議方式決策。

如美國總統，權責一己承擔 （The buck stops here. 企業界則如 Milton Friedman 所言 The buck starts here.）。行政院是在「少數單位自主的多元結構」(the polycentric structure with few autonomous units) 組織架構中作決策。此一模式可稱為「鬆散的一人決策模式」，或是「集體參與的一人決策模式」。其特徵是：院長裁示為常態；院會重在溝通、商議，行政院院會可稱是「政策傳遞系統」，甚至，院長可適時調整院會決議。至於各國政府決策模式不一，要如：重視共識、反應問題，如美國；重視政策制定、反應問題，如英國；重視共識、預期問題，如瑞典；注重政策制定、預期問題，如法國。我國行政院決策模式，約與英國相當，重視政策制定、反應問題。較少能預測問題並尋求共識。其原因可能是，一方面環境多變，經濟社會、兩岸關係充滿不確定性，資訊不充足；另一方面，其決策過程遭逢來自總

---

[7] 比瑟姆著，鄭樂平譯：《科層制》，Bureaucracy（臺北：桂冠，民國八十一年），頁三九。安東尼·阿伯拉斯特著：《民主制》，Democracy（臺北：桂冠，民國八十一年），頁六七。

統、立法院太多且不能預期的影響因素。

行政院決策模式為「集體參與的一人決策」。形式上，與美國相若。然而，美國總統之決策，㈠有功能完整的決策機制，如預算局。㈡有許多外圍組織，如經濟顧問委員會、國家安全會議等。這些機構，如國家安全會議，其「真正價值」在於慣常的會談、溝通與相互了解。其運用是非正式的、非制度的、人性化的方式。㈢雇用許多親信，以方便作說服的工作。許多政策制定，是非正式的顧問在做。尼克森政府，國家安全顧問季辛吉，是總統親信，權傾一方，甚至侵奪國務卿權力，終至國務卿羅吉斯只好掛官而去。季辛吉更進而取代羅吉斯，成為國務卿，足見親信之受總統重視。㈣運用「特遣小組」（task force 協調各方意見，設計與執行合一，事畢解散）❽。

第三節　行政院的責任

憲法第五十七條是有關行政院責任的主要規定，設定我國責任政治的課責機制，為我國憲法極為重要的核心條文。該條文，明定行政院向立法院負責，並詳定其負責方式。分析之，其要義如次：

第一目　行政院負政治責任

行政院為國家最高行政機關，並依憲法第五十七條之規定向立法院負責，說明行政院對國家之行政政策、重大事項之措施，負實際政治責任。總統公布法律、發布命令，須經行政院院長副署，或行政院院長及有關部會首長之副署，即明示並要求行政院應負政策成敗之責。而行政院尚須將應行提出於立法院之法律案等各種議案，提交行政院會議議決，即明定行政院應慎重其事並負政治責任。

---

❽　參考雷飛龍：《美國總統的幕僚機關》（臺北：臺灣商務印書館，民國六十一年二版）。

　　至於行政院對於立法院決議之法律案、預算案、條約案,如認為窒礙難行,得移請立法院覆議,以尋求代表民意的議會之支持,並確定責任歸屬。一旦立法院不再支持行政院,則可提對行政院之不信任案,處此情況,則行政院得呈請總統解散立法院(民國八十六年憲法增修條文第三條第二項第二款及第三款)。

　　至於有關總統的政令行為,行政院院長是否應以副署表示負責,憲法及增修條文的規定應分別認定。民國八十二年二月二十三日總統令:「行政院院長郝柏村辭職已准,應予免職。特任連戰為行政院院長。總統李登輝,行政院院長郝柏村(副署)。」民國八十三年憲法增修條文(第二條第三項)仍肯定這項制度,民國八十六年增修條文則規定,總統發布經立法院(及國民大會)同意任命人員之任免命令,不需經副署。副署範圍自此縮小,然副署制度依舊在。其實內閣制的精神之一在於閣揆對元首之公務行為無所不副署,顯然我國制度基礎已更動。

第二目　行政院對立法院負責

　　憲法第五十七條及增修條文(民國八十六年修訂)第三條,以及相關解釋,規定行政院如何對立法院負責之方式。首先明定行政、立法兩院基本的互動模式,然後分別規定爭議的解決途徑。釋字第三八七號解釋進而要求行政院應在立法委員改選後表現責任政治。

一、以質詢及答詢為兩院基本的互動模式

　　憲法第五十七條第一款規定:「行政院有向立法院提出施政方針及施政報告之責。立法委員在開會時,有向行政院院長及行政院各部會首長質詢之權。」一方提出報告並答詢,一方就該報告提出質詢,形成行政、立法兩院基本的互動模式。

　　所謂施政方針,即未來的施政計畫或構想,為行政院院長對於任內長遠的施政藍圖或每一年度的具體施政計畫。施政報告則是施政方針或計畫

執行後之報告，原則上為立法院上一會期期間的執行成果報告，如遇外交、國防等重大事件，行政院亦得主動向立法院提出專案報告。

至於質詢，得在院會或各委員會進行，包括總質詢、預算質詢、專題質詢及專案質詢，除專案質詢必須以書面提出外，其餘得以口頭或書面提出。質詢雖為內閣制國家，用以貫徹內閣向議會負責的制度，但我國之「質詢事項不得作為討論之議題」，致質詢成為「普通詢問」(Question)，不能構成院會討論進而要求行政部門負責或倒閣的效果。

二、行政院與立法院得以解散權及倒閣權相對抗

制憲之時，憲法第五十七條採內閣有限責任制，未完全接納倒閣與解散制度，依據張君勱先生的說詞，是因為「不信任投票的尖銳性，不妨加以緩和」；同時考量，內閣責任制與不信任投票應該分作兩件事看待。而第五十七條原來的設計，是為了「尋求第三條路」，以折衷體制爭取在野陣營接受這部憲法❾。

依憲法增修條文（民國八十六年七月二十一日公布）第三條第二項第三款之規定：「立法院得經全體立法委員三分之一以上連署，對行政院提出不信任案。不信任案提出七十二小時後，應於四十八小時內以記名投票表決之。如經全體立法委員二分之一以上贊成，行政院院長應於十日內提出辭職，並得同時呈請解散立法院；不信任案如未獲通過，一年內不得對同一行政院院長再提不信任案。」

憲法此項修訂，使行政、立法兩院之互動，更接近內閣制國家的模式，兩院彼此間得以運用解散權與倒閣權（通過對內閣的不信任案）相互對抗。此一改變，較憲法第五十七條原本之規定更進一步，行政、立法兩權作徹底對抗，而實現民國三十五年政治協商會議所達成的協議要點之一。就此項新制言，有以下意義：

1.彌補刪除閣揆任命同意權的缺憾：立法院對閣揆任命的同意權原是

---

❾　張君勱：《中華民國民主憲法十講》（臺北：宇宙雜誌社，民國七十三年），頁六五～七〇。

其監督行政院的重要機制，在規定總統由公民直接選舉之後，此項同意權已經由修憲而刪除，立法院如能適時運用不信任投票制，應可彌補喪失同意權的缺憾。

2.具體而明確的指引責任政治的軌道：本條款明白要求立法院之反對黨，「不信任案提出七十二小時後，應於四十八小時內以記名投票表決之」，且必須有二分之一以上立法委員支持，不信任案始成立。這種「建設性不信任投票」的體制，限定於提案後第四天或第五天以記名投票，並要求提案者至少應具備民意支持的組閣能力，鋪陳運作責任政治的道路。

3.妥慎運用對抗的手段維護政局的安定：本條款規定倒閣權與解散權得同時應用，行政、立法兩權可能玉石俱焚，故必須妥慎為之。而且，「不信任案如未獲通過，一年內不得對同一行政院院長再提不信任案」，皆有助於維護政局的安定。解散權具有探求民意，使內閣不致成為國會的奴役；使國會不濫用倒閣權，以安定政局；使同黨從政者團結一致，以鞏固政府團隊。唯我國只限於立法院通過倒閣案，行政院院長始可提議解散立法院，平常則不得提議。

其次，行政院對立法院係負單獨責任抑或連帶責任?持單獨責任說者，其理由是：

1.憲法第三十七條規定各部會首長副署總統公布之法令文書，是以「有關」部會首長為限。

2.第五十七條規定立法委員在開會時有向各部會首長質詢之權。

唯以連帶責任說為通說，其理由則是：

1.行政院副院長、各部會首長及不管部會之政務委員，均由院長提請總統任命（第五十六條），即含有共同負連帶責任之意味。

2.國家重大政策，係由行政院會議通過，各部會首長及政務委員皆為其成員（第五十八條），自應負連帶責任。

3.依憲法第五十七條規定「行政院對立法院負責」，係指共同負責，乃就行政院整體而言，至其辭職，雖僅規定行政院院長，但據以上兩點理由，其餘人員自亦須辭職❿。

　　至如為各部會主管事項之責任，有認為：⑴如涉及主要政策事項，行政院全體首長均應負共同責任。⑵如係個人行為或不重要事項，則應由各部會首長個人負單獨責任 ❶ 。 是以英國自一七八二年諾斯內閣 (Lord North) 負連帶責任後，內閣對閣員主要事項亦負連帶責任，如為閣員個人行為，自由個人負責 ❷。法國第四共和憲法第四十八條規定：「內閣閣員，關於一般政策，對議會負連帶責任；個人行為，對議會單獨負責。」於我國當亦可適用，故各部會首長本於職權處理該部會事務，當自行負責。

　　民國八十九年十月，行政院片面宣布停止執行核四預算，在野立委以陳總統應負政治責任，而提議罷免總統，捨棄對行政院院長提不信任案，實有違憲政常規。

三、行政院得以移請覆議制衡立法院

　　憲法增修條文（民國八十六年七月二十一日公布）第三條第二項第二款，有關覆議制度之規定如次：「行政院對於立法院決議之法律案、預算案、條約案，如認為有窒礙難行時，得經總統之核可，於該決議案送達行政院十日內，移請立法院覆議。立法院對於行政院移請覆議案，應於送達十五日內作成決議。如為休會期間，立法院應於七日內自行集會，並於開議十五日內作成決議。覆議案逾期未議決者，原決議失效。覆議時，如經

---

❿　羅志淵：《中國憲法與政府》（臺北：正中書局，民國六十五年版），頁五二四～五二五。

⓫　涂懷瑩：《中華民國憲法與民主憲政制度（上）》（臺北：作者自刊，民國七十四年九月初版），頁三四七。

⓬　英國內閣制下，全體閣員必須支持政府的一切政策，尤其是國會在表決法案時。首相掌握部會首長任命之大權，是連帶責任原則能發揮作用最主要的武器。閣員如公開發表反對政府政策的言論，只有辭職或被解職一途。嚴重時，閣員共同引咎辭職。集體責任（團體責任）成為英國內閣制神聖的原則，而為朝野政黨所服膺。集體責任迫使閣員思想冷靜，決策步調一致。除非出現跨黨聯合政府，如一九三一年的「國民內閣」，才有例外。參閱鄒文海，《各國政府與政治》（臺北：正中書局，民國五十六年），一三六頁。

全體立法委員二分之一以上決議維持原案,行政院院長應即接受該決議。」

　　此項修正,將覆議制度作明確的限制與合乎民主原則的改進。第一,限定行政院移請立法院覆議者,以法律案、預算案、條約案為限,排除立法院得以決議要求行政院改變政策,從而行政院不必對此改變政策之決議要求覆議。其次,立法院對於行政院移請覆議案,應於送達立法院十五日內作成決議,明定決議之期限。再次,立法院只須二分之一以上立法委員決議維持原案,行政院院長應即接受該決議。憲法第五十七條原定立法委員須三分之二多數支持始能維持原決議,與法案只須議會過半數同意即通過的民主原則(多數決)不合。增修條文的規定較憲法原文規定合理。最後,增修條文規定,一旦立法委員二分之一以上決議維持原案,行政院院長必須接受原案並執行之。其所以不再維持憲法第五十七條行政院院長除接受立法院原議案外尚有辭職一途的規定,乃因增修條文明定立法院得對行政院通過不信任案之故。

　　查考覆議制度,原為總統制國家權力分立下,必要的制衡機制。美國制憲先賢麥迪遜 (James Madison) 在 《聯邦論者論文集》 (The Federalists Papers) 裡 , 即認為建立政府權力的相互制衡 (checks and balances) 至為需要。他有這樣的名言:

　　　假如人是天使,則無需政府。若天使統治人,亦無需控制政府之內部和外部。設計一個以人治人的政府,其至大困難在於必須先使政府統治人民,而後政府控制自己。

　　此「核可」,制憲者(王世杰為憲法第五十七條起草人之一)稱可使立法院多加考慮,和緩行政、立法兩院的爭執。而行政院在立法院得以三分之二多數維持原議,不能要求解散立法院,唯有遵循或辭職,更非內閣制的原形❸。

　　我國憲法第五十七條第二款及第三款、增修條文第三條第二項所設之

❸　蔣勻田:《中國近代史轉換點》(香港:友聯出版社,一九七六年),頁五八。

覆議，使行政、立法兩權對抗，顯然仿效權力制衡之體制。而以覆議言之，雖然非內閣制之特徵，但它無疑是對抗「議會專制」的利器。而事實上，此一利器卻甚少運用，而常以黨政協調或復議（即翻案）解決兩院憲政爭議。而行憲之初，「第一件（覆議）係三十七年十一月九日，行政院以臨時財產稅條例窒礙難行，提請覆議。第二件亦為三十七年十一月二十七日，行政院以修正省政府組織法關於省政府委員名額，未照行政院所提修正案為最高額至十五人，仍為七至十一人，認為窒礙難行，移請覆議。」惜因時局突變，情勢已非，乃成為懸案❶。

　　民國四十三年立法院第十四會期時，行政院以立法院於第十三會期通過之兵役法施行法第十四條規定（要為允許服預備役者參加升學考試錄取者，應准其準時離營就學等），認為窒礙難行，移請覆議。經立法院院會議決交國防等委員會審查，同時由程序委員會研擬對行政院移請覆議案的處理程序。程序委員會提出處理辦法後，辯論達三會期之久，始於第十七會期第十四次會議通過其處理程序：⑴應由全院委員會就是否維持原決議或原案，予以審查，審查時邀請行政院院長到會說明。⑵全院委員會審查後，提出院會，就維持原決議或原案，以無記名投票表決，如贊成維持票數達出席委員三分之二，即維持原決議或原案，如未達出席委員三分之二，即不維持原決議或原案❺。此案終未獲出席委員三分之二多數支持，將兵役法施行法該條文刪除，行政院之主張乃告實現。

　　民國七十九年十月十七日，立法院就行政院以勞基法第八十四條修正案窒礙難行，移請立法院覆議案進行表決，是為行憲以來第二件依憲法運作的實例。該日首先由行政院郝院長出席立法院全院委員會，就勞基法是項修正案窒礙難行之處提出說明，並指出行政院已組成專案小組研修有關問題並將提出修正案，因此要求立法院通過這項覆議案。結果一百六十八

❶　涂懷瑩：《中華民國憲法與民主憲政制度（上）》（臺北：作者自刊，民國七十四年九月初版），頁三四四。

❺　涂懷瑩：《中華民國憲法與民主憲政制度（上）》（臺北：作者自刊，民國七十四年九月初版），頁三四四～三四五。

票贊成行政院覆議案，不維持立法院原決議。此一案例頗受輿論讚揚，原因是：⑴此覆議案表徵了行政權對立法權的尊重，依憲法第五十七條規定方式處理爭議，兩權在憲政架構上有了制衡的立足點。⑵覆議案依立法院議事規則運行，由立法院「自發性」的自行處理❶，而無論行政院是否爭取得到一定立法委員的支持，行政院至少得冒一分被再度否決的危險。從而政策品質得以維護，憲政制度得以活用，覆議的適時運用與否，誠為憲政是否落實的試金石。

　　案例之三，是民國八十五年十月的「核四覆議案」，行政院基於能源供應多元化、環境保護的助益、經濟發展的需要以及核能發電的安全等理由，要求立法院改變五月間凍結興建核四廠預算的決議。行政院堅持核四廠的建廠計畫，已經立法院於民國八十四年審議通過，如驟然改變，不但影響政策執行的一貫性，也對國家的信譽及形象產生負面影響。此案雖獲立法院支持，但行政院連院長於十月十五日應邀赴立法院報告時，遭部分立法委員以司法院尚未對「副總統兼任行政院院長釋憲案」作成解釋，反對連兼院長赴立法院全院委員會作報告，連兼院長乃被阻擋於立法院門外。二日後，連兼院長改在行政院廣場發表談話，說明提覆議案理由。

　　案例之四，民國八十六年七月二十一日，憲法增修條文公布之時，行政院向立法院提出「漢翔覆議案」。依增修條文規定，立法院應（於休會期間應於七日內自行集會）在開議十五日內作成決議，覆議案逾期未決議者，原決議失效。雖然立法院維持原決議的門檻降低為委員二分之一以上，但由於立法院五度因人數不足而流會，致八月十二日零時起，立法院在上會期未通過的「漢翔公司設置條例第九條修正案」（為該公司員工爭取年資結算金）遂告失效。此案例顯示立法院監督功能的鬆懈；事實上，因行政院在提覆議案之際，已與該公司員工達成協議而得以化解。覆議制度為行政、立法兩院提供良性互動的管道，亦為政策的反映民意需求，立法品質的提昇，設定考驗的機制。

　　案例之五，民國九十一年二月十九日，行政院認為財政收支劃分法之

❶　〈一個案例兩種心情〉，《聯合報》（民國七十九年十月十八日），社論。

修正案，造成中央與地方財政失衡，提請覆議，結果行政院覆議奏效。

　　案例之六，民國九十二年十一月二十七日立法院三讀通過公民投票法。行政院指立法院有公投提案權、依立法院政黨席次比例所設公民投票審議委員會等部分條文規定違憲，將公民投票法移請立法院覆議。同年十二月十九日，立法院以一百一十八票對九十五票否決行政院該項覆議案。

　　案例之七，針對民國九十三年三月二十日總統大選的「三一九槍擊事件真相調查特別委員會條例」，行政院提出覆議案。九月十四日，在行政院游錫堃院長列席說明提出覆議案報告，並接受立法委員質詢後，立法院以一百一十四票過半數，推翻該條例的覆議案。由於該條例若干條文尚待釐清，以免違憲爭議，行政院即聲請司法院解釋，並要求大法官以「急速處分」凍結該條例。大選前朝野的對峙衝突，在選舉過後依然未能平息。

　　案例之八，民國九十六年五月一日立法院通過農會法修正，放寬農、漁會總幹事任用限制，二審判決應解除職務，改為判刑確定方能解除職務。行政院不贊同而移請覆議，但未成功。

　　案例之九，民國一〇二年六月十日行政院院會通過「會計法第九十九條之一修正文」覆議等（修正文僅對行政首長特別費報支及核銷除罪化，擴及到民代及研究人員，且溯及既往，使民代喝花酒獲得除罪，而「教授」卻遺漏未除罪，違反平等原則），立法院於六月十三日臨時會以一百一十票對零票，決議不維持原修正文。

　　觀察歷次覆議案的處理，或照制度運作（勞基法案）或改以復議（土地法修正案）或同時化解爭議（漢翔案）或造成行政、立法兩院爭議（核四案）或在覆議案未通過後聲請釋憲（三一九槍擊案）等，形式不一。而關於個資法行政院民國一〇一年九月決定捨覆議一途，以分段實施，並等到立法院修訂完竣為止。此以修法為名，行覆議之實，避開憲法之路，又是另外一種處理覆議的形式。

四、行政院應於立法委員改選後次屆集會前總辭

　　民國八十四年司法院釋字第三八七號解釋指出，行政院應於立法委員

改選後次屆立法委員集會前提出總辭。此一解釋，明確要求行政院必須於立法委員改選易屆之時總辭，如此，俾便總統盱衡民意趨向及議會之政黨形勢，決定並提名下任行政院院長之人選。該解釋顯示政策必須反映民意且獲議會支持的重要。因之，民國八十五年五月二十日第九任總統、副總統就職後，行政院連戰院長向總統提出行政院總辭案，李總統批示「著毋庸議」，乃尊重憲法明定行政院係對立法院負責的體制。民國一○一年二月，第八屆立法委員改選後，政黨形勢未改變，總統乃慰留行政院院長。元首更易時內閣仍然續任，合於一般內閣制國家常態。

總統直選之後，相信釋字第三八七號仍有其實質效力，而釋字第四一九號解釋指行政院院長應於立法委員改選次屆集會前辭職，應屬行政院院長「禮貌性」舉措，不應有實質的拘束力。

繼民國九十七年與民國一○五年大選後是第三次政黨輪替。民進黨主席蔡英文當選第十四任總統。前兩次政黨輪替總統與國會多數黨都未更動，閣揆留任少有爭議。這次二月一日新國會首次集會前，行政院院長毛治國依例向總統提出總辭。雖然朝野為應否由立法院多數黨組閣（「多數組閣」），以符責任政治、政黨政治之道則以發朝野激烈爭論，毛揆辭職竟然非常困難。最後總統任命新閣揆，以過渡到五二○新任總統就職。

第四節　行政院的職權

第一目　行政院職權的概括規定

憲法上有關行政院職權之規定，未明文列舉，與對其他四權採列舉規定者不同。蓋因行政權廣泛多重，不易列舉，列不勝列。再者行政院以院長為主導，行政院之職權，與行政院院長之職權難以截然劃分，但如副署法令、提名副院長及各部會首長，為憲法所明定，屬於行政院院長個人的職權，而以行政院院長代表行政院向立法院提出法案，則應為行政院之職

權。再次，因廣義之行政院，包括行政院及其各部會，職權龐雜繁複，殊難一一列舉，是以憲法無單獨規定行政院職權之條文。而行政院組織法第二條乃規定：「行政院行使憲法所賦予之職權。」

第二目　行政院的主要職權

一、提出法案權

依憲法第五十八條之規定，行政院有向立法院提出法律案、預算案、戒嚴案、大赦案、宣戰案、媾和案、條約案及其他重要事項之權。此等事項經行政院提出於立法院，以完成立法程序，概稱為法案。值得注意的是：⑴提出法案權非僅屬行政院職權，其他四院亦皆有之（立法院則由立法委員提出）。⑵行政院之提案，須經行政院會議之議決，但不必呈請總統具名向立法院提出。⑶「其他重要事項」，如移請覆議，亦須由行政院提案。⑷行政機關，僅行政院得提出法案，以其為最高行政機關，並使法案得以整合有序之故。

再者，行政院所提法案，可分為幾個層次：⑴憲法明文規定「以法律定之」或「以法律另定之」的法案除行政院之組織外，國防之組織（第一三七條第二項）即是。⑵憲法規定「依法律」、「以法律限制」、「依法」而提出的法案，如兵役法、稅法等法案是。⑶依憲法應由中央立法之法案，即依第一○七條、第一○八條等各條所規定而提出者。⑷依中央法規標準法應以法律定之事項，據此而提出的法案。

二、審提年度預算案

預算案原屬上述之法案，唯憲法第五十九條另定：「行政院於會計年度開始三個月前，應將下年度預算案提出於立法院」，故特別舉述之。依憲法規定，行政院應提出於立法院的預算案，實際上包括中央政府總預算暨附屬單位預算及其綜計表，並且應於每年三月底前提出。提出時應附送施政

計畫（舊預算法第四十三條）。

　　預算法（民國一〇五年十一月三十日修正公布）第二十八條規定，中央主計機關、中央經濟建設計畫主管機關、審計機關、中央財政主管機關及其他有關機關應於籌劃擬編概算前，依以前年度財政經濟狀況之會計統計分析資料、國民幸福指數變動趨勢、下年度全國總資源供需之趨勢，及增進公務暨財務效能之建議，將可供決定下年度施政方針之參考資料等送行政院。行政院應於年度開始九個月前，訂定下年度之施政方針（第三十條）。各主管機關遵照施政方針，並依照行政院核定之預算籌編原則及預算編製辦法，擬定其所主管範圍內之施政計畫及事業計畫與歲入、歲出概算，送行政院（第三十二條第一項）。中央主計機關依法審核各類概算時，應視事實需要，聽取各主管機關關於所編概算內容之說明（第三十五條）。行政院根據中央主計機關之審核報告，核定各主管機關概算時，其歲出部分得僅核定其額度，分別行知主管機關轉令其所屬機關，各依計畫，並按照編製辦法，擬編下年度之預算（第三十六條）。中央政府總預算案與附屬單位預算及其綜計表，經行政院會議決定後，交由中央主計機關彙編，由行政院於會計年度開始四個月前提出立法院審議，並附送施政計畫（第四十六條）。

　　憲法增修條文第五條第六項之規定，司法院所提之年度司法概算，行政院不得刪減，但得加註意見，編入中央政府總預算案，送立法院審議。實務上，司法概算獨立後，司法院編制概算多有逐年增加數額之趨勢❶[17]。

　　行政院於提出中央政府總預算案前，先送國家安全會議審議，行之有年，至民國八十一年，時值修憲，國家安全會議之組織尚未完成立法，預算案不再送交國家安全會議審議。民國八十三年二月，即由行政院院長率同主計長等人赴總統府報告編製情形，嗣後由行政院院長召集其他四院院長會商，以溝通意見減免偏失。民國一〇六年七月底，行政院院長林全主持總預算會議，八月七日率同相關部會首長向總統報告總預算內容。嗣後

---

[17]　監察院編著，《司法概算獨立後績效之檢討專案調查研究報告》（臺北市：監察院，民國一〇一年），頁三三。

即將總預算案送立法院審議。

依釋字第五二〇號解釋，預算案由行政院向立法院提出，立法院乃在國家重要事項上，有參與決策權。而預算案經立法院審議並公布，為法定預算，形式上與法律相當，但內容及規範對象特殊，又稱措施性法律。

三、決定重要政策

行政院為國家最高行政機關，掌理重要政策之決定。而所謂重要政策包括施政方針及施政報告、涉及各部會共同關係之事項，以及有關國家社會之重大決定。其中年度施政方針，實際上是政府施政的總目標、總導向，為揭示重要政策的年度性文件❸。其功用為擬定年度預算編審辦法，及各機關擬定施政計畫、事業計畫與歲入歲出概算的依據。行政院應於每年十月底前，擬定下年度施政方針，呈請總統令行。因此，年度施政方針，雖係由行政院所擬定，但須著眼於國家整體發展，彙整為政府施政的總目標。如行政院於民國八十四年一月十二日院會，修正通過八十五年度施政方針草案，以推動亞太營運中心為施政重點，行政院各部門之施政即配合該施政重點而訂定。行政院擬定之施政方針，其重要可知。

四、移請覆議

㈠覆議的原因及程序

依據憲法增修條文第三條第二項第二款之規定，行政院對於立法院決議之法律案、預算案、條約案，如認為有窒礙難行時，得經總統之核可，於該決議案送達行政院十日內，移請立法院覆議。立法院應於十五日內做成決議。如立法院為休會期間，應於七日內召開臨時會，並於十五日內做成決議。

㈡覆議的範圍

有關法律案、預算案、條約案之覆議，可注意的問題是覆議範圍是否

---

❸　胡開誠：〈行政院的職權〉，《臺大法學論叢》，第一八卷第二期（民國七十八年六月）。

僅以憲法增修條文第三條第二項第二款列舉的這三項為限？持否定說者，以該規定為例示性質，其他如戒嚴案、大赦案、宣戰案、媾和案等之重要性，較之法律案、預算案、條約案，有過之而無不及；而行政院於此類法案認為窒礙難行而仍應勉強執行，不能訴諸覆議，不合責任政治明矣！有持肯定說者，其理由為[19]：

1.若戒嚴案等四種案件，亦得移請覆議，則憲法第五十七條第三款所明文列舉「法律案、預算案、條約案」之規定，即將失去其列舉之意義，此即拉丁法諺所謂：「省略規定之事項，應認為有意省略」，以及「明示規定其一者，應認為排除其他」原則之適用。

2.覆議之結果，足以迫使行政院院長接受該決議或辭職，勢將導致政潮，影響政局之安定，故覆議權之行使以從嚴解釋為宜。

3.即使不適用移請覆議之程序，而運用其他方式，如由行政院向立法院說明不予執行之理由，庶有伸縮餘地，以適應政治之實際，並非法所不許。

唯以上兩說，如從行政院對立法院負責、行政院院長副署總統公布之法律、發布之命令、行政院各項重要政策間交錯關聯等論，採例示說似較為可行。

再者，行政院對於立法院決議之法律案、預算案、條約案，如認為「有窒礙難行時」，得移請覆議；此窒礙難行不必是來自該案的全部內容，如僅為該案之部分內容，亦得提起覆議案。

再次，所謂「立法院決議之法律案」，並不以原係由行政院提出立法院審議者為限。如為立法委員、或由司法、考試、監察三院提請立法院審議之法律案，經立法院決議，而其內容涉及行政院之組織或職權，行政院如認為窒礙難行，亦得提起覆議案[20]。至於預算案、條約案的提出覆議專屬行政院，則與其他機關無關。

---

[19] 管歐著，林騰鷂修訂：《中華民國憲法論》（臺北：三民書局，民國九十九年增訂第十二版），頁一四二。

[20] 管歐著，林騰鷂修訂：《中華民國憲法論》（臺北：三民書局，民國九十九年增訂第十二版），頁一四九～一五二。

㈢覆議之結果

憲法增修條文（第三條第二項第二款）規定，行政院移請覆議之案件如立法院以過半數立委支持原案，行政院院長應即接受該決議。立法院維持原議之人數從三分之二減為二分之一，門檻降低，且閣揆（不論是續任或新任）只能接受覆議之結果，立法院代表民意之地位提高、功能增強。實務上，過去執政黨掌握國會明顯多數，行政院移請覆議多能通過國會考驗。至民國八十九年首次政黨輪替，「少數政府」八年期間，共有四件覆議案，行政院覆議成功者僅一件，失敗的卻有三件。其要如次：

第一件：立法院於民國九十一年一月十七日三讀通過財政收支劃分法修正案，行政院認為修正案未兼顧財政較差縣市的平衡及調劑功能，造成中央與地方經常支出的嚴重失衡，要求立法院覆議。立法院於二月十九日表決，以一百零九票（未達全體立委過半數）對一百零三票，未能維持原議，行政院覆議成功。這是少數政府時期唯一覆議成功的案子。

第二件：公民投票法於民國九十二年十一月二十七日三讀通過，行政院指法案內容處處設限，限制人民行使，如「鳥籠」般形同具文，難以實踐直接民權的理念。行政院因此以窒礙難行，要求覆議。立法院則於民國九十二年十二月十九日表決，以一百一十八票對九十五票維持原決議。

第三件：「三一九槍擊事件真相調查特別委員會條例」於民國九十三年八月二十四日三讀通過，行政院認為嚴重違反權力分立原則、正當法律程序，並且侵犯司法偵察權及審判權，移請立法院覆議。民國九十三年九月十四日立法院以一百一十四對零票，維持原議。經行政院聲請解釋，司法院於十二月十五日公布大法官釋字第五八五號解釋，認該條例授予立法院調查權，違反權力分立、侵越既有權責機關之調查權等，規定不當。

第四件：民國九十六年五月一日農會法修正案三讀通過，放寬農、漁會總幹事任用限制，二審判決應解除職務，改為判刑確定才解除。行政院認為修正案違背當前社會各界反黑金的期待，且不符公平正義原則，遂於五月三十日提請覆議。六月一日立法院以一百一十五票對九十六票維持原決議，行政院覆議失敗。

這期間行政院移請覆議多歸失敗，頗為少見，然行政院旋即聲請大法官解釋，其中有兩件案（真調會條例與公投審議委員會組織），則以違反權力分立原則被大法官認定違憲。

五、提出決算權

行政院於會計年度結束後四個月內，應提出決算於監察院（憲法第六十條）。有關決算之要點如次：

㈠**決算的內容**

各主管機關在年度結束後，應按行政院規定之程序及期限，依決算法之規定編造決算。其內容包括按事實備具執行預算之各表，並附有關執行決算之其他會計報告，執行預算經過之說明，執行施政計畫、事業計畫績效之說明及有關之重要統計分析。

㈡**決算的功用**

決算之編造，是為對於各機關執行預算及施政計畫的總清查及總考核，提供將來改進及確定責任的依據❷❶。故決算法規定審計機關審核決算應注意其效能，如是否有違法不當、預算是否超過或剩餘、施政計畫或事業計畫是否達成等。而從行政院向立法院提出預算案，經一年的運用預算（會計）年度，至審計機關完成決算審議，向立法院提出報告，是為「財政週期」，決算審核是財政監督的一環。

㈢**決算的審議**

各機關之決算，主要由審計機關根據該決算及國庫年度出納終結報告進行審核，行政院似僅在形式上將其提出於監察院而已，但行政院主計處仍須就各機關編造之歲入歲出加以查核，修正其錯誤。而提出於行政院會議之決算案，包括中央政府總決算、中央政府附屬單位決算及綜計表，行政院會議即應注意主計處所加註的說明及歲入歲出狀況，並於必要時得更正其錯誤不當之處。

---

❷❶　管歐著，林騰鷂修訂：《中華民國憲法論》（臺北：三民書局，民國九十九年增訂第十二版），頁一四九～一五二。

六、核備行政協定

在國際關係上如與他國約定事項，必須完成與法律同其效力之形式始能履行者，需訂為條約，依照法案提出程序辦理。如約定事項依國內法之規定，只需經主管機關職權即可履行者，即可以簽訂行政協定，不需訂為條約。性質上行政協定為行政命令的一種，由行政院決定，不必如條約案需經立法院審議。唯行政協定附有批准條款者，仍需送立法院審議。此外，除經法律授權或事先經立法院同意簽訂，或其內容與國內法律相同（如內容係重複法律之規定），或已將協定內容訂定於法律者外，亦須送立法院審議（司法院釋字第三二九號解釋）。

七、監督所屬機關推行政務

行政院為最高行政機關，對於各級行政機關，居於指揮及監督之地位。其監督方式包括：1.核定各機關之施政計畫：如行政院研究發展考核委員會、經濟建設委員會、國家科學委員會即列管各種行政機關的計畫或方案。2.核准各機關辦理之事項：就各機關依法應報請行政院核定或核准之事項加以審查核准。行政院與各部會處局署及省市政府間並訂有權責劃分表，以逐級授權，減少請示或報請核示案件。3.對所屬各機關辦理事項的核備：通常係將辦理情形報知，以備查考或查核而已，但行政院亦得加以作必要之指示或指正。4.經由訴願之決定糾正不當之行政處分：行政院訴願審議委員會是行政部門最高訴願審議機關，對各部會及省市地方之訴願或再訴願為審議，得以撤銷或變更違法不當之處分，是屬「事後監督」，而與其他為事前監督者不同。

關鍵詞

- ‧最高行政機關
- ‧內閣制
- ‧總統制
- ‧副署
- ‧質詢
- ‧覆議

- ‧政務委員
- ‧行政院會議
- ‧預算案
- ‧決算
- ‧行政協定

摘　要

　　行政院為我國最高行政機關。依憲法規定，行政院對立法院負責，形成我國重要的憲政制度。我國政府體制，雖具內閣制之特徵，但同時亦具有若干總統制之特徵，以致我國政府體制之認知與趨向，論述多歧異。

　　行憲以來，行政院之組織主要維持八部二會的格局，實際上則增設許多機關。民國一○一年一月一日，設立十四部、八委員會、三獨立機關。然部、會總量管制不易，數目屢屢變動，行政院的溝通協調功能勢必加強。

　　民國八十六年的修憲，授予總統直接任命行政院院長，不經立法院同意。雖然立法院的閣揆任命同意權廢除，但確立行政院與立法院間得運用解散權與倒閣權的對抗關係。內閣制的重要特徵：同意、負責、副署，消長變動。亦即失去同意權，強化負責體制，維持副署制度。

　　憲法第五十三條明定行政院為國家最高行政機關。唯司法院釋字第三八七號解釋（立法院改選後行政院應總辭）、釋字第六一三號解釋（通訊傳播機關委員之任命權歸屬行政院長）、釋字第六二七號解釋（總統是行政機關、最高行政首長）等都對政府體制及行政院之地位有深遠影響。

第六章 立 法

憲法第六章「立法」，包括第六十二條至第七十六條。本章規定立法院之地位、性質、會期、組織及職權；同時規定立法委員之選舉、任期、保障。此外特別限制立法院對預算案不得為增加支出的提議；立法委員不得兼任官吏。

第一節 概 說

一、立法為國家統治活動之一

立法，為國家統治活動之一。採行三權分立制國家，行政、立法、司法三者鼎足而立；我國採行五權憲法，國家的統治活動，包括行政、立法、司法、考試、監察五項。過去君主專制時代，立法權歸屬君主。西方，法王路易十四有「朕即國家」之說，上帝賦予君王一切權力，包括立法權。東方，有「聖王作為法度」之論，使民去惡就善。故君王「作之君，作之師」[1]，故而「文王之行，至今為法」，甚至「生法者君，守法者臣」的思想[2]。

今民主時代，立法權由人民選舉代表組成議會行使之。在洛克 (John Locke) 心目中，立法權居於最高主導地位，是「國家最高權力」。又依約翰彌爾 (John S. Mill) 之見，議會適當之職權，乃在監督、控制和批評政府。在他看來，議會之監督政府較之提出法案尤為重要。

---

[1] 鄭欽仁主編：《中國文化新論》（制度篇，立國之宏規）（臺北：聯經，民國七十一年），頁七〇。

[2] 徐道鄰：《中國法制史論集》（臺北：志文，民國六十四年），頁二四與五八。

以一般國家的國會而言，立法院除了審議法案與預算，對行政部門更有監督組織立法、預算執行、聽取施政方針、施政報告及專案報告，並且有調閱文件，蒐集立法所需資訊（參釋字第三二五號解釋，可稱為國會的資訊權，informational functions）等權力，其「監督」行政的權力種類繁多。立法對行政的監督，表現國家權力間的「制衡」關係，而其監督的方法與手段，展現民主政治的現實面的底層。

二、立法功能關係民主憲政之發展

現代國家，推行民主憲政者，幾全採行代議制度。而代議制度或代議政治，實以立法權為核心。自古希臘城邦時代所孕育萌芽的代議制度，其宗旨在經由議會機制落實民主政治，是以立法功能關係民主憲政之發展至為深鉅。再依現代民主國家所崇尚之國民主權 (popular sovereignty) 言之，其要義之一即是立法機關應由人民定期選舉代表組成。立法機關的代表經由定期選舉，確立並落實當代民意，是現代民主政治之真諦。而英國十七世紀光榮革命後，徵稅法案必須國會通過，經由被治者同意，民主政治已經確立❸。

雖然傳統的民主理論，如約翰彌爾之主張，認為議會之立法代表，應與行政、司法部門一樣，選任專家擔任，其論點未免過於理想化，但其堅持人民掌握主權，而由人民選舉產生的代表從事立法，監督政府，形成民主憲政的基本架構。

事實上，立法院成為政黨競逐的場域。民國八十年開始，立法委員全面改選，政黨生態不變，多黨競爭，立法院沒有政黨掌握優勢的多數，立法院行使行政院院長同意權或立法院院長之選舉，常出現驚險過關、朝野對峙的場面。民國八十四年十二月十四日，第三屆立委選後，在野兩黨試圖「大和解」；民國八十五年總統首次民選，第三屆立委「三黨不過半」；民國八十六修憲遂刪除立法院閣揆任命同意權。修憲在條件交換中失去方

---

❸　雷飛龍：〈英國漸進式民主發展歷史典範〉，文收鄧文聰編著：《民主是硬道理》（臺北市：商訊文化，民國一○三年），頁七九。

向，憲法精神被扭曲。

民國八十九年五月，立法院多數成為在野黨，形成「少數執政」、「朝小野大」局面，「誰是執政黨」，爭論不已。政策難行、法案難推，洎至出現行政首長不願出席立法院會議的現象。

三、立委面臨利益、民意與黨意

卡爾‧施密特 (Carl Schmitt) 說，議會有成為多元主義體系表現場所的發展趨勢❹。立法院，區域立委，來自各地區、行業與團體。立法委員在立法過程，可能基於地方、行業或團體的利益，言人人殊，透過政黨溝通協調，意見才取得一致。立法院近三分之一的不分區代表則由各政黨推薦產生，自以其推薦政黨發言論政。如此形成各種利益交織、結合或衝突。其間，立法委員舉辦公聽會、向行政部門遊說，甚至提出法案，可能出於各種不同的動機。立法委員就在專業良知、利益、黨意間迴旋交戰，不免腳色衝突。

㈠國會、利益團體與行政機關常形成三角關係

利益團體，不若先驅學者 David Truman 想像的那麼樂觀，是自然形成的❺；E. E. Shattschneider 則指出，利益團體相當積極，具有野心，能成功獲取特殊利益。利益團體在政府的多元管道上影響政策❻。一般利益團體代表一種相當規模的主流意見，但組織鬆散，影響力有限，有時對國會議員扮演資助者、提供資訊等角色，在政治議題上甚少著墨。然以民國五十八年至八十一年觀之，立法委員擁有企業背景的比例，高達五成，有些屆期更高達六成以上❼。而管制利益團體的行政機關，受國會監督，在立委

❹　Carl Schmitt 著，李君韜、蘇慧婕譯：《憲法的守護者》（同前，民國九十四年），頁一五五。

❺　《政府過程》，一九五一。

❻　《半統治的人民》，一九六○。

❼　盛杏湲：〈企業型政治的議題與立法產出〉，東吳大學政治系舉辦「民主、國會與決策」研討會，民國一○○年五月二十五～二十六日，論文集。

質詢權、預算審查權之下，只好忍辱負重；監督行政機關的國會，必需得到利益團體支持；行政機關與被管制團體間，又見人事交流，形成共生關係。如此各種因素背景，相加相乘，國會、利益團體與行政機關勢必形成利害交關的三角關係。

㈡立委常身處民意與黨意兩難困境

一八三二年英國第一次議會（從十一世紀的賢人會議到十三世紀的大會議發展而來）改革，調整選區，迫使原來只在國會內活動的政黨走向選區，成立「選民登記社」，是為政黨選區組織的起源。雖然議會民主、政黨政治逐漸形成，議員也同時面對黨意和民意的兩難處境。

例如民國九十五年十一月，檢方調查國務機要費案，有些立委在政黨與民意代表間處境為難，宣布辭去立委職務。民國九十九年二月有政黨曾討論是否要建立「不分區立委問政公約」，要求不分區立委重要在專業和問政能力之外應當兼顧黨的立場。民國一○○年五月爆發食品添加「塑化劑」（起雲劑）事件，喧騰國際，主管機關擬將此類毒化學物質從四級改列一級，以嚴格管制進口及使用，有「環保立委」曾極力反對，即被質疑與業界有利益掛勾。一般區域選出的國會議員，固然常在黨意與民意間拉鋸琢磨，不分區立委是經由政黨提名而當選自不例外。

㈢總統對立委應以說服相待

民國九十七年當國民黨拿下總統，又拿下三分之二國會多數之際，很多人擔心，「一致政府」將是有可怕權力的巨獸。但至今看來，這樣的憂慮是屬多餘，這其實是民主進程的常態。除非是極權或專制，民主國家領導人的權力運作不外溝通與說服。紐斯達特 (Richard Neustadt) 在《總統的權力》經典之作中，深刻而生動的描述了這樣的過程。他認為關鍵在於美國憲政體制雖然權力分立，但權力分立間也共享權力。國會議員的權力來源和總統不同，不必然靠總統當選，總統如何讓國會接受並通過他的政策？杜魯門的觀念是，總統的權力其實只不過是「說服的權力」。杜魯門是成功的總統，居然能在分裂政府（國會多數黨與總統分屬不同政黨）情況下，讓國會接受攸關歐洲復興的馬歇爾計畫❽。我國朝野溝通有待加強。

㈣立委應避免與利益團體結合

民國八十年國會全面改選後，立法委員最被人詬病的問題是與財團掛勾，金權政治氾濫；不遵守利益迴避原則。立委成為利益團體施壓的主要對象，其施壓的主要方式有關說（人事、工程、法案或政策）、為法案審查辯護（過去審議證交稅法案遲遲未能修正、審議金融法案時，是否開放銀行經營票券爭執激烈），甚至直接支持（提供政治獻金、資助雇用助理的經費）。處此利害關係，「立委」逐漸被戲稱「利委」；立法院也就成為「社會亂源」。而立法院各種委員會中，影響利益團體的財政、經濟、交通等委員會則成為備受矚目的熱門單位。

四、立法與行政關係密切

政府機關中，立法機關的成立與分立最晚，往昔君主大權包括立法權，立法權沒有獨立地位。英國普遍被譽為議會之母，其議會政治起源頗早，但議會之有獨立而固定的職掌，還是光榮革命以後的事。時至今日，立法則為國家重要活動，立法權為權力分立的一個不可或缺的權力。

然立法及決定國家重要政策，固然是立法機關主要的職掌，但現代國家，立法權並非由立法機關所獨占，在內閣制國家，如英國，法律的草擬，已成為內閣的主要工作，議會僅行使裁可權而已❾。即使是總統制國家，如美國，行政、立法兩權在國家事務的政策制定上，經常處於競爭局面，兩權的分工向來問題最多❿。美國也因立法工作過於繁重，勢必大量授權，俾使總統發布命令以補充立法的不足。何況立法常牽涉專門技術問題，議會必須借重行政機關的專業知識以補救缺失。

「立法與行政，實為一個行動中的兩個階段。」⓫法案，經由行政部

---

❽　吳典蓉：〈國會權力的幻覺〉，《中國時報》（民國一〇〇年一月二十一日）。

❾　鄒文海：《政治學》（臺北：三民書局，民國六十三年第一三版），頁三二七。

❿　Gerald Gunther, Constitutional Law (New York: The Foundation Press, 1991), pp. 311~312.

⓫　鄒文海：《政治學》（臺北：三民書局，民國六十三年第一三版），頁三二七。

門提出，立法部門審議，始能成為法律。再如行政院所提預算案，須經立法院三讀通過，始成為政府總預算，而有法定預算之稱。「在代議民主之憲政制度下，立法機關所具有審議預算權限，不僅係以民意代表之立場監督財政支出，減輕國民賦稅負擔，抑且經由預算之審議，實現參與國家政策及施政計畫之形成，學理上稱為國會之參與決策權」（釋字第五二〇號解釋理由書）。

五、各國立法體制各有特色

各國立法權雖然皆由中央政府的國會及地方政府的議會分別行使，但是在名稱、體例上不盡相同。以國會名稱言之，英國國會稱為巴列門（巴勒門，Parliament），美國國會稱為康格利 (Congress)，大多數單一國國會稱為國會，如日本；聯邦國家之國會則稱為聯邦議會，如澳大利亞。我國憲法並無國會之規定，因此沒有出現「國會」一詞的文字。立法院之名稱，係沿用中山先生手創五種治權中的立法權而來。

至於立法機關的體例，各國亦有不同。有採一院制 (unicameral system) 者，有採兩院制 (bicameral system) 者，間或亦有採三院制者，如奈及利亞（Nigeria，國家收入百分之八十來自石油，是第十大產油國，但財政管理不佳），設有分別代表東、西、北區的三個國會議院。兩院制，首先在議會的發祥地英國發展；美國建國、法國大革命後亦相繼採行兩院制。此制，國會由兩個議院組成，其理論上的優點或採行的理由是：1.冷卻作用：議會議事必須審慎、理性思考，採兩院制的議會，一院討論議決的法案，尚需交到另一院討論議決，其間因輿論反映及另一院的重行考慮，應可收冷靜思考的功用。 2.制衡的作用：議會兩院經由彼此制衡，可以防止議會專斷，糾正立法至上的缺失。 3.反映不同的利益：採兩院制國家，多基於反映不同利益的考慮，如英國因有貴族與平民兩個階級，故採兩院制，以上院代表貴族，下院代表平民；美國立國之初，制憲代表有些擔心聯邦政府權力太大，侵害地方各州，有些則主張建立強而有力的聯邦政府，於是國會乃採兩院制，一院代表各州，每州代表人數皆為二人，代表權平等，

是為參議院；另一院代表國民，各州按其人口比例計算代表的人數，是為眾議院。有些國家（如德國），參議院並非是一個完整立法結構中的第二院，而是立法過程中的獨立機構，從各邦的利益運用法案同意權。

採行兩院制仍有其缺點：1.議院彼此卸責、議事輕率。 2.立法遷延不決：由於兩院的相互牽制，往往使法案之討論，遷延不決。 3.行政部門無所適從：法案如必須經兩院議決始能成立，則在兩院爭論不下時，必致行政部門無所適從。是以英國為求補救，於一九一一年的國會改革法（國會法，Parliament Act, 1911）規定： 1.剝奪貴族院對財政法案的否決權。 2.對普通公法案（除財政法案或延長國會任期為五年以上之法案外），貴族院只能行使兩年的延擱期 (suspensive veto) [12]，自是以還，貴族院權力大為削弱。再如美國國會兩院，規定有關稅收法案和撥款法案由眾議院提出；而一院所通過的法案必須經另一院無修正通過，法案始完成立法程序。如另一院修正該法案，則該法案仍須送還原議院徵求同意，如未獲同意而另一院又堅持應修正時，則將該法案送交協商委員會 (Conference Committee)，由兩院所派議員共同組成處理，於達成協議後，再將法案重新提交兩院通過。日本則採行「眾議院優越主義」，於兩院未能一致行動時，以眾議院之決議作為國會之決議，而於預算、條約案、內閣總理大臣之提名等事項，兩院意見不一致時，亦召開「兩院協議會」以尋求解決。可見兩院制的採行，無論是理論上或實務上，非必然僅有其優異面，而仍不免有其缺點偏失，是以仍有許多國家採取一院制的國會體制。

以立法院為我國最高立法機關，係立法事務的專責機關，因此我國明顯採行一院制。

六、立法深受社會政治影響

民國七十年代起，立法院多黨形勢逐漸明朗，議事功能日見發揮而擺脫「行政院立法局」的譏評。民國九十年代，則因「社會亂源」、「國會減

---

[12] 羅志淵：《英國政府及政治》（臺北：正中書局，民國六十九年九月第六版），頁一四二～一四三。

半」，第七屆起立委減為一百一十三人，然而立法院卻不時因為議事失序、立法效率不彰致法案累積經年。行憲後立法院非單純的立法轉換機器 (transformative machine)，而為各種利益團體 (interest group) 角逐的場所，或稱政治競技場 (political arena)。據聯合國二〇一二年首度公布的「全球國會報告」，各國選民普遍對國會失去信心。

㈠各國理論與實務

英國人約翰彌爾早在十九世紀下半葉就指出，代議政治可能產生兩大弊害及危險：1.普遍的愚昧和無能，從政者欠缺足夠的憲政精神。2.代議政治受到那些與社會福利相違的勢力所影響[13]。他認為處此情況，議會將難以善盡監督政府的責任，制定短視、愚昧和帶有成見的政策，通過不合民意的法律，容忍或鼓勵不合法定的議事程序[14]。其所評述，足為行憲國家警惕。誠如論者指出：「議會中，專家總是少數。議會中的辯論表決，並不表現專業。」因之，「如果只限制了解議題的議員才能發言，是怪事。要是只有了解議題的議員才能參加表決，更是不可思議」[15]。

再看日本，二〇一一年三月海嘯震災後，首相六月二日躲過黨內倒閣的案例。因救災以疲於奔命，幾位閣員又頻頻出問題，內閣已面臨空前危機。所幸首相菅直人在投票前，預先表明「辭意」，與倒閣案關鍵人物（同屬民主黨、前任首相）鳩山由紀夫先行會商，讓許多民主黨議員收手，最後眾議院（以二百九十三票對一百五十二票）否決了內閣不信任案，倒閣案遂未通過[16]。另一則事例是，日本參議員因為代替鄰座投票而辭職：二〇一一年四月，曾任農林水產大臣與環境大臣的自民黨參議員若林正俊被

[13]　約翰彌爾（彌勒）著，郭志嵩譯：《論自由及論代議政治》（臺北：協志工業出版公司，民國七十年十二月第四版），第六章〈代議政治常有的缺點和危險〉，頁一七一～一七二。

[14]　約翰彌爾（彌勒）著，郭志嵩譯：《論自由及論代議政治》（臺北：協志工業出版公司，民國七十年十二月第四版），頁一七七。

[15]　N. W. Barber, "Preclude to the Separation of Powers", Cambridge Law Journal, 60 (1), March 2001, pp. 59～88.

[16]　〈不信任案投票，菅直人躲過倒閣〉，中央社，民國一〇〇年六月二日報導。

指控，表決法案時，幫鄰座未出席議員按下表決鈕。日本的信念是，國會殿堂的表決（參議院按鈕投票始於一九九八年，眾議院則採起立表決方式）如果他人可以代替，就構成重大的憲法問題，是何等嚴重，七十五歲的若林只得提出辭呈❼。國會議場，政黨角力鑿痕斑斑。

民國八十年代第二屆立委全面改選，立法院政黨生態重新洗牌，多數黨的「多數」優勢不夠明顯，而有「大和解」的聲音。民國八十四年十二月初，第三屆立委選舉前，在野陣營提出以「全民共治、聯合內閣」作為選戰主軸，後來被修正為「大和解時代、大聯合政府」。這些舉動曾被解讀為向中間立場移動，擺脫過去臺獨意識。而直接促成兩黨大和解的主因，則是第三屆立委選舉的結果「三黨不過半」的結果。在野黨因此再度發表「迎接大和解時代的來臨」聲明，為化解國家認同混淆、族群關係緊張、黑金政治蔓延與外來中國威脅等內外積弊及壓力。民國八十四年十二月十四日，立委選舉過後，在野兩黨領導人在立法院咖啡廳首次進行會談，開啟國內政黨大和解的實驗。翌年一月十八日，兩黨更聯手推動所謂「二月政改」，共同支持民進黨主席施明德參選立法院院長，結果是在二輪投票後失敗。有謂此次立法院院長選舉並非政黨政治常態❽。「大和解」與「大聯合」(grand coalition) 政府主張，原希望藉著政治制度安排，在多黨制和異質化的社會中，尋求相當程度的政治穩定。也因為在野兩黨國會席次的不足，以及國家認同的意識型態差距過大，導致目標無法達成而告失敗❾。

(二)法案議題類型的影響

James Wilson (1986) 依民眾認知的政策本身之成本 (cost) 與利益 (benefit)，其集中或分散，將政策議題分為四類：1.多數型政治議題。 2.利

---

❼ 〈代鄰座投票被抓包，日參議員請辭〉，《聯合報》（民國一〇〇年四月三日報導）。

❽ 王作榮：〈這是一次不夠格的立法院正副院長選舉〉，《自由時報》（民國八十五年二月六日）。

❾ 鄭明德：〈香濃的咖啡為何走味？1995年底民進黨與新黨大和解的失敗原因〉，網路下載。

益團體政治議題。 3.企業型政治議題。 4.顧客型政治議題。茲以此架構觀察我國立法院法案的社會經濟面：

　　1.多數型政治議題：如道路交通管理處罰條例、國民年金法；成本、利益都由多數人分攤。法案同時得到兩大黨支持。

　　2.利益團體政治議題：如記帳士法、工會法；成本由少數人負擔，其他另有少數人有明顯利益。前者，兩大黨支持；後者，兩大黨立場分歧。記帳士法之立法，雖引發有照與無照業者間的對立，國會則不分黨派皆支持，經二個半月即三讀通過。

　　3.企業型政治議題：如地質法、政府資訊公開法；成本為大多數人負擔，利益由少數人分享。法案受到兩大黨支持。地質法由於開發業者阻擋立法，經歷十一年仍未能進入三讀程序，因「國道走山」事件，國人同聲聲援，始完成立法。

　　4.顧客型政治議題：如都市更新條例、離島建設條例；成本由少數人或特定團體分攤，受益者都是廣大的社會民眾❷ 。

㈢因事件而推動立法

　　立法深受重大事件、重要人物或立法時機影響，立法過程充滿感性。試舉例如次：

　　其一、道路交通管理處罰條例的修訂，要求乘坐後座也要繫安全帶，民國九十四年十月，因立法委員車禍受傷而提案，之後一直無進度。至民國九十五年十一月邵曉玲女士車禍受傷，二十日立法院只花十分鐘即交付二讀，二十五日即完成三讀程序。但因兒童、孕婦、及計程車載客問題，修正案被提出質疑，嗣經覆議而取消。民國九十九年四月立委聯署再提修正案亦石沉大海。八個月後，民國一〇〇年元旦國父之孫女孫穗芬發生車禍，傷重不治，此案又引起關切，三月十日立法院院會快速通過所謂「孫穗芬條款」，四月下旬完成三讀，已歷經五年多。

　　其二、地質法的制定。由於環保意識抬頭，民國八十六年七月政府即

---

❷　黃秀端、陳中寧：〈法案之類型與國會之審議〉，東吳大學政治系舉辦，「民主、國會與決策」研討會，民國一〇〇年五月二十五～二十六日，論文集。

著手研議地質法，兩大黨立委提出法案，翌年五月草案送行政院，九十年八月送立法院審議，九十三年一月六日完成三讀程序。但因民間團體質疑，一月九日立委連署要求復議（翻案），法案旋即被打消。總計第六屆立法委員封殺了九次，第七屆立委民國九十七年二月再度提案，九十九年四月二十五日國道三號崩塌事件，在國人關切下，經過十年以上的修正案戲劇化的再度通過立法[21]。修正案要求政府應辦理基本地質調查、公告地質敏感地區，並禁止或僅許可有限度開發等。

其三、取消軍教免稅法案的通過。取消軍教免稅的修法案，在立法院一直延宕多年，民國一〇〇年一月七日卻能順利完成三讀，推其原因，是因為公務人員「十八趴」改革，民國九十九年在立法院臨時會三讀通過，引發各界議論批評。此外，國會反對黨揚言取消軍教免繳所得稅法案若不能完成修法，將杯葛一百年度中央政府總預算案。來自社會輿論與在野黨的雙重壓力，執政黨立法院黨團獲得「最佳時機點」一舉通過修法手續。

七、「立委減半」後的立法院

㈠「立委減半」後的效應

第七屆立法委員人數減半，立法院是否更有秩序、更有效能，而達成消除「社會亂源」的目標？並且由「量變」轉為「質變」，政治生態為之提升？有論者質疑「立委減半誰留下？」再者，一方面，單一選區的選舉制度，使立委選舉「成本」增加，立法院不敢輕啟倒閣的利器，倒閣及解散的新制形同虛設。另一方面，美國牛肉進口、八八水災、二代健保，甚至國光石化事件等，政策制定及立法監督效能仍未增進，國會瘦身後亂象依舊[22]。

這兩次政黨輪替後，「一致政府」下，總統與行政院在政府決策過程，

---

[21] 黃秀端、陳中寧：〈法案之類型與國會之審議〉，東吳大學政治系舉辦，「民主、國會與決策」研討會，民國一〇〇年五月二十五～二十六日，論文集。

[22] 劉競明：〈立委減半誰留下？〉，東吳大學政治系舉辦，「民主、國會與決策」研討會，民國一〇〇年五月二十五～二十六日，論文集。

角色互換，行政院院長僅有憲法上「應然」的決策地位，總統則有真正決策的「實然」角色。加以媒體報導與民眾期盼的推波助瀾下，「半總統制」更有往總統制發展的趨勢，總統不但是政府的領導者，更是法案的主導者。社會重大議題，如美國牛肉進口風波，民調指向應對此事件負責的，總統為百分之三十三，衛生署署長百分之二十一，國安會秘書長百分之十，行政院院長已無人注意，甚至沒有選項❷。總統與閣揆權責不符，果然獲得證明。

㈡一致政府，兩樣景觀

　　第七屆立委採行單一選區兩票制選制之後的憲政。此後再發生兩次政黨輪替，國民黨（民國九十七年至一〇五年）獲優勢的國會多數，此後八年民進黨在國會獲絕對優勢，兩階段政治實況卻迥然有別。

　　民國九十七年五月之後的八年，馬英九總統執政。公教年金改革，僅留下考試院改革版本，考試院曾擬公務人員考丙，累積三年，必須離退方案，建立退場機制。草案推出，即遭逢行政院與司法院反對，改革告停擺。兩岸協議，在野黨主張從嚴制定監督機制，其運作採修憲門檻的高標準（甚至四分之三多數才可修改協議），法制寸步難行。民國一〇三年三月更因服貿協議，試圖倉促闖關，以致發生佔領立法院事件。馬英九在臺北市長任內首長特別費的報支判決無罪。這八年的「一致政府」，呈現溫柔多數，立法扞格，政策難行。

　　民國一〇五年五月二十日，蔡英文總統執政，即啟動公教退休人員年金（退撫）改革，制訂政黨及其附隨組織不當取得財產處理條例，設立不當黨產處理委員會，翌年十一月制定政黨法，隨即於同年十二月制定公布促進轉型正義條例，設置轉型正義委員會。民國一一一年五月底，會計法第九十九條之一修正案通過，總統國務機要費納入首長特別費範圍，並一併除罪。陳水扁前總統國務機要費的發票報支除罪。這八年的「一致政府」，展現多數優勢，立法高度效能，政策順利推展。

---

❷　沈有忠：〈台灣報紙對半總統制二元行政立法權之報導分析：以第七屆立法院法案為例〉，論文集，同上。

㈢立法院的失控

　　民國一〇三年三月十八日晚上九時，立法院內政委員會等聯席會議，於三十秒「現場一片混亂」中「通過」，將「海峽兩岸服務貿易協議」提交院會審查，引起場外守候的學生不滿因而衝進議場，並堵住門窗佔據議場，學生代表隨即發表「三一八青年佔領立法院，反對黑箱服貿行動宣言」。在這同時來自臺灣各處的聲援學生與群眾也紛紛前往立法院附近支援，立法院周邊道路成為學生聚集、演講之處，後來形成太陽花學運。三月二十三日晚間七時左右，部分學生及民眾更爬過拒馬圍籬進入行政院，翌日六時左右遭警方強制驅離。這次行動有超過五十人受傷，八十一人被拘捕，但隨即釋放。

　　經過多日對峙，四月六日立法院長王金平現身，進入議場與學生致意，並在議場外發表聲明，他向學生承諾在兩岸協議監督條例未立法前，不審查服貿協議。四月八日學生代表以訴求得到回應，宣布四月十日將退出立法院。四月十日馬英九總統發表聲明回應。立法院失控二十一天後終於和平落幕。事後臺北地檢署依煽惑他人犯罪等罪嫌，起訴相關人士和支持者共二十二人。民國一〇六年三月一審臺北地院認為被告所為符合關切公共利益等「公民不服從」要件，訴求的利益大於所生損害，判二十二人無罪，檢方不服上訴。民國一〇七年三月十三日，二審高等法院從言論自由角度立論，考量被告所為是對重大公共事務表達不同意見，判決相關人士等十三人無罪確定。法官認定佔領立法院屬言論自由，本案是因立委議事粗糙，不能盡為民喉舌、監督政府的職守而起，被告等對立委粗糙議事，已無其他合法救濟途徑下方佔領立法院、阻擋服貿協議通過。

第二節　立法院的地位及性質

第一目　立法院的地位

立法院為國家最高立法機關，由人民選舉之立法委員組織之，代表人民行使立法權（第六十二條）。

一、立法院須受人民監督

立法院雖為我國最高立法機關，依國民主權原則及民主政治，立法院仍受人民監督。人民除了以選舉、罷免權監督政府之人事，更以公民投票監督政府的法律。人民行使參政權監督議會，立法院應對人民負責，受人民監督❷。

二、立法院為中央政府的立法機關

依憲法規定，屬於中央之立法事項，由立法院立法；屬於省、縣之立法事項，由省議會、縣議會立法。因同樣行使立法權，故立法院、省（市）議會、縣（市）議會等均為立法機關。二者分別代表國家與地方自治團體行使中央與地方立法權。

第二目　立法院的性質

立法院為五院之一，立法委員經由人民選舉，代表人民行使立法權。分析之：

---

❷　黎一皋：〈中西民權之比較〉（碩士論文）（臺北：國立師範大學三民主義研究所，民國八十四年六月），第六章。

一、立法院為自治的代議機關

憲法第六十二條宣示，立法院「代表人民行使立法權」，立法院具有人民代表之功能。基於人民的代議機關，具有自行集會、互選議長、言論免責等自治性質。

二、立法院為我國之國會

立法院所行使之職權，為民主國家國會重要的職權，具有代表、立法及監督功能。立法委員由人民選舉產生，就其憲法上地位及職權之性質相當於民主國家之國會（參司法院釋字第七六號解釋）。立法院掌理法案議決、預算審議，為一般國家國會之核心工作。修憲後，監察院不再是民意機關，國民大會職能交由人民及立法院行使，立法院為單一國會。

第三節　立法院的組織

立法院之組織，以由人民選舉之立法委員為主體，行使憲法所賦予之立法權。而依據憲法、立法院組織法之規定，立法院設置院長、副院長及各種委員會，並設置各種幕僚組織。以下分別敘述之。

第一目　立法委員

一、立法委員的選舉

㈠憲法原文的規定

依照憲法第六十四條原初規定，立法委員依下列規定選出之：

1.各省、各直轄市選出者，其人口在三百萬以下者五人，其人口超過三百萬者，每滿一百萬人增選一人。

2.蒙古各盟旗選出者。

3.西藏選出者。

4.各民族在邊疆地區選出者。

5.僑居國外之國民選出者。

6.職業團體選出者。

立法委員之選舉及前項第二款至第六款立法委員名額之分配，以法律定之。婦女在第一項各款之名額，以法律定之。

依憲法規定，立法院立法委員之選舉係採大選舉區，並以每一省、市為單位。

(二)民國八十年憲法增修條文的規定

及至民國八十年第一次修改憲法，則全面改訂立法委員之選舉辦法，民國八十一年年底第二屆立法委員選舉，即根據憲法增修條文（民國八十三年重行公布第三條）之規定辦理，其辦法是：

1.自由地區每省、直轄市各二人，但其人口逾二十萬人者，每增加十萬人增一人；逾一百萬人者，每增加二十萬人增一人。

2.自由地區平地原住民及山地原住民各三人。

3.僑居國外國民六人。

4.全國不分區三十人。

前項第三款、第四款名額，採政黨比例方式選出之。

依憲法增修條文之規定，民國八十四年十二月選出第三屆立法委員計一百六十五位。廢止職業代表制。採政黨比例方式，選舉僑居國外國民及全國不分區代表委員。

(三)民國八十六年憲法增修條文的規定

立法院立法委員自第四屆起二百二十五人，依下列規定選出之，不受憲法第六十四條之限制：

1.自由地區直轄市、縣市一百六十八人。每縣市至少一人。

2.自由地區平地原住民及山地原住民各四人。

3.僑居國外國民八人。

4.全國不分區四十一人。

　　前項第三款、第四款名額，採政黨比例方式選出之。第一款每直轄市、縣市選出之名額及第三款、第四款各政黨當選之名額，在五人以上十人以下者，應有婦女當選名額一人，超過十人者，每滿十人應增婦女當選名額一人（憲法增修條文第四條前二項）。

㈣民國九十四年憲法增修條文之規定單一選區兩票制

　　依憲法增修條文（民國九十四年六月十日公布）第四條第一項之規定，立法院立法委員自第七屆起為一百一十三人，任期四年，連選得連任，於每屆任滿前三個月內，依左列規定選之，不受憲法第六十四條及第六十五條之限制：

　　1.自由地區直轄市、縣市七十三人。每縣市至少一人。

　　2.自由地區平地原住民及山地原住民各三人。

　　3.全國不分區及僑居國外國民共三十四人。

　　前項第一款依各直轄市、縣市人口比例分配，並按應選名額劃分同額選舉區選出之。第三款依政黨名單投票選舉之，由獲得百分之五以上政黨選舉票之政黨依得票比率選出之，各政黨當選名單中，婦女不得低於二分之一。（並參考民國一○五年四月十三日修正公布之公職人員選舉罷免法第六十七條第三項）

　　就區域代表的國會議員選舉論。候選人因雇用專家及運用媒體，所需經費大增，而其經費有來自中央的支援，但多賴全國性或地區性募款㉕。民國一○五年一月第九屆立法委員選舉，有些是縣、市議員出馬競選的，有些是連任的，多因為地方服務、反映意見，著有績效，故立法委員不免「地方化」。

　　全國不分區代表的價值意含　議會代表跨黨派利益，匯合多元主義，因此政黨得以超越狹隘的政黨利益，表達民意㉖。以第十屆立法委員觀察，

㉕　Frank J. Sorauf, Money in American Elections. Glenview, Illinois: Scott, Foresman and Company, 1988, p. 4.

㉖　施密特 (Carl Schmitt) 著，李君韜、蘇慧婕譯，《憲法的守護者》（新北市：左岸、遠足文化，民國九十四年），頁一七六～一七九。

民進黨總數為六十一席，國民黨總數為三十八席。其中，區域代表選舉，民進黨獲四十六席（另兩席原住民代表），成為最大黨，國民黨獲二十二席（另三席原住民代表）為第二大黨。但全國不分區代表部分，民進黨與國民黨皆獲十三席；第三黨，民眾黨，雖未取得區域代表席次，不分區則獲致五席。時代力量獲三席。國會應當是代表多元利益的場域，現實席次分配，至少形式上相當程度的達成此一理想。

二、立法委員的人數

民國九十四年六月修憲，規定立法委員自第七屆起為一百一十三人。此項所謂「立委減半」的改革，在修憲前後成為朝野論爭焦點。

察考民國八十六年修憲，立委人數從一百六十四人一度增至二百二十五人，朝野或以可以提高議事效率，或以「精省」後吸納原有的地方（省）議會代表，期增益代表性等理由，各有說詞。有謂二二五數字，是當時民進黨主張的二百五十位，與國民黨所提議二百位的折衷❷。

至認為立法委員二百二十五人，人數太多或應予減半者，其理由多為：1.臺灣地區人口僅二千三百萬，國會議員人數應與人口數成比例，其代表的人口數不應過多。 2.「立法院是社會亂源」，減少立委人數，應可降低「危害」程度。 3.立法權過大，必須制約削減。 4.甚至是精簡政府組織的一環。

而反對立法委員人數減半者，其理由略謂，如果參考二次戰後未曾發生過政變的二十一個穩定民主國家，其中三分之二國家的人口數均少於臺灣，但全部國家的下院的平均議員人數卻為二百八十七位，若只計算七大工業國，人數更是五百三十二位，超過我國目前立院規模的兩倍。其中，美國眾院有四百三十五席、日本四百八十席、義大利六百三十席、加拿大三百零一席、法國五百七十七席、英國六百五十一席、德國六百六十九席，

---

❷　楊泰順，〈從國會人數減半看我國的憲政危機〉，董翔飛大法官榮退暨七秩華誕，憲政危機與憲政轉機研討會，臺北大學公共行政暨政策學系，民國九十二年七月十八日。

瑞典人口不到九百萬，也維持一個三百四十九席的國會。在丹、芬、以、比、愛、荷、紐、挪、瑞、奧等國中，許多人口雖然不及我國的四分之一，但議員數只比我國少的有限，鄰近韓國也依然維持二百九十九席的國會❷。

學界依照各個國家國會的人數資料，整理出一個計算國會人數的公式。他們主張，國會最適規模應約略等於其活躍人口（active population，指總人口乘以識字率或工作年齡人口所得的數目）的兩倍，再開立方。依此公式，則臺灣立法委員人數應在二百二十五至二百八十五位之間❷。一般相信：「臺灣每十萬人就選出一個立法委員，比起歐美日本先進國家，比率實在太高。」惟徵之實際，英國國會議員的代表選民數是九萬，法國為十萬，加拿大（十萬）、比利時（六點八萬）、瑞典（二點五萬）、瑞士（三點七萬）、丹麥（三萬）、挪威（三點六萬）、芬蘭（二點六萬）、奧地利（四點四萬）等國，都未高於臺灣。

其實，機關組織必須具相當規模始得有效運作。國會尤應考量所為決議的代表性、正當性。如以立法院十二個常設委員會而言，每位立委限定參加一委員會，二百二十五人減半後委員會人數極為有限，其運作是否有效率，代表性是否充分不免受到質疑。

三、立法委員之任期

立法委員之任期為三年，連選得連任，其選舉於每屆任滿前三個月內完成之（憲法第六十五條）。民國八十六年修憲後，行政院與立法院間負責的對抗關係，加入倒閣權與解散權的運用，立法院於通過對行政院院長不信任案後可能被解散。如此，立法委員的任期只能說是「最長幾年」而已，

---

❷　楊泰順，〈從國會人數減半看我國的憲政危機〉，董翔飛大法官榮退暨七秩華誕，憲政危機與憲政轉機研討會，臺北大學公共行政暨政策學系，民國九十二年七月十八日。

❷　楊泰順，〈從國會人數減半看我國的憲政危機〉，董翔飛大法官榮退暨七秩華誕，憲政危機與憲政轉機研討會，臺北大學公共行政暨政策學系，民國九十二年七月十八日。

並非一定是三年。按內閣制國家,以英國為例:英國首相布萊爾領導的工黨,在一九九七年五月國會大選獲勝,開始執政,二○○一年六月再度贏得國會選舉,二○○五年四月五日獲得女王伊麗莎白二世同意解散國會重行選舉(五月五日舉行)。這兩次國會選舉,都在下院議員法定任期未滿前舉行,因此立法委員法定任期只是「最長」的任期而已。

立法委員自第七屆起任期改為四年,連選得連任(民國九十四年六月十日修正公布憲法增修條文第四條第一項)。

四、立法委員不得兼任官吏

依憲法規定,立法委員不得兼任官吏(第七十五條)。此項限制之規定,與我國憲法原具有內閣制精神不甚協調,而與總統制國家行政與立法兩權分立有類似之處。依照歷次司法院解釋其限制對象包括:

1.受有俸給之文武職公務員:不論係臨時或常設機構,只需為政府派充之人員,皆不得兼任(釋字第四號、第二四號解釋)。

2.公營事業機構之董事、監察人及總經理(釋字第二四號、第二五號解釋)。

3.省、縣地方議會議員:立法委員乃代表人民行使中央之立法權,而省、縣議會議員乃分別行使各該省、縣地方之立法權,為貫徹憲法分別設置各級民意機關賦予不同職權之本旨,立法委員自不得兼任省、縣議會之議員(釋字第七四號解釋)。

立法委員不得兼任官吏,非謂官吏以外任何職業得以兼任,仍須視其職務之性質,與立法委員之職務及身分是否相容。而立法委員如就任官吏,即應辭去立法委員職務,其未辭職而就任官吏者,應於就職時,視為辭職(釋字第一號解釋)。

五、立法委員的職業倫理

立法委員為中央民意代表,代表人民行使立法權。而立法工作,係行政機關、立法機關、政黨、民間團體(利益團體)等互動的結果。今立法

委員置身於內、外在環境的支持與需求 (support and demand) 下，扮演著代表者、立法者、溝通者、政黨成員等多重角色，故其職業倫理的建立益顯迫切需要。

立法院為維護國會尊嚴，確立立法委員倫理風範及行為準則，健全民主政治發展，制定立法委員行為法（民國九十一年一月二十五日修正公布）。本法主要在規範立法委員的「倫理規範」（第二章），要求立法委員應秉持理性問政，共同維護議場及會議室秩序，不得有辱罵或涉及人身攻擊之言詞、破壞公物或暴力之肢體動作、佔據主席臺或阻撓議事進行等行為；「義務與基本權益」（第三章），規定立法委員主持會議應嚴守中立，依法參加秘密會議時對其所知悉之事項及會議決議，不得以任何方式對外洩漏、立法委員不得兼任公營事業機構之職務；「遊說及政治捐獻」（第四章），規定立法委員受託對政府遊說或接受人民遊說，在遊說法制定前依本法之規定，立法委員受託對政府遊說或接受人民遊說，不得涉及財產上利益之期約或授受；「利益之迴避」（第五章），要求立法委員行使職權所牽涉或辦理之事務，因其作為獲取前條所規定之利益者，應行迴避。行使職權時，不得為私人承諾，或給予特定個人或團體任何差別對待，就有利益迴避情事之議案，應迴避審議及表決。

按美國國會眾議院於二〇〇二年七月二十五日，以四百二十票的壓倒性多數，通過將涉及收賄、貪污的眾議員特拉費肯除名，驅逐出國會。在這之前眾議院倫理委員會（類似我國立法院紀律委員會）無異議通過此項提案。倫理委員會不僅對議員違反院內內規或觸犯法律案件，得展開調查，亦得做成各種懲處建議。議員通常在此調查過程中，即自動請辭，或在下屆選舉的初選中不再獲政黨提名。

六、立法委員之保障

立法委員為民意代表享有一般民意代表之保障，其保障有二：

㈠言論免責之保障

亦即享有言論免責權。立法委員在院內所為之言論及表決，對院外不

負責任（憲法第七十三條）。而依據司法院釋字第四三五號解釋（民國八十六年八月一日公布），立法委員之言論免責保障，限於與職權有關之言論，故保障之宗旨在維護立法委員受人民付託之職務地位，並避免國家最高立法機關之功能，遭受其他國家機關之干擾而受影響。該號解釋並指出，憲法第七十三條所稱「院內」及「言論及表決」，應作廣義認定，以確保立法委員行使職權無所瞻顧，故立法委員在院會或委員會之發言、質詢、提案、表決以及與此直接相關之附屬行為，例如院內黨團協商、公聽會之發言，均在保障之列。至於委員之行為若觸及刑責，如蓄意之肢體動作，顯然不符意見表達之適當情節，致侵害他人法益者，在情節重大而明顯，或被害人提告訴或自訴時，司法機關得依法偵察、審判之。

我國立法委員既享有言論免責權，所為言論及表決對外不負責任，立法委員與人民間採法定代表說（委任說）。但選民得罷免（區域代表的）立法委員，故兼採授權說（委託說）。

㈡不被逮捕之保障

立法委員除現行犯外，非經立法院許可，不得逮捕或拘禁（憲法第七十四條）。經民國八十六年修憲，此項保障限於立法院會期中（憲法增修條文第四條末項）。

如依立法委員行為法（民國九十一年一月二十五日修正公布）第七條，立法委員應秉持理性問政，共同維護議場及會議室秩序；如違反本條所禁止情事之規定，主席得交紀律委員會議處。而立法院紀律委員會係由各委員會召集委員組織之，其接受之審議懲戒案件，僅以經院會議決交付與立法院會議主席依法移付二者為限。至所為懲戒處分，包括：1.口頭道歉。2.書面道歉。3.停止出席院會四至八次。4.停權三個月至半年（立法委員行為法第二十八條）。實際上，所為懲戒之行為，小至發言超過規定時間或次數，或是誹謗謾罵、公然侮辱皆屬之。而以往立法院亦有過裁定書面道歉的懲戒案例。

議會貴乎自律。議會為自律自治機關，於其權限範圍內，自行決定議會內部事務，稱議會之自律權。藉由此項自律權，議會得以維持內部秩序

而順利運作。以日本國會言之，其憲法規定之國會「議院自律權」有：1.正副議長選任權。 2.規則制定權。 3.議員懲罰權。 4.議員資格爭訟裁判權等。其中議員懲罰權，即兩院對擾亂院內之議員，得行使懲罰權，包括四項： 1.在公開議場予以戒告。 2.要求在公開議場道歉。 3.在一定期間停止出席。 4.除名。我國立法院大抵與日本國制度相當，但尚未有「除名」之嚴重處分。

第二目　立法院院長、副院長

一、立法院院長、副院長的產生

立法院設院長、副院長各一人，由立法委員互選之 （憲法第六十六條）。可知立法院院長、副院長仍具有立法委員之本職身分，而其任期亦與其立法委員之任期相同，以四年為限。此項體制，乃因民意機關係合議機關，並且自律自治之故。

二、立法院院長的職權

至立法院院長之職權要有： 1.主持立法院院會、全院委員會。 2.對外代表立法院。3.召集立法院臨時會。 4.應總統之召集，會商解決院際爭執。 5.在第三屆國民大會設議長前，召集國民大會臨時會（舊憲法增修條文第一條第四項）。 6.綜理立法院院務，監督院內職員。

民國一〇一年六月中旬，立法院為美牛案修訂食品衛生管理法，在五天四夜的爭吵中朝野立委爆發嚴重衝突，立委強佔主席臺，議事停擺。社會輿論多呼籲立法院院長應依立法院警衛勤務規則，動用警察權維持秩序，以利議事進行。

三、立法院院長的地位

立法院院長依法主持立法院院會，而此一主持院會之職務，究竟應否

保持中立地位，向受論者關注。

　　有關議長應否保持獨立地位，需視政府體制而定。如英國國會議長，其初任者雖為多數黨之議員，但一任議長之後，即與政黨絕緣，以超然獨立的地位、公正的態度處理議會事宜，任職終身，不隨國會政黨形勢的消長而更替。這是因為英國採議會內閣制，內閣閣員由議員組成，閣員不失其為議員之資格，可以出席議會參加法案之討論及表決。所以內閣的政策，也即是多數黨的主張，得以由負責的閣員到議會中辯護，以圖貫徹，無需議長運用其地位以為掩護主導。議長既不負政治任務，故能保持中立，公平處事❸⓪（英國國會議長為嚴格保持中立，不與議員同僚私下接觸，甚至不到國會餐廳用餐）。

　　而美國國會議長，於美國採行總統制下，因總統及其閣員不兼任國會議員，不能出席國會參加討論，貫徹黨的主張，故議長必須肩負政治任務。議長由多數黨領袖出任，站在黨的立場，本著黨的主張，以實現黨的立法政策。「他對於議場事務的處理，雖要依法行事，公平措置，但黨的意識總不免流露於每一言行之間，他以多數黨的提名而得位，他的政黨失勢時也只有掛冠，不能戀棧。」當然，如果總統所屬的政黨在議院中亦為多數黨，則總統可經由議長貫徹其主張與政策；反之，如情勢相反，則總統的處境艱難，議長成為反對黨重要人物，立場顯然不同。

　　民國一〇二年九月，馬英九總統以立法院院長王金平關說司法案件，呼籲在國外的王院長明大是大非，知所進退，辭去院長職務。國民黨旋即由考紀會通過開除王金平黨籍，並通知中央選舉委員會註銷王金平的不分區立委身分，從而解除院長職務。在中選會函送公文過程（立法院以時值下班時間，聲稱未收到公文），王院長趕緊回國，針對黨的決定向臺北地方法院聲請假處分，並提出擔保金後提起訴訟，為自己辯護。法院以國民黨之處置未經當事人申辯，考紀會非經黨員選舉產生等理由，判決王院長仍保有黨籍及立委身分。翌年三月，國民黨上訴後，法院仍判敗訴。後國民

❸⓪　羅志淵：《英國政府及政治》（臺北：正中書局，民國六十九年九月第六版），頁三七五～三七六。

黨主席易人，無意繼受訴訟。四月，黨部決定放棄上訴，王案遂告落幕。足證立法院院長政黨關係密切，非持中立的角色。

美國聯邦眾議院議長萊恩 (Paul Ryan)，是美國一百四十年來最年輕的國會議長，二〇一八年年初宣告要離開國會，不再競選國會議員，令美國人深感意外。原來共和黨籍的萊恩，夾在共和黨川普總統與民主黨國會議員間，因川普執意要廢除歐巴馬的「夢想家計畫」（延緩遣送八萬非法入境的兒童出境），民主黨議員只好通過川普建造美、墨邊境圍牆所需經費，讓川普打消廢除「夢想家計畫」的念頭，萊恩處境艱困。加以川普強勢的美國優先、掀起保護關稅政策，二〇一八年年底國會選舉，共和黨可能淪為少數，種種因素促使他離開國會。這位共和黨議長對預算採取保守主義，不願意為川普總統的種族歧視政策辯護，卻要身負重任，為共和黨政府護航，美國時代雜誌指稱萊恩承擔的是美國最惡劣而艱困的工作[31]。

第三目　立法院院會及各種委員會

議會必須以團體行動，方能完成議事，決定法案。再者，從另一角度觀察，議員都代表一方利益或地區或團體，都是「代理人」。而代理人的缺失必須運用制度方法加以克服，機構制衡（制度制衡）即其一。麥迪遜所稱以野心對抗野心，就是三權間的機構制衡 （制度制衡 institutional checks）。而發揮機構（制度）功能的委員會或院會成為政黨必爭之地[32]。因此立法院有院會與各種委員會的設置，並且有「立法院職權行使法」的制定。

立法院設置院會。現代議會具有代表、反映及回應民意的功能。立法程序二讀會與三讀會與院會是接續的程序，民意在此集中並做成最後協議。

---

[31]　Time, 29 Jan. 2018, p. 8.

[32]　D. Roderick Kiewiet and Mathew D. McCubbins, The Logic of Delegation: Congressional Parties and the Appropriations Process. Chicago: The University of Chicago Press, 1991, pp. 34～35.

而民意是一種總體意志，院會之設置乃基於主權一體原則，代表立法權的有統合性及整體性。院會由議員選舉議長、議員自行報到並決定議程，言論不受外界干預等，表現自治與自律。院會不只是人的組合，更以多數決、三讀及辯論程序等原則運作，探求民意，呈現其為有機體。立法院又以院會為最高權力機關，立法院雖然設置各種委員會分工審議法案、預算、行政命令，以及覆議及行使同意權等案，其行使職權終須回歸院會確認，彰顯立法重視效能。院會更是國家重要議題交流的場域，同時傳達國民情緒，更使政策合法化。

　　立法院得設各種委員會。各種委員會得邀請政府人員及社會上有關係人員到會備詢（憲法第六十七條）。

一、委員會的必要與重要

　　議會由人民選舉代表組成，人數眾多。國會以集思廣益問政，與行政首長一人掌理行政、少數幾位大法官運作司法有別。故以美國而言，有謂：「國會集體智慧勝過總統及司法。」❸❸

　　由於立法工作甚為繁雜而且需要專門知識，因此須藉分工合作，始能達成立法的目的❸❹。再者，事實上每一位立法委員（或議員）花費在每一議題的時間有限，委員會的建制，使議員因為幕僚的支持 (support) 得以充分發揮代表的功能❸❺。再次，委員會的組織使議員間關係緊密 (intimacy)，可收集思廣益之效。此外，並可整合議員偏狹的地方意識、有效監督行政機關。

　　比較言之，我國立法院各種委員會為立法程序之一讀會重要機制；英

---

❸❸　How Government Works: Selections from the Encyclopedia of the United States Congress, etc. New York: MacMillan Library Reference USA, 1999, p. 146.

❸❹　劉慶瑞：《中華民國憲法要義》（臺北：作者自刊，民國七十二年修訂第一二版），頁一九一。

❸❺　Charles E. Lindblom 著，劉明德譯：《政策制定過程》（臺北：桂冠出版公司，民國八十年出版），頁一四四。

國平民院審查法案，因在大會中已經原則決定，委員會僅在立法技術或細節上予以審查，即便委員會封殺的案件，到院會二讀會仍可扳回，我國體制與英國大致相類。至於美國國會之委員會，則為立法程序的決定性關鍵之所在，尤以議案交付委員會後，委員會得予以擱置或過濾，此項行動可能將法案「埋葬」。因其委員會對法案操生殺大權，使國會之重心移轉至委員會，委員會有「國會中的國會」或「小國會」之稱❸❻。而美國草根民主深入民心，委員會努力吸納各方意見，以免偏聽，委員會下遂設置許多小組，透過公聽會廣泛聽取意見。

美國國會委員會一向採行資深制，由資深議員擔任主席。由於美國是總統制國家，有賴強大的國會制衡大總統，因此委員會採行資深制，委員會之決議受到院會尊重，以有效監督行政部門。而我國立法院委員會未能建立資深制，甚至必需靠選票的區域立委也要與其他立委一起抽籤，才能進入經濟、交通等熱門委員會。國會黨團應注意在委員會中保留召集委員名額給資深委員，以有效配合黨團策略，兼顧問政品質❸❼。

簡單歸納，國會所設委員會具有以下主要功能：1.法案的準備。2.因分設各種專業委員會而得有效監督行政部門。3.委員會成為法案及預算案一讀會主要場域。4.委員會因程序公開而有社會教育的功能。

二、立法院的委員會

立法院現行組織所設委員會包括以下三類：

㈠常設委員會

為因應第七屆立法委員減半的局勢，立法院組織法修正（民國九十六年十二月十九日公布），第十條常設委員會減少為八個（原為十二個）。調整後委員會如次：1.內政委員會。2.外交及國防委員會。3.經濟委員會。

---

❸❻　如美國前總統威爾遜 (W. Wilson) 所說：「國會在委員會的運作，即國會的運作。(Congress in its Committee room is Congress at work.)」

❸❼　曾韋禎：〈資深制難建立　立院議事品質差〉，《自由時報》（民國一〇四年八月九日），A10 版。

4.財政委員會。 5.教育及文化委員會。 6.交通委員會。 7.司法及法制委員會。 8.社會福利及衛生環境委員會。依立法院各委員會組織法（民國九十八年一月二十三日修正公布）之規定：立法院各委員會人數，至少十三席，最高不得超過十五席。每一委員以參加一委員會為限。各委員會於每年首次會期重新組成。未參加黨團或所參加黨團之院會席次比例於各委員會不足分配一席次之委員，應抽籤平均參加各委員會。

又呼應第七屆立法委員分屬兩大政黨的情勢，立法院各委員會置召集委員二人。開會時由召集委員輪流主持；應有各該委員會委員三分之二出席方得開會。

常設委員會之職權主要為審議立法院院會交付審查之議案，受理人民請願案等。並得於每會期開始時，邀請相關部會作業務報告並備詢。其運作主要由各委員會個別舉行會議，審議有關法案或聽取施政報告。如所討論議案與其他委員會相關，則除由院會決定交付聯席會議外，得由召集委員報請院會決定與其他有關委員會召開聯席會議。

各委員會召集委員決定議程、安排部會首長報告與備詢，以及參與政黨協商，任務重要（參照立法院各委員會組織法第四條之一、第六條之一、第十條之一等），召委為政黨必爭之地。立法院設八個常設委員會，每一會期各委員會互選兩位召集委員。以第十屆立委觀察，民進黨與國民黨掌握多數席次，常態下召集委員多由兩大黨控制。

表 6-1　近來立法院各委員會互選召委的情況

互舉日期	主要過程	第三黨立場	推舉結果
民國 110 年 3 月 8 日	綠營搶先爭取第三黨合作。	選擇與綠營全面合作。	民眾黨獲一席召委，綠營八席，藍營七席。
民國 110 年 9 月 23 日	兩大黨必爭，第三黨成關鍵少數。	不與其他政黨合作，投自己一票。	民進黨與國民黨各獲八席召委。
民國 111 年 3 月 7 日	以推舉產生，未經實質投票。	未與綠營合作。	民進黨與國民黨各獲八席召委。

資料來源：平面媒體及網路報導蒐集整理。綠營指執政民進黨，藍營指國民黨，第三黨指民眾黨。

㈡**特種委員會**

立法院於必要時，得增設各種委員會或特種委員會，要有：1.程序委員會。2.紀律委員會。3.修憲委員會（依立法院組織法第九條、第十條），此外尚有經費稽核委員會、公報指導委員會等。

其中，程序委員會編排院會議程，具有指導立法方向的重要作用，近年來，經由各政黨委員之協調，決定各項主要待審法案的優先次序，故程序委員會之運作，實與立法院之議事效率及政黨政治之發展皆有頗為密切的關係。至於紀律委員會向來被忽略，有待發揮功能以輔助言論免責權之保障，而為因應請願案件日增的趨勢，立法院應設置請願委員會[38]。

㈢**全院委員會**

立法院全院委員會，由全體立法委員組成，亦屬「立法院會議」。立法院全院委員會，係專為審查人事同意案、不信任案、彈劾及罷免總統副總統案，以及審查行政院移請覆議案等特定議題而設。其運作於立法院職權行使法第四章至第七章分別加以規定。立法院全院委員會與立法院院會皆由全體立法委員參加，皆以院長為主席（立法院組織法，民國一○五年十二月七日修正公布，第四條第一項）。但全院委員會仍有其特色，而與院會不同，要有：

1.出席人數不同：全院委員會出席人數未明確規定；院會則有規定較高的出席人數。

2.議程限制不同：全院委員會有關發言之次數與時間，皆無限制；院會則有嚴格限制。

3.議題不同：全院委員會以人事同意權、覆議案、不信任案、罷免及彈劾總統副總統案、選舉院長副院長等為限；院會則以審查法案、提出質詢等為主要職能，議題廣泛。

4.辯論程序不同：全院委員會如為結束辯論，不適用一般議事程序之「停止討論」，使小黨得以充分發言；院會則適用「停止討論」之議事規則。

---

[38]　關中：〈立法院應該設置請願委員會〉，《民主通訊》，第六四期（民國八十二年七月），頁九～一○。

　　5.先後關係不同：全院委員會審查通過之案件，須提報院會，全院委員會之審查與院會之議決，程序上有先後不同的關係。院會是立法院運作最高權力的機制。

三、立法院內的小組

　　立法院亦屬政府組織的一部份。制度主義者認為現代經濟中，政府的角色是在各種紛亂利益與權力中，調和爭議、解決問題。兩位制度經濟學者，Commons 與 Tugwell 即視國家為處理衝突的工具 ❸❾。早期制度主義者視國家為民主社會中調和競爭利益的工具。獨立管制機關設立，以及國會監督獨立機關，頗能彰顯此一意義。

　　民國九十九年二月如何因應 ECFA 簽訂後兩岸情勢，由於朝野立場不一，對監督機制的態度不同，因此立法院朝野研商成立監督小組。同年十二月七日立法院正式成立「兩岸事務因應對策小組」，監督兩岸兩會（海基會、海協會）復談後的兩岸互動。立法院院長王金平認為，兩岸不斷進行各種協商，「立法院更應扮演必要的角色，事先參與、事後監督」，兩岸小組應類似立院全院委員會。可知此類小組雖然稱「小組」，不若「委員會」正式，但地位重要，除化解朝野爭議，更有國會全體議員參與監督之意涵。

四、委員會「備詢」之意義

　　憲法第六十七條規定立法院各委員會得邀請政府人員及社會上有關係人員到會備詢。本條所稱「政府人員」，除政府部門之人員（如各部會首長、軍事人員等），包括接受行政事務委託行使公權力的機構（如海基會）之人員。所稱「社會上有關係人員」，如社會人士、社團負責人、教授、學生領袖等。前者受立法院監督，其受邀備詢時必須出席，以受國會監督；對後者而言，出席立法院委員會非義務，得斟酌是否出席。

---

❸❾　Steven Pressman, "Alternative Views of the State" in Steven Pressman (ed.), Alternative Theories of the State (New York: Palgrave, 2006), p. 5.

第四目　立法院的幕僚機構

立法院的幕僚機構包括：

一、秘書長與副秘書長

立法院置秘書長一人，經院長遴選報告院會後，由政府特派。秘書長承院長之命，處理立法院事務，並監督所屬職員。

另置副秘書長一人，由院長遴選報告院會後，由政府簡派之。副秘書長承院長之命，襄助秘書長處理本院事務。

二、秘書處

立法院設秘書處，分組（室）辦事，處理議程編擬、會議紀錄、立法院日記、新聞編輯發布及聯絡、立法資料蒐集管理及編纂等事項。

三、會計處及人事處

立法院設會計處及人事室，依法律規定，分別辦理歲計、會計、統計及人事事項。

四、議事處

議事處掌理議程編擬、議案條文之整理及議案文件之撰擬、本院會議紀錄等事項。

五、公報處

掌理立法院會議及委員會會議之錄影、錄音、速記；公報編印及發行等事項。

六、總務處

掌理立法院內部事務、民眾服務等事項。

七、資訊處

掌理立法資訊系統之統整規劃、系統分析、設計、建置及維修等事項。

八、法制局

掌理立法政策、法律案之研究、分析、評估及諮詢、外國立法例及制度之研究、編譯及整理、法學之研究等事項。分設五組；除局長、副局長外，置研究員、副研究員、助理研究員等人員。

九、預算中心

立法院組織法第二十一條規定，預算中心掌理下列相關事項：一、中央政府預算之研究、分析、評估及諮詢。二、中央政府決算之研究、分析、評估及諮詢。三、預算相關法案之研究、分析、評估及諮詢。四、其他有關預算及決算諮詢。該中心是立法委員的支援系統，增益其監督政府的功能。例如提出〈年度中央政府總預算案整體評估報告〉，評析各機關、事業單位的預算及政策執行。該中心分設五組；除中心主任、副主任外，置研究員、副研究員、助理研究員、操作員等人員。

十、國會圖書館

掌理立法書刊光碟資料、立法報章資料之蒐集管理及運用；立法資訊分析、檢索；立法出版品之編纂及交換等事項。除館長、副館長外，置主任四人，高級分析師一人，專員、分析師、科員、助理管理師、操作員、辦事員等若干人。

十一、中南部服務中心

掌理立法院與行政院所屬機關中南部單位及辦公室間業務聯繫；立法院受理及協調中南部民眾陳情、請願等事項。

十二、議政博物館

主要掌理議政史料之蒐集、整理、典藏及展覽；議政史料之分析、研究及運用；議政史料數位化及服務事項。

十三、立法委員助理

立法委員每人得置公費助理八至十四人；立法院應每年編列每一位立法委員一定數額之助理費及其辦公事務費預算。公費助理均採聘用制，與委員同進退（立法院組織法第三十二條）。

十四、立法院黨團

民國八十一年一月，立法院組織法增訂立委五席以上政黨得成立黨團，各黨黨團遂取得法定地位。民國一〇五年立法院組織法修正公布，第三十三條規定，每屆立法委員選舉當選席次達三席且席次較多之五個政黨得各組成黨團；席次相同時，以抽籤決定組成之。立法委員依其所屬政黨參加黨團，每一政黨以組成一黨團為限；每一黨團至少須維持三人以上；未能組成黨團之政黨或無黨籍之委員，得加入其他黨團；黨團未達五個時，得合組四人以上之政團；黨（政）團總數合計以五個為限。政團準用有關黨團之規定，黨團辦公室由立法院提供之。各黨團置公費助理十人至十六人，由各黨團遴選，並由其推派之委員聘用之。

黨團設置黨團大會或會議，黨團最重要成員為黨鞭，其中有大黨鞭（國民黨為黨中央政策會執行長，民進黨為黨團總召集人）、幹事長（書記長）及書記長（副書記長），並設置黨內委員會或政策小組，委員長或召集人是黨團與黨中央的聯繫窗口。各黨黨團，在立法院表決時進行攻防。在表決

時，對表決時機與首長報告程序上，運用攻守戰略❹。黨團得對行政院提出質詢、在立法程序中加入黨團協商（立法院職權行使法第十八條、第六十八條參照）。

第四節 立法院的職權

第一目 一般國家立法機關的功能

一般國家的立法機關，大致具有以下幾項功能：

一、制定法律

制定成文法律，應為立法機關的首要功能。

二、修改憲法

在多數民主國家，立法機關率皆參與修憲工作；修憲權幾為每一民主國家立法機關所共同具有。

三、選任或選舉首長

一般國家的行政首長或經由議會同意而任命，或經由議會選舉而產生。在內閣制國家，此為國會形式上的職權；總統制國家部會首長須經國會同意，則常是嚴屬的考驗或是民意的反映。

四、財務控制

民主國家的議會，對政府有最基本的「看緊荷包 (power of the purse)」的權力，審議政府預算為議會原初的重要功能。

---

❹ 黃秀端等著，《認識立法院》（臺北市：五南，民國一〇六年），頁一三一～一三八。

五、彈劾官吏

某些民主國家，立法機關同時掌有司法功能，如美國國會有彈劾國家行政首長、閣員及法官之權。彈劾權宜以政務官為對象。民國九十四年修憲後，立法院有彈劾總統之權。

六、調查案件

立法機關經由委員會可以舉行聽證會、傳訊證人、調閱機關案卷、調查政府行為，作成專案報告。

七、提供資訊

立法機關常以立法調查與立法辯論兩個主要途徑建立資訊，並提供社會大眾或政府機關所需資訊❹。

以日本國會言之，其職權大致上包括：1.立法方面，制定法律、提議修改憲法（憲法修正案經兩院通過後，舉行國民投票）、條約之承認等。2.財政方面，議決國家經費之支出及國家債務之負擔、議決預算、議決預備費（預備金）、承諾（事後追認）預備費之支出、審查決算、受理國家財政狀況報告等。3.政務方面，內閣總理由國會議決指名。4.彈劾罷免法官等。其職權與一般國家立法機關無明顯不同。

唯各國立法機關之職權雖然為其憲法所明定，但是揆諸實際，立法機關的功能頗為廣泛，非憲法條文所能盡攝詳定。如美國國會除以立法權 (the power to enact laws, or to make laws) 為主要職掌外，尚有一些非立法的職能 (non-legislative functions)，包括：1.修改（憲法、法律）程序。2.彈劾程序。3.調查。4.聽證 (hearings)。5.其他與立法有關的「必要而適當之事項」❷。這些「必要而適當之事項」，列舉於憲法上租稅權、商業管制

❹ Austin Ranney, Governing: An Introduction to Political Science (New Jersey: Prentice-Hall, 2001), pp. 237～241.

❷ Theodore Schussler, Constitutional Law (New York: Gould Publications, 1973), pp. 23～24.

權、財產管制權、統一破產法制、郵務管制權、選舉管制權、海事管轄權、國民及公民管轄權、外交權、軍事及戰爭權、通貨管制權、專利複製及商標權、修憲權等。此外尚有隱含的職權 (implied power)、準立法權、準司法權等，不勝枚舉。

美國參院外交委員會於二〇一一年六月二十八日為歐巴馬的利比亞政策，「憲法和總統的權力」展開了一場激烈的辯論。參院外委會最後雖以十四票贊成，五票（全是共和黨）反對的比數通過准許歐巴馬再介入利比亞一年，但贊成者並非十分樂意。這場辯論的焦點是要確定到底是國會有權宣戰還是總統有權宣戰？美國憲法第一條第八款規定：「國會有權宣戰。」但憲法第二條第二款又說：「總統是美國陸海軍最高統帥。」於是誰擁有宣戰權，雙方爭論自此開始，至今不休。自一七八七年行憲以來，國會只有宣戰過五次（包括兩次世界大戰）。其餘至少介入百次以上的海外征戰，但從來就沒有正式宣戰，影響極大的韓戰與越戰都沒有正式宣戰。國會看到白宮權力太過膨脹，完全不把他們放在眼裡，乃於一九七三年越戰漸入尾聲之際，通過「戰爭權力決議案 (War Powers Resolution)」，規定總統如未獲國會批准而出兵介入敵對行動，必須在六十天內撤兵。其目的，就是要制衡總統的權力。儘管如此，從雷根到柯林頓總統都出兵國外，沒有一樁事先告知國會或請求國會同意。問題在於，總統的宣戰權力被限制和剝奪，這就是總統與國會對宣戰權爭執不已的癥結❹ 。

從社會系統的功能觀察，議會提供社會思辯的平臺 (deliberating forum)，是其典型的功能。此外，民主國家的國會多具社會化（政治教育）、人才甄補培育及利益表達集結的功能。以英、美國家言，國會在政策制定上功能不大，但社會化、人才培訓甄選的功能彰顯；非民主國家，國會形同橡皮圖章❹ 。

---

❹　林博文：〈國會與白宮爭宣戰權〉，《中國時報》專欄（民國一〇〇年七月六日）。

❹　G. A. Almond and G. B. Powell, Jr., Comparative Politics Today, *New York: HarperCollins College Publishers, 1996*, pp. 114～115.

第二目　立法院主要職權

依據憲法第六十二條之規定，立法院代表人民行使立法權，此立法權當屬廣義之立法權，除制定法律外，尚包括議決預算案、戒嚴案、大赦案、宣戰案、媾和案、條約案及國家其他重要事項之權。

一、制定法律權

法律案經立法程序，完成議決，方能成為法律。此議決法律權，為立法院最重要而經常行使之職權。而分析法律之制定，通常包括：㈠提案。㈡審查。㈢討論。㈣決議。㈤公布等五項步驟。

㈠提　案

指提出法律草案於立法院之步驟；法律提案權，除立法委員外，行政院與考試院依憲法規定，亦掌有之；而監察院與司法院依司法院解釋（釋字第三號及第一七五號）亦得就所掌事項，向立法院提出法律案。議案之提出，以書面為之，如係法律案，應附具條文及立法理由。立法委員提出之法律案，應有十五人以上之連署；其他之提案，除另有規定外，應有十人以上之連署。臨時提案，以亟待解決事項為限，並有十人以上連署。經否決之議案，除復議外，不得再行提出（立法院議事規則第七條至第十條）。

我國立法多由行政院提案，美國國會一切法案，則分別由參、眾兩院議員各自提出。總統的國會咨文，是一種國是說明，不是總統的提案。我國與美國斷交後，一九七九年一月卡特總統向國會提出沒有名稱、只說明法案目的的文件，希望維持臺、美間關係，因未曾提及往後對中華民國的政策，備受國會兩院批評。於是參議院研擬的法案，增設加強保障中華民國權益的條文。由於參議院的草案以非官方維持與臺灣的經貿文化，眾議院不能滿意，外交委員會遂重新研擬法案，成為今天的臺灣關係法。

㈡審　查

　　議案經提出立法院後，由主席將議案宣付朗讀。如為政府提出之議案，於朗讀標題後，即應交付有關委員會審查，或經出席委員提議，二十人以上連署或附議，經表決通過，得逕付二讀。立法委員提出之議案於朗讀後，提案人得說明其旨趣，經大體討論，應即議決交付審查或逕付二讀，或不予審議。而所稱交付有關委員會審查（付委），即將法案交付院內相關之委員會審查，如涉及數個委員會時，則交由數個委員會共同審查。此為立法程序中「第一讀會」主要內容。委員會於審查提案時，得邀請政府人員或社會有關人員到會備詢。法案經審查完畢後，應製作審查報告書，說明審查經過，並向大會報告。

　　立法院於法案審查過程中，得舉行公聽會或進行黨團協商，以增益立法品質，提高議事效能。依立法院職權行使法（民國一○七年十一月二十一日修正公布）之規定，其要點如下：

1.舉行公聽會（本法第九章「委員會公聽會之舉行」）

　　立法院各委員會為審查院會交付之議案，得依憲法第六十七條第二項邀請政府人員及社會人士到會備詢之規定舉行公聽會。如涉及外交、國防或其他依法令應秘密事項者，以秘密會議行之。公聽會須經各委員會輪值之召集委員同意，或經各委員會全體委員三分之一以上之連署或附議，並經議決，方得舉行。

　　公聽會以各委員會召集委員為主席，並得邀請政府人員及社會上有關係人員出席表達意見。舉行公聽會之委員會應於開會日五日前將開會通知、議程等相關資料，以書面送達出席人員，並請其提供口頭或書面意見。同一議案得舉行多次公聽會。公聽會終結後十日內，依出席者所提供之正、反意見提出公聽會報告，送交本院全體委員及出席者，該報告作為審查該特定議案之參考。

　　所稱政府人員，指接受立法委員質詢的政務首長外之公職人員。政府人士及社會有關係人員應在立委質詢範圍內之事項提供意見。而所舉之公聽會，非聽證會，屬於意見諮商徵詢活動，所提意見不應具有拘束力，社

會人員允宜遵守議會相關規定。民國一〇一年十二月，反媒體壟斷的學生代表到立法院教育委員會列席公聽會，會中以強烈措詞批評教育部長，引起社會各界關注。立法院決定修訂各委員會組織法，規範列席的社會人士比照立委適用立委行為準則，不得有暴力行為或做人身攻擊。

　　2.黨團協商

　　立法院為協商議案或解決爭議事項，得由院長或各黨團向院長請求進行黨團協商。又，立法院於院會審議未經黨團協商之議案時，出席委員如未能達成共識者，主席得裁決進行黨團協商。再者，各委員會審查議案，遇有爭議時，主席得裁決進行協商。程序委員會應依各委員會提出審查報告及經院會議決交由黨團協商之順序，依序將議案交由黨團協商。議案具時效性者亦得優先處理。

　　黨團協商會議，由院長、副院長及各黨團負責人或黨鞭出席參加，並由院長主持。會議原則上於每週星期三舉行，在休會或停會期間，如有必要，亦得舉行。進行協商時，負責召集之黨團應通知各黨團指派代表參加，各黨團代表應經黨鞭書面簽名指派。協商時，由秘書長派員支援，作成重點記錄。協商於達成共識後，應即簽名作成協商結論，並經各黨團負責人簽名，於院會宣讀後，列入紀錄，刊登公報。議案自交付黨團協商逾一個月無法達成共識者由院會定期處理。對協商結論，經院會同意後，出席委員不得反對。可知協商結論具一定拘束力。

　　經協商之議案於廣泛討論時，除經黨團要求依政黨比例派員發言外，其他委員不得請求發言。經協商留待院會表決之條文，得依政黨比例派員發言後，逕行處理。協商過程的透明化，包括協商紀錄的公開，以防「密室政治」；必要時方舉行政黨協商，不應侵越委員會功能，更是社會的期待（立法院職權行使法第十二章參照）。

立法院黨團協商程序示意圖：

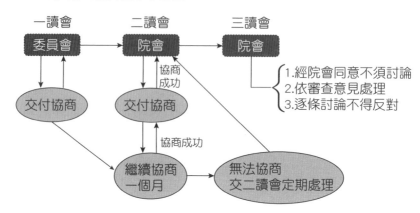

(三)討　論

　　議案經委員會審查後，即由院會討論；經院會議決不經審查逕付二讀之議案，亦交院會討論，此為立法程序中「第二讀會」主要內容。第二讀會應將議案朗讀，依次或逐條提付討論。議案在二讀會時，得就審查意見或原案要旨，先作廣泛討論。廣泛討論後，如有出席委員提議，十五人以上連署或附議，經表決通過，得重付審查或撤銷之。

(四)決議（表決）

　　決議為立法程序中「第三讀會」主要內容。二讀會程序完成後，即進入第三讀會；於第三讀會時，除發現議案有互相牴觸或與憲法或其他法律相牴觸應修正者外，只得為文字之更正，並應將議案全案付表決。表決的方法有口頭表決、舉手表決、表決器表決、投票表決、點名表決五種。採用表決器表決，須經出席委員十五人以上之連署或附議，均以出席委員過半數之同意，始為通過之決議。人事案不適用記名或點名表決。出席委員對於表決結果提出異議時，經十五人以上連署或附議，得要求重付表決。但以一次為限。表決之結果，應當場報告，並記錄之。立法程序於焉即告完成。

　　勞基法修正案（一例一休），民國一〇五年十二月六日立法院三讀通過。有七位民進黨立委未出席會議或未投票，黨團總召說「黨內會處理」。

根據民進黨立法院黨團規定，重大爭議案件表決時，不在場或不服從黨團決定的成員，每次罰新臺幣一萬元，每天以三萬元為限。執政的民進黨有一位立法委員投票反對執政黨的提案，為勞工發聲，被認為是堅持理念，被肯定是優質立委，但仍以違反黨紀接受處罰，此案例彰顯民意高於黨意。英國主要政黨屬剛性政黨，國會（下議院）議員受黨指揮，忠實的依據黨意發言、投票，在黨鞭揮舞下投票，沒有個人意志，剛性政黨黨紀嚴明。

(五)公　布

法律應經總統公布，此與各國由國家元首公布法律之通例一樣。其程序是：

1.立法院於通過三讀會程序後，即將法律案送達總統及行政院；總統依法公布法律，須經行政院院長之副署，或經行政院院長及有關部會首長之副署。

2.總統應於收到立法院通過之法律案後，十日內公布之。

3.其間，行政院對於立法院決議之法律案，如認為有窒礙難行時，得經總統之核可，於該決議案送達行政院十日內，移請立法院覆議。覆議時，如經出席立法委員二分之一以上維持原案，行政院長應即接受該決議（民國八十六年憲法增修條文第三條第二項第二款）。

立法院議決法案，應依議事程序規範為之。而議事規則係由立法院自行訂定，屬立法院之自律制度，如「法律案經立法院移送總統公布者，曾否踐行其議事應遵循之程序，除明顯牴觸憲法者外，乃其內部事項，屬於議會依自律原則應自行認定之範圍，並非釋憲機關審查之對象」（司法院釋字第三四二號解釋）。立法院應依自律原則，自行解決。

按民國八十二年十二月三十日，立法院快速完成國家安全會議、國家安全局及行政院人事行政局三機關組織法之制定，因事後引起是否依照議事程序議決之爭議，且未能確認議事錄，致生合法性的質疑。經立法委員連署聲請司法院解釋，司法院乃著成上述（釋字第三四二號）解釋。而立法院即根據是項解釋，於民國八十四年一月十七日的院會中，以逐條表決方式，完成補正手續，彌補該立法例程序上的瑕疵。

　　至於立法院如何表決法案，背後牽涉許多朝野協商、部會動員、利益調和等，工作辛苦，更是一種藝術性的運作。以全民健保法言，必需適度妥協，否則立法可能無限期拖延下去。其次，立法過程更面臨許多爭議，如一次全部納入或分階段實施？業主與個人分擔的比例？公辦公營或民辦民營？整個過程要考慮理想與實際的調和，折衷利益。最後通過的法案，難免與當初的規劃有相當的差距，這是民主政治不得不接受的結果。民國八十二年二月及十一月，行政院分別將勞、農保條例修正草案送立法院，立法院對行政院所提原則及費率難有共識。民國八十三年六月，由於時間緊迫，一次全部納入，實施全民健保，成為當時唯一的選擇，因此行政院重新擬訂新的修正案送立法院。民國八十三年七月十八日，執政的國民黨下達動員令，各部門配合黨籍立委的情況下，立法院院會決定以「逐案表決」、「邊表決邊協商」的方式，審查健保法，甚至挑燈夜戰。期間遭遇其他黨派人士靜坐、唱歌、霸佔發言臺強力抗爭，一直到晚間十一點三十分才開始逐條表決。氣氛緊繃，一觸即發。第十二條強制投保的規定遭到否決。至十九日凌晨，立法院終於進入三讀程序，一時九分通過。歷經七年、四任行政院院長，民國八十四年三月一日正式開辦。而原被立法院刪除的強制投保的規定，事關社會保險主要精神，經過無數次努力，直到同年十月立法院才修正通過。健保法後來發生醫療資源浪費、醫療界配合問題、政府效率、壓力團體的運作等問題，致原用意甚佳的制度，產生脫節與弊病❹❺。

二、議決預算權

　　立法院有議決預算之權，是立法院主要的財政上職權。有關此項職權之運作，要有提出與審議主要程序：

㈠預算案的提出

　　行政院應於每年三月底前，將下年度預算案及施政方針送達於立法院。預算是政策的基礎，也是議會控制行政部門的工具；行政機關經由預算的

---

❹❺　徐立德：《情義在我心：徐立德八十回顧》，頁二九八～三〇六。

提出議會審議，是責任政治的表現**⑩**。一般而言，預算案的提出，是行政部門的職責；我國預算案由行政院提出於立法院，行政院並因此對立法院負施政責任。

㈡預算案的審議「**參與決策權**」

依中央政府總預算案審查程序（民國九十八年五月一日修正）規定，總預算案函送本院後，定期由行政院院長、主計長及財政部部長列席院會，分別報告施政計畫及歲入、歲出預算編製之經過。立法委員對於前項各首長報告，得就施政計畫及關於預算上一般重要事項提出質詢；有關外交、國防機密部分之質詢及答復，以秘密會議行之（第二條）。總預算案提報院會前，應由財政委員會研擬年度總預算案審查日程，並依前項規定研擬年度總預算案審查分配表併同總預算案提報院會後，交付財政委員會依分配表及日程將預算書分送各委員會審查（第三條第二項）。各委員會審查總預算案完竣後，應將審查報告函送財政委員會（第六條第一項）。

財政委員會應於院會決定之時限內，依各委員會審查報告彙總整理提出年度總預算案審查總報告提報院會；如發現各委員會審查意見相互牴觸時，應將相互牴觸部分併列總報告中（上開審查程序第六條第二項）。年度總預算案審查總報告提報院會時，由各委員會各推召集委員一人出席說明；有關外交、國防機密部分，以秘密會議行之（第四條）。追加預算案及特別預算案，其審查程序與總預算案同，但必要時經院會聽取編製經過報告並質詢後，得逕交財政委員會會同有關委員會審查並提報院會。前項審查會議由財政委員會召集委員擔任主席（第八條）。

從全院各委員會聯席會議的大體審查，即所謂一讀會，經分組審查至提報院會，亦經三讀會程序，與審議法律案相同。而依釋字第五二〇號解釋，行政院如有意變更預算，應向立法院提出報告並備詢，經立法院同意後始得變更。

再者，立法院對於行政院所提預算案，不得為增加支出之提議（憲法第七十條）。因為議會的財政功能旨在為人民看管政府用錢，是以立法院應

---

⑩　薩孟武：《政治學》（臺北：作者自刊，民國四十八年十月第四版），頁三二五。

堅守此一基本立場，否則，若立法院可就預算案為增加支出之提議，即與其監督政府財政之本職不合。

　　民國七十九年元月，立法院於第八十四會期第二十六次會議決議，要求「加發半個月公教人員年終獎金」，引起社會各界的熱烈討論，尤為行政院強烈質疑其合憲性。經司法院大法官會議解釋指出：「憲法第七十條規定，立法院對於行政院所提預算案，不得為增加支出之提議，旨在防止政府預算膨脹，致增人民之負擔。立法院第八十四會期第二十六次會議決議，『請行政院在本（七十九）年度再加發半個月公教人員年終獎金，以激勵士氣』，其預算再行追加，係就預算案為增加支出之提議，與上述憲法規定牴觸，自不生效力。」（釋字第二六四號解釋）

　　一般民主國家的議會，議員為討好選民，屈從利益團體的壓力，而要求預算上增加某些事項的支出，此即所謂「肉桶立法 (pork barrel legislation)」的弊端，如政府財源有限必導致財政惡化。憲法規定立法院不得對預算案為增加支出之提議，應有防止此種流弊的用意。民國八十四年初，有關「老農福利年金」給付數額，曾有部分立法委員建議提高，即不免引起各界關切政府財力負擔的問題。

　　再次，所謂不得為增加支出之提議，固然是「預算之變更，只能減少數字，不得增加數字」❹，立法院不可在預算總數額上為增加之提議，但是否可以就原預算已有之科目，挹彼注此，或就科目有所變更？學說見解不同。反對者認為，預算之編列，係由原權責機關就財源之豐嗇，事務之輕重緩急等因素為考慮，立法機關不宜再行增加支出或對科目挹彼注此，而行政院曾解釋為既「不得增加預算總額，及不得增加個別支出科目，亦不得就預算內原有科目為增加支出之提議」（參照行政院民國四十八年十月十四日臺內字第五八二一號令）❹。

---

❹　薩孟武教授語，《政治學》（臺北：作者自刊，民國四十八年十月第四版），頁三三〇。

❹　引自管歐著，林騰鷂修訂：《中華民國憲法論》（臺北：三民書局，民國九十九年增訂第一二版），頁二〇七～二〇八。

　　然贊成者從國民主權立論，自許立法者就原有預算科目，挹彼注此，數目上酌予增減，甚至可增減預算科目❹。何況世界各國仍有允許議會為增加支出之提議者，憲法此一規定，對立法院之限制不宜過於嚴格。惟民國八十四年司法院釋字第三九一號解釋指出，立法院對於預算案之預算科目不得調整。該項解釋指出預算為行政院重要政策之表現，故行政院應慎重編製預算，而為使行政院負完整的政治責任，立法院應依憲定程序（如覆議制度）監督行政院編製預算，不應調整行政院所提預算案之科目。

　　至於政府預算應否包含特別預算？近年來更引發朝野立法委員的爭論。

　　另依釋字第五二〇號解釋，如因施政方針或重要政策變更涉及法定預算之停止執行時，應尊重立法院對國家重要事項之參與決策權，由行政院院長或有關部會首長適時向立法院提出報告並備質詢。

㈢預算的性質

　　預算案由行政院提出於立法院，經立法院審議、總統公布，即成為中央政府預算。其性質為何？相關理論要有：

　　1.法規說：此說認為預算雖非法律，卻有拘束力；預算非單純的行政措施或作用，而有法的拘束力，因此有「法定預算」的說法。行政機關必須爭取預算案的通過，才能動用國家的財政支出，大陸國家多採此說。

　　2.法律說：此說又可分為兩種理論，其一為「特殊的法律」，從預算的功能論，與法律同樣都在規範未來的行為，雖然不具一般法律之法條形式，適用期間僅一年，均無礙預算具法律性質。其二，為「限時法」，預算僅適用於某一會計年度；猶如政府機關組織法只規範某一機關組織。機關組織法是法律，何以預算不是？英美法系國家多採此說。

　　3.措施性法律：司法院釋字第三九一號解釋理由書，指出：「基於民主憲政之原理，預算案必須由立法機關審議通過而具有法律之立法形式，故有稱之為措施性法律者，以有別於通常意義之法律。」其理由要有：⑴預算案之提案權專屬行政院。⑵預算之提案及審議皆有時程限制，以及⑶預

---

❹　參閱 「立法院對預算審查案議決權之範圍及其應用之限制」 研討會，《憲政時代》，第一九卷第三期（民國八十三年一月）。

算案係以具體數字記載政府機關維持運作及執行施政計畫所需之經費，每一年度實施即失其效力，而與法律案不同。釋字第五二〇號解釋重申釋字第三九一號解釋，認為「預算案經立法院審議通過及公布為法定預算，形式與法律案相當，因其內容、規範對象及審議方式與法律案不同，本院釋字第三九一號解釋曾引用學術名詞稱之為措施性法律，其故在此」。

㈣預算審查的界限

立法院對於行政院所提預算案，不得為增加支出之提議，固為憲法第七十條所明示的立法院監督財政的原則，立法院得刪減預算案，惟此項刪減權仍有其限制。其限制包括：⑴憲法制度上之限制：如總統依法有公布法律、發布命令、任免文武官吏、調和五院爭執等職權，自應編列必要費用支應，立法院之刪減權應受限制。⑵既定費用之界限：如國家公債及利息支付等固定費用，立法院審議時自不得刪減。⑶法制上必要經費之界限：如憲法或法律上既定的事務或已存設的機關，其基本的運作費用及人事費，立法院之刪減亦應有所限制。

㈤我國預算制度及其問題

我國預算法因條文規定以及憲政背景的影響，預算制度的運作充滿變數，呈現一些問題。簡述如次：

第一、預算之編制權力，專屬行政院；預算之審議權力，專屬立法院。預算之編制與執行，屬一種行政行為，具裁量性；立法院之審議，係將預算案賦予法律形式，使其成為「措施性之法律」。

第二、預算之編制與執行，從行政院每年所提「施政方針」開始，並以「年度編審辦法」為依據。預算之編制與執行，為落實執政者之政策，故屬政策層次。立法院雖有審議預算之權，但非毫無限制，「其審議方式自不得比照法律案作逐條逐句之增刪修改，而對各機關所編列預算之數額，在款項目節間移動增減並追加或削減原預算之項目，實質上變動施政計畫之內容，造成政策成敗無所歸屬，政治責任難予釐清之結果，有違立法權與行政權分立之憲政原理」（釋字第三九一號解釋理由書）。

第三、「凍結預算」的問題。立法院對預算之凍結，主要是根據預算法

第五十二條：法定預算附加條件或期限者，從其所定。於是，出現立法院對預算案所作之「附帶決議」，對特定科目附加條件或期限，所作之決議事項，立法院視為主決議。亦即為此，預算書特定科目中出現：「附帶決議」或「注意事項」。

　　由於立法院雖有審議預算之權，但非毫無限制，不得逾越憲法鎖定之職權範圍，或與憲法牴觸。歷年來，「附帶決議」主要條件有：須俟報告或同意後，始得動支預算；要求法律通過及配套措施完備後始得動支預算；要求行政機關檢討特定業務或調整計劃執行方式等。此舉是否干預預算執行之行政權，甚至違法？民國一〇五年十一月，立法院審議中央政府總預算案，分組審查即凍結一千一百億元。其中針對 NCC、中選會等怠忽職守予以「凍結預算」，只是一種立法機關監督制衡行政的手段，沒有「制裁」、「懲罰」性❺⓪？

　　第四、預算審議不限期，以致「立法不審，行政不急」。Aaron Wildavski 曾指出，預算是政府生命的活血；預算是政治過程的中心。但是民國八十九年，在內閣制精神的憲法架構，出現立法院多數「不是執政黨」的窘境。往後八年，執政當局只好「重特別預算，輕總預算」，亦即，以各種特別預算填補經濟發展支出的缺口。因此，「透過事後的追加預算，擴充總預算規模，已經成為民進黨政府一個很有吸引力的預算選擇」。而行政部門這種刻意避開債務上限及便宜行事的作法，更隱含財政紀律鬆弛、債務資訊不透明的危機。其次，總預算審議不再有期限的後果。預算法規定，總預算應於會計年度開始一個月前由立法院完成議決。但實際上，立法院常連續數個年度延宕預算審議期限，或一個多月，兩個月，甚至拖到會計年度中才審議通過。預算法允許以「臨時預算」填補法定預算未能通過的空窗期，總預算審議不再有期限的壓力，無形中鼓勵立委得怠惰職務。首次政黨輪替之後，朝野關係不佳，總預算案成為朝野政治角力下的犧牲品。

---

❺⓪　黃耀生：〈立法院審議預算附加決議之效力：法治面與實務之效力〉（行政院主計處，民國九十三年）。羅傳賢：《從五權憲法原理檢視立法權預算決議之合法性》（臺北：五南圖書，民國九十六年）。

「臨時預算」開方便之門，增添預算審議的不確定性，行政、立法部門更且掉入「立法不審，行政不急」的民主困境。再次，立法院審議預算：一、以委員會作分組審查，專業不足，難符「委員會中心主義」原則。二、全院各委員會聯席會議未發揮化解爭議的功能，立委或黨團常尋求翻案，預算過程具不確定性。三、預算審議過程高度依靠黨團協商解決爭議，貶抑委員會（分組審查）的功能。黨團協商反而使各方陷入互不相讓的僵局，成為無法採取行動的關鍵，民國九十六年度總預算案在黨團協商中花費半年，即是一個例證❺。

三、審議決算審核報告

立法院的另一財政功能是審議監察院的決算審核報告。按審計長應於行政院提出決算後三個月內，依法完成其審核，並提出審核報告於立法院（憲法第一〇五條）。立法院對於審核報告中有關預算之執行、政策之實施及特別事件之審核等事項予以審議。審議時，審計長應出席並答覆質詢、提供資料。依我國憲政體制，預算係根據行政院向立法院所提出之施政方針，由行政院編列後提出於立法院，經立法院審議呈請總統公布，成為政府總預算，是各機關實際歲入財源。而預算運用後，經行政院向監察院提出決算，監察院於完成審核後，向立法院提出審核報告，仍由立法院審議。在此一財政循環的過程，各環節皆受立法院監督，立法院的財政功能得以充分發揮。

四、議決戒嚴案、大赦案、宣戰案、媾和案、條約案

㈠議決戒嚴案

總統依法宣布戒嚴，但須經立法院之通過或追認。立法院認為必要時，得決議移請總統解嚴（憲法第三十九條）。

㈡議決大赦案

大赦案須經立法院議決，全國性之減刑亦依照大赦程序辦理（赦免法第六條）。

---

❺　〈預算當決算審〉，《聯合報》，民國一〇一年十二月十五日的報導。

㈢議決宣戰案、媾和案、條約案

此三者為國家之涉外事件，關係國家安全人民權益至鉅，故應經立法院議決。其中凡條約、公約或國際協定，其內容直接涉及國家重要事項，或人民之自由權利且具有法律上效力，附有批准條款者，當然應送立法院審議。其餘國際書面協定，除經法律授權或事先經立法院同意簽訂，或其內容與國內法律相同（例如協定內容係重複法律之規定），或已將協定內容訂定於法律者外，亦應送立法院審議（司法院釋字第三二九號解釋）。

近年來，立法院在外交及國際關係的參與，必然由於對外關係的拓展而日益密切。其外交方面職權亦將有顯著的發展。

以美國言之，其國會的外交權，就是因美國憲法第一條第八款第十八項的規定，聯邦政府在行使憲法所賦予的權力時，國會有權制定一切必需和適當的法律（條款）而獲致。隨著時空轉變，美國憲法所「隱含的」國會外交權，即包括財經權（如國際航運、通訊、關稅、貿易互惠、最惠國待遇、對不友好國家實施禁運等之立法權）、戰爭權（如發動戰爭及因應戰爭所必須享有的相關權限，戰爭的嚇阻、後勤及善後等）、同意締約權（參議院有議決締約之權，並參與條約之保留、詮釋、修正及重新談判）。逐漸至國會與總統同享外交權，共同掌握美國外交主導權❷。

五、議決國家其他重要事項

所謂國家重要事項，應指依憲法或法律之規定，賦予立法院有關之職權，並與立法院有密切關聯，而非屬總統或其他各院所得單獨決定之事項。其範圍廣泛，例如提請總統解嚴是。按「國家其他重要事項」，為不確定法律概念，常需要以具體個案認定之。如民國九十年元月十五日公布之司法院釋字第五二〇號解釋，即指出民國八十九年十月行政院宣布停止執行核能第四電廠（核四）相關預算，是屬「國家其他重要事項」，應於事前向立法院提出報告並備詢。

---

❷ 彭慧鸞：〈美國國會的外交權〉，《問題與研究》，第三〇卷第二期（民國八十年二月），頁五五～六六。

六、聽取施政方針及報告

依憲法增修條文第三條第二項第一款，行政院應向立法院提出施政方針及施政報告。再依立法院職權行使法第十六條，其報告包括年度施政方針及施政報告；其規定如下：

1.行政院應於每年二月一日以前，將該年施政方針及上年七月至十二月之施政報告印送全體立法委員，並由行政院院長於二月底前提出報告。

2.行政院應於每年九月一日以前，將該年一月至六月之施政報告印送全體立法委員，並由行政院院長於九月底前提出報告。

3.新任行政院院長應於就職後兩週內，向立法院提出施政方針之報告，並於報告日前三日將書面報告印送全體立法委員。

此外，行政院遇有重要事項發生，或施政方針變更時，行政院院長或有關部會首長應向立法院院會提出報告。立法委員亦得提議，十五人以上連署或附議，經院會議決，亦得邀請行政院院長或有關部會首長向立法院院會報告（立法院職權行使法第十七條）。

七、質詢權

質詢者，國會為獲取資訊進而進行調查之行為。行政院有向立法院提出施政方針及施政報告之責。立法委員在開會時，有向行政院院長及行政院各部會首長質詢之權（憲法第五十七條第一款）。質詢為立法院要求行政院負責的重要手段。行政院人員不能出席者，應於開會前向行政院請假並經行政院長批准（立法院職權行使法第二十六條）。對此美國有藐視國會的刑事犯罪，我國則尚無法定責任。

㈠質詢時間

質詢係由立法委員在開會時為之，開會期間包括院會與委員會會議之期間。立法院會議（院會）開會時間為上午九時至下午六時，但舉行質詢時，延長至排定委員質詢結束為止（立法院議事規則第二十二條第一項）。一般而言，院會質詢（即總質詢，通常係對行政院院長質詢），在每週二、

五上午九點至下午五點舉行。委員會質詢，則在週一、三、四舉行，時間不一定。

㈡質詢範圍

質詢以行政院之施政方針、施政報告或發生重要情事之報告為範圍，不宜漫無邊際。新任行政院院長應於就職後兩週內向立法院提出施政方針，於報告日前三天將報告送達全體立委。

㈢質詢方法

質詢得以口頭或書面為之。口頭質詢分為政黨質詢及立法委員個人質詢，並得採用聯合質詢，但其人數不得超過三人。

㈣質詢程序

依立法院職權行使法（民國一百零七年十一月二十一日公布），質詢主要程序要有：1.每一政黨詢答時間以各政黨黨團提出人數乘以三十分鐘行之，但其人數不得逾該黨團人數二分之一。參加政黨質詢之委員名單，由各政黨於行政院院長施政報告前一日向秘書長提出。代表政黨質詢之立法委員不得再提個人質詢。政黨質詢時，行政院院長及各部會首長皆應列席備詢。2.立法委員個人質詢應依各委員會之種類，以議題分組方式進行，行政院院長及與議題相關之部會首長應列席備詢。質詢依議題分組進行，但有委員十五人連署，經議決後得變更議題次序。個人質詢以二議題為限，詢答時間合計不得逾十五分分鐘。3.立法委員有關施政方針、施政報告之質詢，應由行政院院長或其指定之有關部會首長即席答復；未及答復分，應於二十日內以書面答復。但質詢事項牽涉過廣者，得延長五日。4.質詢之答復，不得超過質詢範圍之外。被質詢人除為避免國防、外交明顯立即之危害或依法應秘密之事項者外，不得拒絕答復。

按質詢為行政與立法兩部門的對應與互動關係，如何發揮其功能應為質詢制度的首要問題。英國與日本國會之質詢即建立嚴格的「質詢預告制度」，質詢必須先行預告，俾使被質詢人有充分時間準備答復，以質詢不致成為機智問答測驗，或形成個人「作秀」。我國亦規定立法委員提出施政方針及施政報告之質詢，得將其質詢要旨以書面於質詢前二日送交議事處，

轉知行政院；遇有重大突發事件，得於質詢前二小時提出，並且應針對國家政策提出質詢；如立法委員對行政首長之答詢不能滿意，經立法院院長或院會同意，得要求首長以口頭或書面提出再說明，以符合「實問實答」的運作原則。

㈤質詢效果

依我國體制，「質詢事項，不得作為討論之議題」（立法院職權行使法第二十七條）。立法院之質詢，僅構成對行政部門監督的壓力，不發生倒閣效果，此即「非倒閣性質詢」，與若干議會內閣制國家不同。惟目前臺灣地區政治生態特殊，立法委員力求表現，質詢運作日益積極。往往可見單一個別委員會，透過「專案報告」，即要求部會首長備詢，且一再要求報告，形成特殊景觀。再者，立法院委員會，有些是行政類別的委員會（如內政及民族委員會、外交及僑務委員會、國防委員會、財政委員會等），有些是功能性委員會（如法制委員會、預算及決算委員會等），質詢對象之部會首長難免重疊，乃常見互搶首長的現象。再次，我國立法委員除自己所參加的委員會外，也可在其他委員會走動並加入質詢，致重複質詢，不能專注於自己參與的委員會，故監督部會的功能打折扣。

八、人事任命同意權

憲法原規定，行政院院長、監察院審計長均由總統提名，經立法院同意後任命之（憲法第五十五條、第一〇四條）。民國八十六年修憲，將行政院院長任命同意權去除，故此項人事任命同意權對象僅及於審計長一人。立法院行使此項職權時，不經討論，交全院委員會審查，審查後提出院會以無記名投票表決。及至民國八十九年修憲後，司法院院長、副院長、大法官；考試院院長、副院長、考試委員；監察院院長、副院長、監察委員，改由總統提名，經立法院同意任命之（憲法增修條文第五條第一項、第六條第二項、第七條第二項）。

美國制憲者之一的哈彌爾頓（Alexander Hamilton），對議會行使人事同意權有深刻體會。他有如此評述：行使人事同意權的議會，不論其組成成

員如何，難以避免其勾結營私，甚至成為秘密會議。因此議會開會人數必需增加，而且增加到不會被某一團體獨佔。雖然政府因而增加經費，但影響總統提名作業的不當因素卻減少了。議會制衡總統的這項權力，正是憲法的原意❸。

九、解決中央與地方權限爭議權

憲法第十一章，除分別於第一○七條至第一一○條列舉中央與省、縣之事權外，更進一步規定，如有未列舉事項發生時，其事務有全國一致之性質者屬於中央，有全省一致之性質者屬於省，有一縣之性質者屬於縣，遇有爭議時，由立法院解決之（第一一一條）。依此規定，中央與省之事權爭議、中央與縣之事權爭議、省與縣之事權爭議，皆由立法院解決之。立法院解決中央與地方事權爭議之方式，則包括制定法律或修改法律或做成單純決議等。

十、提出憲法修正案之權

立法院經立法委員四分之一之提議，四分之三之出席，及出席委員四分之三之決議，擬定憲法修正案，提請國民大會複決。此項憲法修正案，應於國民大會開會前半年公告之（憲法第一七四條第二款）。立法院為行使此項權力，於院內特設修憲委員會，修憲門檻高，但在社會高度共識下常見順利通過。民國九十三年三月二十日總統選舉前，朝野倉促間達成修憲議題的共識。三月十一日，立法院修憲委員會通過四項修憲案： 1.立委人數減為一百一十三人。 2.立委選舉改採「單一選區兩票制」。 3.婦女當選名額至少應有百分之三十。 4.立委任期延長為四年。此項「國會改革」的修憲案，僅強調訴求目標，至於政府體制未定，如何確定立委人數？女性立委應佔百分之三十，是否可行？已無暇思考。民國至九十三年八月二十六日立法院臨時院會通過修憲案：將現行立法委員選舉「複數選區一票制」改為「單一選區」與「政黨比例」兩票制；立法委員席次從二百二十五人

---

❸　謝淑斐譯：《聯邦論》（臺北市：貓頭鷹，民國八十九年），頁三七四～三七七。

減少為一百一十三人；以公民投票取代國民大會複決憲法修正案。民國九十四年六月七日國民大會三讀通過修憲案，六月十日總統公布增修條文。

十一、監督行政命令之權

各機關依其法定職權或基於法律授權訂定之命令，應視其性質分別下達或發布，並即送立法院（中央法規標準法第七條）。立法院如認為命令有違反、變更或牴觸法律者，或應以法律規定之事項而以命令定之者，經立法院審查議決後，通知原制定機關變更或廢止之。原訂頒機關應於二個月內更正或廢止；逾期未為更正或廢止者，該命令失其效力（立法院職權行使法第六十二條）。

十二、受理人民請願之權

人民得向立法院提出請願，立法院由各常設委員會審查院會交付審查的議案及人民請願案。立法院收發室收受人民請願文書後，由秘書處送交程序委員會，程序委員會認為依法不得請願者，即送秘書處通知請願人。對合於規定的請願案件則由院會送交有關委員會審查。有關委員會的審查結果，如經決議應「成為議案」者，即送程序委員會列入議程。立法院處理人民請願案時，得於每會期開始時邀請法務部及相關機關作業務報告，並備質詢。立法院會議時人民亦得面遞請願書，由相關委員會召集委員代表接見，交秘書處收文❸。民國一〇二年五月十日立法院院會罕見地動用表決，否決一件人民請求彈劾馬總統的請願案，該案因民進黨團提案而進入二讀程序，執政黨則以優勢多數於院會封殺。

十三、調閱文件之權

調閱文件屬調查性質，是立法委員行使職權的手段工具。為使立法委員發揮其功能，憲法於第五十七條第一款規定：「行政院有向立法院提出施政方針及施政報告之責。立法委員在開會時，有向行政院院長及行政院各

---

❸ 立法院職權行使法第六十四條至第六十七條參照。

部會首長質詢之權。」於第六十七條第二項規定：「各種委員會得邀請政府人員及社會上有關係人員到會備詢。」則立法委員本得於開會時為質詢或詢問，經由受質詢人或應邀列席人員，就詢問事項於答覆時所說明之事實或發表之意見，而明瞭有關事項。如仍不明瞭，得經院會或委員會之決議，要求有關機關就議案涉及事項提供參考資料，必要時並得經院會決議調閱文件原本，以符憲法關於立法委員集體行使職權之規定，受要求之機關非依法律規定或其他正當理由不得拒絕（司法院釋字第三二五號解釋）。

　　立法院經院會決議，得設調閱委員會，或經委員會之決議，得設調閱專案小組，要求有關機關就特定議案涉及事項提供參考資料。調閱委員會或專案小組於必要時，得經院會之決議，向有關機關調閱涉及上述事項之文件原本。調閱委員會或調閱專案小組之設立，均應於立法院會期中為之。依據釋字第五八五號解釋，立法院行使此權，必要時得要求相關人民及政府人員陳述證言或表示意見，並得施以合理之強制。

　　由於立法院為立法機關，與一般國家國會相同，為制定法律必須掌握充分的第一手資料，故調查權極為重要。此外，調查權的行使更有監督政府的作用。唯畢竟國會此項調查權是附帶在立法權之內，不宜過於廣泛運用⑤，故規定立法院須經院會或委員會之決議，以集體方式運作。

十四、彈劾總統、副總統之權

　　立法院對於總統、副總統之彈劾案，須經全體立法委員二分之一以上之提議，全體立法委員三分之二以上之決議，向司法院大法官提出（民國九十四年六月十日公布憲法增修條文第二條第十項）。此項彈劾原因，原定為犯內亂或外患罪（民國八十九年四月二十五日公布之憲法增修條文第四條第七項修訂後），今未再明定，應不限於此原因。

十五、提出總統或副總統之罷免案

　　立法院依憲法增修條文第二條第九項規定提出罷免總統或副總統案，

⑤　參閱司法院釋字第三二五號解釋。

經全體立法委員四分之一之提議，附具罷免理由，交由程序委員會編列議程提報院會，並不經討論，交付全院委員會於十五日內完成審查。全院委員會審查前，立法院應通知被提議罷免人於審查前七日內提出答辯書。立法院於收到答辯書後，應即分送全體立法委員。被提議罷免人不提出答辯書時，全院委員會仍得逕行審查。全院委員會審查後，即提出院會以記名投票表決，經全體立法委員三分之二同意，罷免案成立，當即宣告並咨復被提議罷免人。

十六、對行政院院長提出不信任案之權

立法院得經全體立法委員三分之一以上連署，對行政院院長提出不信任案。不信任案提出七十二小時後，應於四十八小時內以記名投票表決之。如經全體立法委員二分之一以上贊成，行政院院長應於十日內提出辭職，並得同時呈請總統解散立法院；不信任案如未獲通過，一年內不得對同一行政院院長再提不信任案。民國八十八年三月二日，立法院院會以一百四十二票對八十三票，封殺了憲政史上第一個倒閣案。此案的否決，維繫了行政院為最高行政機關的地位，行政院院長不因其提名任命不經立法院同意而淪為總統的幕僚長。而此次不信任案的提出及表決，創下若干先例，如：1.未邀行政院院長列席審查會。2.先經過審查會討論後再進行記名投票表決。3.審查會採取政黨交叉辯論方式進行。

民國八十九年十月，因行政院片面決定停止核四預算，引發朝野對峙，在野立委以總統應負政治責任，提議罷免總統，而放棄對行政院院長提出不信任案。在野黨此舉誠不符憲政常規，亦可見我國政府體制及政治責任歸屬之不明確。

面對油電雙漲、核四政策等議題，民國一〇二年九月及一〇三年十月在野立委先後對行政院長陳冲與江宜樺提出不信任案，都未獲通過（分別為四十六比六十六票，與四十五比六十七票）。一般相信倒閣案之後解散立法院重行選舉立法委員，勞師動眾，耗費高昂的社會成本，因此朝野都投鼠忌器，不敢輕啟倒閣案。

一九七九年英國柴契爾夫人領導的保守黨，原來的構想是要提案解散國會，但被國會否決。後來改採以倒閣案推翻工黨政府，她聯合第三黨自由黨及其他團體，確定獲得多數支持（最後以三百一十一票對三百一十票），迫使工黨賈拉漢下臺。典型內閣制國家的英國其實也少見倒閣案。

十七、審議行政院所提覆議案

立法院收受行政院移請立法院覆議之提案後，不經討論即交程序委員會，就是否維持原決議予以審查。全院委員會審查時，得由立法院邀請行政院院長列席說明。覆議案審查後，應於行政院送達十五日內提出院會以記名投票表決。如贊成維持原決議者，超過全體立法委員二分之一，即維持原決議；如未達全體立法委員二分之一，即不維持原決議，逾期未作成決議者，原決議失效。立法院休會期間，於覆議案送達七日內舉行臨時會，並於開議十五日內依上開規定處理之。

十八、邀請並聽取總統國情報告

「立法院於每年集會時，得聽取總統國情報告。」（憲法增修條文第四條第三項）。為此，立法院職權行使法（民國九十七年五月九日）修正通過，建立總統赴立法院國情報告的制度，確定立法院得邀請總統做國情報告，而此項互動立法院實掌握主動權及決定權，當然總統亦可主動咨請立法院同意後，赴立法院做國情報告。申言之，立法院經全體立委四分之一以上提議，院會決議後，由程序委員會排定議程，就國家安全大政方針，聽取總統國情報告。總統對職權相關的國家大政方針，也可咨請立法院同意後，至立法院進行國情報告。總統應於立院聽取國情報告日前三日，將書面報告印送全體立委。立委對國情報告所提問題的發言紀錄，則彙整後送請總統參考。國情報告後，立委可就不明瞭處，提出問題；就立委之發言，總統得綜合再做補充報告。

民國一○四年十一月七日「馬習會」後馬總統有意到立法院報告此事，國民黨立法院黨團亦提議要求到院提出國情報告。十一月十三日此報告案

遭在野黨團要求交付黨團協商而形同擱置。

十九、監督特定行政事務

　　立法院對行政部門的監督，包含許多方式，如質詢、文件調閱等。立法機關甚少針對行政個案特別監督，兩岸事務監督是其中之一。民國九十九年二月因應 ECFA 的簽訂及往後局勢，立法院朝野研商成立監督小組。同年十二月七日立法院正式成立「兩岸事務因應對策小組」，監督兩岸復談後的各項兩岸互動。截至民國一〇四年四月兩岸已簽訂二十一項協議，同時立法院有意制定監督兩岸行政協定等事務的監督條例。

　　依據兩岸人民關係條例第五條之三規定，立法院對兩岸政治議題之協商有嚴密的監督機制。該規定，宣示主權國家地位與自由民主憲政秩序之毀棄或變更，不得作為談判及協議之項目。監督機制包含三步驟。首先，涉及政治議題之協議，行政院應於協商開始九十日前，向立法院提出影響評估報告。締結計畫經全體立法委員四分之三之出席及出席委員四分之三之同意，始得開啟簽署協議之協商。負責協議之機關應依締結計畫進行並適時向立法院報告。雙方得終止協商。其次，締結計畫完成協議草案之談判後，應於十五日內經行政院院會決議報請總統核定。總統核定後十五日內，行政院應主動公開協議草案，並函送立法院審議。立法院全院委員會應於院會審查前舉行聽證。其三，立法院院會審查協議草案經全體立法委員四分之三之出席，及出席委員四分之三之同意，交由中央選舉委員會辦理全國性公民投票，通過後呈請總統公布生效。

第五節　立法院的會期及議事原則

　　立法院職權之行使以合議方式為之，亦即以會議形式行使職權。而為有效行使職權，立法院定有會期，其議事並依若干重要原則進行。

第一目　立法院的會期

依現行體制，立法院的會期包括常態性、制度化的常會，以及為處理特別事務而召開的臨時會：

一、立法院的常會

立法院會期每年兩次，自行集會。第一次自二月至五月底，第二次自九月至十二月底，必要時得延長之（憲法第六十八條）。事實上由於法案日增，立法院每年都延長會期二個月左右，致立法院幾乎整年開會。較之英國國會會期八個月、美國國會的六個月、法國國會的不及半年，立法院之會期之長為各國所少見。又立法院每次會期屆至，必要時，得由院長或立法委員提議或行政院之請求延長會期，經院會議決行之；立法委員之提議，並應有二十人以上之連署或附議（立法院職權行使法第五條）。

二、立法院的臨時會

立法院遇有左列情事之一者，得召開臨時會：
　1.總統之咨請。
　2.立法委員四分之一以上之請求（憲法第六十九條）。
前者如為追認緊急命令，行使司法、考試、監察重要人事之任命同意權；後者如為提出憲法修憲案，則由立法院院長召集。凡此，皆屬臨時會得決議之「特定事項」（立法院組織法第六條第一項）。釋字第七三五號解釋（民國一〇五年二月四日公布）指立法院臨時會處理的特定事項，應包括不信任案（倒閣案）。立法院組織法第六條第一項規定臨時會以議決特定事項為限，應包括不信任案，該條文應修正，不再適用。蓋不信任案延宕將影響政局之安定，即使立法院休會期間，也應召開臨時會審議。

第二目　立法院的議事原則

一、基本人數原則

　　立法院會議（院會）須有立法委員總額三分之一出席始得開議；立法院會議之決議，除憲法原有規定外，以出席委員過半數之同意行之，可否同數時，取決於主席。而立法委員總額，以每會期實際報到人數為計算標準。但會期中辭職、去職或亡故者，應減除之（立法院職權行使法第四條）。立法委員每次開會必須親自簽到，上下午分別簽到，簽到人數到達法定，即開始會議，當次會議始具合法性。

　　所以規定出席人員之數目，乃為使會議所為之決議具有代表性及權威性。一般國家，如美、法等國，國會開會多規定為應有三分之二以上出席，日本則規定為三分之一以上出席，非達法定人數不得開議，所為決議不具有合法性、不生效力。

二、多數決原則

　　多數決原則或多數統治 (majority rule) 是民主的基本要素，立法院於為決議時，即透過多數決表現立法院及選民的意向。而多數決的要求，對立法院的議事程序與議場動態組織猶有極大的影響。立法院會議之決議，除法令另有規定外，以出席委員過半數之同意行之；可否同數時，取決於主席（立法院職權行使法第六條）。

　　立法院召開會議，於達到法定出席人數即可開議，開會中，如有出席委員先行退席者，不影響會議之進行。但如離席者過多，則所為決議之代表性及權威性，不免令人質疑，因之，「院會進行中，出席委員對於在場人數提出疑問，經清點不足法定人數時，不得進行表決」（立法院議事規則第四十一條）。由於立法院出席委員一向不多，所為決議多以無異議為表決，如有人提議清點人數，則法案將難以通過，必然影響議事效率。因此，各

政黨在議場中的組織如黨鞭 (party whips)、議場領袖 (floor leader) 指揮同黨立法委員的地位日漸重要。

三、議事公開原則

國會議員代表全民整體的利益 ❺ ；議會是人民的代議機構，所為討論及表決原則上應公開，以表示對人民負責，並且符合國民主權原理、滿足人民知的權利需求。隨著人民知識水準的提高、大眾傳播媒體的發達，此一原則益見重要。

立法院各項會議，原則上採公開方式進行，「立法院會議，公開舉行，必要時得開秘密會議。行政院院長或各部會首長，得請開秘密會議」（立法院組織法第五條前二項）。

立法院秘密會議，除討論憲法第六十三條所定各案，或經行政院院長、各部會首長請開者外，應於本院定期院會以外之日期舉行。但有時間性者，不在此限。而在公開會議進行中，有改開秘密會議之必要時，除法律別有規定外，得由主席或出席委員提議改開秘密會議，不經討論，逕付表決；出席委員之提議，並應經十五人以上之連署或附議（立法院議事規則，民國九十六年十一月三十日修正，第四十六條）。至於各委員會會議，公開舉行。但經院會或召集委員會議決定，得開秘密會議。在會議進行中，經主席或委員五分之一以上提議，得改開秘密會議。

是以立法院開會時，允許旁聽及採訪。立法院即訂有「立法院會議旁聽規則」為旁聽之規範。而院會所為表決，亦以號誌明白表示。

四、三讀會程序原則

立法院制定法律依其自行訂定的程序進行，通常包含三個步驟，自一讀會至三讀會。釋字第三四二號解釋指出立法院審議法律案，須在不牴觸憲法之範圍內，依其自行訂定之議事規範為之。法律案經立法院移送總統公布者，曾否踐行其議事應遵循之程序，除明顯牴觸憲法者外，乃其內部

---

❺　E. Burke 的理論，參 Kevin Harrison and Tong Boyd, op. cit., p. 2.

事項，屬於議會依自律原則應自行認定之範圍，並非釋憲機關審查之對象。法律案之立法程序有不待調查事實即可認定為牴觸憲法，亦即有違反法律成立基本規定之明顯重大瑕疵者，則釋憲機關仍得宣告其為無效。依憲法增修條文第九條授權設置之國家安全會議、國家安全局及行政院人事行政局之組織法律，立法院於民國八十二年十二月三十日移送總統公布施行，其立法過程曾否經議決通過，因尚有爭議，非經調查，無從確認。依前開意旨，仍應由立法院自行認定，並於相當期間內議決補救之。立法院遂重行依其議事規則進行三讀會程序，完成三機關組織法的立法。

五、屆期不連續原則與一事不再議原則

立法院職權行使法第十三條明定，每屆立法委員任期屆滿時，除預（決）算案及人民請願案外，尚未議決之議案，下屆不予繼續審議。此原則要求法案在本屆立委任期中討論議決，不留置到下屆，否則視同廢案，其目的在反映議會的代表性、民主政治，並配合代表任期或改選的情勢。有些國家進而採行會期不連續原則。

至「一事不再議原則」，經否決之議案，除復議外，不得再行提出（立法院議事規則第十條）。如同司法上一事不再理，議案經否決，除復議外，不得再行提出，以免時常翻案、朝令夕改而維持法體系的穩定及人民權利義務的安定（立法院議事規則第十條、第三十八條、第四十五條參照）。

關鍵詞

- ‧一院制
- ‧兩院制
- ‧議長地位
- ‧全院委員會
- ‧立法程序
- ‧議決預算權
- ‧質詢
- ‧委員會
- ‧黨團協商
- ‧閣揆任命同意權
- ‧調閱文件權
- ‧議決條約案
- ‧三讀會

摘　要

　　立法院為國家最高立法機關。除了一般立法工作外，立法院更掌預算案、條約案、赦免案等之議決。而立法委員係由人民選舉，代表人民行使立法權，立法院實具有西方民主國家國會的地位。民國八十九年國民大會功能凍結之後，立法院為唯一的國會議院，民國九十七年第七屆起立法委員「減半」，成為一百一十三人。

　　依憲法增修條文之規定，立法委員改由自由地區直轄市及縣（市）區域人民、自由地區原住民、僑居國外國民選舉產生，並增設全國不分區代表。廢止職業代表制，以政黨比例方式選舉僑居國外國民及全國不分區代表之立法委員，是其選舉之重大改變。民國九十七年第七屆立委選舉開始採行「單一選區兩票制」，國會趨向兩黨制，立委「地方化」，代表性趨於狹隘。立法委員之任期，從三年延長為四年，與總統之任期取得一致。

　　我國立法委員不得兼任官吏，行政、立法兩權分立，與總統制國家同具有此特徵。原來副署制度之外，民國八十六年第四次修憲，將倒閣與解散制度納入，內閣制的特徵更為凸顯。

　　立法院的組織，主要由院會及各種委員會組成。尤以各種委員會為立法程序的重要場合。經由各種各類委員會的運作，社會的多元利益得以表達，然立法機關與選民、政黨及利益團體的互動亦日趨密切，社會對議會自治自律的要求特別殷切。

第七章　司　法

　　司法者，平決人民之訟事，維持社會秩序之職能也。民主憲政國家在行政、立法之外，猶需確定權利、懲罰犯罪、裁判是非、保護無辜者不受非法侵害之司法機關。加以在多元化社會，個人需求難以一一受到照顧，社會秩序不免時而失控，更賴司法平亭曲直，以維護社會生活。是以司法實為民主憲政的要件，亦為社會生活的安全瓣。

　　以內涵而論，司法包括審判、檢察、辯護與執行四者，尤以審判為重心。審判，理訟斷刑，特重公正超然，應符中立原則。或謂「司法不能獨立，審判才要獨立」❶。因司法機關不免與行政、立法機關互動往返，更有相互制衡關係，而司法人員尚且經由行政部門養成、訓練及考選之故。然司法權之運作，應依據法律、超出黨派之外，不受行政及立法兩權之干預影響，要為司法獨立之義。

　　再者，司法有不告不理的本質，而異於行政者。雖然司法本質被動，然間或表現積極面向，或稱司法積極主義。法院審理階段，人民得直接面對法官陳述意見，並與檢察官論辯攻防。今進而於傳統審判程序參酌陪審制精神，人民得以探詢證據、評審證據，參與審判。當立法與行政制衡機制失靈時，適時以判決加以彌補。釋字第四九九號、五二〇號等解釋及時化解核四預算執行爭議以及修憲機關失控的危機，被動的司法表現積極的面向。

　　民國九十年十月釋字第五三〇號解釋公布，認司法院為司法行政及審判最高權責機關。民國一一一年一月四日憲法訴訟法施行，由憲法法庭審理憲法訴訟案件，司法機關及司法體制大幅變革。

❶　胡致中：〈司法不能獨立，審判才要獨立〉，《憲政時代》，第一六卷第四期（民國八十年四月），頁六～八。

　　此外，司法改革更強調刑事訴訟應合乎正當程序，如民國八十七年七月召開全國司法改革會議，達成增強刑事訴訟「改良式當事人進行主義」（其內涵要有加強檢察官的舉證責任、落實交互詰問的要求、強化審判中辯護功能等）。民國八十九年六月一日起更選擇若干地方法院全面施行交互詰問的程序。司法院司法改革計畫，期盼獨立的司法能體會民間對司法的觀感及感受，司法應贏得民眾信任。

　　民國九十九年七月爆發數位高等法院資深法官集體貪瀆事件，是歷來最嚴重的司法弊案。未幾，法院一樁「女童性侵案」荒謬的判決，引發民國九十九年九月二十五日數萬名的群眾聚集凱達格蘭大道的「白玫瑰運動」，希望能透過法案的制訂淘汰不適任法官。於是有翌年（民國一〇〇年）七月六日制定公布「法官法」，建立法官評鑑機制，建構完善的法官退場機制，以確保人民接受公正審判之權利。

一、改良式當事人進行主義

　　此原則之重點在於貫徹無罪推定原則，檢察官應就被告犯罪事實，負實質的舉證責任；法庭的證據調查活動，是由當事人主導，法院只在事實真相有待澄清，或者是為了維護公平正義以及被告重大利益時，才發動職權調查證據（職權進行或職權調查主義）。依此可以釐清法官與檢察官的權責分際、彰顯公平法院的理念外，更有助於「發見真實」。檢察官得聯合偵查犯罪，指揮調度檢察事務官、司法警察蒐集犯罪證據，故檢察官最能掌握被告的犯罪事證，而負起實質的舉證責任。至被告是不是成立犯罪，從何處蒐集有利的證據供法院調查，被告最為清楚也最為關切。所以由當事人提出作為法院裁判基礎的證據，最為適當，只有在當事人的舉證不足以讓法院形成心證，或為維護社會公益及被告重大利益時，才需要法院介入調查，以發見真實。立法委員為落實此原則，主動提案修正刑事訴訟法第一六一條（檢察官之舉證責任）、第一六三條（當事人得聲請調查證據、法院得依職權調查）等有關規定，並於民國九十一年二月八日經總統公布（司法院網站）。

二、認罪協商

　　刑事訴訟法第四五五條之二規定：除所犯為死刑、無期徒刑、最輕本刑三年以上有期徒刑之罪或高等法院管轄第一審案件者外，案件經檢察官提起公訴或聲請簡易判決處刑，於第一審言詞辯論終結前或簡易判決處刑前，檢察官得於徵詢被害人之意見後，逕行或依被告或其代理人、辯護人之請求，經法院同意，就下列事項於審判外進行協商，經當事人雙方合意且被告認罪者，由檢察官聲請法院改依協商程序而為判決（本條第一項）。協商事項包括： 1.被告願意接受科刑的範圍或願意接受緩刑的宣告。 2.被告向被害人道歉。 3.被告支付一定數額之賠償金。 4.被告向公庫支付一定金額，並得由該管檢察署依規定提撥一定比率補助相關公益團體或地方自治團體（本條第一項各款）。依據英國實證研究，認罪協商是節省時間與金錢，但容易被濫用。協商，罪行常被寬鬆認定、判決流於嚴苛，被告被恐嚇是常見的事。協商之後的判決案件少，警察可能草率行事，律師怠惰、法官恣意專斷。無辜者被霸凌，協商形同法庭上的交易，故應審慎行之❷。

三、大法庭

　　由於法官審判時，有關法律見解可能彼此不同，從而引發爭議，影響判決的社會觀感。例如貪污，法官或採法定職務說，或採實質影響力說，皆可能不符社會通說或輿論民情。民國一〇七年一月司法院為加速終審法院統一見解，研擬大法庭新制。往後「判例」、「民刑庭會議決議制度」將走入歷史。大法庭，分別設置於最高法院與最高行政法院，由各該法院法官組成。終審法院合議庭評議案件時，認為其見解與其他法庭或先前判決不同，或認為有原則重要性，得提案移送大法庭審理。大法庭係公開審理，依據事實證據與法律見解作成判決。

　　大法庭與憲法法庭於民國一〇八年七月四日開始施行大法庭制度。大法庭係為提升司法效度與信任度而設置，承審法院對裁判基礎之法律見發

---

❷　The Shadow Justice System, in *The Economist*, November 11th 2017, p. 15.

生解歧異，或裁判基礎之法律見解有「原則重要性」或為新興、重大且普遍之法律問題，有即時預為統一見解之必要性，審判庭得將法律爭議提案移送大法庭審理，做出裁判。但大法庭之裁判，只對提案的審判庭及該案件有拘束力，對其他訴訟案件法律見解無拘束力。大法庭之裁判應交還原本提案的審判庭，原審判庭再以此大法庭之法律見解為基礎，做出終局裁判。民國一一一年一月四日憲法訴訟法開始施行，憲法法庭掌理法規範、裁判合憲性審查。故大法庭的裁判不是終局裁判，而是一種中間裁定。

四、憲法訴訟法

　　我國憲法訴訟法的新制，應係參考美國司法審查制度精神、德國憲法法院制度，以及司法院釋字第五三〇號解釋而來。按德國司法審查，係由憲法法院獨佔法律違憲審查之權限。其審查包括：㈠規範審查，係機關對所適用之法律認定違憲之聲請進行審查；法官於訴訟進行中，得停止審判聲請適用法律之違憲審查。前者為抽象規範審查，後者為具體規範審查。㈡個人於權利受侵害，窮盡救濟管道，得向憲法法院聲請救濟。㈢政黨之目的與行為違憲而應予以解散，主管機關得向憲法法院提起訴訟，請求為解散之判決。㈣聯邦與各邦間的權限爭議案件❸。

第一節　司法院的地位

一、司法院為最高司法行政監督機關

　　依據憲法第七十七條規定，司法院為國家最高司法機關。而按現行體制，司法院下轄最高法院等各級法院、行政法院與懲戒法院，分別審理民、刑事訴訟、行政訴訟與公務員懲戒案件。司法院不直接審理訴訟或懲戒案件之審判，而是掌理有關司法之政策制定、法規研擬與人事任命，並為所屬機關之行政監督。

---

❸　程明修等著：《憲法講義》，東吳公法中心叢書(1)（臺北市：元照，民國一〇七年），頁一二六～一二七。

二、司法院應為最高審判機關

司法院雖設大法官會議，為解釋憲法之組織，而大法官更需組成憲法法庭，為政黨解散處分事件之裁判機關，但不同於一般法院，不掌理一般民、刑事審判，故司法院不是法院。然而，名稱上，最高法院易使一般民眾誤以為係最高司法機關。何況美、菲等國，以最高法院代表司法權，與總統、國會鼎立為三，為實際上最高司法機關。是以民國三十六年，於司法院組織法之修訂案，曾有意將司法院「正名」為最高法院，內部分設民、刑事法庭、行政法庭等，惜未能修改成功。時至今日，司法院「最高法院化」之主張，依然不乏有人提出。

惟依釋字第五三〇號解釋（民國九十年十月五日公布），司法院不僅為最高司法行政監督機關，更為最高司法審判機關，應掌理民事、刑事、行政訴訟之審判及公務員之懲戒。該解釋強調司法院之為最高司法審判機關與最高司法行政機關雙重地位，不可分離，並認為符合制憲之意旨，現行司法院組織法、法院組織法、行政法院組織法及公務員懲戒委員會組織法等，應自該項解釋公布日起二年內檢討修正。

釋字第五三〇號解釋公布迄今已經歷多年，事實上仍未能配合解釋，修正司法院組織法、法院組織法，以及行政法院組織法等。民國一〇八年一月四日制定公布的憲法訴訟法（民國一一一年一月四日施行），設置憲法法庭審理憲法爭訟事件，司法體制大幅更新。

第二節　司法院的職權及其組織

依據憲法及其增修條文，以及相關法制，司法院及其所屬機關具有以下職權：

　1.民、刑事訴訟之審判。

　2.行政訴訟之審判。

3.公務員之懲戒。

4.憲法訴訟之審理，包括：法規範憲法審查、裁判憲法審查，以及統一解釋法律及命令；機關權限爭議案件之審判；地方自治保障事件之審判；政黨違憲之解散事件之審判等。

此外，依司法院大法官會議解釋（民國七十一年釋字第一七五號），司法院就其掌理之事項，得向立法院提出法案，司法院乃增加立法提案權。以下分別述其要點：

一、掌理民、刑事訴訟之審判

司法院下設各級法院，審理民、刑事訴訟之審判。此等法院，由於所掌理者，為有關人民之訴訟案件，故又稱普通法院，有別於行政法院為專業法院。我國法院，仿一般國家體例，採三級三審制，分別由地方法院、高等法院與最高法院，掌理民、刑事訴訟第一審、第二審與最終審。原則採三級三審，例外採三級二審制，以第一、二審為事實審，第三審為法律審。自民國八十八年十月三日起最高法院、高等法院及其分院並受理不服軍事法院宣告有期徒刑以上之軍法上訴案件。過去，僅最高法院隸屬司法院，高等法院、地方法院則隸屬司法行政部；依民國四十九年司法院大法官會議釋字第八六號解釋，於民國六十九年依「檢審分隸」原則，將高等法院與地方法院歸司法院統轄（司法行政部亦更名為法務部）。再者，普通法院雖分掌三級三審之審判，法院間則無隸屬關係，唯同受司法院之行政監督，上級法院對下級法院之審判，僅得於上訴案件，依獨立審判之精神加以重行審理，非上級法院得以指揮監督下級法院也。

就法院設置言，每直轄市或縣（市）各設一地方法院，但區域狹小者，得合數縣、市設一地方法院；其區域遼闊者，得設地方法院分院。省、直轄市或特別區域各設一高等法院，但得視地理環境及案件多寡，增設高等法院分院，或合設高等法院。至於最高法院，全國僅一所，設於中央政府所在地。

就職掌及組織言，地方法院，掌理民、刑事訴訟之初審及非訟事件之

處理，其內部設民事庭、刑事庭及其他專業法庭，另設有基層之簡易法庭，審理一般違反社會秩序等案件。依社會秩序維護法（民國八十年六月二十九日公布），違反社會秩序之行為，如專處罰鍰或申誡、沒入，由警察機關訊問處理，拘留、勒令歇業、停止營業等處罰，則由警察機關訊問後，移送簡易法庭裁定。此外，民國八十四年四月起，簡易法庭並實施小額訴訟及夜間開庭的措施。高等法院掌理民、刑事訴訟第一審判決之上訴案件、及內亂外患、妨礙國交等刑事訴訟之初審，內部分設民事、刑事及專業法庭。至於最高法院，則掌理不服高等法院及其分院判決之訴訟，並審理非常上訴案件，內部僅設民事庭及刑事庭。

　　民國九十九年五月制定及民國一○八年六月十九日修正公布之刑事妥速審判法，要求法院應依法迅速周詳調查證據，確保程序之公正適切，妥慎認定事實，以為裁判之依據。規定審判中之羈押期間，累計不得逾五年。自第一審繫屬日起已逾八年未能判決確定之案件，除依法應諭知無罪判決者外，法院依職權或被告之聲請，審酌下列事項，認侵害被告受迅速審判之權利，且情節重大，有予適當救濟之必要者，應減輕其刑：一、訴訟程序之延滯，是否係因被告之事由。二、案件在法律及事實上之複雜程度與訴訟程序延滯之衡平關係。三、其他與迅速審判有關之事項。

　　為避免法律見解歧異，最高法院擬設置民事大法庭、刑事大法庭（最高行政法院也設置大法庭），同時刪除（法院組織法第五十七條）判例選編暨判例變更制度。最高法院民事（六庭）及刑事（十二庭）各庭審理案件所持見解與各庭或大法庭先前裁判的法律見解發生歧異，足以影響裁判結果，或具有普遍、原則上之重要性者，經大法庭許可，裁定移付大法庭審判。民、刑事大法庭法官九人，除原案受審法官外，主要來自各庭法官票選產生的法官組成，任期二年。民國一○一年十二月司法院院會通過，民國一○二年三月法院組織法修訂案送立法院審議，如第五十七條廢止，則實施百年的最高法院判例制度亦隨之廢除。

　　智慧財產及商業法院　民國一〇九年一月十五日制定公布商業事件審理法，並修正公布智慧財產及商業法院組織法，將智慧財產法院組織法修訂為智慧財產及商業法院組織法，原來的智慧財產法院之外增設商業法院，並合併成立，為高等法院層級。法院採二審二級制，兩法院分流，落實專業審理。重大商業事件應經調解，當事人可請專家證人提供意見，強化審判之專業。法官得遴選律師、研究人員或公務人員擔任，以妥速、專業審理重大商業案件，優化我國商業環境，提升國家競爭力。（司法院新聞稿，民國一〇八年十二月十七日）

　　少年及家事法院　這是第一審法院之一，僅掌管少年事件及家事事件，於民國八十八年成立。該法院係依據少年及家事法院組織法、少年事件處理法成立，旨為保障未成年人健全之自我成長、妥適處理家事紛爭，並增進司法專業效能。少年及家事法院之設置地點，由司法院定之，並得視地理環境及案件多寡，增設少年及家事法院分院。少年及家事法院管轄區域之劃分或變更，由司法院以命令定之。高等法院及其分院設少年法庭、家事法庭。但得視實際情形由專人兼辦之。（少年及家事法院組織法第三條）

二、行政訴訟之審判

　　我國於普通法院之外，專設行政法院，審理行政訴訟案件。人民對於訴願案件之決定不服，得向行政法院提起行政訴訟，而行政法院隸屬司法院，故具大陸法系國家的特徵（法國行政法院隸屬行政部門是例外）。民國一〇二年起，採三級二審制，地方法院設行政法庭，審理交通及簡易行政事件。高等行政法院初審採公開及辯論程序（言詞審），最高行政法院二審以書面審為原則。英美海洋法系國家，民、刑事訴訟與行政訴訟統皆由普通法院審理。

三、公務員懲戒之議決

　　公務員之懲戒，係公務員因違法、失職或廢弛職務，監察院認為應付懲戒者，即將彈劾案連同證據移送懲戒法院審議。唯各院、部會首長或地

方最高行政長官，如認為所屬九職等以下公務員有違法、失職者，亦可逕行移送公務員懲戒委員會審議。其審議結果，按情節輕重，分別議決處分，而其處分包括撤職、休職、降級、減俸、記過、申誡等六項（政務官則僅適用撤職與申誡兩項）。

公務員懲戒，採一審終結制，唯若有法定原因，於一定期間內，懲戒案件之原移送機關或受懲戒處分人，得移請或聲請再審議。而自民國八十一年司法院（釋字第二九八號）解釋，指出公務員在「足以改變公務員身分」外，就「對於公務員有重大影響之懲戒處分」，亦許其向公務員懲戒委員會聲明不服。

按公務員懲戒委員會固為司法機關，惟其名稱、審判程序與一般法院迥異。對此，司法院曾著釋字第三九六號解釋，指出公務員懲戒委員會「應採法院之體制」。該項解釋進而要求「懲戒案件之審議，亦應本正當法律程序之原則，對被付懲戒人予以充分之程序保障，例如採取直接審理、言詞辯論、對審及辯護制度，並予被付懲戒人最後陳述之機會等」。

民國一〇九年五月，依據釋字第三九六號及五三〇號解釋之意旨，立法院通過「公務員懲戒法」、「公務員懲戒委員會組織法」修正草案，委員會組織法修改為「懲戒法院組織法」，法案施行後，公懲會於民國一〇九年七月十七日更名為「懲戒法院」，委員長改稱為院長、委員改稱法官，懲戒程序由一級一審制改為一級二審制。

四、向立法院提出法律案

究竟司法院應否有立法提案權？憲法既乏規定，而司法院大法官會議猶延遲到民國七十一年方做成解釋，肯定司法院應有立法提案權。早在民國四十一年，釋字第三號解釋，即指出基於五權分治、平等相維的原則，監察院就其所掌事項，知之較稔，亦得向立法院提出法律案。至此，五院中僅司法院尚無立法提案權之依據。或以司法機關職司審判及解釋憲法、統一解釋法令，與立法提案權不能相融合之故。

民國七十一年，司法院大法官會議始作成（釋字第一七五號）解釋，

重申基於五權分治、平等相維之憲政體制，司法院就其所掌有關「司法機關之組織及司法權行使之事項」，得向立法院提出法律案，五院於焉皆具有此項職權（立法院則由立法委員提出法律案）。

五、審理憲法訴訟

　　美國政府採三權分立體制，以分權、制衡為手段，為維持權力間動態平衡，促進思辨民主 (deliberative democracy)，憲法理論更以違憲審查理論為重心 ❹。其司法機關一元，法院審理公法與私法訴訟；聯邦國體制下，州法院也有權審查法規的合憲性，因此呈現分散的憲法審查體制。歐陸國家如德國，內閣制政府，行政與立法一體，立法（國會）主導行政，難謂分權，最高法院之外還設立憲法法院，專司憲法訴訟，有稱集中制憲法審查制度。其實，兩大法系性質不同，不宜相提並論。

　　民國一一一年一月四日，我國憲法訴訟法施行。這一重大改革，使憲法法庭從規範審查走向具體裁判憲法審查，憲法疑義解釋從事後審查走向事前審查 ❺。大法官綜理規範憲法審查，以及機關爭議、地方自治保障等各種憲法訴訟，一般法院不與焉。我國體制被歸類為集中制憲法審查，然法官審理案件過程得聲請解釋或提起憲法訴訟，實難謂集中制憲法審查，何況又有大法庭的解釋功能。

㈠司法審查：法規範憲法審查與裁判憲法審查

　　政府機關如國家最高機關，因本身或下級機關行使職權，就所適用之法規範，認有牴觸憲法者，得聲請憲法法庭為宣告違憲之判決。下級機關，因行使職權，就所適用之法規範，認有牴觸憲法者，得報請上級機關為前項之聲請（憲法訴訟法第四十七條前二項）。人民聲請法規範憲法審查及裁判憲法審查：聲請案件於具憲法重要性，或為貫徹聲請人基本權利所必要

❹　湯德宗：《憲法結構與動態平衡》，卷一（臺北：天宏，民國一〇三年），頁二六五～二六六。
❺　湯德宗：《憲法結構與動態平衡》，卷二（臺北：天宏，民國一〇三年），頁二二三～二三三。

者，受理之（同法第六十一條第一項）。憲法法庭認人民之聲請有理由者，應於判決主文宣告該確定終局裁判違憲，並廢棄之，發回管轄法院；如認該確定終局裁判所適用之法規範違憲，並為法規範違憲之宣告（同法第六十二條第一項）。判決宣告法規範立即失效者，（對法院之效力）準用第五十三條規定（同法第六十三條）。

憲法解釋（憲法訴訟判決）的重要　誠以解釋為憲法成長之重要途徑，經由解釋使憲法得以歷久彌新、永富時義，是以美國最高法院有「永續的憲法會議 (continuous constitutional convention)」之譽。如一八〇三年在「馬寶利控告麥迪遜」一案，美國最高法院院長馬歇爾所指出：

憲法所設的限制，如隨時可被逾越，則限制的目的何在？將各項限制形之於書面之目的又何在？故唯有實行司法審查，方能使美國憲法的條文免於成為政治道德上的格言[6]。

憲法在運作過程，常因為調適其環境進展而變遷。憲法學者林紀東教授曾指出，一個國家憲法變遷的三個意涵：一、由於憲法之發生或發展（制定）。二、憲法修改之經過。三、成文憲法未修改，由於解釋與慣例，或國會制定法律，使其實質含義變易。憲法解釋是憲法變遷重要的方式。

司法審查的限制　憲法解釋制度是指就適用憲法時發生之疑義，以及有關法律命令是否牴觸憲法加以解釋及認定之制度。釋憲制度是司法審查 (judicial review) 的方式之一，起源自美國。而美國「司法審查」，旨在經由司法機關對法律之合憲性的判定，維護政府權力之相互均衡或平衡。唯司法審查有其限制：1.法院不得以法規為侵犯人權之工具。人民權利受侵害，得向法院請求賠償。 2.基於主權免責，禁止州民對其他州控訴。 3.政治問題不審理。 4.國會得經由立法限制法院的權力，從而影響其司法審查權。 5.自一八〇三年「馬寶利控訴麥迪遜」案以後，禁止法官適用違憲法律。

歷史起源　查考美國一八〇三年馬寶利控告麥迪遜案。馬寶利是聯邦法院法官，是第二任總統亞當斯任期將屆滿時所提名，依例得到參議院同

---

[6]　陸潤康：〈論美國聯邦憲法的特性〉，《中美憲法論文集》（臺北：中國憲法學會編印，民國七十六年九月），頁二七六～二七七。

意。但一八〇三年初，第三任總統傑佛遜上任，麥迪遜則是傑佛遜任命的國務卿。當時的制度是，美國聯邦官吏的任命狀由國務卿發給，但國務卿麥迪遜與馬寶利所屬政黨不同，也許因交通因素等，遲遲未發給馬寶利任命狀，於是馬寶利就控告麥迪遜不履行職務，要求法院對政府人員下強制令。案件上訴到最高法院，最高法院院長馬歇爾親自撰寫判決書，指出此案涉及的一項法律（一七八九年的司法法）規定聯邦最高法院得對聯邦官吏下強制令，但聯邦最高法院判定此項規定不應適用於此案，遂宣告該規定違憲而無效。此一判決，是美國建國初期政治鬥爭的產物，然自是而後，美國最高法院掌理規範審查及憲法解釋，得宣告違憲法律無效，成為美國重要的憲政制度，更普遍成為世界各國的憲法章節。

　　透過司法審查及憲法解釋，從字面意義、制憲者的意圖、歷史事件中的基本原理與價值、當代社會價值觀等角度，尋求憲法的意義 ❼。

　　各國體制　各國釋憲制度體制不同，大致有：1.由普通法院解釋：美國、日本、菲律賓等國是，以美國言，聯邦最高法院具有最後最權威解釋地位。2.由國會解釋：早期比利時一八三一年憲法，明定法律專有解釋權屬於國會。法國第四共和以前，亦有此案例。3.由特別法院解釋：有些國家曾設置憲法法院以解釋憲法，如一九二〇年奧地利、一九四八年義大利、一九四九年德國（西德）等是。4.由特別機關解釋：我國由司法院大法官解釋、法國第五共和設憲法委員會解釋即是 ❽。

　　再就各級法院是否有解釋權而論，又可分為解釋機關分散式（分權式）解釋與集中式解釋兩種類型。美國最高法院的違憲審查，僅能針對具體的「案件及爭議」行使審查權，不得對行政部門及立法部門提供不具拘束力的「諮詢意見」。美國以其採聯邦制，地方具高度自治地位，社會較為開放，而欠缺憲法審判傳統之故 ❾。

---

❼　We the People: The Citizen and the Constitution, pp. 108～111.

❽　史尚寬：〈如何解釋憲法〉，《憲法論文選輯》（法學叢刊社，民國七十四年）。

❾　Durga Das Basu 原著，周偉譯：〈各國憲法法院司法審查權之比較研究〉，《法律評論》，第五九卷第一一、一二期合刊（民國八十二年十二月），頁三〇～三七。劉

　　我國僅司法院大法官掌握違憲審查權，是稱集中式解釋制度。同時，我國「集中型」逐漸往「分散型」體系發展（釋字第三七一號解釋，指各級法院法官亦得提請解釋）❿。各級法院法官於審理訴訟案時，得對違憲法令拒絕適用。

㈡機關權限爭議案件之審判

　　國家最高機關，因行使職權，與其他國家最高機關發生憲法上權限之爭議，經爭議之機關協商未果者，得聲請憲法法庭為機關爭議之判決。前項聲請，應於爭議機關協商未果之日起六個月之不變期間內為之。第一項爭議機關協商未果之事實，聲請機關應釋明之。聲請書應記載聲請機關、發生爭議之相對機關名稱、代表人及機關所在地等外，應包括：一、應受判決事項之聲明。二、爭議之性質與發生爭議機關間之協商經過及所涉憲法條文或憲法上權限。三、聲請判決之理由及聲請機關對本案所持之見解。四、遵守不變期間之證據。五、關係文件之名稱及件數。憲法法庭應於判決主文確認相關機關之權限；亦得於主文為其他適當之諭知（憲法訴訟法第六十五條至六十七條參照）。

㈢地方自治保障案件之審判

　　地方自治團體之立法或行政機關，因行使職權，認所應適用之中央法規範牴觸憲法，對其受憲法所保障之地方自治權有造成損害之虞者，得聲請憲法法庭為宣告違憲之判決。前項案件（聲請書、判決、判決效力等），準用第五十條至第五十四條規定（憲法訴訟法第八十二條）。地方自治團體，就下列各款事項，依法定程序用盡審級救濟而受之不利確定終局裁判，認為損害其受憲法所保障之地方自治權者，得聲請憲法法庭為宣告違憲之判決：一、自治法規，經監督機關函告無效或函告不予核定。二、其立法機關議決之自治事項，經監督機關函告無效。三、其行政機關辦理之自治事項，經監督機關撤銷、變更、廢止或停止其執行。前項聲請，應於確定

志鵬：〈日本國會國政調查權與司法權界限之探討（下）〉，《憲政時代》，第一〇卷第一期（民國七十三年七月），頁八一～九五。

❿　翁岳生：《美國聯邦最高法院判決選輯》序（民國七十年版）。

終局裁判送達後六個月之不變期間內為之。第一項案件（聲請書、受理與不受理、聲請有理由之判決等），準用第六十條、第六十一條及第六十二條第一項前段規定（憲法訴訟法第八十三條）。

㈣統一解釋法律及命令

人民就其依法定程序用盡審級救濟之案件，對於受不利確定終局裁判適用法規範所表示之見解，認與不同審判權終審法院之確定終局裁判適用同一法規範已表示之見解有異，得聲請憲法法庭為統一見解之判決。前項情形，如人民得依法定程序聲明不服，或後裁判已變更前裁判之見解者，不得聲請。第一項聲請，應於該不利確定終局裁判送達後三個月之不變期間內為之（憲法訴訟法第八十四條）。

㈤政黨違憲解散案件之審判

政黨之目的或行為，危害中華民國之存在或自由民主之憲政秩序者，主管機關得聲請憲法法庭為宣告政黨解散之判決。聲請書應記載：一、聲請機關之名稱代表人及機關所在地。二、被聲請解散政黨之名稱及所在地，其代表人之姓名、住所或居所。三、聲請解散政黨之意旨。四、政黨應予解散之原因事實及證據。五、關係文件及件數。憲法法庭於言詞辯論期日前，認為聲請機關所舉事證顯有不足時，應定期間命其補正；逾期未補正者，得裁定不受理。宣告政黨解散之判決，其評決應經大法官現有總額三分之二以上同意。評決未達前項同意人數時，應為不予解散之判決，並採言詞辯論（憲法訴訟法七十七條至第八十一條參照）。

㈥審理總統、副總統彈劾案之審判

立法對於總統、副總統之法律責任，得提出彈劾，而「立法院提出總統、副總統彈劾案，聲請司法大法官審理，經憲法法庭判決成立時，被彈劾人應即解職」（民國九十四年六月十日總統令公布憲法增修條文第二條第十項）。

第三節　憲法審查與司法解釋

司法機關，要以聽審及裁定 (to hear and decide)、宣告判決 (to pronounce judgment) 以及施用制裁 (to apply sanctions) 為任務。而其行使職務，以有訟案 (cases) 或爭論 (controversies) 之提出或存在為前提，故帶有不告不理之本質❶。其解釋工作亦然如此。

憲法與其他法規不同，憲法解釋因之有其特殊性：㈠解釋者：憲法解釋不僅是司法解釋，也是政治解釋。其次，解釋是一種集體行動，憲法解釋可能有許多機關參與。釋憲者當然要注意國會多數意見，因為他們有權提議修憲以推翻司法機關的決定。㈡解釋技術：憲法解釋不全然是以原初意圖為解釋。美國最高法院也不是嚴格受先例拘束，相反地，也可能堅守先例以反對憲法容易被修改。㈢解釋結果：憲法解釋不是僅作條文釋義，更在找尋憲法的規約基準 (norms)。探尋何者是以及何者不是憲法的一部分。如一九五八年憲法施行後，法國憲法委員會不使用憲法前言作為法規審查的標準，不以前言作為人權保障的原理，直到一九七一年，憲法委員會才決議憲法前言以及前言提及的有關法規，皆是憲法的一部分。美國一八〇三年 Marbury v. Madison 一案，聯邦最高法院做了傑出的示範，規約基準之位階是司法審查之結果，而此結果，如同藝術作品，「建構了憲法」。解釋者不在解釋所存在之物，而是在建構此物❷。美國聯邦最高法院九位大法官常以五對四，裁決重大爭議案件。但一般相信美國最高司法機關此舉反映法學思想與時俱進，憲法是活的，因應時代腳步前進❸。

---

❶ Theodore Schussler, *Constitutional Law* (New York: Gould Publications, 1973), pp. 79～92.

❷ 法國巴黎第十大學榮譽教授 Michel Troper，二〇〇九年十二月十一日在中央研究院之演講。講演題目是「憲法解釋 Constitutional Interpretation」，參「第七屆憲法解釋之理論與實務學術研討會」論文集。

❸ 林博文：〈同性婚姻關鍵大法官〉，《中國時報》，民國一〇四年七月一日。

第一目 法規範憲法審查（憲法解釋）與裁判憲法審查

憲法不是存在於真空管，與司法平等相維的行政與立法，也以其他方式表示、解釋憲法並運用憲法原理，同時影響司法在解釋上與其他部門的互動❶。

一、聲請人及聲請事項

1.國家最高機關，因本身或下級機關行使職權，就所適用之法規範，認有牴觸憲法者，得聲請憲法法庭為宣告違憲之判決。

2.下級機關，因行使職權，就所適用之法規範，認有牴觸憲法者，得報請上級機關為前項之聲請。

3.中央行政機關組織基準法所定相當二級機關之獨立機關，於其獨立行使職權，自主運作範圍內，準用第一項規定（憲法訴訟法第四十七條）。

4.立法委員現有總額四分之一以上，就其行使職權，認法律位階法規範牴觸憲法者，得聲請憲法法庭為宣告違憲之判決（憲法訴訟法第四十九條）。

5. 各法院就其審理之案件，對裁判上所應適用之法律位階法規範，依其合理確信，認有牴觸憲法，且於該案件之裁判結果有直接影響者，得聲請憲法法庭為宣告違憲判決（憲法訴訟法第五十五條）。

6.人民就其依法定程序用盡審級救濟之案件，對於受不利確定終局裁判所適用之法規範或該裁判，認有牴觸憲法者，得聲請憲法法庭為宣告違憲之判決。前項聲請，應於不利確定終局裁判送達後六個月之不變期間內為之（憲法訴訟法第五十九條）。

---

❶ Daniel E. Hall and John Feldmeier, *Constitutional Law: Governmental Powers and Individual Freedoms*, New Jersey: Upper Saddle River, 2009, pp. 14~15.

二、聲請書應敘明之事項

聲請，應以聲請書記載下列事項（除當事人個人資料外）：㈠應受判決事項之聲明。㈡法規範違憲之情形及所涉憲法條文或憲法上權利。㈢聲請判決之理由及聲請人對本案所持之法律見解。㈣關係文件之名稱及件數（憲法訴訟法第五十條）。人民聲請法規範憲法審查及裁判憲法審查，聲請案件於具憲法重要性，或為貫徹聲請人基本權利所必要者，受理之（憲法訴訟法第六十一條第一項）。憲法法庭認人民之聲請有理由者，應於判決主文宣告該確定終局裁判違憲，並廢棄之，發回管轄法院；如認該確定終局裁判所適用之法規範違憲，並為法規範違憲之宣告（同法第六十二條第一項）。判決宣告法規範立即失效者，（對法院之效力）準用第五十三條規定（同法第六十三條）。

三、大法官之判決或評議

司法院大法官之判決，應有大法官現有總額三分之二以上參與評議，及大法官總額過半數同意，方得通過（憲法訴訟法第三十條）。

第二目　統一解釋法律及命令

人民就其依法定程序用盡審級救濟之案件，對於受不利確定終局裁判適用法規範所表示之見解，認與不同審判權終審法院之確定終局裁判適用同一法規範已表示之見解有異，得聲請憲法法庭為統一見解之判決。第一項聲請，應於該不利確定終局裁判送達後三個月之不變期間內為之（憲法訴訟法第八十四條第一、三項）。聲請統一解釋法令，應以聲請書載明下列主要事項：一、應受判決事項之聲明。二、見解發生歧異之經過及所涉法規範。三、聲請判決之理由及聲請人對本案所持之法律見解。四、遵守不變期間之證據。五、關係文件之名稱及件數（本法第八十五條參照）。聲請案件之受理及其評決，應有大法官現有總額過半數參與評議，參與評議大

法官過半數同意。未達同意受理人數者，應裁定不受理（憲法訴訟法第八十七條參照）。

第三目　法規範審查（憲法解釋）與統一解釋法令之比較

比較上述二者如下：

一、聲請審查事項不同：前者，以法規範及裁判為審查範圍；後者當以解釋法律、命令見解之歧異為事項範圍。

二、聲請人不同：前者之聲請人，包括：1.中央或地方機關。2.人民。3.立法委員。4.各級法院；後者為人民。

三、大法官判決或評決不同：前者大法官之出席，人數較高，即程序較為嚴格為三分之二，後者為過半數。

憲法解釋與法規解釋，是否有文本（textual，文義）上的差異，美國學界曾有論戰。有指出，憲法解釋途徑與法規解釋途徑不同，憲法有其解釋上的特殊性 (exceptionalism)；憲法是民主權威的單一來源，憲法原則有其方法上的地位，雖然如此，憲法解釋應否有特殊性呢？兩種解釋是否存有文本上的落差 (textual gap) ❺？凡此值得探究。

第四目　憲法審查與釋憲制度的運作與功能

民國三十五年（一九四六年）政治協商首先提出「大法官」之名稱，並為現行憲法所建置。至今其適用之程序法及大法官會議之功能迭經更易發展，其要如次：

---

❺ Richard Primus, "The Cost of the Text;" Christopher Serkin and Nelson Tebbe, "Mythmaking in Constitutional Interpretation: A Response to Primus and Stack," *Cornell Law Review*, Vol. 102 No. 6 (September 2017), pp. 1651～1667 and pp. 1681～1691.

一、被動受理

訴訟，不告不理，憲法審查亦然。美國司法審查（憲法審查），只在審理訴訟時附帶審查其所適用法律有無違憲。故如法律縱然違憲，若無繫屬訴訟案件，不遭受違憲審查，而得以繼續有效存在。故必須有權益相反的兩造存在，才有訴訟案件，法院才加以管轄（審查）❻。民國一〇八年一月四日公布、一一一年一月四日施行的憲法訴訟法，明定司法院憲法法庭審理六種司法案件，即明訂當事人包括聲請人及相對人。有仿效訴訟原告應適格，包括訴求事實上受侵害以及控訴二部分❼。

二、以多數決通過解釋

憲法運作於動態的政治社會，憲法解釋被視為是政治角力的結果。大法官經多數決作成的解釋，只是較貼近民意的最大公約數，並非即是真理。因之，自民國六十六年修正大法官會議法施行細則，不同意見書應記載大法官姓名（自釋字第一四九號解釋起適用），以見證政治社會發展之軌跡。大法官憑其良知良能，勇於提出不同意見書 (dissenting opinion)，期今日少數意見可能成為明日多數意見。不同意見書的提出，或許可以將大法官塑造成「偉大的異議者」（美國前大法官何姆斯 Justice Oliver W. Holmes 有此美譽），同時亦考驗多數通過的解釋文。

三、適用特定之程序法

司法院大法官會議，早期依據司法院大法官會議規則，至民國四十七年為司法院大法官會議法所取代；至今則施行憲法訴訟法。其要如次。

---

❻ 劉慶瑞著：《比較憲法》（臺北市：作者自刊，民國八十二年六版），頁五。

❼ Russell L. Weaver, et al., *Acting Constitutional Law*, St. Paul, MN: Thomson Reuters, 2010. p. 31.

表 7-1　司法院大法官司法審查的依據

法規名稱	制定或修正公布日期	主要內容
司法院大法官會議規則	民國 37 年 9 月 16 日制定公布 民國 107 年 7 月 31 日廢止	開會時須有大法官三分之二以上出席；決議，需全體大法官過半數同意。
司法院大法官會議法	民國 47 年 7 月 21 日	開會時須有大法官四分之三以上出席；決議，需出席者四分之三以上同意。
司法院大法官審理案件法	民國 82 年 2 月 3 日	立委、法官得聲請解釋憲法。解釋憲法應有大法官總額三分之二出席，出席人三分之二同意方得通過。憲法法庭審理政黨違憲解散案件，應本於言詞辯論而為裁判。判決之評議應經參與言詞辯論大法官三分之二之同意決定之。
憲法訴訟法	民國 108 年 1 月 4 日制定公布 民國 111 年 1 月 4 日施行	憲法解釋權改稱法規範憲法審查及裁判憲法審查，由憲法法庭依訴訟程序審理；增加機關爭議案件、地方自治保障案件之審理。

四、解釋（判決）件數日增

歷屆大法官作成之解釋件數，呈「V」字形的曲線成長，第一屆、第五屆最多，第二屆、第四屆次之，第三屆最少。何以第四屆開始，件數開始大幅增加？乃以民國五、六十年代起，當時社會經濟的發展，致中產階級形成，人民的法律知識提高，權利意識高漲，參與觀念明顯，因此，於權利遭受損害時，即設法尋求救濟之故❸。今憲法訴訟法施行，憲法法庭從解釋走向判決，判決亦將隨著人權保障及維護意識的提升而增加。

五、憲法審查功能的遞嬗變化

美國司法審查，是指憲法條文由最高法院解釋，並可依法執行，從而

---

❸　翁岳生：〈大法官功能演變之探討〉，《臺大法學論叢》，第二三卷第一期（民國八十三年十二月）。

限制政府的行政及立法部門。同時，憲法上人權保障條款，經由最高法院的解釋，許多社會及道德問題，如墮胎，可以得到解決 ❶。

　　我國早期憲法審查基本功能在維護社會安定，如釋字第二四二號解釋指出，如依修訂前之民法（第九九二條）規定，得予以撤銷前婚姻關係，其結果將影響當事人（如民國三十八年隨政府來臺人士）的家庭生活及人倫關係，足以妨害社會秩序。再如釋字第二六五號解釋，有關國家安全法規限制兩岸人民的往返，是出於維持社會秩序公共利益所必需。

　　近年來大法官憲法審查在加強人民權利的保障方面，則日益顯著。如民國八十四年釋字第三八四號解釋，宣告檢肅流氓條例，未依正當程序之規定違憲。民國八十六年釋字第四三六號解釋，宣告軍事審判法限制軍人權利，違反正當法律程序原則及比例原則之條文違憲，軍人受軍事審判宣告有期徒刑以上之刑，應許被告直接向普通法院請求救濟。再如民國八十七年釋字第四四五號解釋，認為集會遊行法限制人民「不得主張共產主義或分裂國土」之條文違憲，勾勒言論自由的保障架構。而大法官解釋近年來人民聲請的比例已逐漸增加。

第五目　司法解釋的依據、界限、方法與範圍

　　司法解釋，對於憲法之維護固具有重大功能，惟國家權力各有分際，既不容侵越，何況解釋之任務，影響憲法及憲政之發展至深且鉅，是以憲法之解釋，應依循一定之原則。從歷次大法官會議之解釋，可探尋其主要依據（基準）是：

　　一、國家社會之情勢或現實需要（如釋字第三一號、二六一號解釋）。

　　二、憲政制度之本旨（如釋字第三三一號解釋）。

　　三、民主憲政及憲法整體規範秩序存立的基礎（如釋字第四九九號解釋）。

---

❶ Robert A. Sedler, *Constitutional Law in United States*, Second Edition, The Netherlands: Wolters Kluwer, 2014, p. 67.

　　四、人權保障的基本原則（有關人權保障的解釋）。

　　司法解釋偶因時空轉移而採取各種不同的依據（或基準）。美國聯邦最高法院在一八九六年的一件 (Plessy v. Ferguson) 訴訟案，認為黑、白學童分開上課或分別坐校車，「隔離即平等 (separate but equal)」。到了一九五四年　「布朗控訴堪薩斯地方教育局案 (Brown v. Board of Education of Topeka)」，法院則深信「隔離即不平等」。兩案跨越不同世紀，經過納粹科學種族主義、集體主義與獨裁，走到平等主義，這是一段漫漫曲折的旅程（奧德賽，Odyssey）❷⓪。前一案，是美國內戰之後重建時期的產物，後一案則是自由憲法主義時期的結晶，秉持的基準顯然不同❷①。憲法解釋在不同時空背景的基準下向前推展。一九五四年的判決，從「隔離」對學童學習能力、身心發展的影響作後果分析，不再援用先例，而運用科學論證為判決（解釋）的基礎。

　　就解釋的界限而言，對於政治問題（如議會行為、政府與議會之互動、基本政府組織以及外交行為），以不受司法審查為原則，故不作解釋。美國聯邦最高法院對「政治問題」不審查，始自一八〇三年馬寶利控告麥迪遜一案；至如一九七九年高華德控告卡特一案 (Goldwater v. Carter, 1979)，卡特政府對我國斷交、廢約屬非裁判的政治問題 (a nonjusticiable political question)，屬外交問題，關係政府部門間專業職能與相互協調，最高法院認為原初受理的地方法院應予駁回。我國案例亦採此觀點，如民國八十二年釋字第三二八號解釋，對領土之範圍，即以「重大之政治問題」為由而不予解釋，可知解釋具有其一定的原則與範圍。

　　解釋憲法，常因牽涉廣泛深遠，產生立法或修憲之效果。解釋非全然是科學，而是應用政治學。甚至，如何解釋，如同誰來解釋，一樣引起爭議。而解釋方法，要有文義解釋（注重字源概念涵義之解釋）、歷史及起源

---

❷⓪　Robert J. Cottrol, et al., *Brown v. Board of Education: Caste, Culture, and the Constitution*, Lawrence, Kansas: University of Kansas, 2003, p. 77.

❷①　Michael Les Benedict, *Sources in American Constitutional History*, Lexington, Mass.: D. C. Health and Company, 1996, pp. 222～224.

解釋、論理解釋、體系解釋（從某一法條在整個法制中的功能地位作解釋）、目的論解釋及合憲性解釋等。

另外，有尊重先例的解釋方法。先例 (precedent)，如司法機關的判決形成處理事件的先例。先例所以能存續，就是因為其後果不涉及法條文字（憲法文本，文義解釋）。另一方面言之，雖然法院受先例拘束，但先例不能凌駕憲法原初意義。進言之，先例不可推翻原義，但可以確認法條文本的原意，一旦確認，往後的司法判決不得推翻之。然而，憲法不必然由最高法院幾位大法官一再複誦，有些是由國會選擇運用憲法建構途徑。大法官的判決是與憲法文本一致，但合法未必具有正當性。最高法院曾經在判決中宣布「隔離但平等原則」，就是一種憲法建構。它曾經與憲法文本原初意義一致，形成一種具有拘束力的先例，直到後來被「隔離非平等原則」推翻為止❷。

其實，美國自憲法制定後，就憲法條文隱含的權限 (implied powers) 如何解釋就有兩個不同的觀點。一派以漢彌爾頓 (Hamilton) 為代表的擴大解釋派；一派以傑佛遜 (Jefferson) 為代表的嚴格解釋派，主張國會的權限應嚴格限於憲法明文委任立法權力之內❸。

我國憲法解釋，接近德國憲法法院的「抽象解釋」（以及事後解釋、集中解釋、拘束性審查制度），而非針對個案。但解釋並非與個案全然隔絕，其實「個案性」充其量也只是「個案關連性」。而司法被動的「不告不理」原則，不僅表現在「無起訴，即無裁判」，同時也體現於「不得為訴外裁判原則」（釋字第二六一號解釋有違此原則之質疑）。然聲請解釋案，聲請人指摘違憲條文與違憲理由不盡一致，因此解釋之範圍無法從聲請書加以確認，且原告（聲請人）原則上無須主張其權利受到侵害，解釋機關亦未必

---

❷ Randy E. Barnet, Trumping Precedent with Original Meaning: Not As Radical As It Sounds, *Constitutional Commentary*, Vol. 22 No. 2 (Summer 2005), pp. 257～270.

❸ 薩孟武、劉慶瑞：《各國憲法及其政府》（臺北：作者自刊，民國六十七年十月增補版），頁一一八～一一九。

完全受到聲請意旨的限制（釋字第四四五號解釋理由書）。於此情況下，如何界定大法官的釋憲範圍，確實是一項難題❷ 。

第六目　憲法解釋觀與憲法類別

憲法經緯萬端，因憲法觀之不同而有不同意涵的憲法類型。其要如次：

民眾憲法 (Popular Constitution)：這種憲法觀之下的憲法，不是指人民僅偶而有制定憲法的角色 ， 而是指還包括積極的 、 持續性掌握憲法法 (Constitutional law) 的解釋與執行 。 Larry D. Kramer 是民眾憲法理論的代表，相信憲法法反映法官的意見，憲法則反映人民的基本信念。持此說者相信司法機關不能壟斷憲法解釋權，法院的憲法解釋不得失去人民的信念，司法解釋不應對人民有疑慮。其實，人民有無知愚昧之處，法官也有情緒性 ， 人可能因為對複雜問題的多數意見不贊同 ， 就認為有偏見而忽略 (Richard D. Parker)，故有所謂「多數專制」(Larry D. Kramer)。行政、立法部門也應分享釋憲權，憲法價值是由總統、國會與司法共同形成的。大部分的憲法意義是由普通政治決定的 (S. Griffin)；司法解釋只解釋一部分，大部分意涵是經政治程序建構的 (K. Whittington)。

法制憲法 （Legal Constitution ，司法優越 Judicial Supremacy）： 相對地，這種憲法觀是將基本法的解釋與執行僅授予司法部門。司法優越，無關政黨立場、左、右路線、自由與保守。非民選的司法部門擁有釋憲權，才能稱民主，司法部門所為解釋已普遍被接受。權力機關皆可解釋憲法，必然到處發生抗拒，天下大亂；國會如有釋憲權，可能會以背離民意威脅司法部門 ； 司法居於最後裁決地位 ， 方可依憲法之所許維護自由 (E. Chemerinsky)。美國歷史上，民眾憲法幾乎佔最重要、最主要的位置，堅信司法機關如同其他權力機關，最終都受人民監督；一九八〇年代之後，

❷ 翁岳生：〈憲法之維護者──省思與期許〉，「第六屆憲法解釋之理論與實務研討會」論文集（中央研究院法律研究所籌備處，民國九十七年一月十一日），頁一～一三三。

專門性事務日增、跨州業務日繁，於是由司法部門解釋日趨殷切，司法優越日趨明顯。

另外，部門憲法 (Departmental Constitution) 論，指國家權力分立、相互制衡，權力各有所司，也都有釋憲權。三權皆為人民代表，行政、立法部門也是人民代表；人民既然控制憲法的意義，行政、立法部門應有憲法解釋權。中道憲法 (Modest Constitution) 論，主張憲法是人民精神的寶庫，呼籲憲法反映人民心聲，由親民的司法掌握社會價值[25]。

第四節　司法院的主要成員

司法院以院長、副院長及大法官為主要構成人員，以下分述其要。

第一目　司法院院長、副院長

司法院院長、副院長各一人，由總統提名，經立法院同意後任命之 (民國八十九年四月二十四日國民大會通過憲法修訂條文第五條第一項前段)。此一任命程序有仿一般國家經由國會同意任命司法首長之意，期其間接獲致人民支持，以顯示主權在民並昭慎重。

司法院院長，依憲法及有關法律規定，具有以下主要職權：

1.為機關首長，綜理院務，監督所屬機關，決定重要人事。

2.主持大法官會議，為大法官會議主席。並以大法官會議主席身分，為總統、副總統就職時之監誓人。

3.參加總統召集之五院院長院際仲裁會商，以解決院際爭議。

---

[25] Larry D. Kramer, Popular Constitutionalism, circa 2004; Erwin Chemerinsky, In Defense of Judicial Review; Rober Post and Reva Siegel, Popular Constitutionalism, Departmentalism, and Judicial Supremacy; Frederick Schauer, Judicial Supremacy and Modest Constitution, in *California Law Review*, Vol. 92 No. 4 (July 2004), pp. 945～1067.

　　4.為解決省自治法施行之重大障礙，主持由五院院長組成的委員會，並提出解決方案。

　　司法院為最高司法機關，掌理政策及行政監督，不直接審理訴訟，因之，司法院院長之任命，一向屬政治任命，院長且列入政務官範圍，並任重要黨職。唯院長身兼大法官會議主席，負解釋憲法之重責，應超出黨派之外，獨立行使職權，確保司法中性地位。於民國八十三年修憲之際，即有主張司法院院長應由大法官兼任者，但以涉及司法院之地位及職掌，茲事體大，終未成為修憲案。法理上，司法院院長應超出黨派，獨立行使職權，方能符合其兼任大法官會議主席之身分，已成為國人之共識。

　　至於副院長之職，主要在院長因故不能視事時，代行其職權，代理其職務，包括代為主持大法官會議。副院長雖與院長同時經提名任命，但二者無隸屬關係，是以民國八十三年七月司法院院長林洋港先生於提出辭呈時，僅個人單獨提出可證。

　　依憲法增修條文（民國八十九年四月二十一五日公布）第五條前二項之規定：

　　1.司法院設大法官十五人，並以其中一人為院長，一人為副院長，由總統提名，經國民大會同意任命之，自中華民國九十二年起實施，不適用憲法第七十九條之規定。法院大法官除法官轉任者外，不適用憲法第八十一條及有關法官終身職待遇之規定。

　　2.司法院大法官任期八年，不分屆次，個別計算，並不得連任。但並為院長、副院長之大法官，不受任期之保障（限制）。

　　可知，司法院院長、副院長兼具大法官身分；而兼具大法官身分的院長、副院長任期則不一定。而司法院院長併任大法官，咸信可以強化司法院為審判機關的地位❷❻。

---

❷❻　楊與齡：〈我國釋憲制度之改革問題〉，《憲政時代》，第二二卷第四期（民國八十六年四月），頁五。

第二目　大法官

司法院大法官會議，由大法官十五人組成。依現行體制，大法官由總統提名，經立法院同意任命之。

司法院大法官職司憲法解釋，是憲法之捍衛者、守護神。而依畢爾德 (Charles A. Beard) 之見，能幹的大法官的判決，與他們的意見，就是力量。惟這個力量很可能是建設性的，也可能是破壞性的。美國自華盛頓至二次世界大戰羅斯福總統，所有的總統都認為最高法院是權力中心所在❷。

一、任用資格

大法官職司憲法解釋，任務重大，應具一定資格始可提名任命，司法院組織法（民國一○八年十二月三十一日修正公布）第四條，列舉大法官任用資格及名額限制：

1.曾任實任法官十五年以上而成績卓著者。

2.曾任實任檢察官十五年以上而成績卓著者。

3.曾實際執行律師業務二十五年以上而聲譽卓著者。

4.曾任教育部審定合格之大學或獨立學院專任教授十二年以上，講授法官法第五條第四項所定主要法律科目八年以上，有專門著作者。

5.曾任國際法庭法官或在學術機關從事公法學或比較法學之研究而有權威著作者。

6.研究法學，富有政治經驗，聲譽卓著者。

具有前項任何一款資格之大法官，其人數不得超過總名額三分之一。

美國大法官的提名，最受矚目者為其意識形態究係自由派或保守派，因這不僅與行政部門（總統）的政策能否順利執行有關，也與人民權利爭訟之裁判密切相關。而其有關言論自由、種族隔離、墮胎的合法性等問題，

---

❷　Charles A. Beard 著，王世憲譯：《美國國家基本問題對話》（臺北：正中書局，民國四十五年出版），頁二五三～二五九。

時而有不同的解釋論斷，即因大法官各有不同的立場與見解之故。

　　如一九三二年羅斯福接任總統後，積極推動新政，期望政府以積極有為的風格，施行社會福利政策。這些政策充滿著實驗性，與過去傳統的自由放任主義，在理念上南轅北轍。由於當時的大法官反對新政的許多法案，羅斯福總統有意推動大法官人事改造計畫，以爭取司法部門對政府政策的支持，惟因輿論反對而作罷。民國九十二年，我國第六屆大法官提名時，有倡議大法官應限制就職時不得超過六十五歲，但此議將限制總統的提名權，增加法律所無之資格條件而作罷。

　　民國一〇四年四月下旬馬總統提名四位大法官候選人以補出缺，咨請立法院同意。六月十日及十一日，立法院為行使大法官提名的同意權，召開公聽會及審查會。由於出缺四位，仍有大法官十一位，尚合於釋憲三分之二基本人數要求，釋憲工作不致耽擱，因此有認為可暫時不補足缺額。也有指現有十一位大法官皆為馬總統任內提名任命，允宜保留四位，留給下任總統提名，以免任內「包辦」大法官而啟人疑竇（如為卸任後布局）。而這次總統府的作業未附被提名人基本資料，在野立委有指欠缺資料如何審查，藉故拖延審查會。然審查會依照時程進行，立委還以是否反對廢除死刑、同性婚姻、設置性專區，甚至內閣任命同意權等議題詢問被提名人。十一日在執政黨強力動員下，四位被提名人全數通過。一百一十二位立委，一百零六位出席，民進黨開放自主投票。四位被提名人中，蔡明誠（法學教授）與黃虹霞（律師）獲七十多票，吳陳鐶（法務部次長）與林俊益（地院院長）獲六十多票。後二者以未能積極關注通訊及監察法的修訂、擔任馬總統市長特別費案承審法官等事由而影響立委的支持。

二、地　位

　　大法官之任用，係經由提名及國民大會（今改為立法院）同意之程序，與一般法官之經由接受法科教育及司法人員考試而任用者，顯然不同；大法官不審理一般司法訴訟案件，尤與法官迥異，故有大法官不是法官之謂。依現行公務員法制，且將大法官列入特任官或特別職之範圍，並比照法官

享有「優遇」待遇。然依民國八十一年增修條文，司法院由大法官組憲法法庭，審理政黨違憲解散事件；於解釋事件上，得於必要時，舉行言詞辯論，是以大法官亦視同法官；大法官與法官皆為行使司法權之人員（釋字第三九六號解釋理由書）。

三、保　障

　　大法官任期一定，不分屆次，一律為八年（民國八十六年修憲之規定），並不得連任。自民國九十二年起，大法官每四年任命八位或七位，如此工作經驗得以傳承。規定不得連任則是為勉大法官任事用法專心致力，心無旁騖。至於大法官應否為終身職？持肯定論者認為，大法官如為終身職，可安心任職，無奔競之虞，使憲法解釋趨於客觀公平、不受干涉，並且得以累積經驗，提昇解釋功能。唯久於其任，易趨保守，難以及時反映時代思潮，是其缺失。今為保障大法官獨立行使職權，自第五屆大法官開始，大法官比照一般法官，亦享有「優遇」保障。

　　依司法院組織法（民國八十一年十一月二十日修正公布施行）第五條第二項規定：「實任法官轉任之大法官任期屆滿者，視同停止辦理審判案件之法官，不計入機關所定員額，支領法官法第七十二條第一項及第二項所定俸給總額之三分之二，並準用政務人員退職撫卹條例之規定。」大法官享有與司法官相同之退休待遇。但民國八十九年四月國民大會第六次修憲，認為大法官除由法官轉任者外，不應享有此項待遇，而在憲法增修條文（第五條後段）規定此項排除條款。

第五節　司法官（法官）的地位與保障

　　審判權係司法權之核心，法官因職司審判，憲法特別規定，「法官須超出黨派，依據法律獨立審判」，並對其身分職位詳加保障，期司法功能充分發揮，有效維護人民權利及憲政體制。我國法官，非由人民選舉或經議會同意任命，而係由司法官考試及格者任命，既經嚴格選任，又規定法官之地位及保障，足證國人對司法期望之殷切。

第一目　法官之地位（職權保障）

分析憲法第八十條有關法官地位之保障，即行使職權之保障，包含三項要點：

　　1.須超出黨派以外。

　　2.依據法律獨立審判。

　　3.不受任何干涉。

依據民主國家法制，所謂法官應超出黨派之外，係指法官仍可保有政治信念，加入政黨組織，但不得參加政黨活動。各國不採嚴格解釋，而允許法官參加政黨組織，是為維護其個人的結社權❷❸。我法官法規定法官於任職期間不得參加政黨、政治團體及其活動，任職前已參加政黨、政治團體者應退出之（第十五條第一項）。

而所稱「法律」，固為立法院通過、總統公布之法律，但「與憲法或法律不相牴觸之有效規章」，仍不可排斥而不用（司法院釋字第三八號解釋）。故本條之「法律」採從寬解釋，應包括有效之法規命令在內。法官法進而要求「法官應依據憲法及法律，本於良心，超然、獨立、公正審判，不受任何干涉」（第十三條第一項）。

至於不受「任何干涉」，指法官「外在」不受政府機關，尤其是上級法院之指示，或黨團組織、民間團體，乃至社會人士之關說干預。上級法院對於下級法院，僅得於上訴案件，經由審判，變更或撤銷下級法院之判決，與干涉審判無涉。而過去初任的試署法官，所為判決須經庭長或院長覆閱已廢除。

釋字第五三〇號解釋（民國九十年十月五日公布）前段陳述，法官依

---

❷❸　唯林紀東氏等學者，認為法官仍以不參加政黨為宜，因為忠實的黨員與公正的法官，不免發生衝突。參閱薩孟武：《中國憲法新論》（臺北：三民書局，民國七十七年三月修訂版），頁二七七。

據法律獨立審判，不受任何干涉，明文揭示法官從事審判僅受法律之拘束，不受其他任何形式之干涉；法官之身分或職位不因審判之結果而受影響；法官唯本良知，依據法律獨立行使審判職權。審判獨立乃自由民主憲政秩序權力分立與制衡之重要原則，為實現審判獨立，司法機關應有其自主性。又釋字第二一六號解釋（民國七十六年六月十九日公布）前文，指法官依據法律獨立審判，憲法第八十條載有明文。各機關依其職掌就有關法規為釋示之行政命令，法官於審判案件時，固可予以引用，但仍得依據法律，表示適當之不同見解，並不受其拘束。故司法行政機關所發司法行政上之命令，如涉及審判上之法律見解，僅供法官參考。

　　法官應依據法律，獨立審判，旨在要求法官超然於物外，本著良知良能任事用法。所謂「空己以聞法聲」，僅依據法律為獨立審判，方能達公平客觀之境界。法官以內在良知良能任事用法，求內在審判獨立。

　　法官審理案件依其良知良能為審判，如輕重相明原則的應用。唐律，斷罪無正條：「其應出罪者，則舉重以明輕；其應入罪者，則舉輕以明重。」蘇軾引《傳》曰：「賞疑從與，所以廣恩也；罰疑從去，所以慎刑也。」又引《書》曰：「罪疑惟輕，功疑惟重。與其殺不辜，寧失不經。」蘇軾感慨：「可以賞，可以無賞，賞之過乎仁；可以罰，可以無罰，罰之過乎義。」而認為「仁可過也，義不可過也」❷，其運用存乎一心。

　　訴訟體制上，我國崇尚兩項原則：㈠法官法定原則。訴訟案繫屬法院後，法院即依司法機關所定法院內部案件分配原則分案，而由特定法官承審。㈡法官中立原則。憲法第八十條慎重宣示法官須超出黨派以外，依據法律獨立審判，不受任何干涉。法官審理案件沒有「配合」的問題，如審理不法分子的案件無需配合「一清專案」的政策❸。

---

❷　蘇軾：〈刑賞忠厚之至論〉，參見《古文觀止》。

❸　許育典：《憲法》（臺北市：元照，民國九十九年），頁三九四。

第二目　法官之職位保障

一、憲法之保障

憲法第八十一條規定，法官為終身職，非受刑事或懲戒處分或監護宣告，不得免職，非依法律，不得停職、轉任或減俸。綜觀憲法有關公務員職位之保障，以本條文最為詳盡，旨在期望法官保持獨立審判的精神。

憲法第八十一條所保障之身分對象應限於職司審判之法官，而不及於監督行政之庭長（釋字第五三九號解釋）。

二、法律之規定

依司法人員人事條例（民國一〇九年六月十日修正公布），司法官職務保障如次：

㈠司法官的範圍

司法官，指下列各款人員：1. 最高法院院長、兼任庭長之法官、法官。2. 最高法院檢察署檢察總長、主任檢察官、檢察官。3. 高等法院以下各級法院及其分院兼任院長或庭長之法官、法官。4. 高等法院以下各級法院及其分院檢察署檢察長、主任檢察官、檢察官（司法人員人事條例第三條）。

㈡司法官之任用資格

地方法院或其分院法官、地方法院或其分院檢察署檢察官，應就具有下列資格之一者任用之：1.經司法官考試及格者。2.曾任推事、法官、檢察官經銓敘合格者。3.經律師考試及格，並執行律師職務三年以上，成績優良，具有轉任薦任職任用資格者。4.曾在公立或經立案之私立大學、獨立學院法律學系或法律研究所畢業，而在公立或經立案之私立大學、獨立學院任教授或副教授三年或助理教授五年，講授主要法律科目二年以上，有法律專門著作，經司法院或法務部審查合格，並經律師考試及格或具有薦任職任用資格者。

依前項第三款規定遴任者，執行律師職務六年、十年、十四年以上者，得分別轉任薦任第七職等、第八職等、第九職等候補或試署法官、檢察官（司法人員人事條例第九條）。

司法官試錄取人員，應接受司法官學習、訓練，以完成其考試資格（司法人員人事條例第二十七條第一項）。

㈢司法官之免職及停職

實任司法官非有左列原因之一，不得免職：1.因內亂、外患、貪污、瀆職行為或不名譽之罪，受刑事處分之裁判確定者。2.因前款以外之罪，受有期徒刑以上刑事處分之裁判確定者。但宣告緩刑或准予易科罰金者，不在此限。3.受撤職之懲戒處分者。4.受禁治產之宣告者。

公務人員考績法關於免職之規定，於實任司法官不適用之。但應依公務員懲戒法之規定移付懲戒（司法人員人事條例第三十二條）。

實任司法官非有法律規定公務員停職之原因，不得停止其職務（司法人員人事條例第三十三條）。

㈣法官之轉任與調動

實任法官除經本人同意外，不得轉任法官以外職務（司法人員人事條例第三十四條）。實任法官除經本人同意者外，非有左列原因之一，不得為地區之調動：1.因法院設立、裁併或編制員額增減者。2.因審判業務增加，急需人員補充者。3.在同一法院連續任職四年以上者。4.調兼同級法院庭長或院長者。5.受休職處分期滿或依法停止職務之原因消滅而復職者。6.有事實足認不適在原地區任職者（司法人員人事條例第三十五條）。

㈤實任司法官之降級減俸

實任司法官非依法律受降級或減俸處分者，不得降級或減俸（司法人員人事條例第三十七條）。

㈥司法官之停辦減辦案件（優遇）

實任司法官任職十五年以上年滿七十歲者，應停止辦理案件，從事研究工作；滿六十五歲者，得減少辦理案件。實任司法官任職十五年以上年滿六十五歲，身體衰弱，不能勝任職務者，停止辦理案件。停止辦理案件

司法官，仍為現職司法官，支領司法官之給與，並得依公務人員退休法及公務人員撫卹法辦理退休及撫卹。但不計入該機關所定員額之內（司法人員人事條例第四十條）。

㈦法官之自願退休

實任司法官合於公務人員退休法退休規定，而自願退休時，除退休金外，並另加退養金（司法人員人事條例第四十一條）。

㈧法官之懲戒

法官法第四十九條第一項規定，法官有法官法第三十條第二項各款所列情事之一，有懲戒之必要者，應受懲戒。經司法院移送監察院審查通過彈劾，送公務員懲戒委員會審議，如經決議予以懲戒，則法官之懲戒種類如下：1.免除法官職務，並喪失公務人員任用資格。 2.撤職：除撤其現職外，並於一定期間停止任用，其期間為一年以上五年以下。 3.免除法官職務，轉任法官以外之其他職務。 4.剝奪退休金及退養金，或剝奪退養金。 5.減少退休金及退養金百分之十至百分之二十。 6.罰款：其數額為現職月俸給總額或任職時最後月俸給總額一個月以上一年以下。 7.申誡。

三、法官考核制度：評核、評鑑及評比

㈠評鑑之種類

法官法第五章法官評鑑，第三十條第一項，首揭司法院設法官評鑑委員會，掌理法官之評鑑。第二項列舉法官有下列各款情事之一者，應付「個案評鑑」：

1.裁判確定後或自第一審繫屬日起已逾六年未能裁判確定之案件。

2.有監督權者違反職務上義務，怠於執行職務或嚴刑不檢討者。

3.違法參與公職人員選舉。

4.參與政黨活動或兼任未經核准之職務，或為有損職位尊嚴或職務信任之行為（本法第十五條第一項、第十八條第一項）。

5.違反辦案程序規定或職務規定，情節重大。

6.無正當理由遲延案件之進行，致影響當事人權益，情節重大。

7.違反法官倫理規範,情節重大。

(二)評鑑相關單位

法官評鑑委員會由法官三人、檢察官一人、律師三人、學者及社會公正人士六人組成。法官評鑑委員任期二年,得連任一次,分別由法官、檢察官、律師公會票選,另外置學者及社會公正人士代表,由法務部、律師公會全國聯合會各推舉檢察官、律師以外之六人,送司法院院長遴聘。

(三)個案評鑑及結果

法官有第三十條第二項各款情事之一,下列人員或機關、團體認為有個案評鑑之必要時,得請求法官評鑑委員會進行個案評鑑:

1.受評鑑法官所屬機關法官三人以上。

2.受評鑑法官所屬機關、上級機關或所屬法院對應設置之檢察署。

3.受評鑑法官所屬法院管轄區域之律師公會或全國性律師公會。

4.受評鑑法官所承辦已終結案件檢察官以外之當事人或犯罪被害人(本法第三十五條第一項)。

法官評鑑委員會認法官有第三十條第二項各款所列情事之一,得為下列決議: 1.有懲戒之必要者,報由司法院移送職務法庭審查,並得建議懲戒之種類。 2.無懲戒之必要者,報由司法院交付司法院人事審議委員會審議,並得建議處分之種類。前項前項第一款情形,司法院應將決議結果告知監察院。第一項評鑑決議作成前,應予受評鑑法官陳述意見之機會(本法第三十九條)。

司法院應依法官評鑑委員會所為前條決議,檢具受個案評鑑法官相關資料,分別移送職務法庭審理或交付司法院人事審議委員會審議(本法第四十條)。

四、法官的職務評定

另依法官法第七十三條規定,法官現辦事務所在地之法院院長或機關首長,應於每年年終辦理法官之職務評定。評定項目包括學識能力、品德操守、敬業精神及裁判品質等。評定等次分為「優良」、「良好」、「未達良

好」三等次（民國一〇五年七月十三日立法院司法及法制委員會初審通過修正）。初審通過條文規定，法官任職至年終滿一年，評定為良好且未受有刑事處罰、懲戒者，晉一級，並給一個月俸給總額獎金，已達所敘職務最高俸級者，給予兩個月俸給總額獎金；但任職不滿一年已達六個月，未受有刑事處罰、懲戒處分者，獎金折半發給。法官連續四年職務評定為良好，且未受有刑事處罰、懲戒處分者，除給予前項之獎金外，晉二級（法官法第七十四條前二項）。法官法第七十三條、第七十四條取代一般公務員考績法❸。

第六節　憲法法庭

憲法訴訟法第一條規定，憲法法庭審理法規範憲法審查、裁判憲法審查、機關爭議案件審查等，以及政黨違憲解散案件之審理等。

一、憲法法庭之職掌

㈠為審判之言詞辯論

依憲法訴訟法規定，大法官審理各種案件必要時得行言詞辯論。民國八十二年十二月二十三日，即就立法院為政府向銀行賒借一年以上之借款，應否列入「中央政府建設公債發行條例」所規定之公債未償還總額內的聲請解釋（判決）案，首次使用憲法法庭行言詞辯論。經辯論後一個月內，即於民國八十三年一月十四日作成釋字第三三四號解釋❸。

㈡審理政黨違憲之解散事項

我國憲法法庭有關規定，深受德國立法例之影響❸，惟有關此制並非

---

❸　董保誠、法治斌：《憲法新論》（臺北：元照，民國一〇三年），頁四二一～四二二。

❸　參閱翁岳生：〈大法官功能演變之探討〉，《第六屆憲法解釋之理論與實務研討會論文集》（中央研究院法律研究所籌備處，民國九十七年一月十一日），頁二〇。

❸　翁岳生：〈憲法法庭設立之經過及其意義〉，《法治國家之行政法與司法》（臺北：

全盤移植，兩國仍有不同。而所以創設憲法法庭審理政黨違憲之解散案件，乃因此類案件具高度政治性與爭議性，亟需以慎重、公正、負責之態度為審理之故。

二、憲法法庭之組成

憲法訴訟法第三條規定：「憲法法庭得設數審查庭，由大法官三人組成之，依本法之規定行使職權。審查庭審判長除由並任司法院院長、副院長之大法官擔任外，餘由資深大法官任之；資同由年長者任之。各審查庭大法官之組成，每二年調整一次。」

三、憲法法庭之審理程序

憲法法庭應本於言詞辯論而為裁判，舉行言詞辯論，須有大法官現有總額三分之二以上出席，始得為之，未參與辯論之大法官，不得參與評議判決。憲法法庭對於政黨違憲解散案件判決之評議，應經大法官現有總額三分之二以上同意決定之。經言詞辯論之案件，其裁判應於言詞辯論終結後三個月內宣示之。

四、判　決

憲法訴訟法第五十一條規定，憲法法庭認法規範牴觸憲法者，應於判決主文宣告法規範違憲。如為政黨違憲審查案件，則對被聲請解散之政黨違憲應予解散。認聲請無理由者，應以判決駁回其聲請。而聲請機關即主管機關內政部。

五、判決之效力

判決宣告法規範違憲且應失效者，該法規範自判決生效日起失效。但主文另有諭知溯及失效或定期失效者，依其諭知。判決宣告法規範定期失效，其所定期間，法律位階法規範不得逾二年，命令位階法規範不得逾一

月旦出版社，民國八十三年六月初版），頁四五一。

年（憲法訴訟法第五十二條）。憲法法庭認人民之聲請有理由者，應於判決主文宣告該確定終局裁判違憲，並廢棄之，發回管轄法院；如認該確定終局裁判所適用之法規範違憲，並為法規範違憲之宣告（第六十二條第一項）。憲法法庭判決就法規範所表示之見解與原因案件確定終局裁判有異時，聲請人得依法定程序或判決意旨請求救濟。原因案件為刑事確定裁判者，檢察總長亦得據以提起非常上訴（第八十八條）。憲法法庭就法規範見解所為之統一解釋判決，各法院應依判決意旨為裁判。前項判決不影響各法院已確定裁判之效力（第八十九條）。

對於憲法法庭之裁判，不得聲明不服。被宣告解散之政黨，應即停止一切活動，並不得成立目的相同之代替組織，其依政黨比例方式產生之民意代表，自判決生效時起，喪失其資格。憲法法庭之判決，各機關應即為實現判決內容之必要處置。政黨解散後，其財產之清算，準用民法法人有關規定。憲法法庭審理政黨違憲解散案件，如認該政黨之行為已足以危害國家安全或社會秩序，而有必要時，於判決前得依聲請機關之請求，以裁定命被聲請之政黨，停止全部或一部之活動（司法院大法官審理案件法第二十九條至第三十一條）。

第七節　審判制度及參審制

一、法官的角色與任命

按法官的角色，有兩種理論：㈠機械觀：法官應為中性，如機械技術人員，職在發現法律、適用法律，僅具有無關政治的司法理想。㈡司法的立法說：法官面對各種價值，其判決或解釋常帶有政治性，像國會的立法功能。

法官的任命方式，各國不同。美國曾有二十三個州成立政黨中立的司法選任委員會，由重要律師、法學院教授、退休法官組成。由委員會設定新進法官的潛能資格，並提出短名單，提供州長選任。「好法官」與「壞法

官」，沒有普遍同意的論說。大多數國家，法官亦是安身立命的職業，依美國憲法，法官因善行（良好行為）而任職，因重罪、疏失，被彈劾而去職。英國法官以訴請國會通過決議案，美國則因彈劾而免職。二次戰前，法國及西方國家，法官之任期、薪俸、升遷，由法務部（司法部）決定。一九四五年各國學習法國，建立專屬機構以普通程序保障法官的職位❸。

　　我國法官經由國家考試錄取、經受法官訓練及格後任用，係特別職公務人員。由於我國法官考選與任用未強調服務經驗，故偶而出現脫離現實人情的判決，此即所謂恐龍法官。對此，司法院呼應社會各界的意見，思考建立由律師界轉任法官的新制。民國一〇一年三月即有二十一位律師在職前訓練後轉任法官，他們或為國小營養午餐案的辯護律師，或為醫技出身，或為婚姻專職律師，一般相信其審理案件多具同理心與職業熱情（檢察官亦開始有由律師轉任者）。

二、各國主要的審判制度

　　古代不論中西方，審判工作大致由各級行政機關掌理之。至市民階級形成，民主主義、自由主義思想誕生，以及「司法獨立於行政之外」、「法治代替人治」等思想興起，近代對政治權力具有相對獨立性之職業法官乃出現，由其依據法律獨立審判。更因政治民主化之進展及市民階級之法治意識之增進，司法機關亦隨著政治民主化而講究民主化。公民開始以各種方式參與審判，如我國鄉鎮市調解委員會，公民即參與此廣義司法體系之運作❺。在整體審判制度，悉由職業法官負責審判者，全世界似僅荷蘭、日本及我國極少數國家而已。

　　大部分國家之司法審判，都由公民參與，要有以下三種類型❻：

---

❸　Austin Ranney, Governing, 2001, pp. 338～340.

❺　林永謀：〈論國民參與司法暨參審制之採行〉，《憲政時代》，第二〇卷第三期（民國八十四年一月），頁三～一三。

❻　林永謀：〈論國民參與司法暨參審制之採行〉，《憲政時代》，第二〇卷第三期（民國八十四年一月），頁三～一三。

㈠公民法官制度

即任命普通公民為法官，審理特定種類之案件，以英國治安法庭為代表。英國約有為數二萬七千名從公民任命之治安法官，以兼職方式到法院審理案件。所審理案件，包括依簡易程序起訴之輕微案件、經正式起訴屬輕罪而被告放棄接受陪審裁判權利之案件，以及決定被告案件是否具有大致上之證明而足以開始公開審判之預備訊問。英國刑事案件之百分之九十七即以此方式處理，澳大利亞、瑞士亦採此制。

㈡陪審制度

即由公民與職業法官分工，在刑案上進行審判之體制。將有關事實問題之判斷，委諸從公民選任之複數陪審員；訴訟之指揮、證據能力之取捨、法律之解釋及適用等，則由職業法官任之。此制誕生於英國，廣為英美法系國家採行。問題在，一旦當事人在陪審團面前提出證據，陪審團就變成依據證詞作出裁決的司法機構。而行使司法職能的陪審團必需由法院進行嚴格監控 ❸，有時陪審團隔離時間過久、判決必需「爭取」多數，其決議（判決）的公正性受到關切 ❸。

㈢參審制度

即將公民與法官結合一體，以合作方式從事審判，無論是認定事實與適用法律等，公民與職業法官權限相同。此制流行於歐陸諸國。

以上三種主要的審判體制，採行的國家多加以組合運用，僅單純運用其一者極少。一般而言，注重事實判斷之第一審，多採陪審制或參審制，以法律問題為重點的上級審判，則以職業法官任之。

我國向由職業法官掌理審判，近年來司法院研擬改革，即以採行參審制為考量要項之一。參審制因參審員（國民法官）與職業法官同時並具有相同權利，以從事某類輕微之刑案。採行此制之審判，即以職業法官為審

---

❸　John Maxcy Zane 著，劉昕、胡凝譯：《法律的故事》（臺北：商周，民國八十八年），頁二五。

❸　John Grisham 著，郭坤譯：《失控的陪審團》（臺北：智庫，民國八十九年），頁三八四～三八五。

判長，參審員則自普通公民或選任人名冊中選聘，如為科技犯罪，需要具有專門知識之參審員，則委由有關職業團體推薦。

　　於司法民主化的呼聲，採行參審制，固有贊同者，然亦有持保留態度者。強調採行之理由是：

　　1.順應民主潮流：使公民的聲音得以進入審判，反映社會觀點。

　　2.節制職業法官：參審制得使司法獨立之權威及早鞏固樹立，並減免法官之職業偏見、本位主義。

　　3.增益司法之知識能力：由具有專長之國民法官參與審判，得以助益科技、社會等案件之審理能力，適應時代專業化之趨勢。

　　4.確保國民對司法之信賴：參審制之採行，審判程序更具透明化，減除疏離疑慮，提昇國民對司法的信賴。

　　然而反對採行參審制者，亦有頗為值得重視的理由，其要點如次：

　　1.降低司法品質：法官之養成培訓經嚴格考選，維持司法審判於一定水準。由普通缺乏司法素養之公民參與，不免影響司法品質。

　　2.影響司法獨立：由不具司法素養之公民參與審判，與職業法官地位平等，如加上不參加準備程序或不許閱卷，勢難確保司法之獨立。

　　3.民主化非必然採行參審制：由公民參審不免帶進社會價值判斷甚或預斷態度，必難以冷靜思考，致損及法治基礎，反不利於民主矣 ❸⑨。

　　司法院於民國八十九年五月一日公布「專家參與審判試行要點」，期彌補法院專業知識上的不足，本文謹述其要以供讀者了解各國審判體制之概況及其問題。民國九十一年司法院擬訂「專家參審試行條例」進一步具體規劃 ❹⓪。民國九十年至九十五年研擬「國民參審試行條例草案」，參考各國制度。民國一〇〇年，司法院進而研議推動「人民觀審制度」。然而不論「參審」或「觀審」，由「非法官」的觀審員參與一些重罪案件的第一審，他們可以對案件表示意見提供法官參考。民國一〇三年七月司法院表示，

---

❸⑨　參閱「參審制之研究學術研討會」，林永謀：〈論國民參與司法暨參審制之採行〉，《憲政時代》，第二〇卷第三期（民國八十四年一月），頁三～五一。

❹⓪　參《司法改革全貌》，頁三四。

觀審制與參審制本質上無差異，都是人民參與審判的制度。民國一○五年五月二十日新政府成立，司法院首長更易，參審制恢復為司法改革的重點之一。

㈣國民法官制度

　　司法院於民國一○六年十一月公布「國民參與刑事審判法」草案，依據草案，將採行國民參審制，設置國民法官。適用的案件類型為一審之非少年或毒品罪的刑事案件，且所犯為最輕本刑七年以上或故意犯罪因而致人於死者。國民法官的資格，包括年滿二十三歲、有高中以上教育程度之中華民國國民，且在地方法院轄區內繼續居住四個月以上，就有機會被隨機抽選成為國民法官。總統、副總統、各級政府機關首長、黨務人員或是法律專業人士如法官、律師等，不得被選任為國民法官。國民法官來自民間，以其為「素人」法官，期望司法審判符合情、理、法，貼近民意，呼應社會脈動。高雄地院於民國一○七年一月十一日首度舉辦國民參審模擬法庭及選任國民法官並參加本次訴訟個案模擬法庭審判；民國一○七年臺北地院也推行國民法官新制。

　　民國一○九年五月中旬，社會各界就參審制與陪審制仍有議論。五二○蔡英文總統在連任就職演說中，肯定設置國民法官，未來四年內國民法官制度一定上路（國民法官法於民國一一二年一月一日施行），司法更加符合人民的期待。

　　「國民法官制」，使司法與社會的對話交流，期判決結果兼顧國民正當法律感情及法律專業意見，進而提升民眾對司法的了解及信賴。

表 7-2　比較國民法官制、參審制與陪審制

	國民法官制 （我國獨創）	參審制 （德國為例）	陪審制 （美國為例）
合議庭的組成	國民參加人數多	國民參加人數少	國民參加人數多
選任方式	逐案隨機選任	遴選、任期制	逐案隨機選任
卷證是否併送	卷證不併送 （起訴狀一本主義）	卷證併送	卷證不併送 （起訴狀一本主義）
獲知卷證方式	證據開示制度 （由檢辯雙方開示、 不事先閱覽卷證）	閱卷制度	證據開示制度 （由檢辯雙方開示、 不事先閱覽卷證）

資料來源：〈國民法官制已融合兩制優點之說明新聞稿〉，民國一○九年五月十三日（九月更新），司法院刑事廳發布，網路下載。我國創立的國民法官法制之組成、卷證不併送、獲知卷證方式等特徵與陪審團制略同。在採取卷證不併送制度（亦即起訴狀一本主義）下，職業法官與國民法官均在法庭上同時接觸證據，無預設立場及預斷偏見，共同從多方觀點討論案件，增益法院判斷的視角與內涵，期形成符合民意及法律專業之判決。

關鍵詞

- 法官評鑑
- 司法院最高法院化
- 民、刑事訴訟
- 行政訴訟
- 公務員懲戒
- 大法官
- 憲法法庭
- 國民法官
- 統一解釋法令
- 司法審查
- 憲法訴訟

摘 要

　　司法院為國家最高司法機關，掌理民、刑事、行政訴訟之審判，及公務員之懲戒，並設各級法院、行政法院及公務員懲戒委員會（今改稱懲戒法院）為之。司法院為司法政策、法規研擬、人事等司法行政之監督機關。釋字第五三〇號解釋指司法院為最高司法機關，應掌理審判業務，宣示司法改革基本方向。

　　司法院除審理各項訴訟、公務員懲戒、憲法訴訟，並依憲法增修條文規定掌理政黨違憲之解散事件的審判。

　　七次修憲過程中，包括多項司法變革，國民法官制、大法庭、法官評鑑暨懲戒，以及民國一一一年憲法訴訟法施行，司法表現高度積極面。

第八章 考 試

第一節 概 說

　　《舜典》曰：「敷奏以言，明試以功。」「三載考績，三考黜陟幽明。」是為有關考試最早之記載。三代時期始則偏重薦舉，後有鄉舉里選之法，至西漢方開始建立考試制度。史稱漢文帝詔舉賢良而親策之，依其所對，以次授職，或認為這是我國考試制度的濫觴❶。隋煬帝開科取士，考試制度逐漸確立。隋唐以後，考試凌駕薦舉與選舉之上。其制分為學館及州縣兩種，由學館考試而錄取的，曰生徒，由州縣考試而錄取的，曰鄉貢。每歲會於尚書省，而試以經義及策論，合格者為進士。如此取得任官資格，再試之於吏部，經門下省審核，始授以官職。宋以經義取士，明以制義取才，清初試博學鴻儒，清末則開經濟特科，考試體制大致不變。

　　我國為世界最早採行考試之國家。中山先生在民權主義第六講嘗言：「歷代舉行考試，拔取真才，更是中國幾千年來的特色……像英國近年來舉行文官考試，便是從中國仿效過去的。」❷日本早期規定考試任官至明治維新，即承襲唐律令。考試制度及其獨立性，誠如威廉士 (S. Wells Williams) 在其一八四八年出版的《中國》一書讚譽考試是一種無可比擬的制度❸。

---

❶ 劉慶瑞：《中華民國憲法要義》(臺北：作者自刊，民國七十二年修訂第一二版)，頁二一九。

❷ 〈中國考試制度史〉，《考銓叢書》(臺北：考試院編印，民國八十一年修訂版)，頁五。

❸ 〈中國考試制度史〉，《考銓叢書》(臺北：考試院編印，民國八十一年修訂版)，頁五。

　　中國考試制度與英國間的關係有兩種記述資料：其一、英國人麥杜思於一八四二年至一八四五年到中國廣州擔任英國領事館通譯、領事。他稱讚中國競爭的考試制度，並向英國臣民推介。他認為中國歷久不衰、政治修明，在於起用賢能有功之士❹。其二、一八〇七年倫敦教會宣教士莫里遜 (Robert Morrison) 到東印度公司任職，擔任翻譯工作，並編書詳述中國考試制度。一八三五年，英國政府與學界討論是否應用中國考試制度。一八五三年東印度公司特許狀到期，國會派麥考萊 (Lord Macaulay) 等三人考察該公司。翌年有「麥考萊報告」（以後稱「諾斯科特——屈維廉報告」）要求公開競爭考試用人，並以牛津、劍橋大學課程為標準。一八五五年成立吏治委員會，這是後來文官委員會的前身❺。

第二節　考試院的地位及性質

　　憲法第八十三條首揭考試院「為國家最高考試機關」，並列舉其職權，包括考試及各項人事行政。考試院固為最高考試機關，地位與其他四院同等，獨立行使職權，不受任何機關節制，是「最高」權責機關，應無爭議。唯究竟考試院係「考試」機關抑或是「人事行政」機關，學理上迭有爭論。

　　考試院為最高考試機關，自其憲定職權涵蓋廣泛而論，論者乃指出，即我國最高人事行政機關。申言之，考試院所掌理者為人事行政事項；考試院之性質，依憲法原文應解為最高人事行政機關❻。即使民國八十一年修憲後考試院依然為掌理人事行政之最高人事機關。而行政院設人事行政局，則掌理行政機關之人事行政。如此「院」、「部」並設，我國人事行政之體制具有兩項特徵：

---

❹　李新達：《中國科舉制度史》（臺北：文津，民國八十四年），序言。

❺　編委會（未署名），王恩妍校閱，《各國人事制度》（臺北：鼎文，民國一〇一年），頁七三。

❻　林紀東：《中華民國憲法釋論》（臺北：作者自刊，民國七十六年十月改訂第四九版），頁二七七。民國七十九年十二月二十日，全體考試委員在考試院院會中，一致決定建議人事行政局應劃歸考試院。唯此意見未為修憲國民大會所採納。

一、兼採部內制與部外制

(一)現行體制

　　考試院就其獨立於行政機關之外，獨立設置而言，是為「部外制」之人事體制，亦即人事機關獨立於行政部門外也。但行政院則設有人事行政局，各行政機關亦設有人事單位，掌理人事業務，是又稱為「部內制」。

　　或以我國自民國以後，傳統人事體制難以肆應新政體之需要，於是方引進西方體制，建立以部外制為主、部內制為輔的人事機關體系❼。國民政府分設五院，以考試院掌考試權為最高人事機關，其下設立考選部與銓敘部。考選部接近過去傳統六部之禮部，銓敘部則類似吏部❽，銓敘部對全國各機關所屬人事單位具有監督權，現行體制揉和了傳統與現代的特質。

　　比較世界各國之考試機關，亦不外部外制（又稱二元制）與部內制（又稱一元制）兩種類型。英國一八八五年設立文官考選委員會，一九六八年改設文官部，隸屬政府部門；美國一八八三年亦設立文官委員會，至卡特總統時期改設人事管理處、勞動關係局等，人事機關隸屬總統統轄的行政部門。英、美兩國體制應屬部內制。日本原來設置人事院，一九六五年在總理府增設人事局，也趨向部內制。至如法國，考試機關隸屬行政部門，各行政機關設考試單位辦理考試業務，是屬部內制類型。以部內制而言，考試機關與行政部門直接合作，縮短工作距離，考用合一，是其優點，可是各機關各自為政，標準不一，「宏觀控制」不易，比較散亂❾。

　　唯不論是那種類型，於行政部門設考試或人事機關已成為世界各國通例。而所謂部外制，除我國另設獨立於行政部門之外的考試院，亦於行政部門設有文官部、人事院或人事管理局等人事機關。各國人事機關大要如表 8-1 所示。

---

❼　胡果文、周敏凱等著：《中外人事制度比較》（上海：上海社會科學院出版社，一九八九年出版），頁四八～四九。

❽　胡果文、周敏凱等著：《中外人事制度比較》（上海：上海社會科學院出版社，一九八九年出版），頁四八～四九。

❾　姜士林等著：《國家公務員制度講座》（北京：中國廣播電視出版社，一九八八年版），頁四六。

表 8-1　各國人事機關大要

國別	初設年代	主要機關
中華民國	隋代	吏部：掌有銓敘部分職能 禮部：掌有考選部分職能
	1928	考試院（考選委員會、銓敘部）
	1947	考試院（考選部、銓敘部）
	1967	行政院人事行政局；民國八十三年改稱人事行政總處
	1996	考試院設公務員保障暨培訓委員會
英　國	1855	文官考選委員會、編制及機關組織局
	1917	惠特利委員會（協調政府與公務員關係）
	1963	文官仲裁法院（由文官特別庭改組）
	1968	文官部(合併文官考選委員會與編制及機關組織局而成立)
	1981	管理及人事局（一九八七年改設文官大臣事務局）
美　國	1883	文官委員會——人事管理局 　　　　　　　功績保護委員會
	1979	聯邦勞動關係局(由一九六九年成立的聯邦勞資關係委員會改設)
法　國	1945	文官局（一九八二年改為文官部）
	1946	文官協議委員會（類似英國惠特利委員會）
	1982	文官局改稱文官部
	1988	人事暨行政改革部（由文官部改制）
	1992	人事暨行政現代化部
	1993	公職部
	1995	公職、國家改革暨地方分權部
日　本	1948	人事院
	1965	總理府增設人事局
德　國	1949	文官局
	1950	臨時聯邦文官委員會（一九五三年正式成立）
	1953	內政部（掌人事政策之制定及運用）
	1981	聯邦文官委員會（依聯邦公務員法成立）
中　國	1949	政務院人事局（後改為中央人事部、國務院人事局，一九五九年裁撤）
	1959	內政部設政府機關人事局(內政部裁撤後由中央組織部辦理，一九七八年民政部設政府機關人事局)
	1980	國務院國家人事局（後改設勞動人事部）
	1982	人事部

㈡考銓體制的省思

　　考試權在中國，具有悠久歷史。但考試權在歷朝歷代，亦曾出現被壟斷、控制，甚至造成科舉考試控制教育，學校變成科舉考試的附庸。而科舉未能真正實現以知識能力取材，反而走向死讀書、背教條、務抄襲的胡同裡❿。論者亦指出，中國傳統士大夫有耐性，科舉制度消磨士子的志氣，難以發揮「選賢與能」的功能⓫。

　　民國八十一年修憲，考試院職權重整，有指出這是「考試權的危機」。而修憲前，執政黨修憲小組開會時各方代表幾乎無人支持考試院，最後修憲仍能保存考試院（及監察院），是奇蹟出現⓬。但考試院「武功已經被廢」，有些考試院掌理的事權僅有法制範圍，對此論者表示憂心。

　　考試權必須獨立，考試及考銓貴在公平、中立。今憲法明定考試院是「最高」且為「部外」的機關，成為世界獨有的體制，僅合議制度與採文官委員會國家相同。而根據現今之研究，目前考選任用制度，仍然出現不能彈性用人、不能羅致適當人才的缺失。如此，與自古以來傳統科舉制度，也有同樣的問題⓭。如何在獨立地位上充分發揮考銓功能是我國考試機關定位該深思的課題。

二、一條鞭式人事管理體制

　　我國雖兼採部外制與部內制，既設具有獨立地位的考試院，復於行政院設人事行政局，但考試院仍為最高考試機關，掌有最高人事行政權。

　　考試院方面，依人事管理條例，中央及地方機關之人事管理，除法律

❿　郭家齊：《中國古代考試制度》（臺北：臺灣商務印書館，民國八十三年），頁一四七～一五一。

⓫　薩孟武：《水滸傳與中國社會》（臺北：三民書局，民國六十年四月出版），頁六八。

⓬　徐有守：《考試權危機》（臺北：臺灣商務印書館，民國八十八年），頁二七～二八。

⓭　高永光主持：〈考試權獨立行使之研究〉，《考試院研究發展委員會專題研究報告彙編㈣》（民國九十一年八月出版），頁三六五～五七二。

另有規定，由考試院、銓敘部依本條例行之。並包括各機關人事管理機構之設置及辦事規則之擬訂，人事人員之任免、指揮及監督等事項。

　　民國五十六年行政院人事行政局成立，其組織規程第二條明定：「人事行政局有關人事考銓業務，並受考試院之指揮監督。」民國八十三年十二月制定公布行政院人事行政局組織條例（已廢止）第一條規定：「行政院為統籌所屬各機關之人事行政，設人事行政局。本局有關考銓業務，並受考試院之監督。」一條鞭式人事管理體制明顯。民國一一〇年一月二十日修正公布行政院人事總處組織法，第一條規定行政院為辦理人事行政之政策規劃、執行及發展業務，特設政院人事行政總處（以下簡稱總處）。

三、考試院體制的未來發展

　　有關考試權（考銓職權）的獨立行使，是制憲以來國人的共識，而少有爭議。問題在體制設計應採部外制，在行政院外設立獨立機關，包括現行制度、改隸總統府；或是採部內制，在行政院下設立獨立的文官考銓委員會。部外制的改革，變動最小，係注重獨立地位的考量；部內制，符合世界各國通例，則著重行政的完整性及效率原則。考銓機關的定位革新，不只是文官體制及行政組織的改革，更是憲政體制（三權或五權）的取捨。

　　民國九十一年立法院行使考試院人事同意權過程，要求廢除考試院的改革呼聲極高，民國九十二年二月六日考試院首長曾經表示，將採「縮小規模，降低層級」原則，逐步漸進改革考試院。最終希望在維繫考銓業務獨立，兼顧政府體制及財政負擔情況下，達到廢除考試院的改革目標。這一改革意見，認為日本人事院制度頗值得參考。日本人事院隸屬總理大臣之下，置三位人事官，人選須經國會同意，任期四年，其選任不受政黨影響，更在總理大臣及內閣之外獨立行使職權。準此，此項改革意見是考試院可廢，考銓業務不能倒退，未來的考試院將整併內部組織，降低層級，改隸於行政院，並且賦予考銓機關在人事、預算、決策方面獨立運作，具完整的獨立自主地位。

　　依我國五權憲法架構，考試權為政府權之一。五權分治，平等相維。

憲法第八章「考試」，乃於第八十三條首揭考試院為最高考試機關。為此，考試院以「依據法律獨立行使職權」的考試委員（憲法第八十八條），依合議程序議事的考試院院會運作考試權。我國最高考試機關係採部外制，獨立於行政部門之外，並於行政院設人事行政局，於公務人事行政上由兩院分工，然國家考試科目之廢除、公務人員退休金優惠存款之調適、行政中立之要求、文官培訓機構之提昇，必須因應時代脈絡，由考試院與行政院兩部門溝通協調，統籌辦理。民國八十一年修憲，考試院職權重行調整並分成三類，應有此深一層的意含。

　　考試院與銓敘部在民國九十九年三月研議考績法修正案，擬訂十年內考績丙等累積三年，該公務員即應辦理資遣或依規定退休。改革重點在考績丙的人數不得低於百分之三，引發各界高度關切。司法機關以法官係終身職，非依法律不得免職，即表示反對。行政院人事部門則對任何機關單位，一律限制百分之三考績丙的人數，表示質疑。其實這次考績法修正案，旨在打破公務員職務是鐵飯碗的迷思，去除考績不是甲就是乙，且輪流分配的舊習，其求取人事制度應發揮獎優汰劣的功能，並配合績效獎金制度，值得肯定 ❹。公務員「爾俸爾祿，民脂民膏」，應認真執行職務，人事主管機關訂出獎懲辦法建立退場機制，才對得起納稅人。

　　民國一〇五年啟動的公教年金改革，行政院院會通過總統府年改委員會所提版本，作為改革方案的基礎。其間考試院未能主導，其為國家最高考試機關的限定地位受到社會質疑。民國一〇九年各黨展開修憲提案，其中廢除考試、監察兩院成為社會關注的主要議題。

　　民國一〇九年一月八日修正公布考試院組織法規定，考試院考試委員之名額，定為七人至九人。考試院院長、副院長及考試委員之任期為四年。考試委員具有同一黨籍者，不得超過委員總額二分之一（第三條），這是近年來人事行政制度重大變革。

❹　參考銓敘部，〈公務人員考績法修訂正草案說帖〉（民國九十九年三月）。

第三節　考試院的職權

憲法第八十三條，詳盡列舉考試院的職權，唯行憲迄今社會經濟與行政理念演進變化，人事行政法制乃發生大幅變革。以下述其要點：

一、憲法原定的職權

依據第八十三條所列舉，考試院原定職權包括以下各項：

1.考試：即狹義的公務員考試，除一般公務人員外，舉凡公營事業人員、地方自治人員之任用資格，專門技術人員之執業資格，乃至公職候選人的候選資格，皆應經過考試、或檢覈及格始可取得。

2.任用：即對於考試及格候用人員之分發派定工作；任用資格之取得主要以考試及格或依法考績升等或銓敘合格為要件。

3.銓敘：即對於被任用人員是否具備擬任職務之資格的審查，及其官階、職等之審查。

4.考績：為公務員工作績效之考評，是公務員升遷獎懲之重要依據。考績由各機關先行辦理，送考績委員會初核，經機關首長覆核後，再送銓敘機關核定。

5.級俸：即對公務員之職等官階與其俸給待遇是否相宜相稱之審定。

6.陞遷：即公務員職等官階之升進、職務之調動。

7.保障：即公務員之身分與職位為法律所維護，非因法定原因依法定程序，不得予免職、撤職、降級等之處分，以安其位而使其克盡職守，維持服務品質與效能。

8.褒獎：即公務員因對於國家著有功績或特別貢獻，予以褒揚獎勵。

9.撫卹：即國家對於因公死亡或在職病故之公務員，為安定照顧其遺族，所給予之撫卹金制度。

10.退休：包括自願退休與命令（強制）退休兩種，為國家酬庸公務員之勞績、促進公務人力的新陳代謝、鼓勵公務員努力服務之措施。

11.養老：係安頓退休離職之公務員的老年生活，應屬社會福利措施的要項。

憲法原定人事行政包羅廣泛。有些事項應由考試院獨立行使，有些事項宜由行政機關掌理較切合實際。前者如考試權之行使，後者如任用、考績即是，尤以行政院人事行政局（今稱總處）之設立，掌理中央行政機關公務員之任用、部分訓練、考績等之執行。

再者，人事行政恆需與時俱進，不以上述憲法所列者為限。亦即憲法第八十三條所列舉者，屬例示性質。訓練、進修、福利等猶為重要的公務員法制，自亦包括在內。近年來更設立國家文官培訓所（民國八十八年七月成立，後改稱文官學院）以肆應人事行政之發展。

再次，人事制度之釐定與國家財政、公務人力現況有關，屬立法政策之範圍。例如公務人員之退休及養老，其給付標準即屬立法政策事項，由法律或法律授權之命令定之。如司法院解釋曾指出，過去依公務人員退休法（民國六十八年一月二十四日修正公布）第八條第二項就同條第一項所稱「其他現金給予之退休金應發給數額，授權考試院會同行政院定之」。公務人員保險法第二十四條授權訂定之同法施行細則第十五條第一項規定「本法第八條及第十四條所稱被保險人每月俸給或當月俸給，暫以全國公教人員待遇標準支給月俸額為準」。故行政院於民國七十年六月訂頒之全國軍公教人員待遇支給辦法，其（第七條）對工作津貼及軍職幹部服勤加給、主官獎助金，不列入退休（役）、保險俸額內計算等規定，乃係斟酌國家財力、人員服勤與否或保險費繳納情形等而為者。經司法院解釋，合於憲法意旨（釋字第二四六號解釋）。

二、憲法增修條文規定的職權

民國八十一年的修憲，調整憲法第八十三條規定之考試院職權。憲法增修條文（民國九十四年六月十日修正公布）第六條，考試院的職權包括以下三要項：

1.考試。

2.公務人員之銓敘、保障、撫卹、退休。

3.公務人員任免、考績、級俸、陞遷、褒獎之法制事項。

依照此項新規定，考試院之主要職權，包括專管項目，即考試、銓敘、保障、撫卹與退休，不論是政令制定與執行皆屬之。此外，有關任免、考績、級俸、陞遷、褒獎項，考試院僅掌理法制研訂，或事後審查複核，其實際作業，則由各機關自行辦理，行政院有關事項並由行政院人事行政局掌理。至於養老一項，不再列入，以其屬社會行政項目之故。

三、法律提案權

依憲法第八十七條之規定，考試院關於所掌事項，得向立法院提出法律案。而所為提案，如涉及他院，得會同提出法律案，如有關各項公務員法的提案即會同行政院提出是。

此外，考試院就其掌理或全國性人事行政事項，得召集有關機關會商解決之（考試院組織法第七條第三項）。

第四節　考試院的組織

考試院的組織包括考試院院長、副院長、考試委員、院內幕僚單位，及所屬考選、銓敘兩部之綜合體。以下分述其要點：

第一目　考試院院長、副院長

民國一〇九年一月八日修正公布考試院組織法規定：考試院考試委員之名額，定為七人至九人。考試院院長、副院長及考試委員之任期為四年。總統應於前項人員任滿三個月前提名之；前項人員出缺時，繼任人員之任期至原任期屆滿之日為止。考試委員具有同一黨籍者，不得超過委員總額二分之一（第三條）。

考試院院長之職權，主要包括：

1.主持考試院院會，為考試院會議之主席。

2.綜理院務，並監督所屬機關。

3.派員列席立法院會議，陳述考試院意見。

4.參加總統召集之五院紛爭調和會議。

5.參與五院院長所組成之委員會，以解決省自治法施行的重大障礙。

考試院副院長，除出席考試院會議外，於院長因事故不能視事時，代理院長職務。

第二目　考試委員

依據憲法及考試院組織法，考試院設有考試委員，依合議形態組成考試院的決策組織。考試委員的主要職掌有二： 1.參與考試院會議，討論並決定考試院之重要政策及重要事項。 2.主持或參加典試工作。考試院舉辦國家考試，通常由考試委員主持典試，委員會掌理有關事宜（民國八十三年全國高普考試則由考試院敦聘中央研究院李遠哲院長擔任典試委員會委員長）。

憲法並明定考試委員須超出黨派以外，依據法律獨立行使職權。因考試委員出席考試院會議，參與考試政策之決定，並通常參與典試事宜，有關命題、閱卷、評分及決定錄取標準等工作，關係應考人之權益至鉅，為避免發生壟斷考試或循私舞弊，乃設此限制行使職權之原則。而所謂超出黨派以外，當指不得參加政黨活動，受政黨立場影響，而非指不得參加政黨之意。民國九十二年高普考試發生閩南語試題風波，監察委員約談相關考試委員，為尊重考試委員獨立行使職權，約談地點選擇在考試及監察兩院以外地點（民國九十三年五月三日）。

依考試院組織法第四條所列舉，考試委員人選應具有以下各款資格之一：「一、曾任大學教授十年以上，聲譽卓著，有專門著作者。二、高等考試及格二十年以上，曾任簡任職滿十年，成績卓著，而有專門著作者。三、學識豐富，有特殊著作或發明者。」

考試院考試委員之名額定為七至九人。考試院考試委員係由總統提名，經立法院同意任命之。任期為四年。總統應於考試委員任滿三個月前提名之；前項人員出缺時，繼任人員之任期至原任期屆滿之日為止。考試委員具有同一黨籍者，不得超過委員總額二分之一（第三條）。

第三目　考試院會議

民國三十五年一月政治協商會議，通過五五憲草修改十二項原則，其中即包括考試院採委員會體制。憲法第八章，雖未明定設考試院會議，但考試院會議為考試院極為重要之運作組織，且依考試院組織法之規定，考試院應設置考試院會議。其組織要點如下述：

一、會議之組成

考試院會議由考試院院長、副院長、考試委員、考選及銓敘兩部部長組織之，會議以院長為主席。院長不能出席時，以副院長為主席；副院長亦不能出席時，由出席人員公推一人為主席。會議每星期舉行一次。會議以法定出席人數過半數之出席，始得開會；經出席人過半數之同意，方得決議。可否同數時，取決於主席。

二、會議之職掌

考試院會議之召開，旨在決定憲法上考試院之職權，包括考銓政策之決定、施政方針計畫之研議、向立法院提出法案之議決、有關考試院發布之規章事例之審議等事項。

考試院因：1.以院會為決策機關。2.院長、副院長及考試委員同時依同樣程序任命，是以院會成員之地位相同。3.考試委員獨立行使職權等，足證考試院為合議制機關。透過合議、多數決，考試院得以自律自治，獨立運作考試權。是以考試院之體制，與行政院之為獨任制者迥異。

第四目　所屬機關

　　考試院除設秘書長以及秘書處、會計室、統計室及人事室等幕僚單位外，並設考選部與銓敘部兩個重要機關。

一、考選部

　　考選部掌理國家考選行政事宜，對於承辦考選行政事務之機關，具有指示監督之權。其業務單位主要有考選規劃、高普考試、特種考試與專技考試等四司。

二、銓敘部

　　銓敘部之職權，依民國九十一年三月一日施行之銓敘部組織法，除考試外，涵蓋憲法第八十三條規定之大部分職權。其權責地位是：1.為策定並執行全國人事制度之人事行政主管機關。2.為公務人員保險、眷屬疾病保險、私立學校教職員保險、退休人員及其配偶疾病保險等項業務之主管機關。3.掌理全國公務人員之銓敘及全國各機關人事機構之管理（機關）❶。其內部單位，除一般幕僚外，即設有法規司、銓審司（掌理一般公務人員之人事行政的審查）、特審司（掌理司法、外交、主計、警察、公營事業等人員之人事行政的審查）、退撫司（掌理公務人員保險、退休、撫卹、保障、養老、福利等事項）、地方公務人員銓敘司（掌理關於臺灣省各縣市公務人員任免、陞降、遷調及轉調、敘級及敘俸、考績、考成及考核之銓敘審定，以及退休及撫卹之審核事項等）。

　　銓敘部下設人事制度研究改進委員會，研討有關公務員法制及政策。

---

❶　〈中國考試制度史〉，《考銓叢書》（臺北：考試院編印，民國八十一年修訂版），頁二六八。

三、考銓處

考試院於一省或二省以上地區設考銓處，掌理各該地區之考銓事宜，並兼辦直轄市之有關業務。臺灣省曾設考銓處，於政府遷臺後裁撤。

四、典試委員會

依典試法規定，舉辦國家考試，除檢覈外，應組織典試委員會，辦理典試事宜。可知典試委員會係臨時性任務編組，因考試而設置，試畢即裁撤。典試委員會依據法律獨立行使職權，然業務上仍需與考試院及考選部相互聯繫。

五、公務人員退休撫卹基金管理委員會

我國公務人員退休撫卹制度，創立於民國三十二年，由政府負擔退撫經費之「恩給制」。由於政治、經濟、社會環境急遽變遷，以及政府財政負擔，退撫制度面臨挑戰，爰自民國六十年研議改革方案，民國八十四年七月一月起實施退撫新制，改為「儲金制」，由政府與公務人員共同撥繳費用建立退撫基金。公務員於每月應繳退撫基金費用總額中，政府撥繳百分之六十五，個人自繳百分之三十五。同時，設置基金管理委員會與監理委員會運作。為辦理公務人員退休撫卹基金之收支、管理及運用等事項，設本委員會掌理之。該基金並設監理委員會負責基金之審議、監督及考核。基金之運用，得委託專業團體經營之。

六、公務員保障暨培訓委員會

近年來公務員的保障日受重視，特別權力觀念已有重大改變。自民國七十三年司法院大法官會議釋字第一八七號解釋，允許公務員因退休金證明的核發提起訴願；嗣後，民國七十八年釋字第二四三號解釋認定公務員於受免職一事，向主管部門提起復審、再復審後，如仍不服決定，尚可提起行政訴訟，公務員權益保障日臻完善。考試院為此，於民國八十三年提

議設公務員保障暨培訓委員會，負責公務員的培育、訓練、進修的政策制定與執行，期公務員能力提昇、行為中立。並設公務員保障委員會議，掌理公務員基本身分、工作條件、官職級俸、待遇等再復審之決定，和其他公務員申訴案件之審議決定事項。此一會議，如同西方國家之「文官法庭」，有助於文官保障及發展。而公務員保障暨培訓委員會於民國八十五年七月成立，其下設保障處、培訓處及秘書處。公務人員保障法並於民國八十五年十月十六日公布施行，公務人員權益保障有整合的法制。民國九十九年設立國家文官學院（民國八十八年七月初設國家文官培訓所）統籌辦理公務人員考試錄取人員之訓練及升任官等訓練事宜。

第五節　公務暨專技人員考試

依據憲法第八十五條首揭：「公務人員之選拔，應實行公開競爭之考試制度。」，並明定「非經考試及格者，不得任用」。國家機關，以考試為取才之途徑；國家舉辦考試，應依公開競爭之原則為之。此誠為國家最重要的憲政典則，亦即為我國考試制度之真諦。

公務員考試，所以能發揮為國掄才、消泯社會階級、革除政治分贓(the spoils system)，進而安定政局之功能，即在於其為公務人員任用之主要管道。國家以考試為取才之管道，人民求仕以考試為要途，可見考試之重要。至於公開競爭，擇優錄取，為考試之基本原則，實與考試制度同其重要。

而公務人員之選拔，以及公開競爭之考試原則，無不冀求挖掘具備職務所需的核心工作職能（或專業核心能力）。這些核心工作職能，如工作熱忱、法規知能、資訊文書處理能力、注重團隊合作、不斷自我學習、誠實正直、整合協調等。

第一目　國家考試的種類

憲法第八十六條規定，公務人員任用資格、專門職業及技術人員執業資格須經國家考選銓定之。

憲法此稱公務人員，指一般文官而言，即依法執行政策之事務人員。近年來考試院審議「公務員基準法」，將公務員區分為五類：政務官（政務職人員）、公務人員、司法官、教育人員、公營事業人員❶。其中，取得公務人員之任用資格，即需經國家考試。

現行國家考試，包括以下四種：

一、公務人員考試

㈠公務人員考試法（民國一一○年四月二十八日修正公布）

公務人員之考試，分高等考試、普通考試、初等考試三等。高等考試按學歷分為一、二、三級。及格人員於服務三年內，不得轉調原分發任用之主管機關及其所屬機關、學校以外之機關、學校任職。為因應特殊性質機關之需要及保障身心障礙者、原住民族之就業權益，得比照前項考試之等級舉行一、二、三、四、五等之特種考試，除本法另有規定者外，及格人員於服務六年內，不得轉調申請舉辦特種考試機關及其所屬機關、學校以外之機關、學校任職。其轉調限制六年之分配，依申請舉辦考試機關性質、所屬機關範圍及相關任用法規規定，於各該特種考試規則中定之（第六條前二項）。

公務人員考試得採筆試、口試、心理測驗、體能測驗、實地測驗、審查著作或發明、審查知能有關學歷經歷證明或其他方式行之。除單採筆試者外，其他應併採二種以上方式（第十條第一項）。公務人員高等考試、普

---

❶ 政務官（政務職人員），依政務官退職金給予條例，其範圍過於寬廣，宜僅指行政官，即包括行政院院長、副院長、各部會首長、不管部會之政務委員，及各部會政務副首長。

通考試、初等考試，得視需要合併或分等、分級、分科辦理（第十一條）。

　　公務人員高等考試之應考資格如下：1. 公立或立案之私立大學研究院、所，或符合教育部採認規定之國外大學研究院、所，得有博士學位者，得應公務人員高等考試一級考試。2. 公立或立案之私立大學研究院、所，或符合教育部採認規定之國外大學研究院、所，得有碩士以上學位者，得應公務人員高等考試二級考試。3. 公立或立案之私立獨立學院以上學校或符合教育部採認規定之國外獨立學院以上學校相當院、系、組、所、學位學程畢業者，或高等考試相當類科及格者，或普通考試相當類科及格滿三年者，得應公務人員高等考試三級考試（第十三條）。

　　公立或立案之私立職業學校、高級中學以上學校或國外相當學制以上學校相當院、系、科、組、所、學位學程畢業者，或普通考試以上考試相當類科考試及格者，或初等考試相當類科及格滿三年者，得應公務人員普通考試（第十四條）。中華民國國民年滿十八歲者，得應公務人員初等考試（第十五條）。公務人員特種考試各等級考試應考資格，分別準用第十三條至第十五條關於高等考試、普通考試及初等考試應考資格之規定（第十六條）。

　　公務人員各等級考試正額錄取者，按錄取類科，依序分配訓練，訓練期滿成績及格者，發給證書，依序分發任用。列入候用名冊之增額錄取者，由分發機關或申請舉辦考試機關配合用人機關任用需要依其考試成績定期依序分配訓練；其訓練及分發任用程序，與正額錄取者之規定相同。對身心障礙、原住民族、低收入戶、中低收入戶及特殊境遇家庭之考試及格人員，考試院得減徵、免徵或停徵費額（第二十一條部分規定）。

　　自中華民國八十八年起，特種考試退除役軍人轉任公務人員考試，其及格人員以分發國防部、國軍退除役官兵輔導委員會、海洋委員會及其所屬機關（構）任用為限，及格人員於服務六年內，不得轉調原分發任用機關及其所屬機關以外之機關任職；上校以上軍官外職停役轉任公務人員檢覈及格及國軍上校以上軍官轉任公務人員考試及格者，僅得轉任國家安全會議、國家安全局、國防部、國軍退除役官兵輔導委員會、海洋委員及其

所屬機關（構）、中央及直轄市政府役政、軍訓單位。後備軍人參加公務人員高等暨普通考試、特種考試退除役軍人轉任公務人員考試之加分優待，以獲頒國光、青天白日、寶鼎、忠勇、雲麾、大同勳章乙座以上，或因作戰或因公負傷依法離營者為限（第二十四條）。

㈡公務人員升官等考試法（民國一〇四年一月七日修正公布）之有關規定

公務人員升官等考試（以下簡稱升官等考試），分簡任升官等考試及薦任升官等考試。但簡任升官等考試於本法民國一〇三年十二月二十三日修正之條文施行之日起五年內辦理三次為限（第二條）。

具有下列資格之一者，得應簡任升官等考試：1. 具有法定任用資格現任薦任或薦派第九職等人員四年以上，已敘薦任第九職等本俸最高級。2. 依公務人員任用法第三十三條之一第三款規定仍繼續以技術人員任用，現任薦任第九職等人員，並具有前款年資、俸級條件。3. 依專門職業及技術人員轉任公務人員條例轉任之現任薦任第九職等人員，並具有第一款年資、俸級條件（第三條）。

具有下列資格之一者，得應薦任升官等考試：1. 具有法定任用資格現任委任或委派第五職等人員滿三年，已敘委任第五職等本俸最高級。2. 依公務人員任用法第三十三條之一第二款規定仍繼續任用，現任委任第五職等人員，並具有前款年資、俸級條件。3. 依公務人員任用法第三十三條之一第三款規定仍繼續以技術人員任用，現任委任第五職等人員，並具有第一款年資、俸級條件或現任薦任第六職等至第九職等人員。4. 依專門職業及技術人員轉任公務人員條例轉任之現任委任第五職等人員，並具有第一款年資、俸級條件或現任薦任第六職等至第九職等人員。5. 依公務人員任用法第十七條規定經晉升薦任官等訓練合格現任薦任或薦派第六職等至第八職等人員（第四條）。

升官等考試，得採下列方式：1.筆試。2.口試。3.心理測驗。4.體能測驗。5.實地測驗。6.審查著作或發明。考試方式除採筆試者外，其他應採二種以上方式。筆試除外國語文科目、專門名詞或有特別規定者外，應使用本國文字作答。簡任升官等考試，除採筆試外，應兼採其他一至二種

考試方式（第六條第二至四項）。

現職人員於考試舉行前最近三年年終考績或年終考成成績一年列甲等，二年列乙等以上者，其考績或考成之平均成績高於考試成績時，併入升官等考試之總成績計算，比例為百分之三十，考試成績為百分之七十（第七條第一項）。合於第三條或第四條規定之現職人員，奉准留職停薪，在國內外進修與現職有關之科目者，於學成回原機關服務應升官等考試時，其論文或學業成績經複評後，得視為考績成績。但最多以計算三年為限（第八條）。

二、專門職業及技術人員執業資格考試

專門職業及技術人員執業資格考試，係為因應各種職業主管機關之特殊需要或補充正規教育之不足而舉辦，亦包括高等考試、普通考試、特種考試；唯考試得以檢覈為之，注重其工作與實務經驗。所稱專門職業及技術人員，例如律師、會計師、建築師、各類技師、醫師、藥師、河海航行員等，其執業資格應經考選銓定。

民國二十三年十一月，全國考銓會議（議案第十三案）曾建議律師、會計師、醫師、工程師資格之銓定，依法屬於考試權之一，理應由考試院接收辦理。民國七十年初，考選機關體認為適應社會急速變遷及社會各行業之需要，考選機關應立於主動地位，爭取在憲政架構下應有的地位。民國八十年初，考選機關再度研修專技人員考試法，以貫徹憲法賦予考試院考選銓定專技人員執業資格之完整權力為由，刪除「會同關係院（主要為行政院）」認定之規定，訂定有關規定。時值憲改，考試院為國家最高考試機關地位彰顯。

民國八十一年，在「擴大考試權政策」下，將辦理保險代理人、經紀人、公證人、報關人員、證券商業人員等納入須經考試的專門職業。民國八十七年二月，考試院從「依法規」、「應領證書」、「專門職業及技術人員」三要件，再次決定將房地產仲介人員、就業服務專業人員、導遊人員、領隊人員、航空人員等五種納入專技人員考試範圍。但僅房地產經紀人（不

動產經紀人）、導遊人員及領隊人員分別於民國八十八年、八十九年經職業主管機關同意納入專技人員考試範圍。

至民國八十八年專技人員考試法修正通過後，考選機關呼應政府再造去任務化方向，在考試權政策「由積極轉向消極」，將體育專業人員列為非屬專技人員範疇；民國九十三年以後，甚至研議報關、保險從業人員等回歸職業主管機關發證，並重行檢討專技人員之發展簡併或廢除，重新思考證照考試制度。漁船船員，民國九十六年起改由行政院農業委員會辦理發證；船舶電信人員資格取得及發證，民國九十七年起改由交通部自行辦理❶。民國一〇一年決定導遊及領隊人員比照技師考試，採比率制（錄取率為百分之十六），報考資格提高為大專程度。

三、公職人員候選人之檢覈

依公職候選人檢覈規則之規定，銓定其候選資格者。經檢覈委員會審議合格者，即由考選部報請考試院發給合格證書。

四、檢定考試

包括高等、普通檢定考試、中醫師檢定考試。其中，高等及普通檢定考試原為彌補有心參加國家考試而失學的青年而設，如今學校教育普及，檢定考試已失去設置之目的及功能。加以事實上近年來報考人數已大幅減少，考試法於民國八十四年修正後，此兩項考試即廢除而走入歷史。

第二目　國家考試種類的檢討

就現行考試制度言，雖經多次變革，也常引起爭議。茲舉二例論之。

以專門職業及技術人員執業資格之考試言，因與人民權益之保護及社會經濟之發展關聯密切而極為重要。如土地登記專業代理人，係屬專門職

---

❶　楊戊龍：〈專技人員考選制度的變革與未來展望〉，《九十八年考選制度研討會系列(三)》，考選部民國九十八年十二月編印。

業，依民國七十八年十二月二十九日修正公布之土地法第三十七條之一第二項規定：「土地登記專業代理人應經土地登記專業代理人考試或檢覈及格。但在本法修正施行前，已從事土地登記專業代理業務，並曾領有政府發給土地代書人登記合格證明或代理他人申辦土地登記案件專業人員登記卡者，得繼續執業，未領有土地代書人登記合格證明或登記卡者，得繼續執業得繼續執業五年。」旨在建立健全之土地登記專業代理人制度，符合憲法應經考試之規定（司法院釋字第三五二號及第三六○號解釋）。按上述土地法是項「繼續執業五年」之規定，於民國八十四年一月五日經立法院朝野立法委員的協商，在土地登記專業代理「有照代書」與「無照代書」對峙施壓下，立法院三讀通過修改，再延長一年。執業人員之考試畢竟屬國家重要考試。

記帳士亦從早期「就地合法」（免試換證）改由國家考試認證。司法院釋字第六五五號解釋（民國九十八年六月二十日公布）指記帳及報稅代理業務人依憲法第八十六條第二款之規定，其執業資格須經國家考試考選之。

再以公職候選人之資格檢覈言之。憲法規定公務人員任用資格，專門職業及技術人員執業資格，應依法考選銓定之，而對於公職候選人之資格則未加明定。故目前授權考試院以檢覈方式審定其資格，審查其學經歷，係根據中山先生學說及因應現實需要，尚乏憲法依據。

實務上，行憲前國民政府曾公布「縣市參議員及鄉鎮民代表候選人考試條例」（民國二十九年十月），嗣後公布「省縣公職候選人考試法」（民國三十二年五月），並廢止前項條例。依此考試法，省縣公職候選人考試，分為甲、乙兩種，經甲種考試及格者，取得省縣參議員候選人資格；經乙等考試及格者，則取得鄉鎮民代表及鄉鎮保長候選人資格。此為我國首次立法規定候選人應經考試之例。及至民國三十五年冬，國民政府即向當時制憲國民大會提議於憲法第八章「考試」，增訂公職候選人考試條款，惜未獲採納。因之，考試院乃停止辦理，至今乃缺乏舉行公職候選人考試的實例。

主張公職候選人應經考試者，其理由要有：1. 救濟選舉制度之窮。2. 為保障民權，應提昇候選人之素質。3. 符合憲法上「人民有應考試服公職

之權」（憲法第十八條）之規定意旨。4.貫徹選賢與能的選舉宗旨。而反對者，其理由要有：1.選舉之缺失，尚有罷免、創制及複決權可以補救之。2.我國教育尚未普及，須經考試始能參選，不利於一般大眾，難符合全民政治之原則。3.考試為治權，選舉為政權，候選人須經考試之規定，無異使政權受制於治權，不合政權控制治權之五權憲法要義。4.所謂「人民有應考試服公職」，不宜引申為以考試作為服公職之必要條件❸。

　　政府遷臺後，為因應實施地方自治之需要，考試院於民國四十二年公布「臺灣省縣市公職候選人資格檢覈規則」，民國六十七年公布之「動員戡亂時期公職人員選舉罷免法」，授權考試院辦理此項檢覈。為肆應多元化社會參與爆炸之情勢、提昇政府服務品質，以檢覈取代考試，篩選候選人之資歷，仍有其必要。

　　由於公職候選人須經考試院檢覈其候選資格，因此，有主張掌理選舉事務的中央選舉委員會宜劃歸考試院統轄，如此既合乎現行規定，又能符合獨立行使職權的考試院體制，使選務臻於公正及中立。目前中央選舉委員會雖隸屬行政院，唯其委員有政黨黨籍人數之限制，主任委員不必由內政部部長兼任，已逐步改進以符合選務機關「行政中立」原則。然將此機關改隸考試院之議，從憲法架構言之，實有其一定的價值。

第三目　國家考試的原則

　　憲法第八十五條揭示考試應本「公開競爭」之精神舉辦，頗合於人事行政公開、平等及競爭擇優三大原則之要旨❹。

　　唯憲法第八十五條原規定「按省區分別規定名額」，即由於：1.破壞考

---

❸　管歐：《中華民國憲法論》（臺北：三民書局，民國八十三年十月增訂版），頁二二二～二二三。

❹　蘇玉堂主編：《國家公務員制度講座》（北京：勞動人事出版社，一九八八年出版），頁一一五～一一六。姜士林等著：《國家公務員制度講座》（北京：中國廣播電視出版社，一九八八年版），頁三一～三三。

試擇優取才的公平原則。 2.造成狹隘的地域觀念。 3.所選拔者為事務官非政務官，不必考慮地區代表性。4.如今交通發達資訊暢通，教育文化提昇，考試上不需對某些省區特別保障，故不宜採行。是以民國八十一年第二階段修憲，即予停止適用。按此項「按省區分別規定名額」之規定，起於宋代「解額」制度，地方薦送參與中央禮部考試的士子，即規定每一地區的人數。如此，可以保障落後地區士子出仕的機會。明代更有南北卷制度，即會試上的考生必須在試卷上書明南或北，以示來自南方或北方，保證貢士平均來自南北各地。清代沿用不改，鄉試、會試對臺灣、甘肅、寧夏等地區，另編錄取名額❷。

　　至於現行基層公務人員特種考試，採分區報名、分區錄取及分區分發，並限定錄取人員必須在原報考區內服務滿一定期間，係因應基層機關人力需求及考量應考人員志願，所採取之必要措施，與憲法第七條平等權之規定，尚無牴觸。因之，考試機關基於職權，斟酌各縣市提報之缺額及應考人員之考試成績，分別決定各考區各類科之錄取標準，致同一類科各考區錄取標準有所不同，乃屬當然，並為應考人員所預知，應合於憲法平等原則之精神（釋字第三四一號解釋）。

　　再如過去甲等特考，即以違背公平競爭原則，考選部力主廢除此項考試。立法院於民國八十三年十二月完成立法，廢止甲等特考之法源。

　　為追求「公開競爭」原則，公務人員考試法不斷在修訂，重點如殘障特考取得法源及審慎舉辦；特考及格任用，限制轉調；考用合一，彈性運用；軍人參加公務人員考試及格者，得保留至退伍再行分發任用；高科技或稀有技術職務人員，得以彈性方式辦理考試，不以公開為原則等是。更重要的是，如何根據社會之期待，公務機關之需求，錄取具備公務人員核心工作能力（core competency，如工作熱忱、法規知能、文書處理能力、團隊合作、自我學習、誠實正直、問題解決能力等）者，是公務人員考試根本之道。

❷　李弘祺：〈科舉隋唐至明清的考試制度〉，《立國之宏規：中國文化新論　制度編》（臺北：聯經出版社，民國八十二年八刷），頁二七五，二八五～二八六。

摘　要

　　我國係世界最早採行考試制度的國家。現行憲法維護固有考試權獨立的傳統，於行政院之外另設考試院，並以第八章單獨規定之。考試院掌理公務員之考試、銓敘等人事事項，是以考試院為「最高考試機關」含有最高人事機關之意。考試院對行政院人事行政總處（民國一〇〇年十一月十四日公布行政院人事行政總處組織法），有監督之權責。我國人事行政兼採「部內制」與「部外制」兩種體制。

　　憲法第八十三條有關考試院各項職權之規定，經八十一年的修憲，改為三類，除考試、銓敘、保障、撫卹、退休等外，其餘如任免、考績、級俸、升遷、褒獎等，僅掌理其法制事項，實際執行則由行政院人事行政局主掌，對考試權作根本性之調整。該次修憲並決定憲法第八十五條「按省區分別規定名額」之規定不再適用。

　　為因應社會環境之變遷，考試院之組織即適時調整，如公務員保障暨培訓委員會之設立，並設國家文官學院，培訓公務人員，又仿西方國家之「文官法庭」，設公務員保障委員會議，皆有助於公務員之保障及發展。

第九章　監　察

第一節　概　說

第一目　近年來監察權之變革

　　監察，係糾劾百官之權。我國監察權，獨立於議會之外，而與行政、立法、司法、考試四權並列，構成五權憲法的基本架構，為世界各國之獨步。然行憲後，依憲法原文，監察院監察委員由省、市地方議會間接選舉產生，更依司法院解釋（民國四十六年釋字第七六號解釋），監察院與國民大會、立法院共同相當於民主國家的國會。是以過去國會體制多元，引發監察院究為「政權機關抑治權機關」、「臺諫抑為國會」等問題❶。

　　民國八十一年第二階段修憲，將監察委員改由總統提名經國民大會同意任命產生，並規定監察委員須超出黨派獨立行使職權。至此，監察院性質為之澄清，明顯歸屬治權範圍，為監察機關（非狹義的準司法機關），不帶民意機關或政權機關的性質。唯監察院不再是議會，從而又引發監察院應否再行使調查權，乃至糾正權、審計權之議論。而事實上，第二屆監察委員之「績效」較前優異（如民國八十三年即通過二十二件彈劾案，被彈劾人數達八十二人），監察權仍備受社會之期待。民國八十三年（一九九四年）監察院加入國際監察組織（International Ombudsman Institute, IOI. 一九七八年成立），為正式會員（Voting Member），積極參加該組織的年會及其

---

❶　參閱賀凌虛：〈從制憲過程析論現行監察院的性質〉，《憲政思潮》，第六六期（民國七十三年六月），頁一一七～一二八。

洲際區域會議，並與該組織及各國監察組織互訪交流。監察院內部成立國際事務小組，在監察長 (Ombudsman) 制度全球化趨勢下（至二〇〇四年年底已有一百一十國加入國際監察組織），蒐集編譯及研究各國體制，期建立現代監察制度資料中心。

　　監察權曾因第四屆監察委員之提名、同意權行使程序及人選發生爭議，而未能順利產生監察委員，以致民國九十四年一月起停擺多時，至民國九十七年二次政黨輪替始解決困境。恢復後的監察院，以民國九十九年觀察，彈劾案計二十件，糾正案計二百一十八件（糾舉案三件），廉政調查計七百三十二件，績效亦見恢復舊觀。而監察院於民國九十八年五月曾考慮「監察院召開彈劾（糾舉）案件審查會時，宜請被付彈劾人到場陳述及委請律師陪同到場答辯，各委員會審查糾正案時，應採無記名投票方式」，監察權之運作已注意程序正義。

　　民國一〇三年至一〇八年成立的彈劾案計一百五十案，彈劾人數二百一十八人。其中以一〇五年最多，彈劾案計五十九案，彈劾六十九人❷。近年來糾正案特別多，一〇八年五月份即達十五案。

　　近年來監察院存廢成為憲改重要議題。監察權是有悠久歷史，監察制度亦非統合一體，而是分散於中央與地方政府。因此有謂「監察院可廢，監察權不可廢」，監察院多年來仍能獨立運作，如立法院走向理性，監委有贊成監察院併入立法院者❸。

第二目　監察權的功能

　　我國監察制度獨立建制，具有悠久歷史，為世界各國所僅見。唯其功能與西方監察權相同，要有以下三項：

---

❷　監察院，〈監察統計資訊〉，民國一〇九年五月五日下載。

❸　李復甸：《監察制度要義》（臺北：瑞興圖書，民國一〇九年），頁三一〇～三一一。

一、防　腐

監察權包括調查、巡察等職能，以糾彈為後盾，警惕政府人員依法行政，不濫用權利，不以權謀私。監察權最好是備而不用，防微杜漸，發揮監督防腐的作用。

二、制　裁

如有公務員違法失職的個案發生，經過監察機關之調查並通過糾彈案，應即移送公務員懲戒機關議處，完成制裁程序。「彈劾制度乃拘束巨宦而補司法之不完備」 ❹，是以監察權乃具有高度的司法性質（或有稱監察權為「準司法權」者）。

三、救　濟

經由糾彈違法失職的公務員，有關的行政部門應更正其行政措施，並對於權益受損害之人民依法賠償或補償。監察權之運用，實含有撫平民怨及間接救濟人民權利的效果。各國此項救濟，未必是給予金錢賠償。除金錢賠償外，可能是要求行政部門妥善執行措施，合理對待相對人，如以色列 ❺。

如以監察院所擬之工作展望分析，監察院在保障人權上的做法是：一方面監督行政機關對人民權益有否違失行為，並使其損害減低到最低程度；另一方面，加強人民書狀的處理，鼓勵民眾陳訴及檢舉，落實人權保障 ❻。監察權實為人權保障的重要機制。

---

❹　薩孟武：《中國憲法新論》（臺北：三民書局，民國六十三年九月初版），頁四五二。

❺　Miriam Ben-Porat 著《以色列監察使之淵源》，監察院國際事務小組編譯：《第二屆亞洲區監察使會議論文集》（臺北：監察院，民國八十六年初版），頁一一八。

❻　參閱監察院：《八十三年監察報告書》（民國八十四年一月出版）。

第三目 監察權的簡史

中山先生曾認定，糾察權，專管監督彈劾的事。這機關是無論何國家皆必有的，但他堅信古代實行考試和監察的獨立制度，也有很好的成績。我國的監察制度，已有二千多年的歷史，從最初之「周禮」天官「小宰」之職，掌「王宮之糾察」開其端，至明、清御史，同受重視 ❼。其發展略如表 9–1。

表 9–1 監察體制之發展

時　代	監察官	中央與地方分工組織	類型
周	天官小宰	亦為史官	尚未建制
秦	御史大夫 御史中丞、侍御史 地方各郡設監御史	組織簡單	單線式體系
漢	御史大夫 御史中丞 御史、侍御史	中央設御史大夫寺 地方十三州部各設一部刺史	綜合式體系
唐	御史大夫 御史中丞 監察御史	中央設御史臺 （臺院、殿院、察院） 地方州府設十五道採訪史	複線式體系
宋	御史大夫 御史中丞	中央設御史臺 （臺院、殿院、察院） 地方設轉運史察外官	
元	御史大夫 御史中丞 監察御史	中央設御史臺 （殿中司與察院） 地方設廉訪司監察地方	
明	都御史 副都御史	中央設都察院 設十三道監察御史監察中央	

❼ 參閱涂懷瑩：〈由監察獨立之真義論監察院獨立設置之必要性〉，《憲政時代》，第一七卷第二期（民國八十年十月），頁三～一八。常澤民：《中國現行監察制度》（臺北：臺灣商務印書館，民國六十八年十月初版），第一章。鄭欽仁主編：《立國的宏規》（臺北：聯經公司，民國八十二年九月版），〈柏臺風憲匡政風〉篇。

	僉都御史 監察御史	官署並巡按州縣	
清	都御史 副都御史 僉都御史 監察御史	中央設都察院 設十五道監察御史，與地方 加右都、右副都御史銜的總 督、巡撫監察地方	
現行體制	監察委員	對中央機關由委員會巡察	地方不另設監 察委員，故亦 屬單線式體系

　　御史制度，「逾後其權益重」，明清兩代專制逾於往昔，御史權威之重，尤為前代所未有。而不論體制有何殊異，其保持獨立地位，則是中山先生所稱許的優異面。另在御史外，尚有「給諫」制度，係針對君主政策提供諫言及糾正。如秦漢時代設諫院（掌諫諍權）與諫官，與御史制度形成兩個監察系統，以後二者合一。

　　其實，漢代監察機關有三：御史、司直與司隸校尉。司直掌左丞相舉不法，地位在司隸校尉之上；司隸校尉是獨立機關，得監察公卿以下，即便是丞相與御史大夫，亦得彈劾。三者互相監察，進而監察內外群官。值得注意的是，監察的主要對象是機關長官。如此，可以不必「人人必察」、「事事必察」，減輕監察機關之權責❽。要之，過去行臺御史是官吏，可以升遷❾。

　　至於西方國家，監察機關係依附在國會。監察長 (Ombudsman) 制度從北歐國家逐漸推廣，為許多國家所採行，而與我國監察制度相互輝映。

　　按瑞典是首創監察長制的國家，早在一七一三年即設最高監察長，一八○九年正式設立，二十世紀初芬蘭（於一九一九年）亦仿設，後丹麥（一九五五年）、西德（一九五九年）、挪威、紐西蘭（一九六二年）等國相繼

---

❽　薩孟武：《孟武隨筆》（臺北：三民書局，民國八十三年六版），頁一七八～一八九。

❾　《四庫全書》，史部，三九七，《續通典》卷二十二（臺北：臺灣商務印書館，民國七十五年），頁六三九～三一八。

設立。除監察長（使）外，各國有多種不同取稱，如護民官、調解使、人權檢察官等。各國監察長多由國會選任，以瑞典言之，其監察長即由國會兩院各推二十四人組成選舉團選出監察長；監察長獨立行使職權，職位（人事、預算及調查權）受到嚴格保障。其主要職權是：1.受理人民的申訴，亦得主動發掘問題。2.調閱各級政府檔案文件，亦可傳訊證人。3.對行政進行調查、批評、公布，並指出建議及批評。4.對違法失職的行政人員起訴或逕予懲戒❿。

英國於一九六七年依國會監察使法，任命國會監察行政專使，推行監察長制，即明白顯示著重行政上的監督與救濟。而芬蘭、瑞典之監察使對司法則有充分的監督地位。誠如瑞典早期的文獻指出，監察長職司使官員在執行任務時要考量適當、執行正確而圓熟，並且公正而勤勉⓫。今天瑞典除了四位國會監察長，還設置六位由政府任命的專業監察長，分別掌理消費者、公平機會、身心障礙、反族群歧視、反性傾向歧視、兒童等事務監察⓬。

義大利是地方監察制度最發達的國家。美國僅部分州政府採行，州設州監察長，對州長負責，屬於州政府的單位。至於大都會地區所設監察使（監察長）功能不一，有些是協助人民提起申訴（如波特蘭市），有些則期望監察使發揮監督政府的功能（如安克拉治市）⓭。唯各國採行地方監察長制者，需地方議會充分配合始能收效⓮。

---

❿ 張劍寒：《監察長制度與行政救濟》（研究報告，未出版），壹、〈監察長制度之概念〉。

⓫ H. H. Kirchhemer 著，周陽山譯：〈監察員制度的意識形態基礎〉，《憲政思潮》，第八五期（民國七十八年三月），頁四八。

⓬ 周陽山：〈各國監察制度的比較分析與發展趨勢〉，監察院國際事務小組編，《世界監察制度》（臺北市：監察院，民國九十九年九月出版），第三章。

⓭ 黃越欽主編：《國際監察組織一九九四年研討會論文集》（臺北：五南出版公司，民國八十五年六月初版），第十四章〈市政監察使〉，頁一〇九～一二一。

⓮ D. C. M. Yardley 著，丁靜儀譯：〈英國地方監察長制度近年來之傾向與發展〉，《憲政思潮》，第六六期（民國七十三年六月），頁六六。

第二節　監察院的職權

憲法第九十條規定，監察院為國家最高監察機關，行使同意、彈劾、糾舉及審計權。民國八十一年修憲後，監察院不再行使同意權，但增加受理公職人員財產申報。彈劾權之行使，提議或決議的人數提高。

第一目　彈　劾

民國一〇九年被彈劾的公職人員計五十四人。其職務類別包括普通行政、司法、國防、交通、文教、衛生❶❺。

一、意　義

彈劾，係指對違法、失職之公務員（包括中央及地方之公務員；中央公務員並包含司法、考試與監察人員）為察舉監督，是交付懲戒的先行程序。彈劾如同司法上追訴權，而彈劾之對象，所以包含監察委員，乃因監察委員已非民意代表之故。民國八十六年三月二十一日監察院即通過對某監察委員之彈劾案。再者，憲法（第一〇〇條）原規定監察院得對總統、副總統提出彈劾案，唯經民國八十六年之修憲，此項職權改由立法院行使。

法官的彈劾　英、美、法等國由國會提出彈劾案，歷來案件不多。我國憲法第八十一條規定，法官「非受懲戒處分」，「不得免職」，可任法官為彈劾之對象❶❻。日本憲法及公務員法皆規定法官之彈劾，彈劾由國會參、眾兩院各派議員十人組成法官追訴委員會提出彈劾案❶❼。我國憲法增修條

---

❶❺　監察院綜合業務處，《109 年監察院報告書》（臺北市：監察院，民國一一〇年），頁一一一。

❶❻　劉慶瑞，《中華民國憲法要義》（臺北：作者自刊，民國七十四年），頁二三〇～二三一。

❶❼　王廷懋，〈法官法法官懲罰規定平析〉，《全國律師》（民國一〇三年二月號），網

文第七條第三項規定,「監察院對於中央、地方公職人員及司法院、考試院人員之彈劾案」等,即將法官納入彈劾之對象。

二、程　序

　　監察院對於中央及地方公務員之彈劾案,須經監察委員二人以上之提議(原憲法條文規定為一人,今改訂為二人),以書面為之,經提案委員以外之監察委員九人以上之出席審查及決定,(出席委員過半數之同意)即成立彈劾案。可知,彈劾案的提出,程序上,含提議與審查(有審查會)及決定(或提議與決議)兩個步驟。審查不成立之案件,十日內可提出異議,再舉行審查會,但以一次為限。

三、後　果

　　監察院對於公務員之彈劾案,於通過後係向懲戒法院提出,由懲戒法院為懲戒之審議。

四、問　題

　　彈劾是監察院極為重要的職權,然而彈劾之對象,涵蓋中央及地方公務員,已過於寬廣,而原因又包括違法與失職情事(違法行為,多以違反公務員服務法為主),亦幾至無所不包。如此,「人人可察,事事可察,察察為明」,不但不能加重監察院的職權,反而減輕監察的責任,其結果不免流於古人所稱「大綱不振,而微過必舉」的缺憾❽。監察人員有限,卻要糾彈廣泛的公務員,備多力多,效能將受限制,故縮減彈劾對象,值得重視。

　　再者,監察院之彈劾及於法官,是否影響司法獨立,猶不時引起關切。法官依據法律,秉持專業知識,運用自由心證,不受干預,乃審判獨立之

　　路下載。

❽　薩孟武:《中國憲法新論》(臺北:三民書局,民國六十三年九月初版),頁四七四。

要義。如監察院過於積極行使糾彈，未能謹慎自持，侵越法官職權，不但有破壞權力分立之嫌，更不免受「第四審」司法權之譏❶。民國一〇八年，有監察委員有意約詢曾經承辦前總統司法案件的法官，引發法界不滿，以為將侵害司法獨立。

　　憲法第九十九條，特別舉司法與考試人員之彈劾適用本憲法相關法條，其意旨應許司法、考試兩院人員列為彈劾對象。縱令兩院人員獨立行使職權，固不能忽視文字，尤應重視法理，注意其立法目的，以免以詞害意。從相關著作觀察，論者大致肯定兩院人員列入彈劾對象，「並無不妥」；但此彈劾應符合罪刑法定主義，合於刑法之構成要件。而監察委員彈劾法官應「自我限制」，最好由監察院訂定標準❷。

第二目　糾　舉

一、意　義

　　糾舉，係對公務員因違法失職，並且有予以停職或為其他急速處分時，所為權宜性監察措施。糾舉可說是彈劾權的簡化，為適應非常之情勢，以達監察權之目的而設，成為我國極特殊之制度❸。

二、程　序

　　監察委員對於公務員認為有違法或失職行為，應予以停職或為其他急速處分時，得以書面糾舉；經其他監察委員三人以上之出席審查及決定，

---

❶　王文玲：〈監察院變成第四審？〉，《聯合報》（民國九十二年三月十五日），第一五版。

❷　林紀東，《中華民國憲法逐條釋義》，第三冊（臺北：三民，民國八十二年），頁三一四～三一七。

❸　張榮林：《中國憲法上監察權之研究》（臺北：臺灣商務印書館，民國五十八年初版），頁一五二。

由監察院送交被糾舉人員之主管長官或其上級長官，其違法行為涉及刑事或軍法者，應逕送司法或軍法機關依法辦理。

被糾舉人員之主管長官或其上級長官接到糾舉書後，除關於刑事或軍法部份另候各該管機關依法辦理外，至遲應於一個月內依公務員懲戒法之規定處理，並得先予停職或為其他急速處分，其認為不應處分者，應即向監察院聲復理由。

三、後　果

被糾舉人員之主管長官或其上級長官，對於糾舉案不依前述程序辦理，或處理後監察委員認為不當時，得改提彈劾案。如該長官未依程序處理或決定不應處分，倘被糾舉人員因改被彈劾而受懲戒時，該長官應負失職責任。

四、問　題

糾舉原以中下級公務員為主要對象，對簡任職以上高級文官，亦得行使，可對其停職或為其他急速處分，至於五院院長，有認為雖係最高主管機關首長，然總統對五院院長負相當的監督責任，故五院院長仍屬糾舉的對象[22]。唯五院院長、司法院大法官、考試院考試委員、監察院監察委員等，具一定的獨立地位行使職權，應否列入糾舉對象之範圍，頗值得商榷。

第三目　糾　正

「監察院經各該委員會之審查及決議，得提出糾正案，移送行政院及其各部會，促其注意改善。」（憲法第九十七條第一項）民國一〇九年監察院各委員會提出糾正案八十五件，其中各委員會提出件數：內政及族群委員會三十二件、財政及經濟委員會十四件、教育及文化委員會十三件、司法及獄政委員會十三件、國防及情報委員會八件、交通及採購委員會五件[23]。

---

[22]　陶百川：《比較監察制度》（臺北：三民書局，民國六十七年初版），頁二七八。

[23]　《109年監察院報告書》，頁九七。

一、意　義

糾正，係監察院對於行政院及其各部會之一切設施、工作，調查其是否違法、不當，促其注意改善的監察。從效果上觀察，糾正係一種具影響力的職權，不具有拘束力❷。民國五十八年至六十五年計通過糾正案九十九件，輿論批評不夠多，應有一定的作用。

二、程　序

由監察院各委員會掌理，就行政院及其各部會之工作及設施，調查其是否違法或不當，經委員會審查及決議後，移送行政院及其有關部會，促其注意改善。糾正權由委員會行使，即經過委員會團體之審查及決議，而不是由監察委員個別之審查及決議，是其特徵。

三、後　果

行政院或其相關部會，於接到糾正案後，應即為適當之改善與處置，並應以書面答覆監察院，如逾二個月仍未將改善與處置之事實答覆監察院時，監察院得質問之（參照監察法，民國八十一年十一月十三日修正公布，第四章「糾正」，第二十四條、第二十五條）。若經監察院質問而仍無答覆，或雖為答覆而監察院仍不合意，法理上，監察院對於負有答覆責任之該機關主管人員，得提出糾舉案或彈劾案。蓋監察權如透過對事、對人雙重管道的監督，較能收效。

四、問　題

糾正權雖為監察院重要職權，但以其僅得「促其注意改善」，效果有限而備受詬病。監察院為落實糾正權，以發揮監察功能，於民國八十二年十一月九日第十一次會議決議，責成各委員會採行以下各項具體措施：

---

❷　張劍寒：〈監察院之職權〉，傅啟學等合著：《中華民國監察院之研究》（臺北：作者自刊，民國五十六年九月），頁六六二。

1.行政院或有關部會就糾正案函復後,各有關委員會應詳實審核;必要時得推派委員調查,或指定調查委員或原協查秘書親赴實地查核。

2.行政機關負責人員對糾正事項,如置之不理或敷衍塞責或故意延宕不結而有廢弛職務情事者,監察院應對違法失職人員提出糾彈。

3.糾正案件如認為行政人員涉有刑事責任者,監察院應主動移送軍法或司法機關偵辦。

4.提出糾正案後,行政機關是否已切實依法行政,仍應繼續追蹤考查,以期落實糾正權之功能。

再者,監察院為國家最高監察機關,其行使糾正權之對象,除行政院及其各部會外,應否及於立法、司法、考試、監察各院之「行政」職能?而憲法上雖未明文規定監察院得對省、縣地方行使糾正權,但實際上監察院也對省、縣地方行使糾正權,故應否經由修憲加以明定❷❺?又對地方之糾正,是否僅以中央立法交由地方執行之事項為限,不應涵蓋地方立法並執行之事項❷❻?

糾正,係對事的監督,不若彈劾直接對人監督,向被指稱是拍蒼蠅之舉,效果有限。民國九十七年三聚氰胺事件爆發後,監察院曾提出糾正案,至民國一〇〇年,監察院發現未見成效。這三年來,經歷二位行政院長、四位衛生署長,誰該負政治責任?監察委員感嘆從衛生主管機關到行政院,都沒有把吃的問題當成人民的大事。三聚氰胺事件發生後,監察院提出糾正案,臨時接受徵召接任的衛生署長面對糾正案,唯一做到的是讓食品藥物管理局 (TFDA) 能如期掛牌上路,但缺錢、缺人的主管機關,無法發揮完全效能。民國九十七年十一月監察院財政及經濟委員會通過對衛生署提出糾正案所列五大違失:把關不周、政策反覆、應變紊亂、機制未建、處

❷❺ 監察院於民國八十三年五月十八日舉辦「監察院憲法與監察法研究小組」座談會,與會者多持此肯定看法。

❷❻ 張榮林:《中國憲法上監察權之研究》(臺北:臺灣商務印書館,民國五十八年初版),頁三三五。

理失當，仍然一項都沒解決。第三位接任的署長於民國一〇〇年卸任前夕更是公開指責監察院，他說在一年半任內，監察院函詢、糾正和調查衛生署有七百五十八起案件，讓衛生署疲於奔命。這位署長最後還直接點名，尤其是豬血糕衛生安全事件，「監察委員連豬血糕都要糾正？」❷。民國一〇〇年四月又爆發塑化劑案，柏臺御史窮盡力量，能改變的卻極其有限。

　　茲比較如表 9-2 所示。

表 9-2　比較彈劾、糾舉與糾正

	彈　劾	糾　舉	糾　正
原　因	公務員違法、失職	公務員違法、失職而有急速處分之必要者	行政機關工作、設施違法或不當
對　象	中央及地方公務人員（包括司法、考試、監察人員）	中央及地方公務人員（五院首長、司法及考試人員應除外）	行政院及其各部會（應包括地方行政機關）
性　質	對人監督	對人監督（緊急監督）	對事監督（行政監督）
提案者	監察委員（對一般公務員之彈劾須經二人以上之提議）	監察委員（經監察委員一人以上之提議）	有關委員會
程　序	經提案者外其他監察委員九人以上之審查及決定	經提案者外其他監察委員三人以上之審查及決定	經各該委員會之審查及決議
目　的	懲戒違法失職的公務員	對違法失職之公務員停職或急速處分，並進而為懲戒	促請注意改善工作或設施
案件成立後受理機關	向公懲會提出	向公務員的主管長官或上級長官提出	向行政院或有關部會提出

---

❷　《中國時報》（民國一〇〇年一月二十九日）。

第四目　審　計

　　審計，係對於國家財政收支之決算的審核。國家財政，經由政策、預算及決算表現。決算，係由行政院於會計年度結束後四個月內提出於監察院。決算之審核，由監察院所屬機關的審計部掌理。

　　審計法第二條明定審計職權如次：一、監督預算之執行。二、核定收支命令。三、審核財務收支，審定決算。四、稽察財物及財政上之不法或不忠於職務之行為。五、考核財務效能。六、核定財務責任。七、其他依法律應行辦理之審計事項。

　　可見審計包括對人及對事的監督。又依審計法規定，審計部為全國各機關不服審計之最後駁覆機關。監察委員不參與審計權之行使，乃有謂監察院之審計權「有名無實」❷❸。再者我國體制，審計兼及事前審計工作，與各國比較，屬於嚴格的類型，即我國之審計涵蓋事前及事後之審計，而英、美、法、德等諸國則僅為事後審計❷❾。

　　依憲法第一〇五條之規定，審計長應於行政院提出決算後三個月內，依法完成其審核，並提出審核報告於立法院。審計功能廣泛，要有三項：一、財務審計工作 (auditing)，於完成決算審核後，向立法院提出審核報告。二、管理顧問工作 (consulting)，提供行政部門編擬年度概算時，先前年度預算執行之有關資料及建議意見。三、財務稽察工作 (inspecting)，於審計過程發現公務員有不法或不忠於職務之行為，移送偵辦或糾彈❸⓿。

---

❷❸　張治安：《中國憲法與政府》（臺北：五南圖書公司，民國八十一年第二版），頁四三七。

❷❾　引自「審計權的歸屬」研討會，《憲政時代》，第一九卷第四期（民國八十三年四月），頁一六。

❸⓿　蘇振平：《中華民國審計制度》，黃越欽主編：同❶❹，第九章，頁八三～八八。

第五目　調　查

一、功　能

　　監察院為行使監察權，得向行政院及其各部會調閱所發布之命令及各種有關文件（憲法第九十五條）。監察院得按行政院及其各部會之工作，分設若干委員會，調查一切設施，注意其是否違法或失職（憲法第九十六條）。監察院之調查權包括文件調閱權，係為行使糾彈而設。調查權可謂是達成監察目的的手段[31]。

二、種　類

　　監察院之調查，依其職權性質而分，包括有三：

㈠**糾正調查**

　　為糾正行政院部門之工作及設施，所為之調查，由監察院依行政院各部會而設之委員會行使之。為避免干預行政權並影響行政院對立法院負政策責任之體制，此項調查權應謹慎行使，否則容易引起憲政爭議[32]。

㈡**糾彈調查**

　　為提出彈劾、糾舉案，對於受糾彈之公務人員所為之調查。此項調查頗近似司法調查權，故如非必要，不應對人民行使以確保監察權與司法權之分際，並避免擾民（人民之違法行為之調查，由檢察、調查、警察機關為之）。

㈢**文件調閱**

　　監察院為行使監察權，得向行政院及其各部會調閱所發布之命令及各種相關文件（憲法第九十五條）。

---

[31]　〈監察院之定位及其調查權之研究〉，《法律評論》，第五九卷第九、一〇期合刊本（民國八十二年十月），頁三六～四〇。

[32]　民國八十三年四月十八日，立法院司法、預算委員會聯席會議決議，監察院不宜破壞體制，要求政務官至監察院委員會做政策報告。

三、運　作

　　監察委員得持監察證或指派院內職員持調查證，赴各機關部隊或團體調查。必要時得通知書狀具名人或被調查人員就指定地點詢問。調查人員得存封或攜去受調查機關之有關資料；調查工作於必要時，得知會當地政府或法院等機關請求協助，並得就指定事件或事項，委託其他機關調查。此調查及於人民團體，應求慎重；調查程序更應合乎明確性及正當法律程序。

　　故調查權之運作顯示監察委員獨立行使職權，其方式包括監察委員自行調查、指派院內職員持證調查，以及特定事項委託調查，而以監察委員輪派或指派為原則。民國四十六年對前行政院俞鴻鈞院長的調查，即指派陶百川等九位委員為之。監察院院長具監察委員身分，得參與調查，而與其他監察委員地位相同，獨立行使職權。

　　至於調閱文件之權，依憲法第九十五條之規定，係為行使監察權之所必需，屬於監察權之附隨權力。監察委員行使糾彈等職權、審計機關行使審計權，於必要範圍內，得依程序向行政院及其各部會調閱所發布之命令及相關文件。

四、與立法調查之分際

　　民國八十一年之修憲後，監察院不再具議會性質，立法委員尤有主張監察院應將調查權「歸還」「國會」之立法院。立法院為此一問題與監察院發生爭議，更進而聲請司法院解釋，司法院即著成（釋字第三二五號）解釋，指出監察院雖不再為民意機關，唯五院體制並未改變，「原屬於監察院職權中之彈劾、糾舉、糾正權及為行使此等職權，依憲法第九十五條、第九十六條具有之調查權，憲法增修條文亦未修改，此項調查權仍應專由監察院行使」，該解釋並且肯定立法院為行使憲法所賦予之職權，亦得依一定程序，「要求有關機關就議案涉及事項提供參考資料，必要時並得經院會決

議調閱文件原本」（即調閱權）。故監察院與立法院各自於其職權範圍內，得行使不同的調查職務，分際清楚，當不致引起衝突❸。

表 9–3 比較政府機關的各種調查權

機關名稱	調查權	運作程序
監察院	糾彈調查之監察權：對公務員違法行為行使	彈劾案向司法院提出，糾正案向行政院、各部會、地方政府等部門提出
立法院	文件調閱權（政府監督）：向行政院等行政部門提出	補強質詢、監督政府的功能
行政院公平交易委員會	行政調查權：對事業活動及經濟情況、違反公平交易法案件（如聯合壟斷）之調查	課予行政罰或移送司法機關偵辦
檢察署（檢察官）	司法調查權：實施證據搜索、犯罪偵查	決定是否向法院提起告訴
法務部調查局	司法調查：對國家安全與重大犯罪的偵查	決定是否向相關機關報告或向法院提起告訴

第六目　其他職權

一、法律提案權

　　根據司法院大法官會議的解釋，「基於五權分治、平等相維之體制，監察院關於所掌事項，得向立法院提出法律案」（釋字第三號解釋）。

二、監試權

　　依監試法規定，政府舉行考試時，除檢覈考試外，考試院或考選機關，

---

❸　參閱「從監察院之調查權論司法權與監察權之界限」研討會，《憲政時代》，第一六卷第四期（民國八十年四月），頁一一～一二。

應分請監察院或監察委員行署派員監試。凡組織典試委員會辦理之考試，應咨請監察院派監察委員監試。凡考試院派員或委託有關機關辦理之考試，得由監察機關就地派員監試。監試人員於監試時，如發現有違法舞弊情節，應由監試人員報請監察院依法處理(民國三十九年修正公布監試法第一條、第四條參照)。民國九十四年一月，第四屆監察委員難以產生，監察權出現空窗期，監試權引起議題。一般認為考試權獨立行使，以合議運作，是否需要監察院監督國家考試，值得商榷。民國九十四年三月考試院院會決議廢除此監察權。

其實，監察院監試工作仍然維持。依監試法第一條第三項，凡考試院派員或委託有關機關辦理考試，得申請監察機關派員監試。監試事項包括試卷彌封、試題繕印封存及分發至及格人之榜示公布等。民國一〇九年，監試二十案，包括高、普、特等考試四十件，出動三十二人次監試人員❸❹。

三、受理人民書狀

監察法第四條規定，監察院及監察委員均得受理人民書狀。因此監察委員得到鄉、鎮（市）基層接受民眾陳情或接見民眾聽取意見。另一方面，人民如發覺公務員有違法失職行為，得詳述事實並列舉證據，逕向監察院或監察委員舉發。人民書狀成為調查案重要來源。監察院收受書狀後即由每日輪值監察委員核閱，並按其所述情節，決定輪派委員調查，或依法委託有關機關代為調查，或移送相關委員會，或移送參事室研究，或送原調查委員核示意見等方式處理。

以《一〇九年監察院報告書》觀察，監察院收受人民書狀（總計一萬三千一百五十三件）來源，最多者依序為：人民送達、監察委員收受（包括電子信箱）、地方巡察。其他如值日委員收受、審計部函報等。書狀類別，依其數量，依次包括司法（約佔四成）、內政（約佔三成）、財政、教育、交通、國防等❸❺。

---

❸❹　《一〇九年監察院報告書》，頁一五一。

❸❺　《一〇九年監察院報告書》，頁七六。

唯監察院所收受人民書狀，屬續訴之舊案者比例幾達百分之七十五；人民對監察院之職權不甚了解，但頗重視監察院之受理其申訴，可見一斑❸❻。而監察委員亦可經由此管道「風聞論事」。

四、巡察權

依監察法第三條之規定，監察委員得分區巡迴監察。此項工作，分為中央機關巡察與地方機關巡察兩部分。中央機關巡察之對象為行政院、司法院與考試院及其所屬機關；地方機關巡察之對象為省政府、直轄市政府、各縣市政府及其所屬各級單位。其巡察之事項主要是施政計畫及預算之執行、重要政令之推行、公務人員有無違法失職、糾正案件之執行、民眾生活及社會狀況、人民陳情案件之處理等❸❼。

全臺及金馬地區劃分十三區，由監察委員分配參加，每巡察年度巡察兩次，必要時不受兩次之限制。監察委員藉巡迴監察收受人民陳請、辦理地方機關巡迴監察（監察院巡迴監察辦法第七條）。巡察之任務：巡察各機關施政計畫及預算執行情形、重要政令之推行情形、公務人員有無違法失職情形、糾正案件之執行情形、民眾生活及社會狀況，以及人民陳請案件之處理情形等（監察院巡迴監察辦法第三條）❸❽。

五、受理公職人員財產申報

監察院依公職人員財產申報法，特於民國八十二年八月起設立公職人員財產申報處，辦理公職人員財產申報工作。其申報時機包括到職申報、職務異動申報、定期申報三種；受理申報機關於收受財產申報表後四十五天內，應將申報資料審核彙整列冊，供人查閱，並就申報之書面記載逐項審核。如何使公職人員財產申報發揮弊絕風清，提供監察院行使糾彈之證據及社會公評之參考，是設定此項法制之目的。申報資料應能反映不法公

---

❸❻　《監察報告書》（民國八十三年），頁六七～六八。

❸❼　瑞典監察長每年約花四十到六十天於巡察各機關。

❸❽　《一〇九年監察院報告書》，頁一一五～一五〇。

務員「非法所得」之實況，以摘奸發伏，維繫官箴，不是玩數字遊戲，虛應了事。

　　公職人員財產申報，民國一○九年受理九千零九十二件，其中申請查報（調查）四百九十三件，上期未審議一百二十八件，計六百二十一件。民國一○九年通過審議五百二十九件，其中申報不實者計五百二十八件(一件已逾期)，予以處罰四十一件 ❸ 。

六、質問權

　　此質問權包含糾正質詢與施政質問。就施政質問言，監察院自民國八十三年十二月起實施新制，其程序略可分為：㈠邀請行政院各部會首長赴監察院各委員會接受質問，就施政情形及重大違失作說明及檢討。㈡俟各部會完成報告後，全體監察委員再到行政院巡察。㈢在完成上述工作後，再匯集於監察院年度工作檢討會議中處理 。 監察院此項職權，旨在 「問案」，與立法委員對行政部門的質詢係在「問政」者不同 ❹ 。質問權應屬監察院事後的監督調查。而有關監察院對行政院院長之質問，以行政院院長自俞鴻鈞創下不赴監察院之先例，質問乃不在監察院進行，而另擇地點行之。如民國八十六年因連戰以副總統兼任行政院院長一事，監察院即由委員赴行政院院長辦公室質問之；民國九十年因行政院未向立法院提出報告即逕行宣布核四停工一案，監察委員則在臺北賓館質問張俊雄院長；民國九十九年初，因臺北市捷運文湖線事故頻傳，二月三日幾位監察委員應總統府邀請，進府與總統「茶敘」，其過程並做成紀錄，應有質問性質。

七、受理公務員利益迴避案件

　　監察院是公務員利益迴避事件主管機關，院內設置廉政委員會行使此項監察權。

---

❸　《一○九年監察院報告書》，頁一六八。
❹　此係監察委員在民國八十三年十二月二十一日所表示的意見。

第三節　監察院的組織及其職掌

依憲法增修條文（民國九十四年修正公布）第七條第二項，監察院設監察委員二十九人，並以其中一人為院長，一人為副院長，任期六年，由總統提名，經立法院同意任命之，構成監察院之重要成員。此外監察院設置秘書處等幕僚單位，設立公職人員財產申報處、監察調查處等業務部門，至所屬機關則有審計部。

準司法權的確立　依據憲法原文，監察院由省市議會選舉監察委員。民國八十一年第二次修憲，監察院不再是民意機關，監察委員不再經議會選舉產生。過去的彈劾權，是政治性質，基於權力制衡原理。美國就是由國會彈劾法官，使終身職法官知所節制。我國監察體制原初設計即是基於此一制衡理念。因此有謂彈劾具有政治性，是制衡之道。學界遂有稱彈劾是政治審判，有別於司法審判。更有指，因監察委員來自地方選舉，政治勢力必然介入，而淪為政治性機關❹。

今修憲後的監察院，去除民意機關的性質，為準司法機關。然改制後的監察院依然保有彈劾權，且體制改變，彈劾程序卻依舊。經總統提名，監察委員幾全是執政黨人士，任期終了可以再次被提名，其結果當然造成非我族類、人因群分一致性的判決。加以團體盲思 (group think) 的組織效應，要公正彈劾，談何容易。

組織設計應調整　不久前，一次彈劾檢察總長之後，幾位監察委員不再被提名。反之，另一批人則再獲提名。難怪曾有人建議，監察委員應該一任，不得連任，而無後顧之憂，庶幾柏臺可浮現諤諤之士。

所謂獨立機關或獨立行使職權，其「獨立」必來自政黨中性的設計。

---

❹　見荊知仁等編著：《憲政改革芻議：修憲五大議題學術研討會實錄》（臺北：政治大學法學院，民國八十年），頁二二三～二四七。吳秀玲：〈論我國監察權的演變與未來發展方向〉，《國家發展研究》，第六卷第一期，民國九十五年十二月，頁二九～六六。

英、美等國獨立機關的成員都是政黨分配,如委員三席,最大在野黨必擁有一席,以確保組織的獨立性。所謂公共性的極致蘊含於此。

一般比喻,監察院彈劾公務員,相當於檢察官對人民之起訴,是司法權的發動,依據法律獨立運作。而為因應監察委員改採提名產生,則宜採政黨比例推薦,使監察組織保持中性,是根本之道。今監察院已非民意機關,更強調獨立運作,組織必須配合調適。

西方國家在議會設置監察使,由議會選任,受議會監督,有民意做後盾,故能放手一搏,展現績效,彈劾表現權力制衡的機制。他如將監察院改回議會,由人民選舉代表組成,回歸彈劾官吏的原初設計,是另一改革途徑。

第一目　監察委員

一、資格條件

監察院組織法(民國一〇九年一月八日修正公布)第三條之一規定,監察委員的任用須年滿三十五歲,並具有下列資格之一:

　　1.曾任立法委員一任以上或直轄市議員二任以上,聲譽卓著者。

　　2.任本俸十二級以上之法官、檢察官十年以上,並曾任高等法院、高等行政法院以上法官或高等檢察署以上檢察官,成績優異者。

　　3.曾任簡任職公務員十年以上,成績優異者。

　　4.曾任大學教授十年以上,聲譽卓著者。

　　5.國內專門職業及技術人員高等考試及格,執行業務十五年以上,聲譽卓著者。

　　6.清廉正直,富有政治經驗或主持新聞文化事業,聲譽卓著者。

　　7.對人權議題及保護有專門研究或貢獻,聲譽卓著者;或具與促進及保障人權有關之公民團體實務經驗,著有聲望者。

具前項第七款資格之委員,應為七人,不得從缺,並應具多元性,由

不同族群、專業領域等代表出任，且任一性別比例不得低於三分之一，提名前並應公開徵求公民團體推薦人選。

監察委員糾彈百官，任務重要，固應具一定之資歷，唯提名及國民行使同意權之過程常為國人所關切。民國八十一年第二屆監察委員經提名後，經國民大會行使同意權投票否決了四位人選。民國九十四年一月底，第三屆監察委員任期屆滿，立法院對第四屆監察委員提名人選仍未加以審議，二月起呈現監察院「沒有」監察委員的窘境，總統的提名權與立法院的同意權對峙衝突。

民國九十七年五月二十日馬總統就職，再行提名監察委員，經立法院同意，第四屆監察委員終於在是年八月一日就職，自此結束三年多沒有監察委員的日子！惟民國一○三年第四屆監察委員任期將屆，同年五月總統依例提名二十九位第五屆監察委員咨請立法院同意；七月，立法委員經兩次臨時會審查（第一次未能開會審查），通過十八位（其中包括院長及副院長），十一位被提名人未獲通過；九月，總統再提出十一位「清爽乾淨」之士，不料其中一位因學歷引起爭議，又逢十一月地方選舉，致立法院不再開會、不再審查這屆監察委員的人選（民國一○四年六月先行審查大法官提名案，十一位監委則任其缺額）。於是第五屆監察委員留下十一位空缺，至民國一○五年五月二十日政黨輪替新政府成立，仍未補足。

司法院於釋字第六三二號解釋（民國九十六年八月十五日公布），指陳「監察院係憲法所設置並賦予特定職權之國家憲法機關，為維繫國家整體憲政體制正常運行不可或缺之一環，其院長、副院長與監察委員皆係憲法保留之法定職位，故確保監察院實質存續與正常運行，應屬所有憲法機關無可旁貸之職責。為使監察院之職權得以不間斷行使，總統於當屆監察院院長、副院長及監察委員任期屆滿前，應適時提名繼任人選咨請立法院同意，立法院亦應適時行使同意權，以維繫監察院之正常運行。總統如消極不為提名，或立法院消極不行使同意權，致監察院無從行使職權、發揮功能，國家憲政制度之完整因而遭受破壞，自為憲法所不許」。

監察院副院長提名案例　民國九十七年六月，馬英九提名第四屆監察委員，其中提名前民進黨籍立委為監察院副院長，七月，立法院行使同意權以六票之差，未達五十七票過半數同意門檻，未獲通過，對此總統府表示遺憾。民國一〇九年六月，第六屆監察委員即將產生，總統提名國民黨籍、曾任臺東縣長為副院長人選，惟未經政黨推薦，朝野政黨都有各種聲音，當事人遂宣布婉拒提名，總統表示尊重。

第六屆監察院副院長懸缺一段時日。民國一一一年五月六日，立法院執政黨總召表示，總統將提名懸缺的監察院副院長及一位監察委員，監察院副院長人選是時任立委親民黨籍李鴻鈞。此一人事訊息揭露，各界多表支持，反對聲浪小。李獲悉被提名後，即向其黨主席報告，獲得應允，李同時表示如就任新職即退出政黨及其活動。而執政黨所以補提人事，一方面表示監察院需要一位調和各方的副院長，助益院務的推動。另一方面相信李擔任五屆立委，頗具專業而能超越黨派，為各方所能接受。五月九日蔡英文總統此項提名的咨文送達立法院。社會氛圍較前緩和，提名案隨即獲通過。

二、提名的憲政意含

第四屆監察委員的任命，一波三折，從第三屆監委任滿後，立法院拖延至民國九十六年八月，始終未就總統所提名單依法定程序進行審查。執政當局堅持總統有提名權，立法院有就名單加以審查的義務；在野陣營則以提名的人選及選薦程序有重大瑕疵，必須重行提名，拒絕審查。其結果是，行憲以來監察院首次因無監察委員而出現空窗期，五權憲法體制增添危機。民國九十七年初第七屆立法院開議後，總統府曾堅持再送原來所提名單，憲政爭議依然存在。所幸後來據聞總統已有意更動監委名單，重新提名，憲政危機的化解曾經現出一線曙光。但民國九十六年九月大法官提名及立法院行使同意權結果（八位被提名人，有四位未獲立法院同意），總統的提名再度受挫，於是又拖延監察委員的人事案。至五月二十日執政黨更易，此困局方得到解除。

其實，以美國來說，國會的人事任命同意權對總統的提名權，恆有極大的影響力，即便是總統的內閣成員亦然。近如小布希總統連任後，有意提名前紐約市警察局長為國土安全部長，後來因其個人事件曝光，輿論有異議，國會勢必不同意而作罷。即便是萊斯國務卿的提名案，參議院也曾擱置，延後表決，更以史上反對票最多的紀錄，表示對小布希政府伊拉克政策的不滿。美國憲政傳統，有所謂參議員的禮貌，總統在提名閣員時，不能不盱衡尊重國會的政治生態及政黨形勢。閣員如此，何況是美國獨立管制委員會成員的任命，總統更必須與參議院磋商，甚至討價還價。其結果是，有些管制機構是總統主導的，有些是國會主導的，有些是政黨的恩寵。其間固有不足取法之處，其程序卻頗值得肯定。

由於獨立管制機關具有自主地位，美國總統也只能透過人事任命影響或掌控獨立機關。同時，國會立法部門，也能在制訂管制法規或標準上，影響獨立管制機關，這情形在我國亦然，除了管制機關，考試院、監察院、司法院皆一樣。在民主開放社會，公民與利益團體固然可以從政策「需求面」影響管制機關，政府當局也能從政策「供給面」加以影響。而在野黨經由國會立法院，對這些機關的人事同意權表達意見，勿寧是常態之舉。

現代民主國家，政府或政黨經由選舉，實質上掌握著管制機關的「廣闊之翼」。美國最高法院法官係終身職，最高法院受總統的影響，大致不如管制機關所受的影響來得快速。可是美國也曾出現過單一政黨主導總統、國會，甚至最高法院的景象。選舉顯示民意的趨向，從而，選舉改變總統的偏好，也會改變參議院的偏好，同樣會改變管制機關的政策。憲政機構的決策不能不考慮民意的因素。監察委員的提名，理應相當程度反映民意趨向，勢需經朝野協商以找尋人才並杜絕爭議❷。

三、職權保障

由於監察委員改由提名產生，故非民意代表，而不再享有言論免責權與身體保障權。因此，憲法原定「監察委員在院內所為之言論及表決，對

❷　陳志華：〈在沒有監委的日子〉，《中國時報》（民國九十六年八月二日）。

院外不負責任」（第一〇一條）；「監察委員除現行犯外，非經監察院許可，不得逮捕或拘禁」（第一〇二條），皆不再適用。

唯監察權之行使，首重公正嚴明，因此憲法增修條文要求「監察委員須超出黨派以外，依據法律獨立行使職權」，與對法官及考試委員之規定相同，用意一致。監察委員行使調查權、糾彈，不受監察院院長指揮監督，調查案由監察委員核辦，獨立運作。

至於兼職之限制，監察委員本於職責，仍須遵守憲法之基本規定：「監察委員不得兼任其他公職或執行業務。」（第一〇三條）。公職方面，監察委員除不得兼任官吏外，依法令從事公務者亦在限制之列；至於業務方面，「係指與監察權之行使有牴觸之業務而言。其與監察權行使無關，或不發生牴觸之業務，則不應當包括在內」。歸納之，其兼職之限制如下：

㈠**公職方面，包括**

　　1.各級民意代表。

　　2.中央與地方機關之公營事業董、監事及總經理。

　　3.其他依法從事於公務者。

㈡**業務方面，包括**

　　1.醫務人員；公立醫院院長及醫生。

　　2.民營事業之董事、監察人及經理人。

　　3.新聞雜誌之發行人。

　　4.政黨等人民團體之主任委員、理事等。

四、任期保障

監察委員之任期為六年。此項規定，於監察院改制，監察委員改由總統提名經立法院同意任命後，依然維持。由於監察委員組成我國監察機關，職司風憲，得向司法院公務員懲戒委員會提出糾彈官吏，且依憲法增修條文，監察委員應依據法律獨立行使職權。如此規定，在使監察委員於任期保障下，得以專心致意於行使職權，不受外界影響，用意良善。

唯或以現行監察委員一定任期之保障，就其職務之性質及監察委員個

人之生計言之，恐有失公允。蓋監察委員之職務，與司法權有密切關聯，並與法官一樣，須依法律獨立行使職權，故應如法官享有終身職之保障。無如對監察委員採任期制，未免不公允，此其一。而監察委員須依法律獨立行使職權，因此，日後於任期屆滿後，恐與外界向無往來，「成為孤立於產官學界的陌生人，也許清高有餘，但人際關係不足，往後的謀生處事，都極為不便也不利。」❹亦見其不公允，此其二。再以監察委員採任期制，於任期屆滿後，究竟如何安排，既難於預測，職位保障不確定，而有此顧慮者，為預謀日後的出路，當樂意與外界保持良好關係，「如遇到高官因案關說，由於雙方的需求一致，很可能加速關說效果，使得彈劾案的客觀性與公平性受到扭曲，造成無限的遺憾」 ❹ 是以監察委員之任期保障，足為關心憲政及監察體制者關切省思。

五、監察委員為特別職公職人員

民國八十一年修憲後，監察委員不再是民意代表，而成為監察官，是公務員中的特別職人員。因此，監察委員不再行使同意權，不享有言論免責權，而可能成為被彈劾的對象。今天的監察委員如同歷代御史，是官吏之一種。漢、唐、明等各朝代，部刺史、巡察使、督撫改為常駐地方後，均逐漸成為地方首長；明、清代各道監察御史未駐地方，故能保持監司地位 ❹ 。

行憲後，依據憲法第九十一條之規定，監察委員由各省、市議會選舉，因此監察委員多係地方黨部負責人。監察委員多為執政黨人士，委員分屬幾個主要派系；有些工作常循政黨政治之途徑，與執政黨有相當密切關係。又因出自選舉，監察委員難免在案件上或選舉時，施用人情、黨派關係。

❹ 監察委員殷章甫之意見；參殷章甫：〈彈劾案是否引發新的不公平〉，《聯合報》（民國八十四年一月三十一日），民意論壇版。

❹ 此係監察委員在民國八十三年十二月二十一日所表示的意見。

❹ 傅啟學、賀凌虛、張劍寒等：《中華民國監察院之研究》（臺北：臺灣大學政治系，民國五十六年出版），頁一○○。

今監察委員經由總統提名，立法院同意後任命，監察委員應擺脫流俗干擾而專心監察工作。

第四屆監察委員由於提名與任命未能依照程序進行，因此不克於民國九十四年二月一日就職，自此至民國九十七年一月三十一日出現監察委員出缺情況。這三年間，待監察委員辦理的案件多達三萬零五百五十二件，人民書狀及機關函復業務一萬六千一百四十一件，彈劾業務七十七件，糾正業務三百七十件等。人民陳情案件無法處理，行政違失未能及時追究，人權保障與憲政運作受到影響 ❹❻。

第二目　院長及副院長

監察院院長、副院長，依憲法增修條文規定，由監察委員出任，並由總統提名，經立法院同意任命（民國九十四年六月十日公布，第七條第二項），過去由監察委員互選產生的方式，為之改變。唯院長、副院長之地位與任命程序，與監察委員並無殊異，故其間應無指揮監督關係，而監察委員乃獨立行使職權。由於院長兼具監察委員身分，過去有院長積極參與各種糾彈調查委員會者。

院長之職權，依據憲法及有關法律之規定，要有：

1.綜理院務，監督所屬機關。

2.主持監察院院會（會議）。

3.參加總統召集的院際爭議之仲裁會商。

4.列席立法院會議，陳述有關監察法案之意見。

5.參與五院院長所組成，為解決省自治法施行上重大障礙之委員會。

至於副院長，依例於院長因故不能視事時，代理其職務，代為主持院會。

---

❹❻　監察院編印：《持續運轉與等待：監察院沒有監察委員期間工作輯要》（民國九十七年），監察院祕書長杜善良「序言」。

第三目　監察院會議

依監察院會議規則規定，監察院會議由院長、副院長及監察委員組織之，按月由院長召集開會，如院長認為必要或有全體監察委員四分之一以上提議，得召集臨時會議，以院長為主席。

監察院會議，監察院秘書長、副秘書長、各處處長、各室主任、各委員會主任秘書、國家人權委員會執行秘書、法規研究委員會及訴願審議委員會執行秘書、審計部審計長、副審計長及其他經院長指定之人員均應列席。

依監察院會議規則第三條，應提出監察院會議之事項，主要包括：

1. 關於提出立法院之法律案。
2. 關於監察法規之研議事項。
3. 關於審議中央及地方政府總決算之審核報告事項。
4. 關於彈劾權、糾舉權及審計權行使之研究改進事項。
5. 關於提出糾正案之研究改進事項。
6. 委員會報告事項。
7. 關於國家人權委員會報告事項。
8. 院長交議事項。
9. 委員提案事項。
10. 其他重要事項。

監察院會議之法定人數，是「應出席委員二分之一以上」。唯監察院之職掌，如彈劾、糾舉，以監察委員個別獨立行使，糾正則以委員會行之，院會的功能以上述第三款「關於審議中央及地方政府總決算之審核報告事項」較具憲政意含，重在協調研議，不若合議機關的議會重要。一般而論，監察院會議按月舉行，一年約舉行十二次，次數有限。

第四目　院內委員會

依據憲法第九十六條規定，監察院得按行政院及其各部會之工作，分設若干委員會，以調查其一切設施，注意是否違法或失職。監察院組織法（民國一一〇年五月十九日修正公布）第三條，乃進而規定，「監察院得分設委員會，其組織另以法律定之」。監察院設下列七個委員會❹⁷：

　　1.內政及族群委員會。

　　2.外交及國防委員會。

　　3.社會福利及衛生環境委員會。

　　4.財政及經濟委員會。

　　5.教育及文化委員會。

　　6.交通及採購委員會。

　　7.司法及獄政委員會。

各委員會由監察委員分任之，每一委員以任三個委員會為限，每一委員會人數不超過十四人。

此外，監察院得應業務需要，於院內設特種委員會；其所需工作人員，由院長就所屬人員中指派兼任。今監察院所設置特種委員會有以下幾種：

　　1.訴願審議委員會。

　　2.諮詢委員會。

　　3.廉政委員會。

　　4.監察委員紀律委員會。

　　5.人權保障委員會。

其中，廉政委員會依據民國八十六年三月四日公告施行的監察院廉政委員會設置辦法設置。主要任務為受理及監察公職人員財產申報、公職人

---

❹⁷　《監察報告書》（民國八十二年），頁三〇～三一。監察院各委員會組織法（八十七年一月七日修正公布）第二條之規定；監察院全球資訊網，民國一〇五年二月五日更新。

員利益衝突迴避及政治獻金等廉政相關事項,並審議其處分及決定等。

監察院設立國家人權委員會。監察院國家人權委員會組織條例(民國一○九年一月八日制定公布)第一條首揭,監察院為落實憲法對人民權利之維護,奠定促進及保障人權之基礎條件,確保社會公平正義之實現,並符合國際人權標準建立普世人權之價值及規範,依據監察院組織法第三條第二項規定,設國家人權委員會。國家人權委員會置委員十人,監察院院長及具有監察院組織法第三條之一第一項第七款資格之監察委員七人為當然委員。本會主任委員由總統於提名時指定監察院院長兼任之,副主任委員由本會委員互推一人擔任之。當然委員以外之監察委員二人亦得為本會委員,由監察院院長遴派之。當然委員以外之本會委員應每年改派,不得連任(本條例第三條)。該委員會主要職權包括:一、依職權或陳情,對涉及酷刑、侵害人權或構成各種形式歧視之事件進行調查,並依法處理及救濟。二、研究及檢討國家人權政策,並提出建議。三、對重要人權議題提出專案報告,或提出年度國家人權狀況報告,以評估國內人權保護之情況。四、協助政府機關推動批准或加入國際人權文書並國內法化,以促進國內法令及行政措施與國際人權規範相符。五、依據國際人權標準,針對國內憲法及法令作有系統之研究,以提出必要及可行修憲、立法及修法之建議。六、監督政府機關推廣人權教育、普及人權理念與人權業務各項作為之成效。七、與國內各機關及民間組織團體、國際組織、各國國家人權機構及非政府組織等合作,共同促進人權之保障。八、對政府機關依各項人權公約規定所提之國家報告,得撰提本會獨立之評估意見。九、其他促進及保障人權之相關事項(本條例第二條參照)。

監察院國家人權委員會定位及組成之問題 一九九三年聯合國通過《巴黎原則》(通稱),鼓勵各國設立國家人權機構,並揭示機構的組織要件及職權。一九九七年國內學界及民間團體倡議並組成推動聯盟,二○一九年十二月十日,我國國家人權委員會組織法立法通過,決定於監察院設置國家人權機構,同時接續總統府人權諮詢委員會的工作。

惟監察院國家人權委員會組織定位方面,論者指出,國家人權委員會

作為一個獨立機關,是《巴黎原則》的基本要求。由於監察院已設置「人權保障委員會」,民國一〇八年國家人權委員會組織法修正,遂將國家人權委員會定位監察院內部單位,以及混合型人權監察組織,以兼顧保有傳統監察職權與促進善治、糾正不良行政、打擊貪腐等人權保障功能。但有主張國家人權委員會應比照審計部,為監察院所屬機關,以發揮功能。

其次,委員的選任方面。有認為基於國家人權委員會為監察院「內部單位」,故應由全體監察委員出任人權委員會委員。因為監察委員涵蓋《巴黎原則》的提示,人權委員會委員應有律師、醫生、新聞記者、學界專家、議會、政府部門、社會及專業組織代表,成員具多元性,且監察委員依法獨立行使職權,由全體監察委員擔任國家人權委員會委員,可以呼應《巴黎原則》所揭示獨立運作原則。然論者認為監察委員未必皆具人權專業,宜由部分監察委員出任人權委員會委員,監察院仍保持固有職權,各有分際。監察院研提版本應屬可行❹❸。

今監察院國家人權委員會委員,包括八位當然委員(皆為現任監察委員,其中包括監察院院長),以及兩位委員,共十位,並由監察院院長兼任主任委員。依該委員會組織法第八條第四項,得聘人權諮詢顧問若干人。現有顧問十五位,包括學者、研究機構、民間團體與律師等各界人士,符合組織多元原則。「監察院國家人權委員會組織法」於民國一〇九年五月一日施行,國家人權委員會在第六屆監察委員民國一〇九年八月一日上任後正式成立,總統府人權諮詢委員會則完成階段性任務。

原來是總統府諮詢單位,改制為監察機關所屬單位,其變動不可謂不大。而在憲改聲中,監察院改制併入立法院是可能的途徑之一,其前景猶可變動。如此重要的國家人權機構,其定位及功能應該加以正視及省思。

---

❹❸　賴怡瑩,〈監察院國家人權委員會組設定位及人員組成研析〉,《議題研析》,立法院網站。

第五目　幕僚組織

一、秘書長及秘書處

監察院置秘書長一人，特任，由院長就監察委員外遴選人員，提請總統任命之。秘書長承院長之命，處理監察院事務，並指揮監督所屬職員。監察院職員在秘書長指揮監督下，協助監察委員行使監察權。每位監察委員除配置委員秘書一人外，監察院並就現有薦任級以上職員遴選六十人，依其學識專長，分為一般行政、司法軍法財政經濟、地政營建都市計畫環境工程、採購工程招標、國防交通等類組，核派協助監察委員調查案件。

監察院除秘書處外，設置監察業務處、監察調查處（分設人權、內政、財經、交通採購、外交國防教育等五組）、公務人員財產申報處（分設五組，以受理申報、更正、查詢有關案件，政治獻金之設立變更等業務）、綜合業務處、會計處、統計處、人事處與政風處。這些單位職責在協助監察委員行使監察權❹。

二、業務及幕僚單位

監察院除秘書處外，設置監察業務處、監察調查處、公務人員財產申報處、綜合業務處、會計處、統計處、人事處與政風處。

第六目　審計部

審計部掌理決算之審核，係對年度中央政府之政策規劃與執行之總評估。其功能即在監督政府政策之是否依法切實執行。

---

❹　王作榮院長於民國八十七年經監察院工作檢討會議，修訂監察院組織法，建立監察院調查官制度。其中即設置各級調查官，共八十四人。

一、歷史沿革

　　我國審計制度創始於民國元年九月，於國務院下設審計處；民國三年改設審計院，由中華民國約法規定，始具重要地位；至民國十四年，監察院成立，改由監察院第三司掌理之；民國十七年七月再恢復審計院；民國二十年旋又將審計院改稱審計部，隸屬於監察院；民國三十六年制定公布之現行憲法繼續維持此制迄今。

二、審計與糾彈分立

　　監察院職權以彈劾、糾正、審計等為主要，但彈劾、糾正等由監察委員行使，而審計則以審計部為權責機關，監察院首長、監察委員不參與焉。審計人員依據法律行使職權，審計與糾彈分立，各有分際。

三、合議制機關

　　民國初年的幾部憲法或憲草，如天壇憲法、民國十二年的曹錕憲法等，不僅承認審計機關的獨立地位，並且將其組織定為合議制，採審計院模式，於審計部設審計會議，議決該部重要事項，此項體制至今依然維持。

四、對立法院負責

　　我國審計制度與西方先進國家大致相近，就掌理事項，審計首長對國會負責，並且按期向國會提出審核報告。

㈠首長的任命

　　審計部置審計長，任期六年，由總統提名，經立法院同意任命之。此任命程序，與美國、德國體制類似。

㈡提出審核報告

　　審計長應於行政院提出決算後三個月內，依法完成其審核，並提出審核報告於立法院（憲法第一○五條）。我國立法院審議預算，猶需監督決算之審核，始能有效控制國家財政，乃有此項規定。依現行法制，審計長應

於此一時限內，編造最終審定數額表，並提出報告於立法院；立法院審議時，審計長應答覆質詢及提供資料。故審計部在行政上（預算、法案之提出）受監察院監督，決算審核受立法院監督，對立法院負責。

　　世界各國在政府三權之外另設立監察機關者，甚少，除我國外僅有南韓。要者，雖然審計部應提出審核報告於立法院，但立委必須應付選舉等政治事務，與審計部間聯繫少，故監委寄望立法院日後能提高專業性、公正性與獨立性，以加強審計監督❺⓪。

五、內部組織

　　審計部置審計長、副審計長各一人，以及審計若干人。部內分設六廳，分別掌理普通公務、國防經費、特種公務、公有營業及公有事業、財務審計、數位及科技發展審計，並設置一般幕僚單位。

六、省、市設審計處（審計一條鞭制）

　　審計部具獨立完整的地位，於省、市設審計處，建立中央與地方審計一體的系統，以監督地方政府之財務。依五權憲法體制，審計權乃屬監察權之範圍，應由中央立法並執行之，省、市設審計機關（審計處），隸屬於監察院之審計部，並依審計法辦理地方財務之審計，為監督省、市地方預算之執行所必需，與憲法無牴觸（參照司法院民國七十八年釋字第二三五號解釋），此項解釋從國家對地方的監督地位論述，忽略地方自治上地方應有其自主的財政權（包含預算權與決算權）❺①。

七、改進措施

　　審計機關除公庫仍派員駐庫核發各機關付款憑單外，對各機關不再派人員，而改採巡迴式派員抽查收支單據，廢除事前審計。

---

❺⓪　周陽山等，《比較監察制度》（臺北：三民，民國一〇九年），頁一五七。

❺①　陶百川：《比較監察制度》；林紀東主張地方審計歸地方。

關鍵詞

- 監察長 (Ombudsman)
- 彈劾
- 糾舉
- 糾正
- 審計
- 巡察
- 監試
- 公職人員財產申報
- 監察院調查權
- 審計部
- 監察院會議

摘　要

　　監察係糾彈百官之權，我國五權憲法將監察與行政、立法、司法、考試並列，監察獨立於立法之外。西方國家採行監察長制度，監察長由議會選任，向議會提出工作報告。

　　監察院監察委員係經由地方議會選舉產生，民國八十一年之修憲，規定監察委員由總統提名，經國民大會（今改為立法院）同意任命，監察院不再具有議會性質。同時，監察委員應依據法律獨立行使職權，亦屬重大變革。

　　我國監察院的主要職權包括彈劾、糾舉、糾正、審計、調查權，此外尚有法律提案權、監試權、受理人民書狀、巡察權、受理公職人員財產申報等。其中，審計由審計部掌理之，與糾彈分立。而調查權經司法院解釋，與立法院為行使立法權而為之調閱文件，各有分際（司法院釋字第三二五號）。

第十章　中央與地方的權限

我國憲法第十章，設定中央與地方之權限，依據中山先生均權主義，規定專屬於國家（中央）之事權、得委任省、縣之事權以及省、縣地方專有事權。

第一節　中央與地方的權限關係

政府組織，除中央政府外，常設有地方政府。中央政府與地方政府的權限關係，是任何國家不論是聯邦國或單一國所共同面對的問題。中山先生對五權憲法的中央與地方關係，提出其獨創的構想，就是要依照均權的原理，凡事務有全國一致之性質者，劃歸中央，有因地制宜之性質者，劃歸地方。如此既不偏於中央集權，亦不偏於地方分權。

一、權限關係的類型

政府間的權限關係可分為中央集權制、地方分權制與均權制三種類型。

中央集權制，即國家一切權力皆歸中央擁有，地方政府是中央政府決策的執行者。如法國即採此制的精神，地方首長由中央指派，執行中央政令。此制中央政府統籌全國事務，政令一致並能貫徹執行，避免地方割據。其缺點則是，忽略地方需要，而人民參與中央政事機會有限。

地方分權制，中央與地方各自有一定權限，地方在其權限範圍內，具決定並執行政策的權力，美國聯邦制屬於此一類型。此制的優點是注重地方發展，人民有高度參政的自由，然如運用不當，形成多元權力中心，中央政令不易貫徹於全國，地方各自為政。

南非在一九九六年脫離白人統治，朝野兩大政黨，歷經六年完成制憲。

十一個省，只有南方的西開普 (Western Cape) 省是白人居多的省（南非百分之八十的白人居住在此）。南非為留住白人，遷就白人，乃採行聯邦制。此舉，咸信展現人民的自我節制，提供「民主過渡」的機制，期順利從專制統治邁向民主政治❶。

至於均權制（均權主義）為中山先生之創見，旨在避免中央集權或地方分權。他在〈中華民國建設之基礎〉（民國十一年）一文指出中央集權與地方分權之非，並提出以事（權）之性質為中央、地方權限之劃分。在該文，中山先生說：

> 權之宜屬於中央者，屬之中央可也，權之宜屬於地方者，屬之地方可也。例如軍事外交，宜統一不宜分歧，此權之宜屬於中央者也。教育衛生，隨地方情況而異，此權之宜屬地方者也。更分析言之，同一軍事也，國防固宜屬之中央，然警衛隊之設施，豈中央所能代勞？是又宜屬之地方矣。同一教育也，濱海之區宜側重水產，山谷之地宜側重礦業或林業，是固宜予地方以措置之自由。然學制及義務教育年限，中央不能不為劃一範圍，是中央亦不能不過問教育事業矣。是則同一事業，猶當於某程度以上屬之中央，某程度以下屬之地方。

均權主義以事務之性質決定劃歸中央或地方之事權。簡言之，事非舉國一致不可者，以其權屬於中央；事應因地制宜者，以其權屬於地方。因此，均權主義是應用科學方法，劃分中央與地方權限，既能避免中央集權或地方分權兩極化之流弊，亦可使權限劃分與時俱進，適應實際需要。

二、憲法上的均權制

我國憲法，採取均權主義，規定中央與地方的權限。從憲法第十章（全

---

❶ Daniel L. Rubinfeld, "Was the Democratic Transition in South Africa Viable?" 中央研究院法律研究所，「司法制度實證研究」國際研討會（民國一〇〇年六月二十四日），論文集。

部五條條文）分析，其事權之配置，包括兩個原則：

㈠事務之性質

如具有全國一致之性質者，劃歸中央即是。究實言之，此「性質」亦包含種類，如國防、軍事、外交等事項，兼具性質與種類的考量。

㈡因地制宜

事務有因地制宜之需要者，如森林工礦、教育制度（中等教育、義務教育）、公共衛生等是。這些事務既是「種類」又有地方性質，故劃歸地方。

與聯邦制國家比較，均權制具有考慮周全及富彈性的優點。按採聯邦制國家，中央與地方之權限劃分，略可歸納為三種形態：

第一，憲法列舉聯邦政府權限，凡未列舉者歸地方各邦，如美國。

第二，憲法列舉各邦權限，未列舉者歸聯邦中央政府，如南非。

第三，憲法同時列舉中央與地方之權限，未列舉者，視權之性質而定，有全國性者歸聯邦中央政府，地方性者歸各邦，如加拿大。

就上述三種形態言，當以第三種形態較接近均權制，亦較適合於我國國情。何況均權制旨在求取「行政上分工」，不是為「政治上分權」❷，因之，均權制於權限劃分上應具有其優異面。

查考政府間權限關係，深受國家情勢、社會背景、經濟力量等因素影響❸，中山先生均權制即有鑑於民國初年的時局而作的主張。民國成立，仿傚美國聯邦政體的思想熾烈，「美利堅合眾國之制，當為吾國他日之模範」❹，這種想法雖於民國九年至十一年改為風行一時的聯省自治，省憲運動，然於當時軍閥割據的情勢下，中央政府始終難以維繫。為求統一鞏

---

❷　林紀東：《中華民國憲法釋論》（臺北：作者自刊，民國七十六年十月重訂第四九版），頁三一一～三一三、三二二。

❸　Michael D. Regan, *The New Federalism* (New York: Oxford University Press, 1972), pp. 3～4.

❹　李劍農：《中國近百年政治史（下）》（臺北：臺灣商務印書館，民國五十八年臺六版），頁五四四～五四五。

固中央政府，乃有均權觀念的提出，並糾正民初過於激烈的思想。研討憲法本章，我們必須了解此一歷史背景。

　　二次戰後各國地方政府注重民生基礎建設，教育、住屋、衛生保健、交通、道路、城鄉規劃等 ❺。不成文憲法國家的英國，不斷地以地方政府法的修訂適時調整地方事權及組織，收靈活變通之效。地方政府事務及組織常因執政黨的價值判斷而調整，注重傳統自由立場的執政者重視性別平等及福利國家體制；注意社會民主價值的政黨則著重教育、就業、社會福利等事務 ❻。一般國家，中央政府透過立法及財政控制地方政府 ❼。我國憲法第一○七條規定，稅制及財稅劃分屬中央事權。在事權劃分上，中央政府顯然居有利地位。

第二節　中央與地方的權限劃分

　　本章主要在列舉中央、省、縣三級政府的各自固有權限以及委任辦理的事項，並且以均權主義決定剩餘權之分配。民國八十八年一月二十五日地方制度法公布施行，憲法本章有關省的規定，不再適用，而另訂直轄市自治事項。

一、中央固有事權

　　憲法第一○七條，規定由中央立法並執行之事項，為中央固有的事權。這些事權是：

　　1.外交。

---

❺　Aldershot, Modern Local Government, UK: Dartmouth, 1992, p. 14.

❻　Desmond S. King, "the New Right, the New Left and Local Government", in J. Stewart and G. Stoker (eds), The Future of Local Government, London: MacMillan, 1989, pp. 187～189.

❼　Howard Elcock, Local Government: Politicians, Professionals and the Public in Local Authorities, London: Methuen, 1982, pp. 45～56.

2.國防與國防軍事。

3.國籍法及刑事、民事、商事之法律。

4.司法制度。

5.航空、國道、國有鐵道、航政、郵政及電政。

6.中央財政與國稅。

7.國稅與省稅、縣稅之劃分。

8.國營經濟事業。

9.幣制及國家銀行。

10.度量衡。

11.國際貿易政策。

12.涉外之財政經濟事項。

13.其他依本憲法所定關於中央之事項。

歸納本條文之規定，十三項中央固有的事權，可分為三類：

㈠**國家主權事項**

國防、外交事務，關係國家主權之獨立運作，依各國體制，由中央政府統合掌理。至於司法制度、國際貿易政策、涉外之財政經濟事項，亦皆與國家主權之維護有關，故由中央全權掌理。

㈡**全國一致事項**

國籍法、刑事、民事、商事之法律、幣制、度量衡等，具有全國一致之必要，自古以來即由中央政府立法並執行，以免政出多門，標準不一，造成人民生活不便。

㈢**概括規定事項**

第十三款，本憲法所定關於中央之事項，除憲政機關如國民大會、總統及五院之外，人民基本權利及義務與基本國策等，有關中央事權之規定，亦包含在此條規定。

而中央執行此類事務，即形成直接行政。

二、中央固有或委辦事項

第一〇八條規定，下列事項，「由中央立法並執行之，或交由省縣執行之」，包括：

1. 省縣自治通則。
2. 行政區劃。
3. 森林、工礦及商業。
4. 教育制度。
5. 銀行及交易所制度。
6. 航業及海洋漁業。
7. 公用事業。
8. 合作事業。
9. 二省以上之水陸交通運輸。
10. 二省以上之水利、河道及農牧事業。
11. 中央及地方官吏之銓敘、任用、糾察及保障。
12. 土地法。
13. 勞動法及其他社會立法。
14. 公用徵收。
15. 全國戶口調查及統計。
16. 移民及墾殖。
17. 警察制度。
18. 公共衛生。
19. 振濟、撫卹及失業救濟。
20. 有關文化之古籍、古物及古蹟之保存。

前項各款，省於不牴觸國家法律內，得制定單行法規。

歸納本條規定，有以下要義：

(一)**執行權的彈性**

而憲法本條之規定，係將立法權與執行權分開，與大陸法系國家之立

法例，如德國威瑪憲法、瑞士憲法之規定相同，而與美國、加拿大將立法權與執行權合而為一者不同。依美國體制，凡事權屬於中央者，即由中央立法並執行之；凡事權屬於地方各州者，即由各州立法並執行之。唯我國雖規定中央得將執行權視地方需要、國家政策等因素委任於地方，然中央既得自己執行，亦得交由省縣執行，致中央與地方權責難以明確劃分❽，近年來因社會經濟之發展，中央與地方之權限爭議、業務重疊即有待解決。我國委辦事項如限於法律明定者，或可化解此一引發爭議的問題。

㈡事權劃分的概括性

本條之規定，或以事務種類為標準，如行政區劃、森林工礦及商業、教育制度等；或以事務涉及之地域為標準，如二省以上之水陸交通運輸、二省以上之水利河道及農牧事業、全國戶口調查及統計等。中央與地方事權之劃分，採取各種不同標準作彈性考量，以適合國情。唯其意含之界定、權責及經費之承擔，應清楚明定，以免因委辦而引發爭議。如「商業」、「教育制度」、「警察制度」等是。

三、省固有或委辦事項

第一〇九條規定，由省立法並執行，或交由縣執行之事項，包括：
1. 省教育、衛生、實業及交通。
2. 省財產之經營及處分。
3. 省市政。
4. 省公營事業。
5. 省合作事業。
6. 省農林、水利、漁牧及工程。
7. 省財政及省稅。
8. 省債。
9. 省銀行。

---

❽　中央委辦事項如權責及經費一起下放，可以減免此一爭議。民國八十年代餐廳、工廠事故頻傳，其管理的權責爭議，即與憲法第一〇八條有關。

10.省警政之實施。

11.省慈善及公益事項。

12.其他依國家法律賦予之事項。

本條文並規定，前項各款，有涉及二省以上者，除法律別有規定外，得由有關各省共同辦理。各省辦理前項各款事務，其經費不足時，經立法院議決，由國庫補助之。

分析本條之規定，第一，省具專屬事權，為憲法明文保障。省因之為一法人組織。第二，省居於中央與縣間，既有中央委辦事務、省自治事務，亦有委由縣執行之事務，承上啟下。第三，強調各省合作，共同辦理涉及二省以上事務。第四，省自治為國家建設的基礎，因此，省執行自治事項，如經費不足，由國庫補助之，須經立法院議決。

立法院依本條之規定，議決省經費之補助，固得要求地方行政首長到立法院備詢，但地方自治團體行政機關之公務員，除法律明定應到會備詢外，得衡酌到立法院備詢之必要。立法院不得因地方公務員未到會備詢，而據以為刪減或擱置中央對地方補助款預算之理由。如此方能確保地方自治之有效運作，及符合憲法所定中央與地方權限劃分之均權原則（民國八十八年釋字第四九八號解釋）。

另依「地方制度法」（民國八十八年一月二十五日公布），不再規定省的自治事項，其第十八條則明列直轄市自治事項，包括：1.關於組織及行政管理事項。2.關於財政事項。3.關於社會服務事項。4.關於教育文化及體育事項。5.關於勞工行政事項。6.關於都市計畫及營建事項。7.關於經濟服務事項。8.關於水利事項。9.關於衛生及環境保護事項。10.關於交通及觀光事項。11.關於公共安全事項。12.關於事業之經營及管理事項。13.其他依法律賦予之事項。

四、縣自治事項

第一一〇條規定，由縣立法並執行之事項，亦即縣自治事項，包括：1.縣教育、衛生、實業及交通。

2.縣財產之經營及處分。

3.縣公營事業。

4.縣合作事業。

5.縣農林、水利、漁牧及工程。

6.縣財政及縣稅。

7.縣債。

8.縣銀行。

9.縣警衛之實施。

10.縣慈善及公益事項。

11.其他依國家法律及省自治法賦予之事項。

前項各款，有涉及二縣以上者，除法律別有規定外，得由有關各縣共同辦理。

從本條規定來看，縣具有相當廣泛的自治事項，並為憲法明確保障。再者，縣雖實行縣自治，仍需彼此合作，以共同辦理相關事務。本條更概括規定，縣尚應執行國家法律及省自治法所賦予之事項，蓋縣為行政區域，非獨立王國，猶應執行上級政府委辦事項，以維護國家之完整統一。

依「地方制度法」（民國八十八年一月二十五日公布）第十九條，有關縣（市）自治事項詳列十三項，與前述直轄市之自治事項項目相同。縣（市）之地位提昇，自治事項較前更為充實。

五、權限劃分的意涵

㈠權限劃分不僅是權力分配

憲法於本章規定中央與地方的權限，而依財政收支劃分法第三十七條規定，政府支出權責歸事權所屬各級政府；委辦事項由委辦機關負擔；自治事項由各該自治機關負擔，此即「任務責任與支出負擔聯結原則」。過去常見「中央請客，地方付帳」的情況，中央主管機關設立各種津貼（如老農津貼、老人生活津貼），由地方負擔經費並執行。或立法減稅（包括地方稅，如土地增值稅、房屋稅、契稅、使用牌照稅等），地方財政更形短

絀❾，地方自治不免受到制約侷限。

　　再者，憲法本章之規定，實指出中央與地方是合作而非對立的關係。法國雖行集權制，省仍具重要自治權；英國固以地方自治為尚，地方也必需執行中央委任事項❿。衛亞 (K. C. Wheare) 歸納各國聯邦體制的特質，亦堅信聯邦政府在求取中央統一之外，更要確保地方的多樣化⓫。各級政府的權限劃分，旨在達成其間合理協調的關係。司法院釋字第五五〇號解釋（民國九十一年十月四日公布），即指出於不侵害地方自主權核心領域之限度內，基於國家整體施政之需要，對地方負有協力義務之全民健康保險事項，中央依據法律使地方分擔保險費之補助，尚非憲法所不許。並指出，有關保險費補助比例之規定，於制定過程中應予地方政府充分之參與。可證中央與地方是一體的，是對等的，需要協調合作。

㈡權限劃分與時俱進

　　雖然中央與地方權限分別列舉在憲法上，但是憲法運作因行政措施、法律制定、司法解釋而不斷變化。某一權限，列舉在中央或地方，可能因為實務運作而改觀。尤其中央與地方共管事項，如憲法第一〇八條就更有可能出現南轅北轍不同解釋，教育制度、警察制度即是。美國憲法上，「航運」經大法官解釋，與「商務」有關，而州際商務（貿易）即屬於聯邦的權限；大法官否決國會可以立法管制童工薪資，因為薪資非屬商務。但是基本工資及勞工安全等事項，國會則得立法管制。如此透過「劇烈轉折」的解釋，中央政府權限日益擴增⓬。

---

❾　臺北市政府法規委員會：《全民健保釋憲案及里長延選釋憲案紀錄彙編》，民國九十二年二月一日編印，頁二九六～三〇〇。

❿　英國為單一國，教育制度亦注重因地制宜 (vary so much from area to area)，Howard Elcock, *Local Government* (London: Methuen & Co. Ltd., 1986), pp. 122～123.

⓫　K. C. Wheare 著，傅曾仁等譯：《聯邦政府》（臺北：臺灣商務印書館，民國八十一年七月臺初版），頁二九七。

⓬　We the People: The Citizen and the Constitution, Calabasas, CA: Center for Civic Education, 2002, p. 115.

實例上，最著名的案例之一是一八一九年聯邦與馬里蘭州間的訴訟，McCulloch v. Maryland (1819)。聯邦最高法院院長馬歇爾在判決指出：聯邦權力來自人民，而非來自州。憲法是由聚集在各州議會的人民採行，而非由州政府採行，因而憲法權威是直接來自人民，故聯邦政府是人民以憲法授權而盡其責任，其權力超越州政府。當州法律牴觸聯邦法律，而（馬里蘭）州政府根據此法律要對聯邦所設銀行課稅，是違法的，因為「這種課稅權力隱含破壞的權力」[13]。

第三節　中央與地方權限劃分的問題

第一目　事權爭議

臺灣地區隨著社會經濟的進步、政治生態的改變、行政效率的追求乃至全球化的影響，迭致中央與地方發生權限爭議。如近年來，其爭議事例要有以下幾項：

以全民健康保險案例而言，民國九十二年臺北市與中央發生激烈的保險費補助比例的爭議。經臺北市政府聲請，司法院作成釋字第五五〇號解釋，要求中央主管機關草擬有關法律時，應與地方政府協商，以避免片面決策可能產生不合理的情形。雖經解釋，行政院勞工委員會仍向臺北市政府追討積欠的健保補助費約九十七億元，並向行政執行處提出強制執行，臺北市則以「健保費率計算基礎違憲」（不論員工是否居住臺北市，其健保補助費都應由臺北市負擔），向臺北高等行政法院提起行政訴訟。

臺北市政府認為 Google 的行動付費軟體未提供解約退費機制，違反消保法，命 Google 限期修改服務條款。Google 不服此項處分並提告，臺北高等行政法院判決，認為依據消保法第十七條之規定，企業定型化契約是由中央主管機關規範，地方無權要求修訂條款，民國一〇一年十二月二十

[13]　We the People: The Citizen and the Constitution, pp. 114～115.

七日判決市政府敗訴。法院再指出，臺北市消費者保護自治條例，僅規範企業訂立郵購買賣契約時，須告知消費者於收受商品七日內可退回商品並解除買賣契約，未包含要求企業修訂契約條款等。市政府發函要求 Google 修改服務條款已逾越其自治條例的範圍。且消費者得直接依據消保法主張契約解除權，不須主管機關介入 ❹。

再如，憲法第一〇八條第一項第四款「教育制度」的內涵。教育部以教育資源應有效運用，每年對國中小學進行「統合視導」，包括七十四項各類的「評鑑」。宜蘭縣長於民國一〇四年九月二十三日表示，為免除老師形式化的枷鎖、應付訪視考核，希望老師多花時間於教學及學生身上，決定拒絕教育部每年密集的視導。此舉引起其他縣市跟進，教育部亦決定對此事務作檢討改進。

最近，憲法第一〇七條第十一款「國際貿易政策」、第一〇八條第一項第三款「商業」、第一一〇條（縣之事權）第一項第五款「農林」，更牽動中央與地方的緊張關係。民國一〇五年五月初，新政府成立前夕，內定行政院農委會首長表示，為加入 TPP 將允許美國含瘦肉精（萊克多巴胺）的豬肉進口，此聲明立即引起彰化縣等農業縣抗議。地方政府堅持，如中央政策不改，將自行制定自治條例，除非零檢出否則嚴格禁止進口。民國一〇三年七月底，高雄市發生嚴重的氣爆事件後，翌年市政府制定「高雄市既有工業管線管理自治條例」，要求石化業廠商必須將公司總部遷入高雄市，提出管線維運計畫，每年繳納管線監理費，否則不能申請埋設、續用管線。中央政府主管部門曾擔心此類自治法規違憲（牴觸中央事權），民國一一一年五月憲法法庭宣告進口萊豬萊劑含量屬中央立法事項。因此解釋，地方政府的萊豬零檢出自治條例牴觸中央法令，違憲。經貿時而挑起中央與地方的權限爭議。

---

❹ 蘇位榮、邱瓊玉報導，《聯合報》，民國一〇一年十二月二十八日。

第二目　財源分配

上述中央與地方權限爭議之焦點，尤以財源分配之爭最為熾烈。以民國八十三年三月立法院審議對地方之補助款為例，藉著地方首長應否出席立法院問題，再度引發此一論爭，其間，若干鄉鎮且自行收取各種「地方建設捐」，問題與爭執更趨惡化。而財政收支劃分法的研修始終是眾矢之的。

一、現行規定

依財政收支劃分法（民國八十八年一月二十五日修正公布）之規定，各級政府之稅課收入要如下述：

㈠**國稅範圍**

下列各稅為國稅（第八條）：1.所得稅。2.遺產及贈與稅。3.關稅。4.營業稅（民國八十七年一月二十五日改為國稅）。5.貨物稅。6.菸酒稅。7.證券交易稅。8.期貨交易稅。9.礦區稅。

前項第一款之所得稅總收入百分之十、第四款之營業稅總收入減除依法提撥之統一發票給獎獎金後之百分之四十及第五款之貨物稅總收入百分之十，應由中央統籌分配直轄市、縣（市）及鄉（鎮、市）。遺產及贈與稅，應以在直轄市徵起之收入百分之五十給該直轄市；在市徵起之收入百分之八十給該市；在鄉（鎮、市）徵起之收入百分之八十給該鄉（鎮、市）。菸酒稅應以其總收入百分之十八按人口比例分配直轄市及臺灣省各縣（市）；百分之二按人口比例分配福建省金門及連江二縣。

㈡**直轄市及縣（市）稅範圍**

下列各稅為直轄市及縣（市）稅（第十二條）：

1.土地稅（包括地價稅、田賦、土地增值稅）。

2.房屋稅。

3.使用牌照稅。

4.契稅。

5.印花稅。

6.娛樂稅。

7.特別稅課。

前項地價稅，縣應以在鄉（鎮、市）徵起之收入百分之三十給該鄉（鎮、市），百分之二十由縣統籌分配所屬鄉（鎮、市）；田賦，縣應以在鄉（鎮、市）徵起之收入全部給該鄉（鎮、市）；土地增值稅，在縣（市）徵起之收入百分之二十，應繳由中央統籌分配各縣（市）。房屋稅，縣應以在鄉（鎮、市）徵起之收入百分之四十給該鄉（鎮、市），百分之二十由縣統籌分配所屬鄉（鎮、市）。契稅，縣應以在鄉（鎮、市）徵起之收入百分之八十給該鄉（鎮、市），百分之二十由縣統籌分配所屬鄉（鎮、市）。娛樂稅，縣應以在鄉（鎮、市）徵起之收入全部給該鄉（鎮、市）。至於特別稅課，指適應地方自治之需要，經議會立法課徵之稅。但不得以徵貨物稅或菸酒稅之貨物為課徵對象。

(三)補助與協助

中央為謀全國之經濟平衡發展，得酌予補助地方政府。但以下列事項為限：一、計畫效益涵蓋面廣，且具整體性之計畫項目。二、跨越直轄市、縣（市）或二以上縣（市）之建設計畫。三、具有示範性作用之重大建設計畫。四、因應中央重大政策或建設，需由地方政府配合辦理之事項。有關補助之辦法，由行政院另定之（第三十條）。縣為謀鄉（鎮、市）間之經濟平衡發展，對於鄉（鎮、市）得酌予補助；其補助辦法，由縣政府另定之（第三十一條）。各上級政府為適應特別需要，對財力較優之下級政府得取得協助金。協助金應列入各該下級政府之預算內（第三十三條）。

二、問題檢討

過去財政收支劃分法，各級政府在稅收分配上，顯然偏重中央，稅源多為中央掌握，是以地方，尤其是縣（市）、鄉（鎮、市）普遍鬧窮，必須依賴上級補助，而補助收入更成為地方收入中的大部分來源。以民國七十

三年度為例，在全省二十一縣市，宜蘭、新竹、雲林、屏東、臺東、花蓮、澎湖等縣及基隆市，計七縣一市，其財政支出的百分之四十以上須依賴上級補助。其中澎湖縣與基隆市之補助收入依存度皆超過百分之五十（基隆市更高達百分之六十二點九）。全省二十一縣市之財政依存度，平均亦達百分之三十三點一，補助收入之於地方收入及財源之比重可以想見❶。

依公債法第五條之規定，地方政府一年以上未償餘額有其額度。實際上，民國一〇一年五月宜蘭縣已高達百分之六十七點七，苗栗縣百分之六十三點九九，新竹市百分之五十點四四，都超過法定額度❶。因此，為因應五都升格的形勢，同年九月財政部擬微調公債法所定，中央和地方舉債上限，一年以上未償餘額，從原本不得超過前三年度 GNP（國民生產毛額）的百分之四十八，微升至百分之四十八點五六。

再以民國九十九年，六都（包括桃園準直轄市）從地方主要三項目財政資源觀察：稅目收入十六縣市相對不足（與直轄市之比為八十一比十九）；統籌分配款有水平的不平均（與直轄市之比為六十九比三十一）；垂直分配的補助款，六直轄市與十六縣市之比為四十八比五十二，則顯示補助制度相當發揮功能❶。

傳統上，中央對地方之財政補助，其特徵是：1.因採「計畫型」的補助制度，致地方為爭取補助即以政策配合上級要求，少能發揮地方特色。2.補助標準難以調劑同級政府間財政不均的現象。3.補助款不能充分反映於地方政府之預算，地方議會亦難以有效監督。4.補助費與委辦費劃分不明。因之不免存在許多缺失。如何整併組織及員額降低人事成本（每年人事費多佔自有財源百分之八十三）；善用基金調度支援市政建設；以計畫結

❶　張家洋等編著：《行政組織與救濟法》（臺北：空中大學，民國八十一年出版），頁二四二。薄慶玖：《地方政府與自治（下）》（臺北：華視文化公司，民國八十四年二月修正版），頁二七二。

❶　《中國時報》，民國一〇一年五月二十五日。

❶　朱澤民：〈日益邊緣化的縣市地方財政〉，《當代財政》，第二十期，民國一〇一年八月，頁一四～三二。

合土地開發吸引民間資源；運用租稅融通機制調高地方稅稅基；建構跨區域合作平臺，以合作型計畫取代競爭型計畫等是應努力的方向**⑬**。

第三目 警察制度與警察人事

憲法第一〇八條第十七款「警察制度」，中央掌理警察政策及相關制度，如預算編列、人事升遷、機關編制等。過去重大刑案未能及時偵破，常見警政署長為此負責，或被迫負責而辭職。臺灣一隅之地，警政署長在此地，內政部長也在此地，社會大眾很容易找到他們，都要他們負起責任。其實刑案偵辦，應為警政（憲法第一〇九條第十款）或警衛（憲法第一一〇條第九款），不應歸為警察制度。

警政署究竟是否為最高警察機關，是否為獨立作業系統，一向受到關切。民國一一一年六月，警政署長申請提前退休，內政部長即予批准，其間即與人事權爭議有關。署長有意更換航警局局長，部長有不同意見。部長堅持「人事權本來就是我的，有什麼好爭執，部長不是只會蓋章」。執政黨立委也說，根據警察人員人事條例、警察法、公務人員任用法等，警監以上人員之派任，權在內政部，警政署長只有建議權。

查考警察人員人事條例，第九條規定，警察人員由內政部管理，或交由直轄市政府管理。而有關警察職務之遴任權限劃分，同法第二十一條明定：

一、警監職務，由內政部遴任或報請行政院遴任。

二、警正、警佐職務，由內政部遴任或交由直轄市政府遴任。

可見即便是人事權，並非中央主管部獨攬，主管部政務繁重，直轄市有六（六都），勢必授權直轄市處理。政策制定與執行一體，中央與地方是夥伴關係，警政署之專業體制當受到尊重。所謂「由內政部管理」，必然是由內政部與警政署共同作業，甚至由警政署簽呈而來，何況人事非內政部

⑬ 陳淑貞：〈五都升格後之財政自主性探討〉，《台灣經濟論衡》，第二十卷第十二期，民國一〇一年十二月，頁五二～八一。

可裁奪，可「由內政部遴任或報請行政院遴任」，行政院仍然有最後決定的權限。

事實上，縣市警察局長出缺，間或由警政署長提出三位人選名單，請縣市長參酌，並由部長或上層圈選決定，難謂署長無人事權。而為提升維護治安、打擊犯罪之效能，尊重警政一條鞭的慣習，署長應有一定領導權限。何況縣市長因應選舉，對縣市警察局內部人事，包括所長、主管等常表示意見，甚至介入，警察局長形同橡皮圖章。故地方警察局長可以改採由縣市長任免，改為地方政務官而與縣市長同進退，其配合度高，此論非空穴來風。

歐洲多數國家將警察任務分成兩類，常態性警察勤務由地方政府掌理，鎮暴（保安）任務由區域性或中央機關指揮。英國地方政府則集二者於一身，避免警察集中於中央政府，但一九七〇年代地方政府改組之後，威爾斯由縣負責警察事務，蘇格蘭由區域 (region) 機關負責，倫敦自一八二九年設立首都警察，由內政部掌理。除蘇格蘭與威爾斯議會設置警察委員會，由該委員會向議會報告有關警察事務，蘇格蘭全體議員得負責警察事務，其他地方議會不能質詢警察事務。由於中央政府掌握撥款，地方警察機關一半的經費來自中央補助款，故中央政府對地方警察有一些影響力 ❶⑨。美國各州、郡、市各自行使警察權力，由地方政府領導。採市長制的市，警察對市長負責；採市議會制者，由議會的警察委員會督導，地方分權明顯。

第四目　市、港共治的發展

依憲法第一〇七條第五款之規定，「航政」列入中央固有事權，但第一〇九條第一款，省的事權包含實業與交通。港口，尤其國際商港與國家及地方政府的經濟發展息息相關，彼此都非常重視其管轄與治理。以高雄港為例，其市港合一問題及議題由來已久。

---

❶⑨　William Hampton，朱志宏譯，《英國地方政府與都市政治》（臺北：國民大會憲政研討會，民國八十年），頁五〇～五二。

　　民國八十年行政院經建會研議市港合一、維持現狀及中央收回等三方案；民國八十二年，高雄市市議會第三屆第七次大會決議「圍港」，該事件雖經化解，但顯示市民「市港合一」之期盼。這一年高雄市政府召開「高雄市市港合一促進委員會第一次會議」；民國八十三年七月十六日，行政院函示：「中央收回航政管理，港埠業務由中央地方與企業經營辦理，港務管理機關應朝企業化經營及過渡時期成立高雄港管理委員會規劃協調。」民國八十四年七月交通部成立「交通部高雄港管理委員會」。

　　民國八十九年三月十九日，大選前夕，陳總統承諾「市港合一」的政見在當選後一年內實現。五月就職後，六月十七日陳總統接見省、市三議長時指出市港合一是必然趨勢。八月五日，陳總統蒞臨高雄市聽取市港合一簡報後，作成三點政策裁示：地方參與港埠決策、地方分享港埠盈餘、港埠競爭力維持與提昇。民國九十年五月九日，行政院通過「國際商港管理委員會設置要點」。十八日，交通部函示同意「高雄港管理委員會」成立，並聘任高雄市市長為主任委員。六月十五日召開第一次委員會。高雄市議會表示這是形式上的市、港合一❷。民國九十二年十月高雄市政府成立「高雄港市建設合一委員會」，作為「高雄港管理委員會」運作前協調整合的窗口。政黨輪替前後，市、港（交通部）雙方都不願意讓步。

　　高雄市與交通部各自成立委員會彼此未能退讓之際，市、港共治問題顯現解決的契機。民國一○四年八月十四日陳菊市長宣布，行政院已於八月七日正式核定高雄市政府與國營臺灣港務公司合資籌設「高雄港區土地開發公司」計畫（中央出資百分之五十一，高雄市百分之四十九），專責辦理港區土地規劃、招商開發等業務，民國一○五年七月開始運作，中央與地方攜手邁入「市港共治」的嶄新里程❷。

---

❷　高雄市議會，民國九十年六月會刊。

❷　〈市港合組土地開發公司　政院拍板明年中掛牌運作〉，高雄市政府全球資訊網，民國一○四年八月十四日。

第五目　剩餘權的歸屬及爭議的解決

一、剩餘權歸屬之原則均權主義

憲法第一○七條至第一一○條，雖然分別列舉中央與省縣之事權，唯國家與地方之事權繁雜，其間難免因劃分不明確而引起爭議，加以經濟發達、社會進步之結果，新興事務不斷發生，政府事權難以列舉。此類未及明定歸屬權的事務，其有關管轄權，即所謂「剩餘權」。其歸屬權在中央或地方，各國制度不一。美國將之歸屬地方各州，加拿大則歸屬中央。

依據憲法第一一一條規定：「除第一百零七條、第一百零八條、第一百零九條及第一百十條列舉事項外，如有未列舉事項發生時，其事務有全國一致之性質者屬於中央，有全省一致之性質者屬於省，有一縣之性質者屬於縣。遇有爭議時，由立法院解決之。」此為憲法所列舉中央與地方事權之外，剩餘權的劃分原則與爭議解決的途徑之規定。

有關事權分配，憲法分別列舉中央與地方之專有事權，並規定省、縣地方應執行中央及上級政府委任事項，此類事權固然因法條規定而頗為明確，但恆因時空的演變，自不免有剩餘權分配的問題。有關此項問題，憲法於第一一一條明定，事務有全國一致之性質者屬於中央，有全省一致之性質者屬於省，有一縣之性質者屬於縣。亦即，如同中央與地方事權之劃分，剩餘權之歸屬，亦採均權主義為研判之依據。

司法院釋字第四九八號解釋（民國八十八年十二月三十一日公布）指出中央政府或其他上級政府對地方自治團體辦理自治事項、委辦事項，依法得按事項之性質，為適法或適當與否之監督。立法院所設各種委員會，依憲法第六十七條第二項規定，雖得邀請地方自治團體行政機關有關人員到會備詢，但地方自治團體具有自主、獨立之地位，除法律明定應到會備詢者外，得衡酌到會說明之必要性，決定是否到會。因此地方自治團體行政機關之公務員未到會備詢時，立法院不得因此據以為刪減或擱置中央機

關對地方自治團體補助款預算之理由，以確保地方自治之有效運作，及符合憲法所定中央與地方權限劃分之均權原則。

二、爭議的解決

至於中央、省、縣事權之劃分，如有爭議，則由立法院解決之，即依立法或修法之方式解決其間的爭議。所以採取此一方式，乃因立法委員由全國各地各階層選民選舉產生，當能了解中央與地方之實況與需求，賦予立法院解決中央與地方之權限爭議，較之其他方式切合實際。唯論者不乏主張應改採司法院解釋的方式，較為客觀公允。其理由之一是，司法院依據法律獨立行使職權，不受利益團體或選民影響之故。其次，此種爭議，多屬憲法解釋之爭議，尤以交由司法院解釋為宜❷。再次，中央事權原由立法院立法，以作為執行之依據，立法院實為中央與地方事權立法定制的「當事人」，倘由立法院出面解決爭議，豈不是當事人的一方成為仲裁者，其不合理明矣❸。至如美國、加拿大，由司法機關裁判之，而奧、捷各國亦由憲法法院裁判之，足以證明。

以省市主計、人事、警政、政風四主管的任免權歸屬為例言之。自民國八十三年省、市長改由人民選舉後，此四主管是否一如其他廳處（局）長，由省、市長任免，一時成為各方論議之焦點（按省僅在民國八十三年至八十七年實行自治）。行政院人事行政局與省、市首長之見解各異其趣。此外，究竟「地方自治法規之解釋權」應歸屬行政院抑或考試院，亦備受各界關切。終由考試院決定，省市該四主管應由省、市長任免，但應依據有關法律之規定。考試院並列舉四項理由，說明考試院有權解釋地方自治之官制官規：1.根據省縣自治法第四十二條及直轄市自治法第三十一條的規定，各級政府的組織規程及準則，其有關考銓業務事項，不得牴觸中央

---

❷　林紀東：《中華民國憲法釋論》（臺北：作者自刊，民國七十六年十月重訂第四九版），頁三二二。

❸　鄭彥棻：《憲法論叢》（臺北：東大圖書公司，民國六十九年九月初版），〈中央與地方關係〉，頁二二〇。

考銓法規，並應函送考試院備查。 2.省縣自治法第三十五條及直轄市自治法第三十條所列各職，包括政務官與事務官，二者都涉及官制官規，銓敘部基於職掌，有權研議解釋，並送請考試院決議。 3.依公務人員任用法，各機關擬任人員（事務官），必須在派任代理三個月內送請銓敘部審查，如果該四主管為事務官，應當依此程序辦理。 4.該四主管之任用，涉及公務人員任用法及相關之各種專業人員設置條例，這些法律皆由考試院研訂，或由考試院會同行政院研訂，再送請立法院完成立法，故考試院應為這些法制之主管機關。從此案例，亦可證明中央與地方之權限爭議，由立法院解決之，不免有所不足。

　　再以民國九十一年臺北市政府決定延後里長選舉一案為例。臺北市政府認為依憲法第一一八條，臺北市為憲法保障實施地方自治之團體；其次，地方制度法第八十三條規定，基於「特殊事故」（如里行政區的調整），市政府有決定里長延後選舉的裁量權。行政院則認為調整里行政區尚非屬地方制度法第八十三條所稱之「特殊事故」，且民選公職人員依任期定期改選乃國民主權原則及民主契約原則之要求，乃撤銷臺北市政府延後里長選舉之決定。為此，臺北市政府聲請司法院解釋。司法院於民國九十一年十二月二十日作成釋字第五五三號解釋，指出行政院撤銷臺北市政府里長延後選舉之決定，係屬就具體個案之事實認定，為行政處分，臺北市政府有所不服，乃與中央監督機關間公法上之爭議，該爭議應尋行政爭訟程序處理。足證中央與地方之權限爭議，非立法院可獨力解決。

　　「地方制度法」則進而明定：「中央與直轄市、縣（市）間，權限遇有爭議時，由立法院院會議決之；縣與鄉（鎮、市）間，自治事項遇有爭議時，由內政部會同中央各該主管機關解決之。」（第七十七條第一項）。此為各級政府間垂直爭議之解決。至於同級政府間之水平爭議，該法則規定由行政院、內政部、縣政府解決（直轄市間及直轄市與縣（市）間、縣（市）間、鄉（鎮、市）間之爭議）。

　　再次，財政收支劃分法與財政紀律法的制定。中央與地方權限爭議多與財政收支劃分有關，國家（中央）財政多採行量能原則，收入彈性大、

籌款方法多；國防、外交效果多為無形而長期性，財政規模大。反之，地方財政偏重效益原則，量入為出，公共設施、社會福利效果容易呈現，財政規模小。然基於地方自治，地方應能有法定收入、自行編製收支預算，並達到收支平衡，且設有自己的公庫。其實地方財政多靠中央補助，補助款成重要「收入」。

由於稅收劃分，徵收範圍數量大、與全民有關的（如所得稅）、全國性收取方便（如關稅、所得稅）歸中央，故中央財源較地方占優勢。即便稅收分配採稅源分立法、稅收分成法，地方徵收地方稅（房屋、地價稅等），或得到中央分配的統籌款，地方財源多不足支用，必須靠徵收行政規費、公債、補助款等支撐。

前苗栗縣長劉政鴻，因縣長任內舉債過多，超過法定權限，經監察院彈劾後，於民國一〇六年七月九日為公務員懲戒委員會決議申誡。監察院及公懲會認為劉縣長舉債超過法定權限，大規模擴大歲出，未積極清理債務，致縣政府發生財務危機，遲延支付員工薪資。劉政鴻則以財政收支劃分法財源分配不均，是問題的癥結。嗣因本案引發朝野關切，並催促立法院完成「財政紀律法」的立法。

為建立中央及地方政府收支同步控制，以及債務強化控管機制，立法院從民國九十二年提出草案，至民國一〇八年四月十日制定公布財政紀律法。本法第一條明示立法宗旨：為健全中央及地方政府財政，貫徹零基預算精神，維持適度支出規模，嚴格控制預算歲入歲出差短及公共債務餘額。進言之，對於政府支出成長之節制、預算歲入歲出差短之降低、公共債務之控制及相關財源籌措，不受政治、選舉因素影響，俾促使政府與政黨重視財政責任與國家利益，以及相關規範。

關鍵詞

· 中央集權　　　　　　· 剩餘權
· 地方分權　　　　　　· 財政收支劃分法
· 均權制　　　　　　　· 行政區劃
· 固有事權　　　　　　· 權限爭議
· 委辦事項

摘　要

　　憲法第十章,「中央與地方之權限」,列舉中央與地方權限,包括: 1.中央專屬事權:即中央立法並執行之事項,是為完全屬於中央之權限範圍。 2.中央與地方執行事權:即中央立法並執行之或交由省縣執行之事項,是為立法權屬於中央,執行權得賦予地方之權限。 3.地方專屬事權:即省立法並執行之或交由縣執行之事項,以及由縣立法並執行之事項。

　　至於以上中央與地方列舉之事權外,如遇有未列舉事項發生時,其事務有全國一致之性質者屬於中央,有全省一致之性質者屬於省,有一縣之性質者屬於縣,遇有爭議由立法院解決之。亦即 「剩餘權」 之歸屬依據均權主義決定之,而其間的權限爭議由立法院解決之。

　　民國八十六年修憲 「精省」,省不再是地方自治團體,從而憲法第一○九條不再適用。民國八十八年一月二十五日地方制度法公布,直轄市、縣 (市)、鄉 (鎮、市) 另訂其自治事項。

第十一章　地方制度

　　憲法第十一章「地方制度」，分「省」、「縣」兩節，規定我國地方制度的基本架構。依本章之規定，省、縣為我國地方自治團體，更特別宣示「縣實行縣自治」（第一二一條）。

　　二次戰後，臺灣省及其各縣市屬行地方自治，然省、縣未能依據憲法推動自治。地方自治及制度主要依據民國三十九年（西元一九五○年）四月頒訂的「臺灣省各縣市實施地方自治綱要」，省、縣之自治及其組織欠缺法律基礎，此即所謂「地方自治法制化」問題。及至民國八十一年之修憲，規定立法院得逕行制定省、縣自治的基本法律，而根本解決此一問題。於是民國八十三年七月二十九日制定公布省縣自治法、直轄市自治法，省級地方始施行自治。

　　惟省制方面，民國八十六年修憲凍結省級選舉而再度發生根本變革。依憲法增修條文（民國八十六年七月二十一日公布）第九條之規定，省設省政府及省諮議會，成員均由行政院院長提請總統任命。省不再是地方自治團體，省政府成為中央派出機關。民國八十八年一月二十五日地方制度法公布，省縣自治法廢止。地方自治團體包括直轄市、縣（市）、鄉（鎮、市）。

　　地方制度法有關直轄市的成立條件放寬，民國九十九年十二月二十五日，「五都」成立。除臺北市未變動外，新北市由臺北縣改制成立，臺中縣併入臺中市，臺南縣併入臺南市，高雄縣併入高雄市，直轄市驟增為五個。其分配的財源、服務功能及行政效率，成為社會注目的焦點。民國一○三年年底桃園市成立，成為「六都」，地方制度邁進另一新階段。

第一節　省、縣自治團體

第一目　地方自治團體的種類

依地方制度法（第三條）之規定，地方劃分為省、直轄市。省再劃分為縣、市；縣再劃分為鄉、鎮（市）。

一、省

唐代有行臺遺制❶；宋遼無行省；元初設行中書省，至元二十四年改行中書省為行尚書省，至大二年罷廢；明不設行省❷。元代設省（行中書省），省正式成為地方行政區域。歷史上，省原為衙門名，非地方名稱。以元設行省言，即有「行動的中書省」之義，如宰相分駐於地方。省，實為「流動的中央政府」❸，是基於行政方便或軍事控制的需要而設，可知省初非自治團體，而是行政體。明、清兩代，乃至民初北洋政府，省依然為行政體。訓政時期，省間或「綜理全省政務」，成為地方行政的一個層級。而現行憲法依據中山先生「省自治」的主張，則規定省為自治團體❹。民國八十六年修憲，省又恢復為行政體。

---

❶　行臺，指中央的尚書省在外（地方）的臨時機構，或地方為中央官員到地方視察所建的行館。

❷　《四庫全書》，史部，三九七，《欽定續通典總目》卷一，政書類（臺北市：臺灣商務印書館，民國七十五六年），頁六三九～三九〇。

❸　錢穆：《中國歷代政治得失》（臺北：東大圖書公司，民國七十年再版），頁一〇八～一〇九。

❹　鍾泰德：《中國地方行政》（臺北：幼獅書店，民國五十五年出版），頁一三～一四。

二、縣

　　往昔九州下設縣。縣雖經歷多時，卻始終為行政組織之單元。民國肇造，民主思潮興起，縣自治成為國人的主張。民國元年，中山先生演講「地方自治」，提出「國家之治，原因於地方」的論點；民國五年，他在上海對兩院議員演講「地方自治為建國之礎石」，力主「地方自治者，國之礎石也。礎不堅則國不固」；民國九年，更具體主張實施地方自治的範圍，「當以一縣為充分區域」。

　　事實上，民國成立時曾沿襲前清末年的體制，實行縣自治，惟往後，縣或為自治體，或為行政體，縣之性質與地位不斷變動。民國十八年六月五日，國民政府公布縣組織法，規定縣為自治體。而民國二十年，因停辦縣自治改辦保甲自衛，縣成為行政體，採行官治的縣制，稱舊縣制。抗戰軍興政府重申「縣為地方自治單位」，縣又成為自治體，所實行的是自治的縣制，稱新縣制。至現行憲法，第一二一條明定「縣實行縣自治」，縣之性質與地位確立。

三、市

　　憲法上之市，包括直轄市（第一一八條）、省轄市（第一二八條）。另外，依據地方制度法之規定，尚有縣轄市（第三條），故市計有三種。其中的省轄市地位相當於縣，憲法明定準用縣之規定，必需施行自治。其為自治體之性質，一向穩定未曾改變。

　　而直轄市則以憲法規定「直轄市之自治，以法律定之」，因此如何自治，悉由法律明定。過去，或為行政體，由中央派任市長；或為自治體，市長民選，皆不致有違憲問題。唯以人口聚集，工商發達，交通便捷而成立的直轄市傳統觀念，自民國九十九年縣市合併改制為直轄市後，已然改觀，「都市」擁有廣闊的郊區，而迴異於往昔「北、高二市」都會型景觀。

　　民國八十七年「凍省」後不再增設「省轄市」，五都成立後只剩下基隆、新竹及嘉義三市。至於縣轄市，依據地方制度法（第四條第四項），人

口聚居達十萬人（民國一〇四年五月二十九日立法院三讀通過修訂為十萬人）以上未滿五十萬人，且工商發達、自治財源充裕、交通便利及公共設施完全之地區，得設縣轄市。截至民國一〇〇年為止，臺灣各縣市設有十七個縣轄市，其中以桃園縣擁有五個縣轄市為最多，而桃園縣縣治桃園市人口達四十點六萬人，是臺灣人口最多的縣轄市；反之，嘉義縣縣治太保市人口僅約三點六萬人，是臺灣人口最少的縣轄市。部分縣轄市因人口眾多及高度都市化（如過去臺北縣板橋、三重、新莊、中和等市）與同為縣轄地位的鄉鎮，不可相提並論，這一層級行政區域的發展，顯然被忽略。至於民國九十九年十二月合併為直轄市之縣，其縣轄市隨之改為區，置區公所，為市政府的派出機關。

依據地方制度法第四條規定：一、人口聚居達一百二十五萬人以上，且在政治、經濟、文化及都會區域發展上，有特殊需要之地區得設直轄市。二、縣人口聚居達二百萬人以上，未改制為直轄市前，於第三十四條、第五十四條、第五十五條、第六十二條、第六十六條、第六十七條及其他法律關於直轄市之規定，準用之。三、人口聚居達五十萬人以上未滿一百二十五萬人，且在政治、經濟及文化上地位重要之地區，得設市。四、人口聚居達十萬人以上未滿五十萬人，且工商發達、自治財源充裕、交通便利及公共設施完全之地區，得設縣轄市。本法施行前已設之直轄市、市及縣轄市，得不適用第一項、第三項及第四項之規定。

第二目　六都十六縣（市）的形成

臺灣地方制度經過三次重大變革：㈠根據司法解釋及憲法增修條文，民國八十三年七月二十九日制定公布省縣自治法，完成「地方自治法制化」。透過修憲，擺脫憲法地方自治程序限制，取得制定省縣自治法的法源，置省長，依憲法由省民選舉。㈡民國八十七年十二月廢除臺灣省自治體制，省回歸傳統地方區域，不再實行自治。㈢民國九十八年四月十五日地方制度法修訂，放寬直轄市成立條件；七月行政院核定，次年新北市成

立，形成「五都十七縣（市）」的形勢。民國一〇三年十二月桃園縣改制為直轄市，「六都十六縣」形成。

「六都」即臺北、新北、桃園、臺中、臺南及高雄六直轄市。其中，臺北市未變動外，新北市由臺北縣改稱，臺中市係合併臺中縣、市而來，臺南市係合併臺南縣、市而成立，高雄市則由原為直轄市的高雄市合併高雄縣而成立。這五都，依據地方制度法（第四條），除臺南市是基於「政治、經濟、文化及都會區域發展上，有特殊需要」而成立外，其餘四都人口皆達二百萬。桃園縣則在民國一〇〇年元月一日，也仿效過去臺北縣，以人口達二百萬，「未改制為直轄市前」，「準用」地方制度法有關直轄市條文，民國一〇三年十二月二十五日改制為直轄市。

現代國家，都會因外來人口的移入、住宅的興建、交通的規劃、土地的綜合利用、社區的建設等，必須與鄰近市鎮等地方政府間保有聯繫管道，甚至建構雙層政府組織❺。許多城市透過建設呈現其特色，形塑其政治文化，甚至有其一定的政黨傾向。因此進行改革或調適角色❻，我國都會亦必須因應調適。

民國一〇三年十二月二十五日六都十六縣（市）形成。分別是：

六直轄市（六都）：臺北市、高雄市、新北市、臺中市、臺南市、桃園市。

十六縣市：宜蘭縣、新竹縣、苗栗縣、彰化縣、南投縣、雲林縣、嘉義縣、屏東縣、花蓮縣、臺東縣、澎湖縣、金門縣、連江縣及基隆市、新竹市、嘉義市。（臺中縣、臺南縣與高雄縣分別併入臺中市、臺南市與高雄市。）

---

❺　R. K. Vogel and J. J. Harrigan, Political Change in Metropolis, New York: Pearson Education, 2007, pp. 269～270.

❻　Daniel J. Elazar, The Metropolitan Frontier and American Politics: Cities of the Prairie, New Brunswick: Transaction Publishes, 2004, pp. 248～314.

表 11-1 地方自治法源及其變遷

公布或發布日期	主要法規	備　註
民國十六年七月八日公布 民國三十三年四月二十八日修正	省政府組織法	省政府為合議制機關 省政府置主席，派任 （民國八十九年四月五日廢止）
民國三十九年四月二十四日	臺灣省各縣市實施地方自治綱要	鄉鎮（市）實行自治（民國八十八年十月十二日廢止）
民國七十九年六月二十一日	釋自第二六一號解釋公布	開啟憲政改革
民國八十年五月一日	第一次憲法增修條文	同時廢止戡亂條款
民國八十三年七月二十九日	省縣自治法公布施行	省為自治團體，省長民選（民國八十八年四月十四廢止）
民國八十六年七月二十一日	第四次憲法增修條文公布 立法院制定地方制度法	「精省」，省非自治團體
民國八十八年一月二十五日	地方制度法公布施行	地方政府為縣（市）、鄉（鎮、市）二級制
民國九十八年四月十五日	地方制度法修正公布（第七條、第七條之一至第七條之三）	直轄市成立條件放寬、縣、市得合併申請改制 十二月，五都形成
民國一〇三年十二月二十五日	地方制度法第四條第二項	桃園縣由準直轄市改制為直轄市，六都形成

第三目　地方自治保障的性質

　　憲法上賦予地方自治保障之本質為何？在早期之學說上，即有「固有權說」、「承認說」、「制度保障說」之別。「固有權說」，係受近代自然法之地方權思想及團體法思想之影響，將團體定位為自然的創造物，與自然人一樣享有固有權利，認地方自治團體在國家以前即有一定之自治權，亦即地方自治團體先國家而存在，原有其固有自治權。「承認說」，不以地方自治之歷史沿革為據，認在國家法秩序下，地方自治團體並非從國家完全獨立出來，其權限係來自於國家統治權，且經國家特別承認者，地方自治團

體則可行使其統治權。「制度保障說」，係將地方自治之內容分為理想型的地方自治層面與不得以法律侵害之地方自治本質（或核心）部分，而地方自治之本質，係因歷史傳統而形成之地方自治制度由憲法特別加以保障，其本質（或核心）部分，不得以法律及其他手法侵害。司法院釋字第五五〇號解釋則認「地方自治團體受憲法制度保障」。

但晚近的學說中，有學者指出區別「固有權說」、「承認說」、「制度保障說」之差異，並無意義。蓋不論依何種學說，與地方自治之基本問題（例如事務分配，自治條例與法律效力之關係）並無直接關聯，即使依任一學說，該等問題內容並不因此而確定。因此，若欲確定地方自治之憲法保障之具體內容，必須從憲法構造全體之觀點著手，亦即與憲法上之基本原則，例如國民主權、基本人權、和平主義等相互聯結，才能確定地方自治本旨之內容❼。

第四目　地方自治團體的性質及關係

憲法規定省、縣為地方自治團體，是國家之組成單元。而所謂地方自治團體，乃指某一地區之人民，依據國家之授權，在國家監督下，自定規章，自組機關，以管理該地方公共事務之法人。其要義，包括以下幾點❽：

1.地方自治團體為法人，具獨立之法律上人格，享有概括的權利義務。

2.地方自治團體由地方人民組成，並以該地方為施行公權力的區域範圍。

3.地方自治團體以辦理地方公共事務為存設之主要目的。

4.地方自治團體非「國中有國」，而係由國家依據憲法授權而設，故應受國家監督。

---

❼　臺北市政府法規委員會：《全民健保釋憲案及里長延選釋憲案紀錄彙編》（民國九十二年二月一日編印），頁六一七～六一八。

❽　林紀東：《中華民國憲法釋論》（臺北：作者自刊，民國七十六年十月重訂第四版），頁三二三～三二五。

　　至於地方彼此間的橫向關係，由於經濟、交通、環保等事務的聯繫，地方形成伙伴關係，甚至構成生活圈。詳言之包括：

　　跨區域事務之辦理。地方自治事項涉及跨直轄市、縣（市）、鄉（鎮、市）區域時，由各該地方自治團體協商辦理；必要時，由共同上級業務主管機關協調各相關地方自治團體共同辦理或指定其中一地方自治團體限期辦理（地方制度法第二十一條）。

　　成立跨區域合作組織。直轄市、縣（市）、鄉（鎮、市）為處理跨區域自治事務、促進區域資源之利用或增進區域居民之福祉，得與其他直轄市、縣（市）、鄉（鎮、市）成立區域合作組織、訂定協議、行政契約或以其他方式合作，並報共同上級業務主管機關備查。共同上級業務主管機關對於直轄市、縣（市）、鄉（鎮、市）所提跨區域之建設計畫或合作事項，應優先給予補助或其他必要之協助（地方制度法第二十四條之一參照）。

　　合辦事業。直轄市、縣（市）、鄉（鎮、市）彼此間合辦之事業，經有關直轄市議會、縣（市）議會、鄉（鎮、市）民代表會通過後，得設組織經營之（地方制度法第二十四條第一項參照）。此類組織屬非正式單位，不運作公權力，僅發揮協調溝通作用。

　　反觀英國地方政府。英國不次修正的地方政府法，充分授權地方設立跨區域機關、以提升效能。一九七二年之後，地方政府間可以成立由首長主持的協調單位，以及與議會溝通的政策與資源委員會，其間包括許多主管、執行長與管理小組。重要的是，內部設置監督單位以檢查新成立單位的績效。地方從行政走向管理，再從管理走向治理，注重經濟與效益❾。同時，地方與中央有全國性談判機制，地方（包括教師與警察）可以向中央政府管制的費率表達意見❿。

---

❾　Robert Leach and Janie Percy-Smith, *Local Government in Britain*, New York: Palgrave, 2001, pp. 155～185.

❿　K. P. Poole, *The Local Government Service in England and Wales*, London: George Allen & Unwin, 1978, pp. 71～72.

第五目　國家與地方自治團體的關係

　　地方自治團體具有雙重地位或角色，一方面是自治體，決定並執行地方事務；一方面是行政體，執行上級委辦事務或（並）監督所轄地方自治團體。其與國家間有以下主要關係：

一、組織上的隸屬關係

　　地方雖實行自治，但受國家統屬，而非國中有國。以我國而論，國家與省、縣間形成層級節制的隸屬關係，構成「三級政府」的體系。如依省縣自治法，則鄉（鎮、市）亦為法人，具獨立地位，中央、省、縣、鄉（鎮、市）構成「四級政府」體系。民國八十八年一月二十五日地方制度法公布施行，地方政府改採直轄市、縣（市）與鄉鎮（市）二級制。

二、職權上的委任關係

　　上下級政府間原具合作關係，上級或中央政府得將事務委任下級政府處理。地方政府處理委任事務，是為間接行政。這些事務如環保、文化、衛生等，同時，縣（市）政府設立相關機關處理委辦事務。

三、自治上的監督關係

　　國家基於行政一體原則，對地方自治居於監督地位，並建立監督機制行使監督權❶。此外，立法、司法、考試、監察等機關，且透過法律制定、

---

❶　內政部組織法（民國九十七年一月二日修正公布）第二條規定，內政部對於各地方最高級行政長官，執行本部主管事務，有指示、監督之。第三條規定，內政部就主管事務，對於各地方最高級行政長官之命令或處分，認為有違背法令或逾越權限者，得提經行政院會議議決後，停止或撤銷之。地方制度法第七十五條、第七十八條，行政院對直轄市政府辦理自治事項、權限爭議等亦有類似監督之規定。

司法審查、人事考選與糾彈，監督地方政府。如此廣泛的監督，與一般國家之體制尚無殊異 ❶。依地方制度法之規定，此項監督包括核定、備查、解除職務、撤銷、廢止、停止執行等方式（第七十五條）。此外，尚有「代行處理」（第七十六條）。民國一〇四年七月苗栗縣政府財政發生困難，員工薪資遲遲未發放，苗栗縣政府向行政院請求紓困，行政院曾表示必要時將「介入」縣政府財政，不是「接管」。八月行政院以「財政紀律異常管控機制」監管苗栗縣政府財政支出。

四、財政上的補助與協助關係

我國憲法第一〇九條規定，省辦理省自治事項，如經費不足時，經立法院議決，由國庫補助之，此即一般國家之財政補助 (grants-in-aid) 制度。其主要目的是：1.使地方施政達到最低的國家標準以上。2.公平運用資源。3.地方計畫有充足經費。4.使各地計畫不致分歧。5.給予地方醫療衛生、社區發展的計畫有實驗的機會 ❸。經由財政上的補助，中央與地方形成緊密的合作關係。再者，相對而言，地方對中央財政也有協力支援的義務。例如中央得依法律要求地方分擔全民健康保險費之補助（司法院釋字第五五〇號解釋）。

財政是庶政之母，經費也是地方政府最為關切的要務。二〇〇九年四月美國德州等幾個共和黨主政的州，拒絕聯邦政府五億美元振興經濟資金，即失業保險金的刺激計劃，認為這計劃如不能持續補助，雇用的人力以後難以善後，將永久擴大失業救濟金的規模，造成龐大的稅收負擔。我國地方政府也一樣。民國九十八年二月雲林縣政府指出，雲林縣議會已通過「節能減碳特別稅徵收自治條例」，縣政府將課徵碳稅、能源稅以節制能源使用、二氧化碳排放，並請中央重新檢討地方稅務分配不公的問題。民國一

---

❶　Howard Elcock, *Local Government: Politicians, Professionals and the Public in Local Authorities* (2nd Ed.: London: Methuen & Co. Ltd., 1986), pp. 47～54.

❸　Michael D. Reagan, *The New Federalism* (New York: Oxford University Press, 1972), pp. 66～68.

○三年七月底高雄市前鎮及苓雅區發生氣爆災難，市政府要求石化公司必須遷移高雄市方許埋設管線。而重建經費十九億元中中央承擔十六億，高雄市負擔三億。從各國實務觀察，中央對地方的補助成為地方重要的財源。

第六目　自治區域人民的權利義務

地方自治團體係由地方人民組成，並以該地方為施行公權力的區域。故地方人民（居民）為地方自治團體的構成要素之一。團體與居民間，並形成概括的權利義務關係。

一、自治區域人民之權利

依省縣自治法（已廢止）第十條之規定，地方自治區域之人民，要有以下各項權利：

　1.對於地方公共設施有使用之權。

　2.對於地方教育文化、社會福利事項，有依法享受之權。

　3.對於地方自治事項，有依法行使創制、複決之權。

　4.對於地方政府資訊，有依法請求公開之權。

　5.其他法律及自治法規賦予之權利。

以上有關權利之規定，有頗為進步之立法，如地方人民對於地方自治事項，有依法行使創制、複決之權，彌補了憲法僅明定縣民關於縣自治事項依法行使創制、複決權的不足，因之，省民、鄉（鎮、市）民亦得行使此兩項公民立法權。至於明定地方政府資訊應公開，亦有助於人民行使四權，落實地方自治。

二、自治區域人民之義務

地方自治區域之人民，依地方制度法第十七條之規定，要有以下各項義務：

　1.遵守自治法規之義務。

2.繳納自治稅捐之義務。

3.其他法律及自治法規所課之義務。

第二節　地方自治法制化

省、縣地方自治，憲法詳定其施行步驟及組織架構，尤以立法院應先行制定省縣自治通則、省民代表大會組織法及選舉法為前提。然過去臺灣地區實施地方自治，既欠缺這些基本法律，而以命令規定之或以命令為其法源，致引發合憲性爭論，此即地方自治法制化問題。

第一目　憲法上省、縣自治程序

有關省縣自治體制，憲法頗置意其自治程序之規定。依憲法規定，首需召集省民代表大會，並依據省縣自治通則，制定省自治法，然後才據以選舉省議員及省長，組成省議會及省政府，方得實施自治。

是以依憲法原訂實施省縣自治之程序，必須依據省縣自治通則，召集省、縣民代表大會，制定省自治法、縣自治法，程序頗為繁複。更因省縣自治通則，尚未完成立法，致地方自治未能推展。

「省縣自治通則」依憲法第十章第一○八條第一款明定，由中央立法。民國三十八年政府遷臺後，為展開另一階段地方自治，有意制定省縣自治通則，並依據憲法及省縣自治通則推動省長、縣市長選舉。然民國三十九年五月重新審議省縣自治通則不久，六月韓戰爆發，十一月中共介入韓戰，海峽局勢緊張。於是政府停止推動省長民選，以及省縣自治通則的審議，並制頒「臺灣省各縣市實施地方自治綱要」取代，該通則的立法遂擱置於立法院。再者，省縣自治通則係規範兩省以上地方制度，當時臺灣一省之地（北、高兩直轄市是以後才升格成立），法理上不符合制訂通則的立法需要，省自治因此未依據憲法的架構推行，直到民國八十三年省縣自治法的制訂公布。

第二目　憲法增修條文的改訂自治程序

　　省、縣之自治，憲法注重其「法的基礎」頗為明顯。然而，省縣自治通則未完成立法，政府遂以發布命令為自治法源，這些命令要者有臺灣省政府合署辦公施行細則、臺灣省議會組織規程、臺北市各級組織及實施地方自治綱要、臺灣省各縣市實施地方自治綱要等。因未能依據憲法程序推行地方自治，致生所謂「地方自治法制化」問題。為此，乃有聲請司法院解釋之議，以求根本解決之道。

　　然司法院解釋指出，依據憲法精神，無論是立法院或臺灣省議會，均不得單獨制定臺灣省政府與省議會之組織法　（司法院釋字第二六○號解釋），是以問題尚待進一步解決。

　　民國八十一年第二階段修憲，因應當前情勢及政治經濟之進步，於憲法增修條文明文規定，「省縣地方制度」，應「以法律定之」（民國八十三年八月一日公布施行第八條）。據此，省縣自治法、直轄市自治法終於在民國八十三年七月二十九日制定公布，化解地方自治法制化的爭議。

第三節　省、縣的組織

　　依據憲法民國八十三年增修條文及民國八十三年七月二十九日制定公布的省縣自治法，省、縣組織法制化。民國八十七年十二月二十日「精省」後，民國八十八年一月二十五日地方制度法公布，直轄市及縣（市）重新規定。

第一目　「精省」前省的組織

　　民國八十三年十二月二十日至八十七年十二月二十日，臺灣省依據憲法增修條文及省縣自治法，為自治團體，設省政府及省議會。省政府置省

長一人，省長及省議會議員是由省民選舉。

一、省為法人（自治體）

省縣自治法明定省為法人，具有自主組織權與自主立法權。省政府組織規程、省議會組織規程即分別由省政府、省議會制定，報請行政院核定之。自治之外，省有時亦執行中央委辦事項，故兼具行政體性質。

二、省政府組織（首長制）

省政府置省長一人，由省民選舉之，任期四年，連選得連任一次。置副省長二人，襄助省長處理省政，一人職務比照簡任第十四職等，另一人職務列簡任第十四職等。前項職務比照簡任第十四職等之副省長，由省長報請行政院備查後任命，並與省長同進退。

臺灣省自治的這四年，省政府下設民政、財政、教育、建設、農林五廳，社會、勞工、警務、交通、衛生、新聞、地政、環境保護、兵役等處，住宅及都市發展、糧食等局。此外尚有委員會及幕僚單位。省府一級機關主管皆為政務官，比照簡任第十四職等任用（依政務官退職酬勞金給予條例，省政府委員及各廳廳長已列入政務官範圍）。除副省長一人、主計、人事、警政及政風主管依法任免，餘由省長任免。

三、省議會組織

省議會議員由省民依縣市區域選舉之。省議員總額不得超過七十九人；每一縣市最少一人，不得超過十二人。任期四年，連選得連任。省議會置議長、副議長各一人，由省議員分別互選或罷免之。省議會的職權如下：1.議決有關人民權利義務之省法規。 2.議決省預算。 3.議決省臨時稅課。4.議決省財產之處分。 5.議決省屬事業機構組織規程。 6.議決省政府提案事項。 7.審議省決算之審核報告。 8.議決省議員提案事項。 9.接受人民請願。 10.其他依法律賦予之職權。

四、省政府與省議會的互動關係

省政府與省議會為省級自治組織，二者有其密切關係，要有：

㈠議會決議的執行及覆議

省議會之議決案，省政府應執行之。如延不執行或執行不當，省議會得請其說明理由，必要時得報請行政院邀集各有關機關協商解決之（省縣自治法第二十一條）。其旨在防止省政府之怠惰，避免爭議❶。

省政府對於省議會之部分（上述省議會職權前六項）議決案，如認為窒礙難行時，應於該議決案送達省政府三十日內，敘明理由送請省議會覆議。覆議時如有出席議員三分之二維持原議決案，省政府應即接受。其他議決案，省政府如執行有困難時，得敘明理由函復省議會（省縣自治法第二十二條第一項）。

㈡預算審議及執行

省政府應於會計年度開始前三個月，將預算案送達省議會；省議會應於會計年度開始一個月前完成審議。省議會如不能依限期完成審議，應在會計年度開始半個月以前議定補救辦法；如會計年度開始，仍未議定補救辦法，省政府得在年度總預算案範圍內，動支政府施政所必需之經費、法律規定應負擔之經費及上年度已確定數額之繼續經費（省縣自治法第二十三條第一項及第三項）。

五、自治財政

㈠財政收支須依法行政

省財政收入、支出應依據省縣自治法與財政收支劃分法之規定。此外，為因應地方自治施政需要，省（市）縣稅及自治稅捐應由中央制定「地方稅法通則」，作為省（市）縣地方立法依據（司法院釋字第二七七號解釋）。

---

❶　參閱行政院民國八十二年四月二十九日，函請立法院審議之省縣自治法草案，《立法院議案關係文書》，立法院第二屆第一會期第二十六次會議議案關係文書（民國八十二年五月五日編印），頁四一。

㈡維持適度自有財源比例

稅課收入占年度歲出預算之比例，省（及各級地方團體）與中央、直轄市間應維持適度比例，以維自治財政之健全。

㈢財政補助與協助之關係

中央與地方原有密切的合作關係，業務上，地方執行中央委辦事項；財政上，地方更從中央得到補助，亦得對中央提供協助。憲法第一〇九條明白規定，省辦理自治事項，如經費不足，經立法院議決，由國庫補助之。在聯邦國家，聯邦政府與各州往往透過財政補助❶，形成「合作式的聯邦制度 (cooperative federalism)」，我國係單一國，中央與地方於事務的委任、財政的支援等方面，亦具有緊密的合作關係。

六、自治監督

以省之事務而言，包括委辦事項與自治事項。如辦理上級委辦事項，違背中央法令、逾越權限或有其他不當情形者，由中央主管機關報請行政院予以撤銷、變更、廢止或停止其執行。如係辦理自治事項違背中央法規者，亦同。

第二目　「精省」後省的組織

民國八十七年十二月二十日依選舉產生之臺灣省省長及省議會任期屆滿，並由中央政府派任之省政府主席及省諮議會取代；組成省政府委員會及省諮議會。「精省」過程分三階段施行，以「轉型」建構新的地方體制。

一、「精省」作業的三個階段

民國八十七年十一月行政院依內政部之規劃，政策性決定「精省」作業分三階段進行：第一階段自民國八十七年十二月二十一日至八十八年六

---

❶　彭慧鸞：〈政經環境變遷下的美國聯邦制度〉，《問題與研究》，第三〇卷第四期（民國八十年四月）。

月底，行政院派任省主席，成立省政府委員會，此期間省政府各廳處局等維持現狀。第二階段自民國八十八年七月一日至八十九年底，完成省政府功能業務組織及員額調整作業，訂定省政府組織規程草案。第三階段自九十年一月一日起，回歸地方制度法規範。

依臺灣省政府功能業務與組織調整暫行條例（「精省」條例）之相關規定，臺灣省省有資產（包括稅課、收支）及負債，由國家概括承受。各級政府財政收支劃分事項，在財政收支劃分法配合省政府功能業務與組織之調整修正施行後，從其規定。

二、省不再是自治團體

臺灣省政府受行政院指揮監督，辦理監督縣市自治事項，執行省政府行政事務，以及其他法令授權或行政院交辦事項。

省政府設置九位省政府委員，其中一人為主席，特任，綜理省政業務，均由行政院院長提請總統任命，民國八十九年五月二十日行政院改組，曾以內政部部長兼任臺灣省政府主席，後以政務委員兼任。甚至政務上僅置主席一人。

臺灣省設置諮議會（其組織規程由內政部於民國八十七年十一月七日函請行政院發布施行），其職掌如次： 1.關於省政府業務之諮詢與建議事項。 2.關於縣市自治監督與建設規劃之諮詢事項。 3.關於地方自治事務之調整、分析與研究發展事項。 4.關於議政史料之保存、整理、典藏及展示事項。 5.其他依法律或中央法規賦予之職權。由於功能逐漸縮減，臺灣省諮議會之組織，依臺灣省諮議會組織規程（行政院民國一○二年十月四日修正發布）之規定，省諮議會設置諮議員至多二十三人，任期三年，由行政院院長提請總統任命之。置諮議長一人，由行政院院長就諮議員中提請總統任命之，綜理會務。另置秘書長、副秘書長各一人。內部置主計室。

民國一○五年十二月省諮議會僅任命諮議長一人，民國一○七年省政府職員四十八名（多為高階文官），連同技工共六十六名，年度法定預算（歲出）共一億一千八百零九萬餘元，其中人事費用達七千九百四十一萬

餘元。臺灣省議會原址已命名為「臺灣省議會紀念園區」，園區內除了臺灣
省諮議會，還有立法院中部辦公室與議政博物館。民國一〇八年（西元二
〇一九年）起，行政院不再編列省政府預算，以「零預算」落實行政改革
「去任務化」政策，省府人員將移撥至各機關部門❶。

　　依司法院釋字第四六七號解釋：「中華民國八十六年七月二十一日公布
之憲法增修條文第九條施行後，省為地方制度層級之地位仍未喪失，惟不
再有憲法規定之自治事項，亦不具備自主組織權，自非地方自治團體性質
之公法人。符合上開憲法增修條文意旨制定之各項法律，若未劃歸國家或
縣市等地方自治團體之事項，而屬省之權限且得為權利義務之主體者，於
此限度內，省自得具有公法人資格。」

第三目　縣（市）的組織及自治

　　依省縣自治法之規定，以及地方制度法，縣的組織包括縣（市）議會
與縣（市）政府，分別為縣（市）的立法機關與行政機關。各縣（市）議
會，依該縣之人口數決定議員之總額。縣（市）議會議員最多不得超過六
十人；每六個月集會一次，議員人數在四十人以下者，每次集會不得超過
三十日；四十一人以上者，不得超過四十日。縣（市）議會議決縣（市）
之：規章、預算、特別稅課、臨時稅課及附加稅課、財產之處分、政府組
織自治條例及所屬事業機構組織條例、政府提案、決算之審核報告、議員
提案。此外並接受人民請願，以及其他法律或上級法規賦予之職權。

　　至於縣（市）政府，置縣（市）長一人，綜理縣政並指揮監督所轄鄉
鎮（市）自治。縣長由縣民依法選舉之，任期四年，連選得連任一次。

　　縣（市）政府內設民政、財政、建設、教育、工務、社會、農業、國
宅、地政、兵役等局或科，是業務單位。另外，尚有警察局、衛生局、稅
捐稽徵處、地政事務所、環境保護局等所屬機關。幕僚單位則包括人事、

---

❶　參見《自由時報》民國一〇七年三月二十一日、《聯合報》民國一〇七年四月七
　　日報導。

主計、行政室等。

縣（市）之自治及其組織，具有以下幾項特色：

一、具有自主組織權

縣（市）政府之組織，係由省政府擬訂準則，報請行政院核定，各縣政府再依據該準則擬訂組織規程，報請省政府核定。據此，縣屬機關之職掌、單位組設及員額編制既有準則可循，而各縣尚得因地制宜，肆應特殊條件擬訂適當之組織規程，以符地方需要，落實憲法規定地方自治之意旨。唯縣（市）政府一級單位主管，包括人事、主計、警政、政風四位主管的人事任免權，非由縣（市）長主導，與省（市）之由省（市）長主導者不同。

依地方制度法，縣（市）長得任命政務職副縣（市）長一人；人口在一百二十五萬人以上者，得增設副縣（市）長一人。此外，縣（市）政府置秘書長一人。其一級單位主管及所屬機關首長，除主計、人事、警察、稅捐、政風外，總數二分之一得列政務職。

唯地方制度法有關地方議會會期之規定，頗為嚴格，如縣（市）議會每年召開臨時會，不得超過六次，每次不得超過五日（覆議案在送達議會十五日內應作成決議；如為休會期間，應於七日內召集臨時會，並於開議三日內作成決議）。至於縣（市）議會亦應設新聞、資訊及助理人員，以發揮立法功能。

二、受上級監督

縣議會議決之事項，與中央法規、省法規牴觸者無效。縣政府辦理委辦事項或自治事項，仍應符合中央或省法令規章，依法為之，否則省政府得予以撤銷、變更、廢止或停止其執行。至於地方總預算案如未能於法定期間完成審議，地方制度法規定經報請上級機關邀集各有關機關協商，而未於法定期間（一個月內）決定，由邀集協商之上級機關逕為決定（地方制度法第四十條第四項）。縣固然「實行縣自治」，為憲法（第一二一條）

所明定，仍受上級監督，蓋此為地方自治團體之共同特徵。

三、立法與行政機關分立

縣議會議員與縣長，分別由縣民選舉產生，各自有一定任期，對選民負責並由選民罷免。縣議會之決議，縣政府應予執行，如延不執行或執行不當，縣議會得請其說明理由，必要時得報請行政院、內政部、縣政府邀集各有關機關協商解決之。縣議會與縣政府間，雖有類似覆議制度的關係，唯二者間並無議會內閣制相互徹底的對抗，屬機關分立的關係。

第四節　直轄市的自治

市，包括直轄市、省轄市與縣轄市三種。憲法上，僅規定：「直轄市之自治，以法律定之。」（第一一八條）以及「市準用縣之規定」（第一二八條），似嫌簡略。蓋現代工商發達，都會生活圈形成，城市人口密集、交通方便、教育水準提高、資訊傳播快速，原最適合推行地方自治，憲法之規定反而不甚措意，地方制度法第四條，將市區分為直轄市、市，以及縣轄市。其中，「市」即「省轄市」。

第一目　直轄市的自治制度

依地方制度法（民國八十八年一月二十五日公布），地方劃分為省、直轄市；直轄市及市均劃分為區。人口聚居達一百二十五萬人以上，且在政治、經濟、文化及都會區域發展上，有特殊需要之地區，得設直轄市。直轄市為地方自治團體，其自治事項包括直轄市之組織及行政管理、財政、社會服務、教育文化及體育、勞工行政、都市計畫及營建、經濟服務、水利、衛生及環境保護、交通及觀光、公共安全、事業之經營及管理等事項，以及其他法律賦予之事項。

基於自治體，直轄市設立市議會，審議地方法規；設立市政府執行地

方法規；基於政府（行政）一體，直轄市受國家（中央政府）監督。

一、市議會

直轄市之立法機關為市議會，市議會議員總額，最多不得超過六十二人；直轄市人口在一百五十萬人以下者，不得超過五十五人，其議員總額參酌各該直轄市財政、區域狀況，於該市議會組織準則定之。直轄市議會定期會每六個月開會一次，每次會期不得超過七十日，延長會期不得超過十日；臨時會每次不得超過十日，每十二個月不得多於八次。直轄市議會之職權包括議決直轄市之法規、預算、特別稅課臨時稅課及附加稅課、財產之處分、政府組織自治條例及所屬事業機構組織自治條例、政府提案等事項，審議市決算之審核報告、議決市議員提案事項、接受人民請願，以及其他依法律賦予之職權。

直轄市得就其自治事項或依法律或上級法規之授權，制定自治法規，自治法規經市議會通過，並由市政府公布者，稱自治條例；自治法規由市政府訂定，並發布或下達者，稱自治規則。直轄市政府為辦理上級機關委辦事項，得訂定委辦規則。

二、市政府

直轄市之行政機關為市政府。直轄市政府置市長一人，由市民依法選舉之，任期四年，連選得連任一次。置副市長二人（視人口數調整），襄助市長處理市政，職務均比照簡任第十四職等，由市長任命，並報請行政院備查。直轄市政府置秘書長一人，由市長依公務人員任用法任免；其所屬一級機關首長除主計、人事、警察及政風首長，依專屬人事管理法律任免外，其餘職務均比照簡任第十三職等，由市長任免之。市政府對市議會議決案應予執行，如延不執行或執行不當，直轄市議會得請其說明理由。直轄市政府對市議會之市法規、預算等議決案如認為窒礙難行，應於該議案送達市政府三十日內送請市議會覆議。

三、中央政府（國家）與直轄市關係

　　至於中央政府與直轄市之關係，除執行委辦事項，並受其監督。其監督方式要有：1.直轄市辦理自治事項，違背憲法、法律或基於法律授權之法規者（有無違背發生疑義須經司法院解釋），由中央政府各該主管機關報行政院予以撤銷、變更、廢止或停止其執行。其辦理委辦事項違背憲法、法律、中央法令或逾越權限者，由中央政府各該主管機關報行政院予以撤銷、變更、廢止或停止其執行。2.直轄市依法應作為而不作為，致嚴重危害公益或妨礙地方政務正常運作，其適於代行處理者，由行政院命其於一定期限內為之，逾期仍不作為者，得代行處理。但情況急迫時，得逕予代行處理。直轄市對前項處分如認為窒礙難行時，應於期限屆滿前提出申訴。

第二目　區非自治法人

　　依現行體制，市下分區，各設區公所。區公所置區長一人，係依法任用，承市長之命綜理區政。區非自治層級。區下設里，里置里長一人，則由里民依法選舉之，任期四年，連選得連任。里長受區長之指揮監督，辦理里公務及交辦事項。里成為市之基層組織，則實行自治。

一、區制的特徵

　　就區之地位而言，區為市之分支組織，或稱地方自治單位，非屬地方自治團體。區長則由市長依法任命，區不設民意機關，不舉辦選舉。區的預算統由市政府編列撥付。

二、區制的評價

　　區之行政區域，區公所為市之分支組織。市政府經由區長及區公所統合各里，層級簡化效率高。但仍有廢除選舉後，減少人民參政機會，而區政不能反映地方民意，不合民主趨向的缺憾。

第三目　準直轄市

民國九十六年五月四日，立法院三讀通過地方制度法第四條、第七條修正案，規定縣之人口達二百萬以上，得升格為「準直轄市」。準直轄市是縣（市）改制為直轄市前的過渡階段。準直轄市之預算及公務人員員額編制，均可比照直轄市規定辦理。對人口眾多的縣（如臺北縣），因分享直轄市之統籌分配稅款（百分之四十三），財政得以相當程度的改善。臺灣人口最多的臺北縣，在民國九十六年十月一日，正式升格為「準直轄市」，民國九十八年改制為直轄市（稱新北市）；民國一〇一年桃園縣隨著決定升格為準直轄市，民國一〇三年年底成為直轄市（稱桃園市）。

第五節　鄉（鎮、市）的自治

我國憲法「地方制度」，僅規定省、縣為地方自治團體，而未有鄉（鎮、市）之名稱及自治體制。鄉（鎮、市）推行自治則依地方自治法規。

第一目　自治體制

依地方制度法（第三條第二項），縣劃分為鄉、鎮、縣轄市；明定鄉（鎮、市）為法人（第二條），辦理自治事項，並執行上級政府委辦事項。鄉（鎮、市）地位明確，為我國政府的一個層級。依現行規定，其自治體制要點如次：

一、自治事項

鄉（鎮、市）自治事項，依傳統規定包括鄉（鎮、市）之：1.公職人員選舉罷免之實施事項。2.教育文化事業。3.衛生環保事業。4.農、林、漁、牧、礦事業。5.水利事業。6.交通事業。7.財產之經營及處分。8.公

用及公營事業。9.觀光事業。10.財政及稅捐事項。11.合作事業。12.公益慈善事業與社會救助及災害防救事項。13.社會福利事項。14.禮儀民俗及文獻事項。15.與其他鄉（鎮、市）合辦之事業。16.其他依法律、省法規及縣規章賦予之事項。依地方制度法第二十條，明定鄉（鎮、市）自治事項，包括：1.關於組織及行政管理事項。2.關於財政事項。3.關於社會服務事項。4.關於教育文化及體育事項。5.關於環境衛生事項。6.關於營建、交通及觀光事項。7.關於公共安全事項。8.關於事業之經營及管理事項。9.其他依法律賦予之事項。

　　而有關自治事項遇有爭議時，由立法院解決之（憲法第一一一條、省縣自治法第十五條）。縣與鄉（鎮、市）間，自治事項遇有爭議時，由內政部會同中央各該主管機關解決之（地方制度法第七十七條第一項後段）。

二、自治組織

㈠鄉（鎮、市）民代表會

　　鄉（鎮、市）民代表會，由鄉（鎮、市）民依法選舉鄉（鎮、市）民代表組織之。任期為四年，連選得連任。其代表之名額為：「鄉（鎮、市）人口在一千人以下者，不得超過五人；人口在一萬人以下者，不得超過七人；人口在五萬人以下者，不得超過十一人；人口在十五萬人以下者，不得超過十九人；人口超過十五萬人者，不得超過三十一人。」（地方制度法第三十三條第二項第三款第一目）

　　鄉（鎮、市）有平地原住民人口在一千五百人以上者，前目總額應有平地原住民選出之代表名額。各選舉區選出之代表名額在四人以上者，應有婦女當選名額。

　　鄉（鎮、市）民代表會之職權有：議決鄉（鎮、市）規約、預算、臨時稅課、財產之處分、公所組織自治條例及所屬事業機構組織自治條例、公所提案事項；審議決算報告；議決代表提案事項；接受人民請願等。

　　鄉（鎮、市）民代表會之組織由內政部擬定準則，報請行政院核定；鄉（鎮、市）民代表會應依準則，擬訂組織規程，報縣政府核定。

鄉（鎮、市）民代表會定期會每六個月開會一次；代表總額二十人以下者，每次會期不得超過十二日；二十一人以上者，不得超過十六日。

㈡鄉（鎮、市）公所

鄉（鎮、市）公所置鄉（鎮、市）長一人，綜理鄉（鎮、市）政，由鄉（鎮、市）民依法選舉之，任期四年，連選得連任一次。山地鄉鄉長以山地原住民為限。

村、里長受鄉（鎮、市、區）長之指揮監督，辦理村、里公務及交辦事項。按村（里）長一向發揮政令宣導、反映基層民意的功能，目前依據地方民意代表費用支給及村里長事務補助費補助條例（民國一一一年十二月二十五日施行），村（里）長每月領取五萬元的辦公事務費，但非「待遇」。村（里）長不是公務員，亦非民意代表或法人❶❼。

鄉（鎮、市）公所之組織由內政部擬訂準則，報行政院備查；各鄉（鎮、市）公所應依準則擬訂組織自治條例，經鄉（鎮、市）民代表會同意後，報請縣政府備查。

鄉（鎮、市）公所應執行鄉（鎮、市）民代表會議決案，如延不執行或執行不當，代表會得請其說明理由，必要時得報請縣政府各有關機關協商解決之。鄉（鎮、市）公所對代表會議決之規約、預算等案，如認為窒礙難行時，應於該議決案送達公所三十日內，敘明理由送請代表會覆議。

三、自治財政

㈠財政收入

鄉（鎮、市）之收入包括以下各項收入：1.稅課。2.工程受益費。3.罰款及賠償。4.規費。5.信託管理。6.財產。7.營業盈餘及事業收入。8.

---

❶❼ 有關村（里）長的功能定位問題，臺北市政府與內政部曾於民國九十三年五月先後舉行研討會與公聽會。臺北市政府首次提出參考德國「榮譽職公務員」的概念，認為村（里）長應保持無給職，但為執行公務得有工作收入損失、津貼或代墊費用等請求權。另有主張明定村（里）為地方行政機關，村（里）長為地方民選行政首長。

補助。　9.捐獻及贈與。　10.自治稅捐。　11.其他。

　　省、縣（市）、鄉（鎮、市）應分配之國稅、省及直轄市稅、縣（市）稅之統籌分配比率，依財政收支劃分法規定辦理。其收入及支出應依省縣自治法及財政收支劃分法規定辦理；並應維持適度自有財源比例，以維自治財政之健全。民國八十七年十二月三日行政院院會通過修改財政收支劃分法，將鄉（鎮、市）之實際收入占歲出之比率提高為百分之五二點七五（原為百分之三九點五七）。

⇔公共造產

　　鄉（鎮、市）應致力於公共造產事項，以增加其財源；其獎助及管理辦法，由內政部定之。

四、自治監督

　　鄉（鎮、市）公所辦理委辦事項違背中央、省或縣法令，逾越權限者，由縣政府予以撤銷、變更、廢止或停止其執行。其辦理自治事項，違背憲法、法律、中央法令、縣規章者（是否違背有爭議時須經司法院解釋），由縣政府予以撤銷、變更、廢止或停止其執行。

　　鄉（鎮、市）公所應為之行為而不為，其適於代行處理者，各該自治監督機關得命其於一定期限內為之，如逾期仍不為之者，各該自治監督機關得代行處理。但情況急迫時，得逕行代為處理。縣與鄉（鎮、市）間，自治事項遇有爭議時，由內政部會同中央各該主管機關解決之。鄉（鎮、市）間之事權爭議，由縣政府解決之。鄉（鎮、市）總預算案在年度開始後三個月內未完成審議，鄉（鎮、市）公所得就原提總預算案未審議完成部分，報請縣政府邀集各有關機關協商，於一個月內決定之，逾期未決定者，由邀集協商之機關逕為決定之。

第二目　法人地位的爭議

　　鄉（鎮、市）在民國八十三年七月省縣自治法公布實施前，應否為法人並施行自治，備受社會所關注討論。反對鄉（鎮、市）應為法人者，其理由要為：㈠自治事權有限，除了辦理選舉、貧民救助、役男身家調查、糾紛調解外，重要之戶籍管理、土地登記及測量、國民教育、環保衛生、稅課等，均非屬鄉（鎮、市）之事權。㈡財源短缺，仰賴上級補助，難以積極推動自治工作。㈢地方首長及民意代表經由選舉產生，造成地方派系傾軋，地方的對立衝突，恐不免得不償失。

　　至於主張鄉（鎮、市）應為法人，由地方居民選舉行政首長及民意代表組織自治機關，推動地方自治者，其主要理由是順應民主潮流、施政反映基層民意、有效訓練人民行使政權等。鄉（鎮、市）維繫地方情感及社群意識，保存基層的草根民主 (grass-roots democracy)。

　　單一國的英國，逐步將地方視為中央政府的代理人，地方分散中央的權力，中央與地方相互依賴。日本二〇〇〇年施行地方分權新制，授權地方機關經營地方事務，中央與地方形成分工合作的關係。

摘　要

　　憲法第十一章「地方制度」分為兩節，分別規定省、縣之自治。對於市之自治，則僅規定「直轄市之自治，以法律定之」（第一一八條），「（省轄）市準用縣之規定」（第一二八條），頗為簡略。

　　依照憲法本章之規定，省、縣之自治，循序漸進，以省言之，先召集省民代表大會，依據省縣自治通則，制定省自治法，再依據省自治法選舉省議員、省長，分別組成省議會與省政府，開始實行自治。然省縣自治通則及省民代表大會組織及選舉法尚未制定，因此，自政府遷臺以來，臺灣地區雖實施地方自治，即以其係根據行政命令如臺灣省各縣市實施地方自治綱要，欠缺法源而備受詬病。經大法官解釋及民國八十一年第二次修憲，始於增修條文規定，省縣地方自治應以法律定之，遂有民國八十三年七月省縣自治法、直轄市自治法的公布施行，化解地方自治法制化的爭議。

　　依省縣自治法之規定，省置省長一人，由省民選舉之。民國八十三年十二月成立的臺灣省政府改行首長制。省的自治體制與憲法規定契合；民國八十七年十二月「精省」後的省政府，是行政院的派出機關，省非地方自治團體；民國八十八年一月二十五日地方制度法公布施行，地方政府成為二級制；民國一〇三年十二月「六都」成立，地方自治團體中直轄市增加，地方制度景象改觀。

　　至於鄉（鎮、市）層級，雖然憲法未明定之，但實際上自二次戰後以降，一直都推行自治。

第十二章　選舉罷免創制複決

　　憲法第十二章，依其內容分析，較為偏重選舉，罷免次之，創制、複決兩權則明定「以法律定之」。實務上，行憲迄今有關選舉、罷免之法制已逐步推動改進，公職人員選舉罷免法至今迭有修正。至於有關創制、複決兩權之立法則付諸闕如。民國九十二年年底則有公民投票法的公布施行。

第一節　選舉、罷免

第一目　選舉方法（原則）

　　憲法第一二九條明定，選舉「以普通、平等、直接及無記名投票的方法行之」。其要點分述如下：

一、普通選舉

　　選舉權之取得除設定年齡條件外，凡是公民皆有投票權。英國至一八三二年不再以財產作為選民的資格條件，選民增加，開啟政黨政治的契機。一般國家多以性別為限制，英國婦女到一九四八年、瑞士婦女到一九七一年才有投票權，都較我國為晚。此外設定取得公民資格者，為教育條件，如過去美國南部各州，規定能誦讀憲法者始可享選舉權。如今民主觀念進步，教育普及，各國普遍採行普通選舉。

二、平等選舉

　　洛克是崇尚「公正而平等」的代表❶；佩恩 (Thomas Paine) 認為平等

權是代議政府真實的基礎 ❷。所謂平等選舉，是指選民皆有相同的投票權，任何公職人員選舉，一人一票，而且每票等值。如今民主政治是大眾政治，人人平等，學者專家與勞工農民都是一人一票，票票等值。英國過去曾規定有房屋的可多投一票，大學畢業生也可在大學區另投一票，這種不平等選舉直到二次世界大戰後（一九四八年）才廢止。

三、直接選舉

直接選舉即選民不必經由中介團體，直接選出公職人員（當選人）。過去，總統、副總統由國民大會選舉，今則直接由公民選舉。如全國不分區立法委員，曾經依附於區域代表選舉，所謂「一票制」；今則由選民以政黨票選舉，所謂「兩票制」（或「一票兩欄」方式）選舉，更能落實直接選舉的理想。

四、無記名選舉

無記名投票，即選民不必於選票上記名，即可完成投票，如此，可以無所恐懼而達到自由選擇的理想。選舉出於自由意志，但也不可任意「亮票」。民國一○三年十一月縣、市議會議長選舉爆發賄選傳聞，社會各界認為基於政黨政治及責任，議長選舉屬議會內部行為，不必適用無記名或「秘密」投票法制。民國一○五年五月二十七日立法院通過地方制度法第四十四條修正案，地方民意機關議長或主席之選舉採記名投票，而與一般公職人員選舉不同。

除了以上四種方法，我國選舉尚有：1.自由投票：對放棄投票權者未有處罰之規定，有別於強制投票 (compulsory voting)。2.出席投票：選民必須親至投票所投票，目前尚未採行缺席投票或不在籍投票，即對於在外地服兵役或海外經商從事外交者採行通訊投票。

---

❶　《政府兩論》，一六八九年。

❷　《理性的時代》，一七九五年。

　　不在籍投票　根據內政部統計，在營服役的軍人、警察、在外地求學的學生，以及在外縣市工作者，約三百萬至三百五十萬人。雖然這些人原可不需檢附任何文件，即得採行「移轉投票」，選民在投票日當天，若無法回到戶籍地投票，只要在事前的規定時間內，向戶政機關申請，就可以在投票日當天，就近移轉到就學地或工作地投票。但不施行不在籍投票，這些人行使公民權畢竟受到影響。基於投票作業之可行性，並兼顧投票秘密以及社會信任度，不在籍投票可於總統、副總統選舉優先實施。美、德、日、澳洲等國家，不在籍投票的制度早已行之有年。國內反對者多因「信任」、觀念的問題，不是「技術」上的困難，應及早實施。

第二目　選舉制度

　　我國憲法有關選舉之規定，總統及地方行政首長之選舉以全國或該地方行政區域為選舉區，採相對多數當選制，以得票最多的候選人為當選。至於中央民意代表之選舉則採行多種選舉制度，以下分別述之。

一、區域代表制

　　以選民結構區分，我國民意代表的產生，依憲法原文規定，中央民意代表係兼採區域代表制 (geographical representation) 與職業代表制 (professional representation)，民國八十年修憲後，廢止職業代表制，不再由職業團體選舉中央民意代表。

二、大選舉區（複數選舉區）制

　　民國九十六年十二月立委選舉前，我國係採大選舉區制 (large electoral district)，每一選區選出兩名以上的代表，以候選人得票之多寡決定是否當選。此稱「複數選區單記非讓渡投票制」。地方議會代表也採行大選舉區（或複數選舉區）制度。

　　我國因採單純的單記投票制，而且是「單記非讓渡投票」，候選人於達

到當選所需之最低票數時，其「多餘」選票不能讓予其他候選人，因此又不免造成選票「浪費」。

再者，在大選舉區制的選舉，每一候選人面對同黨候選人及敵對政黨候選人競爭的雙重壓力，非經政黨精確的計算與「配票」，勢必無法掌握票源。而此一掌控能力，一般相信，有利於大黨而不利於小黨。小黨或獨立候選人，僅能以特殊議題或個人特殊條件，吸收選區內各地的游離選民的選票而僥倖當選。

三、政黨比例代表制

民國八十年的憲法增修條文，規定中央民意代表設置全國不分區名額，並以政黨比例代表制產生。各政黨依其在區域代表選舉中候選人總得票數（至少為總選民票百分之五）的比例，分配此項代表之名額。第二屆至第六屆立法委員選舉開啟我國選舉採比例代表制 (proportional representation) 的新頁。

我國於民國八十年起開始修憲，其間適逢日本國會選舉大改革。日本國會於一九九四年十一月先後經眾議院與參議院通過眾議院小選舉區區域分割法案，試圖革除腐敗的政治陋習。過去眾議院選舉採中選舉區制，每一選舉區可以產生三至五名議員，改革後，將眾議院議員數五百十二名縮減為五百名，其中三百名由小選舉區制產生，另外二百名則以政黨比例代表制產生，二〇〇〇年小選區議席與比例區議席為五比三❸。此項選制掀起日本「政界地圖重劃」的巨大衝擊並波及我國。

四、單一選區兩票制

第七屆立法委員（任期民國九十七年至一〇一年）開始改採單一選區兩票制選舉。單一選區兩票制，是結合小選區及政黨比例代表兩制的選舉制度，又稱為雙重選制 (the dual system)。此種混合體制，主要有日本的

---

❸ 張伯玉：〈日本型民主產生一黨優勢體制〉，鄧文聰編著：《民主是硬道理》（臺北市：商訊文化，民國一〇三年），頁一五四。

「並立制」（兩種選票分別計算，兩種選票合併產生各政黨的議員當選席次）以及德國的「聯立制」（以政黨選票中各黨得票比例，即為各黨總席次的比例，並以此得票最高的政黨為執政黨）。民國九十四年修憲，規定自第七屆立法委員改採「單一選區兩票制」的選舉制即是採用日本的「並立制」（第七屆立法委員減為一百一十三席；其中，七十三席由區域選舉的第一張選票產生，三十四席為全國不分區代表及華僑代表由第二張政黨選票產生，另六席為原住民族代表）。長年採行的「複數選區單記非讓渡投票制 (SNTV, the Single Non-Transferable Vote in multi-member districts system)」選舉制度從此取消。

選舉制度，影響政黨體制。如單一選區，有助於兩黨制的形成。選舉制度更影響憲政文化及國會功能，如日本的並立制，其代表的「比例性」，反映政黨形勢之用意顯然。而德國的聯立制，則在防止賄選、政策形成有力、國會功能強大等方面較具優異性。

選制的改革更需要反對黨的合作❹。民國八十九年首次政黨輪替後，國會缺乏強力的多數，三黨不過半以致政局不安定，以及民意強烈支持改革，是民國九十四年修憲順利推動國會選舉新制的主要因素。

選舉制度的演變　選舉制度不僅要選出人才，更要選出人民心中偏好的代表。我國立法委員選舉，從跨縣市大選區複數選舉，經單一選區並比例產生不分區代表，到單一選區兩票制，一票選人一票選黨，多次變革，其間莫不朝向更精緻民主的角度發展。選舉制度實在追求、落實各種民主政治理論與技術。

美國國會議員選舉採單一選區的選舉制度。運作多年後發現，許多州的選區，民主黨與共和黨得到的席次穩定少變動。例如科羅拉多州，八個選區，每次（聯邦眾議員）選舉，都是四席民主黨、三席共和黨，一席搖擺不確定歸屬何黨。美國全國有競爭的地區約四成，其餘幾乎選舉結果每

---

❹　M. Meadowcroft, "The Single Transferable Vote," in Barnett, Ellis and Hirst (eds.), Debating Constitution: New Perspectives on Constitutional Reform. Cambridge, (UK: Polity Press, 1933), pp. 81～82.

每都不變，全國僅百分之八的選區有競爭性。單一選區選舉既然少有競爭性，結果難期公平。因此有人想到美國也應採比例代表制，這種選制有其優點，如每一張選票都平等地計算；州代表較能代表州，不會出現搖擺區域；轉為出現更多政黨的開闊視野；以及打破區域選舉零和之爭使選民冷靜，比例代表制可能是一種較佳的選舉方式。

第三目　選舉權及被選舉權之取得

中華民國國民，年滿二十歲，除受監護權宣告尚未撤銷者外，有選舉權（公職人員選舉罷免法第十四條）。選舉權為重要的公民權，必須具備一定條件（積極條件）者，始得享有並行使，同時受嚴格限制，不得具有一定條件（消極條件）。分析之，應具備的積極要件，包括：1.國籍。2.年滿二十歲。3.在選舉區繼續居住達四個月以上，為各該選舉區之選舉權人。但於選舉公告發布後，遷入各該選舉區者，無選舉投票權。不得具備的消極要件是：1.經褫奪公權尚未復權者。2.受監護宣告尚未撤銷者❺。

至於被選舉權的取得，亦有積極條件與消極條件之規定。其積極條件，於國籍及居住外，頗注重年齡及學、經歷。年齡方面，除憲法及法律另有規定外，年滿二十三歲，有依法被選舉之權；而依憲法或法律規定，總統、副總統之被選舉人年齡為四十歲；省（市）長候選人須年滿三十五歲；縣（市）長候選人為年滿三十歲即是。至於個人能力條件，過去選舉法規分別就各類公職候選人規定其學、經歷，民國八十三年則修正此項規定，將各級民意代表候選人之學、經歷限制刪除（公職人員選舉罷免法第三十二條）。民國八十九年十月公職人員選舉罷免法修訂，取消民選地方首長之學經歷限制。

有關消極條件，則包括一般限制與特別限制。一般消極條件，公職人

---

❺　世界各國大多規定選舉人年齡為十八歲，其用意在呼應資訊發達時代，鼓勵年輕人參與政事，緩和世代對立，平衡權利與義務（年滿十八歲得服兵役、負刑責，理當有選舉權）。

員選舉罷免法（民國一〇八年一月九日修正公布）第二十六條：有下列情事之一者，不得登記為候選人：一、動員戡亂時期終止後，曾犯內亂、外患罪，經依刑法判刑確定。二、曾犯貪污罪，經判刑確定。三、曾犯刑法第一四二條、第一四四條之罪，經判刑確定。四、犯前三款以外之罪，判處有期徒刑以上之刑確定，尚未執行或執行未畢。但受緩刑宣告者，不在此限。五、受保安處分或感訓處分之裁判確定，尚未執行或執行未畢。六、受破產宣告確定，尚未復權。七、依法停止任用或受休職處分，尚未期滿。八、褫奪公權，尚未復權。九、受監護或輔助宣告，尚未撤銷。

特別消極條件，上開選罷法第二十七條規定：下列人員不得登記為候選人：一、現役軍人。二、服替代役之現役役男。三、軍事學校學生。四、各級選舉委員會之委員、監察人員、職員、鄉（鎮、市、區）公所辦理選舉事務人員及投票所、開票所工作人員。五、依其他法律規定不得登記為候選人者。前項第一款之現役軍人，屬於後備軍人或補充兵應召者，在應召未入營前，或係受教育、勤務及點閱召集，均不受限制。第二款服替代役之現役役男，屬於服役期滿後受召集服勤者，亦同。當選人就職後辭職或（因有關選舉訴訟）經法院判決當選無效確定者，不得申請登記為該次公職人員補選候選人。

第四目　競選活動

憲法第一三一條規定：「本憲法所規定各種選舉之候選人，一律公開競選。」第一三二條前段進而規定：「選舉應嚴禁威脅利誘。」分析其要義如下：

一、採行候選人制度

一個真正的自由選舉，除了定期舉行外，必須提供選民具有意義的選擇（至少兩位候選人），以及提名候選人的自由，讓選民知道並討論選擇的對象❻。

　　各項選舉，依現行公職人員選舉罷免法、總統副總統選舉罷免法等之規定，應先以政黨推薦或選舉人連署或個別登記等方式，產生候選人，並向選務機關辦理登記，始正式展開選舉活動。蓋選舉若無候選人，必然難以形成共識、決定民意之趨向，並且達到「選賢與能」的目標。民國八十九年五月，中央選舉委員會規劃於民國九十年年底立法委員及縣市長選舉，由政府以公費為政黨提名候選人舉辦「初選」，以淨化選風、甄拔人才。

　　政黨可否像機器一樣，只是單純的承辦選舉事務，我國恐尚難實現單純由黨員提名候選人。政黨提名制度一直依違於精英壟斷與黨員直選間。政黨是依「寡頭鐵律」運作的組織，候選人的提名不夠透明毋寧是決策常態。我國政黨多為剛性政黨，或使命型政黨，不容易為中性的選舉機器，民意調查大致僅供參考而已。

二、公開競選

　　民主政治經由選舉，匯集民意，推舉官員及民意代表，屬公共事務，故候選人應公開競選。所以注重公開活動，旨在使選民「能知悉並討論」有關候選人的資訊[7]。此項規定旨在使選民透過公開的競選活動，了解候選人的能力及政見等相關資訊，而作明智的抉擇[8]。而所以要求「公開」，即求取公平，並經由社會輿論監督競選活動的進行。

三、嚴禁威脅利誘

　　憲法第一三二條前段規定，「選舉應嚴禁威脅利誘」。又依刑法妨害投票罪、公職人員選舉罷免法妨害選舉罷免處罰之規定，禁止選舉的不法活

---

[6]　Austin Ranny, Governing, Governing: An Introduction to Political Science (New Jersey: Prentice-Hall, 1996), pp. 160～162.

[7]　Austin Ranney, op. cit., pp. 160～162.

[8]　我國之競選活動原包括公辦政見發表會。民國八十三年十二月三日省、市長選舉期間，臺北市選舉委員會以浪費人力物力而效果有限，曾向中央選舉委員會建議予以取消，改採以電視發表政見之方式。此建議引發各界就選舉之種類與政見發表之方式的廣泛討論。

動，如：1.候選人或助選人向選舉人以強暴、脅迫、詐術、賄賂或其他非法方法，使其不投票或為一定投票。2.選舉人向候選人要求期約、收受賄賂，或其他不正當利益，而許以不行使投票權或為一定之行使。3.對於候選人或具有候選人資格者，行求期約或交付賄賂或其他不正當利益，而約其放棄競選或為一定之競選活動。4.候選人或其助選人之言論，煽惑他人犯內亂外患罪，或以暴動破壞社會秩序。

近年來，選舉法規盡量取消對助選活動的不必要限制，而改歸集會遊行法規範之。同時對於賄選行為，除加重處罰候選人及「樁腳」外，進而處罰政黨負責人；並且增列行賄者自首可減免其刑的規定。

選舉理當到開票完畢才知道選舉結果，開票前無人預知其結果，而開票後亦無人推翻其結果❾。

第五目　選舉訴訟

憲法於第一三二條後段明定：「選舉訴訟，由法院審判之。」依公職人員選舉罷免法之規定，選舉訴訟之種類及管轄如次：

一、選舉訴訟的種類

㈠選舉無效之訴

選舉事務機關（各級選舉委員會）辦理選舉如有違法，足以影響選舉之結果，檢察官、候選人，得自當選人名單公告之日起十五天內，以各該選務機關為被告，向該管法院提起選舉無效之訴。選舉無效之訴，經法院判決無效確定者，其選舉無效，應重行選舉。其違法屬選舉之局部者，局部之選舉無效，並就該局部無效部分定期重行投票。但局部無效部分顯不足以影響選舉結果者，不在此限。

第二屆立法委員選舉，花蓮選區的選舉弊案，即由地檢署提起局部選

---

❾　胡適於民國四十年代，對美國選舉的評語以及對臺灣選舉的期許。李敖生等著，蔡登山編：《吳國楨事件解密》（臺北：獨立作家，民國一〇三年），頁一六六。

舉無效之訴，經法院判決確定若干投票所選舉無效。並由於局部無效部分
不足以影響選舉結果，乃未辦理重行投票，而逕行公告得票最多之落選人
為當選（原先中央選舉委員會僅公告一人當選，非公告應當選二席之名
單）。

(二)**當選無效之訴**

當選人如有：1.當選票數不實，足以影響選舉之結果者。2.違反選舉
罷免法規所定之義務者，選務機關、檢察官或同一選區之候選人得以當選
人為被告，自公告當選人名單之日起三十日內，向該管法院提出當選無效
之訴。當選無效之訴訟經法院判決無效確定者，其當選無效。

二、選舉訴訟的管轄

選舉訴訟，本質上屬公權之爭執，為公法事件之爭訟[10]。而依現行制
度，選舉訴訟由普通法院管轄。第一審選舉訴訟，由選舉行為地之該管地
方法院或其分院管轄，其行為地跨連或散在數地方法院或分院管轄區域內，
各該管地方法院或分院皆有管轄權。不服地方法院或分院第一審判決而上
訴之選舉訴訟事件，由該管高等法院或分院管轄。可知選舉訴訟採二級二
審的訴訟體制，並不得提起再審之訴（民國一〇五年四月十三日修正公布
公職人員選舉罷免法，第六章「選舉罷免訴訟」）。

民國一〇七年臺北市長選舉無效訴訟　民國一〇七年十一月二十四
日，九合一選舉，臺北市長柯文哲獲多數票，連任成功，丁守中以三千二
百五十四票之差敗選。十一月二十八日，丁守中赴臺北地方法院聲請重新
驗票及證據保全。十二月十一日，丁守中向臺北地方法院提起選舉無效訴
訟。同月十三日，臺北地方法院公布重新驗票結果，確定柯文哲獲五十八
萬六百六十三票，丁守中五十七萬七千零九十六票，相差三千五百六十七
票，差距較原先開票結果多三百一十三票。由於選票加上公投票，選民張
張蓋章，耗費時間，以致投票時間截止，已領票的人尚未投票，開票時還

---

❿　曾勇夫：〈選舉訴訟之研究〉，《法學叢刊》，第三〇卷第二期（一一八期）（民國
　　七十四年四月），頁六〇～六七。

有人排隊投票。投開票所一邊投票一邊開票，影響選民投票，丁強調其訴求是要建立公平的選舉制度。民國一〇八年五月十日臺北地方法院判決「原告之訴駁回」。丁守中不服，提起上訴。同年十一月十九日辯論終結；十二月十七日臺灣高等法院判決「上訴駁回」，全案定讞。

第六目　罷免權的行使及限制

罷免權的行使，旨在補救選舉制度的缺失，而以投票推翻原選舉之結果，罷免權之行使乃有多種限制之規定，除憲法第一三三條「被選舉人得由原選舉區依法罷免之」外，公職人員選舉罷免法設有專節具體規範，其要如次：

罷免案之提出：公職人員之罷免，得由原選舉區選舉人向選舉委員會提出罷免案。但就職未滿一年者，不得罷免。全國不分區及僑居國外國民立法委員選舉之當選人，不適用罷免之規定（第七十五條）。

罷免案之提議人：罷免案以被罷免人原選舉區選舉人為提議人，提議人人數應為原選舉區選舉人總數百分之一以上（第七十六條參照）。

罷免案提議人之限制：現役軍人、服替代役之現役役男或公務人員，不得為罷免案提議人（第七十七條第一項）。

提議人之連署期間：一、立法委員、直轄市議員、直轄市長、縣（市）長之罷免為六十日。二、縣（市）議員、鄉（鎮、市）長、原住民區長之罷免為四十日。三、鄉（鎮、市）民代表、原住民區民代表、村（里）長之罷免為二十日（第八十條第一項）。

罷免案之連署人及人數：罷免案之連署人，以被罷免人原選舉區選舉人為連署人，其人數應為原選舉區選舉人總數百分之十以上（第八十一條第一項）。

罷免通過之最低投票人數：罷免案投票結果，有效同意票數多於不同意票數，且同意票數達原選舉區選舉人總數四分之一以上，即為通過。有效罷免票數中，不同意票數多於同意票數或同意票數不足前項規定數額者，

均為否決（第九十條）。

　　罷免投票結果之公告及其效果：罷免案經投票後，選舉委員會應於投票完畢七日內公告罷免投票結果。罷免案通過者，被罷免人應自公告之日起，解除職務。應辦理補選者，應自罷免投票結果公告之日起三個月內完成補選投票。但經提起罷免訴訟者，在訴訟程序終結前，不予補選（第九十一條）。

　　罷免案如經選民否決，在其任期內不得再提罷免案。

　　民國一〇五年十二月公職人員選舉罷免法修正後，次年就發生第一件罷免案，即新北市第十二選區、時代力量黨籍立法委員黃國昌罷免案。罷免案自民國一〇五年十一月發起，民國一〇六年十月二十日第二階段連署人數已達法定，嗣後確定投票時間為民國一〇六年十二月十六日，投票結果，罷免案原選舉區的選舉人總數為二十五萬五千五百五十一人，投票人數為七萬零九百二十四人，投票率為百分之二十七點七五，有效票七萬零四百四十一票，其中同意罷免票數為四萬八千六百九十三票、不同意罷免票數二萬一千七百四十八票、無效票為四百八十三票。雖然同意票多於不同意票，但同意票數未達選舉人總數四分之一（六萬三千八百八十八票）以上，罷免案不通過。提出罷免案主要理由是黃國昌未向鄉親說明即改變政見力推同婚修法，以及日本核災食品進口議題持棄權立場等。被提議罷免的立委黃國昌仍堅信改革價值、秉持專業問政的信念。

　　民國一〇九年高雄市長韓國瑜的罷免案　　民國一〇七年十一月地方公職人員選舉，國民黨提名的韓國瑜以八十九萬多票當選高雄市長，民進黨在高雄市二十年的執政於焉更換。韓國瑜高喊：「貨出得去，人進得來，高雄發大財。」撼動港都市民。韓國瑜獨特的參選作風形成「韓流」風潮，並帶動縣市長的選情。結果國民黨拿下十五縣市長，民進黨則獲六縣市。翌年（民國一〇八年），緊接著是備受矚目的總統選舉的提名。六、七月間，黨內民調結果，韓國瑜獲得最高度支持，七月底成為國民黨提名的總統候選人。民國一〇九年一月總統選舉結果，韓國瑜（獲得五百五十二萬多票）重挫，尋求連任的蔡英文總統（獲得八百一十七萬多票）勝出，於

是「罷韓」聲起。發動罷韓的人士說韓中途落跑，違反與選民做好做滿的承諾。甫就職的韓國瑜，除路平專案、清淤工程、果菜出口外，實難於短期展現成績，罷免行動早已開始。一月底第二階段連署開始，二月中連署人數突破三十萬人，超過規定門檻（二十三萬人）。最後，連署書達五十五萬份，接近罷免所需五十七萬票。三月九日送件，四月十七日中選會審查通過，罷免案成立，同時確定六月六日投票。投票結果，九十三萬三千九百九十票贊成，二萬五千零五十一票反對，罷免案通過，韓國瑜成為我國首位被罷免的縣市長。

第七目　婦女及生活習慣特殊國民之保障

一、婦女當選名額之保障

憲法第一三四條規定：「各種選舉，應規定婦女當選名額，其辦法以法律定之。」此項規定，所謂婦女保障名額，是指在各項民意代表選舉，凡採政黨比例代表制及大選舉區制者，必須規定婦女最低之當選名額。至於其辦法要如以下規定：

㈠**憲法增修條文（民國九十四年增訂）**

依憲法增修條文第四條第二項規定：「立法委員僑居國外代表、全國不分區代表，各政黨當選名單中，婦女不得低於二分之一」。

㈡**公職人員選舉罷免法（民國一○五年四月修正公布）**

各政黨分配之婦女當選名額，按各政黨登記之候選人名單順位依序分配當選名額；婦女當選人少於應行當選名額時，由名單在後之婦女優先分配當選（第六十七條第四項前段）。地方公職人員選舉，其婦女當選人少於應行當選名額時，應將婦女候選人所得選舉票單獨計算，以得票比較多數者為當選（第六十八條本文）。

二、內地生活習慣特殊之國民的保障

憲法第一三五條規定：「內地生活習慣特殊之國民代表名額及選舉，其辦法以法律定之。」此項規定，有引申中山先生扶助弱小民族之用意，以實現「立足點平等」的理想，亦頗符合現代憲法的平等觀念。

實際上，對內地生活習慣特殊之「國民代表」，兼指立法委員及省（市）、縣地方議員而言。如立法委員選舉應含有「自由地區平地原住民及山地原住民」之名額，並明示「國家對於自由地區原住民之地位及政治參與，應予保障」（民國九十四年憲法增修條文第四條第一項、第十條第十二項前段）。

第八目　選務機關

我國選舉（罷免）事務主管機關，依公職人員選舉罷免法第二章之規定，其特色如次：

一、設各級選舉委員會

依現行規定，公職人員選舉，中央、直轄市、縣（市）各設選舉委員會辦理之。辦理選舉期間，直轄市、縣（市）選舉委員會並於鄉（鎮、市、區）設辦理選務單位。而各選舉委員會間，是依層級節制體系建制，因此，上級選務機關除辦理選務外，「並指揮監督」下級機關的選務。

二、層級節制隸屬行政院

各選舉委員會依層級關係，隸屬於上級委員會，而中央選舉委員會則又隸屬於行政院。故選務機關雖為合議制組織，但形式上係一層級節制的「一條鞭」體系。成員的任用、組織規程之訂定以及辦理選務工作，須經中央選舉委員會之核定或受其監督，所需預算經費由中央政府編列。

三、成員由行政機關派充

中央選舉委員會委員，係由行政院院長提請總統派充之，並指定一人為主任委員；直轄市、縣（市）選舉委員會委員，則由中央選舉委員會提請行政院院長派充之，並指定一人為主任委員。各級選舉委員會委員有黨籍委員人數之限制（中央選委會同黨籍委員不得超過五分之二；直轄市、縣（市）級則不得超過二分之一）。

四、得調用各級政府職員辦事

由於各級選舉機關分別隸屬於其上級選務機關，並依政府層級設立，實際上更以各級政府之主管部門或首長兼任主任委員，故得調用各級政府職員辦理事務，可收經濟靈便之效。

五、選監合一制

各級選舉委員會置巡迴監察員，是由各該級選舉委員會遴選公正人士報請上級委員會聘任（中央則報請行政院院長聘任），此乃所謂選監合一制，選務機關與選務監察體系俱屬行政部門。如將選務監察人員改由檢察部門或議會另行選任，而不宜授權選務機關自行遴聘。如此，選務「行政」與「監察」體系分明，較能符合選務運作上效能與公正的要求。

第九目　選舉區

依公職人員選舉罷免法（民國一〇五年十二月十四日修正公布），第三章「選舉及罷免」第四節「選舉區」之規定，有關選舉區制度如次：

一、選舉區劃分的原則

㈠以行政區域為選舉區，並得在其行政區域內劃分選區。採此種選舉區，包括縣（市）議員及鄉（鎮、市）民代表（以其行政區選出者）選舉。

　　㈡以行政區域為選舉區。這是直轄市、縣（市）及鄉（鎮、市）等地方行政首長，以及村、里長選舉所採行選舉區。

　　㈢立法委員選舉：

　　直轄市、縣（市）選出者、應選名額一人之縣（市），以其行政區為選舉區；應選名額二人以上之直轄市、縣（市）應案名額在其行政區域內劃分同額之選舉區。區域代表採單一選區制，其名額及選區以第七屆立法委員選舉為準，每十年檢討一次是否有變更之需要。

　　全國不分區及僑居國外國民選出之立法委員，以全國為選區。以特定選民為選舉區。立法委員，由原住民（山胞）選出者，以原住民為選舉區，並得劃分為平地原住民與山地原住民選舉區（本法第三十五條參照）。

　　㈣以行政區內及特定選民為選舉區。直轄市、縣（市）議員、鄉（鎮、市）民代表，由原住民產生者，以其行政區域內之原住民為選舉區，並得按平地原住民、山地原住民或在其行政區域內劃分選舉區（本法第三十六條參照）。

二、選區劃分的機關及公告

　　㈠立法委員選區由中央選舉委員會劃分之。縣（市）議員由中央選舉委員會劃分之。鄉（鎮、市）民代表及原住民代表之選舉區，由縣選舉委員會劃分之。

　　㈡各級選舉區，應於發布選舉公告時公告。但選舉區有變更時，應於公職人員任期或規定之日期屆滿一年前發布之（本法第三十七條第一項）。

三、選舉區劃分的考量因素

　　選舉區之劃分，應斟酌行政區域、人口分布、地理環境、交通狀況、歷史淵源及應選出名額劃分之。

四、立法委員選舉區之變更

　　立法委員選區之劃分及變更，參仿一般國家由國會適時因應議決。其

變更案之提出、審議及再提出，主要程序如次：

　　㈠中央選舉委員會應於立法委員任期屆滿一年八個月前，將立法委員選舉區變更案送立法院同意後發布。

　　㈡立法院對立委選舉區變更案，應以直轄市、縣（市）為單位行使同意或否決。如經否決，中央選舉委員會應就否決之部分，參照立法院各黨團意見，修正選舉區變更案，並於否決之日起三十日內，重行提出。

　　㈢立法院應於立法委員任期屆滿一年一個月前，對選舉區變更案完成同意，未能於期限內完成同意之部分，由行政、立法兩院院長協商解決之。

　　選區劃分具爭議性，因此一般國家例由國會決議。美國最高法院在 Bartlett v. Strickland, (2009) 一案，指選舉權法不許各州為方便少數族群（非洲裔）跨區投票，使選票發揮效果，因而重劃選區。法院適用法規於種族分類與預測，最需審慎。我們應確保所有族群的人分享及參與民主程序及傳統。選舉法律未許可少數人提特別訴求，少數人跨區投票，將稀釋其影響力。從此例可知，選區劃分不當，即可能形成「竭力滿得 (Gerrymandering)」**⓫**。

第二節　創制、複決

第一目　概念意涵

　　創制權 (initiative) 是公民直接提出法制案，或間接的向議會提出法制原則由議會立法的權利。複決權 (referendum) 是公民對立法機關所制定的法律，以投票決定是保留或廢棄的權利。二者為直接民權，由公民直接行使立法權。

　　至於公民投票 (plebiscite) 是具古老歷史的名詞，可以上溯至西元前四世紀羅馬平民的投票。法國自一七九三年至一八七〇年所舉行的公民投票，

⓫　David M. O'Brien, Supreme Court Watch 2010, p. 50.

亦為當時的人及今天的歷史學家稱為公民投票，故此一名詞含有帝政主義者用來取得人民信任的工具。第一次世界大戰後，基於民族自決原則，解決領土爭議；甚至納粹政權在尋求人民支持其政策時，都使用「公民投票(plebiscite)」。大致上，運用此一投票多為有關個人或政府（政體或政權）之認可 ❷ 。

如今，英文的複決 (referendum) 已指涉「公民投票」，兩名詞不作明確區分。甚至複決有時泛指一切公民投票，包括創制投票在內。而中文的「公民投票」，亦有指稱包括「創制」與「複決」投票二者在內。公民投票，依性質區分，包括強制公投與任意公投。依種類區分，包括諮詢公投、立法公投與憲法公投。依發動者區分，包括人民連署公投、議會提議公投與行政機關提議公投。

依盧梭直接民權理論，主權源自人民，民主的最終原則是「以共同意志 (general will) 決定大眾福祉」。所以「共同意志」與「少數服從多數」的投票原則必然結合一起。然而在迷信數字的社會，質的問題往往以量化處理，「多數決」是否能有效解決公共政策的問題？公民投票直接訴諸民意，以團體的共同意志壓制個人，是否能達成國家利益的共識？皆有待研討。英、美、德等國所以對公民投票抱持審慎的態度，有其長遠深層的考量。

第二目　現行法制

我國有關創制、複決兩權的規定，散見於憲法及相關法令，迄今尚未單獨立法。就憲法規定，有以下相關條文：

1.人民有創制、複決之權（第十七條部分文字）。

2.（國民大會）關於創制、複決兩權，除前項第三、第四兩款（修改憲法與複決立法院所提憲法修正案）規定外，俟全國有半數之縣市曾經行使創制複決兩項政權時，由國民大會制定辦法並行使之（第二十七條第二

❷　李俊增：〈論公民投票之類型及對代議民主政體之影響〉，《憲政時代》，第二二卷第四期（民國八十六年四月），頁一○○～一一八。

項)。國民大會此項職權,已於民國八十九年四月二十四日國民大會通過的憲法修正案中刪除。

　　3.縣民關於縣自治事項,依法律行使創制、複決之權(第一二三條前段)。

　　4.創制複決兩權之行使,以法律定之(第一三六條)。

　　5.憲法之修改程序之一:立法院得擬定憲法修正案,提請國民大會複決(第一七四條第一項第二款部分規定)。

　　從憲法之各項規定,可推知我國創制、複決兩權之要點是: 1.創制包括憲法之創制、法律之創制及地方住民對自治事項的創制。 2.中央法律之創制,由立法委員及提出法案機關掌理。3.縣民就縣自治事項,行使創制、複決兩權。 4.國民大會對中央法律為「任意創制」與「任意複決」,而非強制性的對所有法律為創制或複決。民國八十九年四月修憲後,國民大會此項對中央法律之創制複決權已廢除。 5.國民大會對立法院所提出的憲法修正案,應為「強制複決」。 6.立法院得創制憲法修正案。

第三目　草案構想

　　為落實人民創制、複決兩權的行使,行政院於民國八十二年十一月提出「創制複決法草案」,以因應需要。其所以採此一名稱,即期與憲法用語一致。依該草案所擬,創制複決權之行使,局限於地區性,其行使範圍以地方自治法規、規章及規約為限,不得及於預算、租稅、給付行政等事項❸。

---

❸ 民國八十三年十一月八日,適逢美國舉行期中選舉,大部分地方政府亦同時進行公民複決投票。在舉辦的三十七州,討論議題達二百三十八個,其中有十州討論全面開放賭博問題;十六州表決加重刑罰打擊犯罪問題。而地方城鎮則討論數以千計的提案。二○○四年十一月美國大選,各地公投議題則有胚胎幹細胞研究(加州),嚴格限定婚姻為一男一女的結合,即禁止同性結婚(阿肯色、喬治亞、肯塔基等州),提高最低基本工資(佛羅里達州),開辦樂透(奧克拉荷馬州),獵人可否用食物誘捕熊(緬因州)等。

　　民國八十三年立法院第二會期，由立法委員提出的「公民投票法草案」
則經立法院內政暨邊政、法制委員會審查通過，並列入朝野委員協商的優
先審查法案。而該草案所擬適用的事項包括「憲法之修改」在內。其法律
名稱、實施範圍及行使（適用）範圍，皆與上述行政院所提草案顯然不同。
甚且，將適用事項涵蓋「憲法之修改」，尤引發是否侵犯國民大會之職權而
至違憲的爭論。民國九十年一月十五日，司法院公布釋字第五二○號解釋，
要求行政、立法兩院依憲法規定的互動方式，解決「核四」爭議。二月，
行政院宣布「核四」復工，三月二十八日，行政院於第二七二七次院會通
過「創制複決法草案」。該草案，架構上較民國八十二年行政院所提草案完
備。這次所提草案，分九章六十四條。草案依行使範圍，創制複決包括全
國性之創制複決與地方性之創制複決。創制複決事項得經由創制複決案件
審議委員會審定，是較前不同之處。

　　按一般國家之公民複決投票，是公民對公共政策問題以票決所作的選
擇❶，只有在瑞士和美國各州廣泛的被運用。以近年來各國運用的情形觀
之，所適用的事項都具有特殊性，少有對法律或憲法修正案提出複決投票
者。其要如表 12-1 ❶ 。

表 12-1　近年來各國公民複決投票情形

國家	日期	主題	贊成票百分比	投票率
美國（加州）	1978	降低財產稅（十三號提案）	65	55
（柯羅拉多州）	1984	禁止使用公共基金墮胎	51	53
（猶他州）	1984	禁止曖昧的和淫猥的題材出現在有線電視上	39	59
（麻薩諸塞州）	1982	互相同意並提供證明凍結核子武器	73	41
埃及	1979	批准和以色列的和平條約	99	90

---

❶　歐美國家之複決權，主要標的是：㈠經制憲或立法機關通過之憲法或法律案。㈡
　　經立法機關否決之法律案。史尚寬：〈創制複決兩權之研究〉，《中美憲法論文集》
　　（臺北：中國憲法學會編印，民國七十六年），頁一二○～一二一。

❶　Austin. Ranney, op. cit., p. 185.

伊朗	1979	通過新伊斯蘭憲章	99	65
義大利	1974	廢止反離婚法	59	88
加拿大 （魁北克）	1980	重開從加拿大分離的談判	41	85
瑞士	1971	同意婦女投票權	66	58
瑞士	1984	禁建核能電廠	45	41
英國	1975	留在共同市場	67	65
愛爾蘭	1986	刪除憲法禁止離婚條款	41	88
瑞士	1986	加入聯合國	32	48
瑞士	1989	廢除軍隊	36	69
南非	1992	協商結束種族隔離	69	85
俄羅斯	1993	同意葉爾欽憲法	55	58
瑞士	1997	加入歐盟	26	35
蘇格蘭	1997	成立蘇格蘭議會	74	60
蘇格蘭	2014	獨立公投	44	85
希臘	2015	歐盟紓困案	38	63
英國	2016	脫離歐元區（脫歐）	52	72

再者，公民複決投票，較適合用於政治價值之判斷，或較為簡單明確之政策議題，如為複雜而專門技術問題，在未充分宣導說明的情況進行投票，容易被誤導或被利用（傳統的民主理論，將人民之投票行為假定為是理性的、充分知悉的）。再次，創制、複決是在國家機關或現行體制外，所運用的「直接」立法，因此，對於法律（乃至憲法）之複決，應有一定的限制，如限制非經立法機關三分之二多數代表之通過，不得提交公民複決投票。否則人民汲汲於群眾運動之策劃，破壞憲政機關之常態運作，複決投票將成「出柙猛虎」，易放難收，未蒙其利，先受其害❶。

---

❶ 李伯岳：〈公民投票法易放難收〉，《聯合報》（民國八十三年三月十一日），第三一版。

第三節　公民投票法

公投的工具性價值　公民投票，由公民直接行使法案創制及複決之權。這是公民全意志的運行。依盧梭的全意志理論，公投係以人民意志具有同質性為前提。獨裁國家固然可能以訴諸公投，使得其行動獲得人民的認可。瑞士，多元種族、語言、宗教，則採行公投，展現其以協和式融合及互惠共生的精神。施密特 (Carl Schmitt) 進而相信公投可以挽救陷入多元主義困境的威瑪德國。除了由全民選出的總統，訴諸公投，與全民意志結合，以對抗多元主義及其代表之議會，守護整體民族之統一性❼。直接民主更被視為用以補充代議政治的不足，甚至用來制衡議會的專制。以一次戰後的德國言，直接民主形成對議會機關的挑戰，還間接促成威瑪共和的瓦解❽。

第一目　立法前的「實施要點」

　　行政院於民國八十二年曾提出「創制複決法草案」，民國九十年亦提出新訂版本送立法院，可惜皆未完成立法。其間，立法院在民國八十三年第二會期，立法委員擬訂「公民投票法草案」，行使範圍及事項，與前述行政院所提差異甚大。民國八十九年十月「核四」爭議引爆，雖經司法院公布釋字第五二〇號解釋，陳水扁總統有意儘早實施公民投票解決憲政爭議。民國九十二年七月，行政院為「實踐陳總統的指示」，訂頒「行政院辦理公民投票實施要點」，並預定於民國九十三年三月總統大選前辦理公民投票。分析該要點：1.目的及依據：為廣徵民意，就全國性、重大公共政策議題，

---

❼　李俊增，〈公民投票及其隱含之人民概念〉，《高大法學論叢》，第十一卷第二期，民國一〇五年三月，頁一九三～二七四。

❽　楊尚儒，〈Carl Schmitt 論公投及其限制：關於直接民主對代議制之挑戰所做的警告〉，《台灣政治學刊》，第二十四卷第一期，民國一〇九年六月，頁一〇九～一六二

實施公民投票。 2.權責單位：行政院為辦理公民投票，得設公民投票委員會，負責推動公民投票事宜，並審議公投之議題及投票實施作業計畫。 3.議題擬訂：公民投票之議題，由主管該議題之行政院所屬一級機關擬訂，連同投票實施作業計畫，陳報行政院，交由委員會審議。4.承辦事務單位：公民投票，由中央選舉委員會負責指揮、督導各級選舉委員會辦理相關事務。中央選舉委員會於必要時，得委由相關機關或民間團體，協助辦理相關事務。

　　行政院堅持訂定「全國性公民投票實施要點」，規劃公民投票實施程序，是「合憲且適法」之舉。為此，行政院公布「關於行政院訂定全國性公民投票實施要點說明」（民國九十二年七月二十一日新聞局公布），就「合憲性」言，行政院認為在法律未備前，行政機關主動實現人民基本權利，並無違憲問題；立法院長期未完成創制複決或公民投票的立法，違反「憲法委託」，顯屬立法懈怠，已構成違憲狀態；實施公民投票之結果只供諮詢，無法律拘束力，並未侵犯立法權。就「適法性」言，行政院主張行政機關應主動辦理公民投票；本要點非限制人民權利，不必立法，未違反依法行政原則；本要點係「事務分配」及「業務處理方式」，非對人民權利義務之規定，故未違反中央法規標準法（第五條）法律保留原則；行政院依此要點實施之公民投票，類似民意調查，應無須有法律依據。

　　行政院堅持以「實施要點」舉辦公投，雖定位為諮詢性公投，如同全國性民意調查，但公民投票攸關人民權利之行使及公權力之運作，必須依法行政，以行政規則之「要點」實施，顯然不合法治國理想，亦難落實國民主權原理。是以呂秀蓮副總統於八月二十五日再次表示公民投票必須立法，以免爭議。朝野在各有所圖的競逐中，直到十一月公民投票法始通過立法。

第二目　公民投票法的制定及施行

　　公民投票法於民國九十二年十一月二十七日完成立法程序，同年十二月三十一日公布施行。民國一〇八年六月二十一日修正公布，其要點如次：

　　1.立法目的：依據憲法主權在民之原則，為確保國民直接民權之行使，特制定本法。本法未規定者，適用其他法律之規定。公民投票涉及原住民族權利者，不得違反原住民族基本法之規定（第一條）。

　　2.公民投票之適用事項：本法所稱公民投票，包括全國性及地方性公民投票。全國性公民投票，依憲法規定外，其他適用事項如下：一、法律之複決。二、立法原則之創制。三、重大政策之創制或複決。地方性公民投票適用事項如下：一、地方自治條例之複決。二、地方自治條例立法原則之創制。三、地方自治事項重大政策之創制或複決。預算、租稅、薪俸及人事事項不得作為公民投票之提案（第二條）。

　　3.主管機關：全國性公民投票之主管機關為中央選舉委員會，並指揮監督直轄市、縣（市）選舉委員會辦理之。地方性公民投票之主管機關為直轄市政府、縣（市）政府（第三條前二項）。

　　4.投票方式：公民投票以普通、平等、直接及無記名投票之方法行之（第四條）。

　　5.提案人、連署人及投票權人（公民投票權資格）：中華民國國民，除憲法另有規定外，年滿十八歲，未受監護宣告者，有公民投票權（第七條）。其資格比照選舉罷免法之規定認定之（第八條）。

　　6.公投案提出程序：公民投票案除紙本外，以電子提案及連署者，其文件以電磁紀錄之方式提供。領銜人以一人為限；主文以不超過一百字為限；理由書以不超過二千字為限。超過字數者，其超過部分，不予公告及刊登公報。主文應簡明、清楚、客觀中立；理由書之闡明及其立場應與主文一致。公民投票案之提出，以一案一事項為限（第九條）。

　　7.全國性公民投票案提案人人數及審核程序:公民投票案提案人人數，

應達提案時最近一次總統、副總統選舉選舉人總數萬分之一以上。主管機關於收到公民投票提案或補正之提案後，應於六十日內完成審核。經審核有不合規定者，應敘明理由，通知提案人之領銜人於三十日內補正，並以一次為限，屆期未補正或經補正仍不符規定者予以駁回。公民投票案經主管機關認定合於規定者，應函請戶政機關於十五日內查對提案人。提案合於本法規定者，主管機關應依該提案性質分別函請相關立法機關及行政機關於收受該函文後四十五日內提出意見書。主管機關應通知提案人之領銜人於十日內向主管機關領取連署人名冊格式或電子連署系統認證碼，徵求連署（第十條）。

8.全國性公民投票案連署人人數及連署程序：法律之複決、立法原則之創制、重大政策之創制或複決，連署人數應達提案時最近一次總統、副總統選舉選舉人總數百分之一點五以上。公民投票案提案人之領銜人，應於領取連署人名冊格式或電子連署系統認證碼之次日起六個月內，將連署人名冊正本、影本各一份或其電磁紀錄，向主管機關一次提出（第十二條）。

9.連署人名冊之受理與查對：主管機關收到連署人名冊後，經清查連署人數不足，或未依規定分別裝訂成冊提出者，主管機關應不予受理；合於規定者，應函請戶政機關於六十日內完成查對。連署人名冊經查對後，其連署人數合於前條第一項規定者，主管機關應於十日內為公民投票案成立之公告，該公民投票案並予編號（第十三條）。

10.行政院與立法院得就重大政策之創制或複決提出公投案：行政院對於第二條第二項第三款之事項，認為有進行公民投票之必要者，得附具主文、理由書，經立法院同意，交由主管機關辦理公民投票（第十四條第一項前段）。立法院對於第二條第二項第三款之事項，認有提出公民投票之必要者，得附具主文、理由書，經立法院院會通過後十日內，交由主管機關辦理公民投票（第十五條第二項前段）。

11.總統得交付公民投票案：當國家遭受外力威脅，致國家主權有改變之虞，總統得經行政院院會之決議，就攸關國家安全事項，交付公民投票

（第十六條第一項）。

　　12.公告及辯論：主管機關應於公民投票日九十日前，就下列事項公告之：一、公民投票案投票日期、投票起、止時間。二、公民投票案之編號、主文、理由書。三、政府機關針對公民投票案提出之意見書。四、公民投票權行使範圍及方式。五、正反意見支持代表於全國性無線電視頻道發表意見或進行辯論之辦理期間與應遵行之事項。主管機關應以公費，在全國性無線電視頻道提供時段，供正反意見支持代表發表意見或進行辯論，受指定之電視臺不得拒絕。發表會或辯論會，應在全國性無線電視頻道至少舉辦五場。發表會或辯論會應網路直播（第十七條）。

　　13.投票日：公民投票日定於八月第四個星期六，自中華民國一一○年起，每二年舉行一次。公民投票日為應放假日（第二十三條）。公民投票案應分別向直轄市、縣（市）政府提出。直轄市、縣（市）政府對於公民投票提案，是否屬地方自治事項有疑義時，應報請行政院認定（第二十六條第一、三項）。

　　14.投票結果通過或不通過之門檻：公民投票案投票結果，有效同意票數多於不同意票，且有效同意票達投票權人總額四分之一以上者，即為通過（第二十九條第一項）。第三十二條並明定，主管機關公告公民投票之結果起二年內，不得就同一事項重行提出。

　　15.公民投票之管轄法院：第一審全國性公民投票訴訟，專屬中央政府所在地之高等行政法院管轄；第一審地方性公民投票訴訟，由公民投票行為地之該管高等行政法院管轄，其行為地跨連或散在數高等行政法院管轄區域內者，各該高等行政法院均有管轄權。其上訴、抗告之公民投票訴訟事件，由最高行政法院管轄（第四十七條）。

　　公民投票法於民國九十二年十一月二十七日完成立法程序，經立法院三讀通過，十一月二十九日陳水扁總統即宣布民國九十三年三月二十日總統大選時同步舉行防衛性公投。十二月十二日，行政院就公投法中，有關公民投票審議委員會及立法院提案權，向立法院提出覆議案，十二月十九日立法院否決此覆議案。首次公民投票，由總統依據公民投票法第十七條

第一項規定，交付「強化國防」，「對等談判」兩案。於民國九十三年三月二十日與第十一任總統副總統選舉同時舉行投票。第二次於民國九十七年一月與第七屆立委選舉一起舉行；第三次於民國九十七年三月二十二日與第十二任總統副總統選舉同步舉行公民投票。三次都未能有過半選民投票而告失敗。其概況如次：

表 12-2　三次六案公民投票概況

公民投票案名稱	提案者	投票日期	投票率
強化國防案	陳水扁總統交付	93.3.20	45.17%
對等談判案	陳水扁總統交付	93.3.20	45.12%
討黨產公投案	民主進步黨	97.1.12	26.34%
反貪腐公投案	中國國民黨	97.1.12	26.08%
臺灣入聯公投案	民主進步黨	97.3.22	35.82%
臺灣返聯公投案	中國國民黨	97.3.22	35.74%

資料來源：聯合報，民國九十七年三月二十三日，第 A13 版；引自謝瑞智：《民主與法治》（臺北：三民書局，民國九十七年），頁一五○；歷次公民投票公報。

民國一○七年，第四次公投，各界提出十案。第七案反空污，第八案反燃煤發電（深澳電廠），第九案反日本核食進口，第十案民法婚姻排除同性結合，第十一案國中小禁止實施同志教育，第十二案非民法保障同性共同生活，第十三案二○二○年東京奧運正名，第十四案以民法保障同性婚姻，第十五案國中小性別平等教育明定入法，第十六案廢止電業法非核家園條文（以核養綠）。投票結果，第七、八、九、十、十一、十二、十六案，計七案獲通過 ❶⑨。第四次公投計十案，其中第十六案電業法公投，屬複決公投，立即發生效力，該繫屬法條失效，廢除相關法條。但政策上「非核家園」是否能配合法制，引起各界關切。

十八歲公民權修憲案交付公投　民國一一一年一月二十二日立法院修憲委員會，經兩場公聽會後，在國民黨委員缺席的情況下，初審通過十八

---

❶⑨　〈公民投票簡介〉，中央選舉委員會網站資料，民國一○九年五月十日下載。

歲公民權修憲案。三月十七日，立法院召開朝野協商，未能取得共識。民進黨黨團主導、時代力量黨團協力，立法院程序委員會排定三月二十五日，修憲案交院會討論。國民黨黨團表示，國民黨支持十八歲公民權修憲案，但應將動保權、環保權等一起納入修憲範圍。所反對的是執政黨一黨主導修憲議程及議題。

　　三月二十五日，立法院院會通過十八歲公民權修憲案。這是第一次交付公投的修憲案。表決時，除了立法院院長游錫堃按慣例主持議事不參與投票外，三位缺席，共一百零九位立委出席，贊成一百零九人，全數通過，修憲案三讀審查完成。四月十五日中央選舉委員會委員會議通過，並決定於民國一一一年十一月二十六日（周六），九合一地方公職人員選舉投票日期，同時舉行公民投票。

　　問題是，民國一一〇年甫通過的公投案，其中一案，反對「公投綁大選」。今執政黨為推動修憲案，立場旋即改變。中選會提出多項理由，如這次地方選舉僅四種，與公投合併不會複雜；公告期間達六個月，民眾有充分時間思考；兼顧經濟產業活動及疫情防患，並維護民眾及投開票所人員健康安全。

關鍵詞

- 普通選舉
- 秘密選舉
- 區域代表制
- 單一選區兩票制
- 自由投票
- 通訊投票
- 公開競選
- 選舉無效
- 當選無效
- 罷免
- 中央選舉委員會
- 創制
- 複決
- 公民投票

摘　要

　　憲法第十二章，專就四項公民權予以規定。其中選舉權之規定最為詳盡，罷免權次之，創制及複決兩權則「以法律定之」，授權立法機關具體規定其法制內涵。

　　選舉方面，憲法於本章首揭其基本原則是以普通、平等、直接及無記名之方法行之。此基本原則，有貫徹憲法國民主權及平等原則的用意。而事實上此基本原則，經由選舉罷免法規之規範，已相當落實；尤以總統、副總統改由人民直接選舉後，我國不再有間接選舉的實例。

　　民國十七年第七屆立法委員選舉開始採用「單一選區兩票制」，對國會組織運作、政黨生態影響深遠。憲法明定各種選舉之候選人應一律公開競選，並要求選舉應嚴禁威脅利誘。其有關法制由公職人員選舉罷免法詳加規定。

　　罷免案的運作，因選罷法修訂，由「雙二一」改為四分之一投票，同意票過半即成立。門檻降低，以致民國一〇九年起罷免案不時發動，形成報復性罷免的「惡意螺旋」現象。選罷法的修訂一再成為社會重要議題。

　　至於創制、複決兩權之行使，散見於憲法第二章、第三章、第十一章、第十二章，乃至第十四章，如何行使尚乏具體規定。唯民國九十二年年底公民投票法完成立法，公布施行，反而較憲法明定的創、複兩權提早實現。

第十三章　基本國策

　　憲法第十三章基本國策，規定政府施政的基本政策，為施政的準繩，不因執政的政府或政黨更替變換而修改易動。是以基本國策之規定，具有「政策條款」的性質。亦即，基本國策係國家之政策、立國之政策，與順應某一時期具有階段性之政府政策有別。

　　基本國策，首為一九一九年德國威瑪憲法規定以來，已成為現代國家憲法的重要內容及體例。往昔憲法原以規定國家的構成、人民的權利義務為主要部分，唯二十世紀福利國家重視團體觀念，期以社會主義全面保障人民生活，故憲法乃設有基本國策條款，指引政府應採行的基本政策。

　　再次，憲法為根本大法，基本國策之規定自亦具有此地位。因此，一方面，其規定有拘束政府施政的效力，政府施政不得明顯牴觸之，否則仍屬違憲。另一方面，國策既為政府施政之準繩，有其本末先後不同階段之內容，是以有些可立即施行的，如私有土地應照價納稅，政府並照價收買；中央對貧瘠之省應酌予補助是；有些則一時尚難據以執行者，如至民國八十四年始推行全民健康保險，而「國防之組織，以法律定之」，或「應普遍推行公醫制度」則尚未實現，自不發生違憲問題。而第四節「社會安全」首揭條文（第一五二條）規定「人民具有工作能力者，國家應予以適當之工作機會」是有關就業（失業率）事項，要達到此條文規劃之境界非常困難，幾難以實現。誠以憲典頗具前瞻性，而政府施政需循序漸進，不宜躁進躐等之故。

　　至於內容，基本國策一章，計分六節，包括國防、外交、國民經濟、社會安全、教育文化、邊疆地區等，共設三十三條，包括範圍較之於五五憲草為廣泛豐富。五五憲草僅分國民經濟與教育兩章，共二十三條。而憲法基本國策章，除憲法原文外，民國八十一年之後歷次修憲，更增訂有關

基本國策之條款，以因應時代之進步和社會之需要，俾提供政府施政適切之指引。

　　我國憲法係依據中山先生遺教制定，吸納三民主義之理論要義至為明顯。在基本國策章，國防、外交、邊疆地區等各節，即以民族主義為根據；教育文化一節，重視自治精神之發展、知識文化之提昇，即關係民權主義之能否落實；而國民經濟與社會安全兩節，顯然以實行民生主義為宗旨，國民經濟節更首揭「國民經濟應以民生主義為基本原則」。

第一節　國　防

　　憲法基本國策章，第一節即明定「國防」。其規定如下：

　　1.中華民國之國防，以保衛國家安全，維護世界和平為目的。國防之組織，以法律定之（第一三七條）。

　　2.全國陸海空軍，須超出於個人、地域及黨派關係以外，效忠國家，愛護人民（第一三八條）。

　　3.任何黨派及個人，不得以武裝力量為政爭之工具（第一三九條）。

　　4.現役軍人不得兼任文官（第一四〇條）。

　　這四條條文，包括國防目的及體制、軍人地位及任務兩部分之規定。茲分述如次：

第一目　國防之目的及體制

一、國防之目的

　　「中華民國之國防，以保衛國家安全，維護世界和平為目的。」申言之，國防之建設，對內在於保國衛民，抵抗外敵之侵略，求取國家民族之安全；對外在於防止戰爭，以戰止戰，達成世界和平，進而促成世界大同的實現。而政府全力建設現代化國防力量，並期國防力量自立自主，即以

保衛國家安全、維護世界和平為宗旨。而其中，維護世界和平不僅為國防之終極目的，亦為我國防發展自我約制的原則。

二、國防之組織

憲法第一三七條第二項明定「國防之組織，以法律定之」，是以國防之機關、職掌、編制、隸屬關係等體制，應以法律統合規定。現行國防部組織法所規定者，為國防組織的主體，整體國防組織尚待依憲政體制規劃成立。國防法於民國八十九年一月十五日完成立法，規定總統為三軍統帥，決定國家安全有關之國防大政方針，落實文人領軍的國防組織理念，要求軍隊國家化；其要點如次：

1.總統為三軍統帥：依憲法第三十六條，總統統率全國陸海空軍，本法明定總統為三軍統率，行使統率權指揮軍隊，直接責成國防部部長，由部長命令參謀總長指揮執行之。

2.總統決定國家安全有關之國防大政方針：本法規定總統為決定國家安全有關之國防大政方針，或因應國防重大緊急情勢，得召開國家安全會議。

3.文人領軍的組織概念：國防部由文人領導，部長由文人擔任。除本部內部單位外，國防部下設軍事機關包括政治作戰局、軍備局、主計局、軍醫局、全民防衛動員署等。參謀本部平時有建制聯作戰指揮機制，於戰爭或重大緊急事故，參謀總長承部長之命，擔任聯合作戰指揮機構指揮官。

4.兵役制度：將由傳統的「徵兵制」，改為「募、徵並行」，再往「募兵制」轉型。軍隊員額因之逐步由六十萬人縮減至民國一○○年的二十七多萬人，至未來募兵制的約二十一萬人。

國防組織再造，配合政府組織改革進行。其目標為：文人領軍、尊重軍人專業；縮減指揮層級、提昇聯戰（聯合作戰）效能；精實組織、節省人力資源；增強動員能力、厚實全民防衛❶。

---

❶　吳超塵等著：《向統帥報告：新世紀國防建言》（臺北：菁典，民國一○○年四月出版），頁七九～八十。

三、「全民國防」之建構

　　今天，戰爭形態已轉變為多樣性，國家面臨的威脅亦無時空限制。在
「總體戰」下，必需建立「全民國防」的概念，以調適國家安全的需要。
而臺海局勢高度不確定，中國國防預算龐大、軍事高科技研發日進，我方
更需全面因應。我國國防法明定「全民國防，包含國防軍事、全民防衛、
執行災害防救及與國防有關之政治、社會、經濟、心理、科技等直接、間
接有助於達成國防目的之事務」。可知，全民國防除軍事防衛外，包括政
治、經濟、心理及科技等外圍的支持系統。因此，應從「國防結合社會民
生」、「全民支持參與國防」❷ 等途徑，由全民的心理認同，結合政治、經
濟、科技，以凝聚國防共識、奠定國家總體戰力 ❸ 。

第二目　軍人之地位及任務

　　軍人以保國衛民為天職。現代國家莫不要求軍人效忠國家、愛護人民，
並以此為基本任務。更因其任務重要，並擁有現代化武力，所以又針對其
地位為特別規定。我國憲法即力求軍隊國家化及軍文分治，並藉此保障軍
人之地位。其要點為：

一、軍隊國家化

　　「全國陸海空軍，須超出個人、地域及黨派關係以外，效忠國家，愛
護人民。任何黨派及個人，不得以武裝力量為政爭工具」，其旨在求取軍隊
國家化。有鑑於民國初年軍閥割據，擁兵自重，遺害民國，憲法乃作此詳
細規定。期確保軍人效忠國家，愛護人民，不受黨派影響，不介入政治紛
爭。唯所謂陸海空軍須超出黨派關係以外，非謂軍人不得參加政黨保有黨

---

❷　民國九十五年版《國防報告書》中「全民國防」的章節。

❸　王崑義：〈如何充實台灣國防的防禦能力〉，新世紀政策建言討論會，財團法人台
　　灣新世紀文教基金會主辦，民國九十六年五月二十日。

籍，而是不受黨派影響，保持中性地位，效忠國家之意。此與憲法有關對法官、考試委員、監察委員（增修條文）之規定，用意相同。此外，人民團體法（第五十條之一）規定，軍隊不得設立政黨組織，亦為相關法制。國防法要求軍人保持政治中立，不參與政治活動，期望達到軍隊國家化的理想。

　　至若政黨競爭，應以政見為訴求，經由選舉，獲致人民之認同與支持，從而因掌握多數選票或議會議席而執政。即依憲政體制，任何黨派或個人，不得以武裝力量為政爭工具。在軍隊國家化的原則下，軍隊自社會各行業的國民徵召而來，軍隊接受國會監督，服從行政首長的領導。申言之，軍隊國家化之要義是：1.軍隊對政黨中立：軍人超出黨派以外，認同憲法及法律，執行政府所訂國防及軍事政策。2.平民軍隊：軍人來自社會各階層，軍人亦有維護國家及社會的公民觀念，軍人為人民重要的職業之一。 3.國會控制：有關國防之預算、法案須經立法院審議及監督。 4.行政控制：總統是軍隊統帥，軍隊接受行政首長指揮調度。

二、文人領軍

　　為維護並實現民主法治的理想，軍令系統不能自成一格，軍令系統應受掌理軍政的國防部及文人部長領導指揮。國防法宣示「文人領軍」的國防理念，凡國軍之人事、預算、法制等事項，由參謀本部移交國防部執掌。國防部長一元化指揮領導國防軍事組織，國防部受國會監督。國防部應定期向立法院提出軍事政策、建軍備戰及軍備整飭等國防報告。再者，國防部組織法於民國八十九年一月二十九日公布修正條文，並具體落實「文人領軍」的理念。該法規定國防部設參謀本部，為部長之軍令幕僚及三軍聯合作戰指揮機構。依此理念，國防部本部組織，文官不得少於三分之一（目前尚未達此比例，而美國已達百分之八十四、法國百分之七十、南韓百分之七十一）。國防部長應由無軍方背景的人出任，一般相信，我國要達此境界，時機尚未成熟❹。

――――――――――――――
❹　吳超塵等著：《向統帥報告：新世紀國防建言》（臺北：菁典，民國一〇〇年四月

三、軍文分治

「現役軍人不得兼任文官」，即昭示軍文分治原則，旨在避免軍人干政之弊害。申言之，軍文分治原則，即限制軍職人員兼任文官。至如軍人已退役或經除役而充任文官，自不在限制之列（司法院釋字第二五〇號解釋）。

又軍職人員與文職人員，同屬國家公務員，受公務員法規範，不違背軍文分治原則。是以監察院對軍人提出彈劾案時，應移送懲戒法院審議。至軍人之過犯，除上述彈劾案外，其懲罰仍依陸海空軍懲罰法行之（司法院釋字第二六二號解釋）。再者，軍人為公務員的一種，軍中服役不論是志願役或義務役，皆應計入公務員服務年資（司法院釋字第四五五號解釋）。

四、軍人的保障

憲法增修條文第十條增列第九項：國家應尊重軍人對社會之貢獻，並對其退役後之就學、就業、就醫、就養予以保障（民國九十四年六月十日修正公布）。

第二節　外　交

憲法基本國策章，第二節「外交」，僅以一條文規定之。文曰：「中華民國之外交，應本獨立自主之精神，平等互惠之原則，敦睦邦交，尊重條約及聯合國憲章，以保護僑民權益，促進國際合作，提倡國際正義，確保世界和平。」（第一四一條）分析其義，要點如次：

一、外交之精神

外交之精神，為獨立自主精神。外交是國家在國際間的交涉行為，國家具有獨立主權，當本獨立自主之精神從事外交活動。

出版），頁七七。

二、外交之原則

外交之原則，為平等互惠原則。國家固應具有獨立的主權，但在國際社會，國家主權應自我限制，以與各國平等往來，進而增進彼此關係，互蒙其利。而所以必須基於平等立場，猶如個人之於國家，人民自由權利的保障以平等為前提。今國際間，因人口爆炸、環境污染日亟、科技通訊發達，「地球村」已形成，外交上平等互惠之原則日顯重要。

三、外交之方針

敦睦邦交、尊重條約及聯合國憲章，為外交之方針。外交是國際間互動關係，自應誠懇相待，增進友好關係，以促進世界和平。條約係國際間約定，規定彼此權利義務，必須共同信守履行。至於聯合國是世界各國共同的政治組織，我國為其創始會員國之一，理當尊重聯合國憲章。唯以民國六十年（西元一九七一年）我國退出聯合國，迄今仍非屬聯合國之會員國，故此所謂尊重其憲章，不含有信守履行之義，自不待言。

以加入世界衛生組織 (WHO) 為例，政府積極努力加入國際組織及聯合國周邊組織，期儘速達成重返聯合國的目標，落實聯合國「會員普遍原則」，使我國從「存在」於國際社會，進而在國際社會扮演應有的重要角色。民國八十二年起，政府以參與聯合國為外交重點之一。民國九十三年開始舉辦的幾次公民投票，都以此為主題。條約締結法於民國一〇四年七月一日正式公布施行，主要規範：㈠條約與協定之範圍如何區分。㈡條約締結程序中行政與立法權之界線是否清楚㈢條約締結之透明化與保密規定如何兼顧。

四、外交之目標

保護僑民利益、促進國際合作、提倡國際正義、確保世界和平，為外交之目標。其中，保護僑民利益，促進國際合作為近程的、具體的目標；提倡國際正義，確保世界和平，則為遠程的、抽象的目標。

㈠保護僑民，促進國際合作

憲法於一〇八條，宣示「移民（及墾殖）」屬中央政府立法事項；第一五一條具體規定：「國家對於僑居國外之國民，應扶助並保護其經濟事業之發展。」憲法增修條文第十條第十三項要求國家對於僑居國外之國民之政治參與，應予保障。入出國及移民法（民國一一一年一月十二日修正公布）設有「移民輔導及移民業務管理」一章。該法依據憲法保障人民居住遷徙之自由，以及公民與政治權利國際公約、經濟社會文化權利國際公約，禁止本國人民出國應以法律規定者為限。再以促進國際合作言之，一九八〇年代開始（如美日一九七八年安保指南：安保條約的防衛指南，旨在加強遠東地區的防衛；一九七九年美國政府通過臺灣關係法），國際關係注重安全與發展兩大議題。我國應以「臺灣經驗」扣緊安全及發展主軸，促進國際合作。

㈡提倡國際正義，確保世界和平

外交工作應包括協助各國解決共同面對的問題，以及善盡援外責任。聯合國於二〇〇〇年九月發表千禧年宣言，重申對「聯合國憲章」各項宗旨及原則之承諾，並指出儘管全球化帶來許多機會，但亦產生利益分配不均及承擔代價不公等問題，世界各國必須擔起責任，齊力克服所面臨之挑戰。該宣言並呼籲已開發國家提供援助，以謀求和平。我國於二〇〇八年已是全球第二十大經濟體，自當善盡對國際社會之責任，協助弱勢國家解決當前全球面臨之飢荒、疾病、毒品走私、氣候變遷、環境污染、種族衝突及恐怖主義等問題❺。

援外工作方面，一九五九年十二月我國首批農業技術團在美國政府經費支持下越南西貢（現胡志明市），開啟我國參與國際援助之先河。一九六〇年起，我透過「先鋒計畫」(Operation Vanguard)，派遣農耕隊前往非洲協助農業建設。一九七二年成立「海外技術合作委員會」，專責農漁業技術團隊之派遣，協助友好開發中國家農業發展。一九八九年十月經濟部成立「海外經濟合作發展基金管理委員會」（海合會），對友好開發中國家提供

❺　外交部民國一〇一年「進步夥伴永續發展援外政策白皮書」。

開發性貸款和經濟技術協助。一九九〇年代冷戰結束，世界局勢產生重大變化，援外工作的趨勢也隨之改變，強調「發展合作」之夥伴關係。一九九六年七月「國際合作發展基金會」（國合會）成立，隨後海合會及海外會之業務併入，成為與國際接軌之專業援外機構。辦理外交部委辦之駐外技術團、醫療團、國際人力開發等援外業務，並協助以及海外志工、人道援助、國際研習班及國合會獎學金等業務❻。

第三節　國民經濟

第一目　國民經濟的基本原則

「國民經濟應以民生主義為基本原則，實施平均地權，節制資本，以謀國計民生之均足。」（憲法第一四二條）從此規定，顯示國民經濟，以民生主義為基本原則；實施方法為平均地權、節制資本；其目的在謀國計民生之均足。

經濟成長及發展有土地（依李嘉圖的理論）、人口（為馬爾薩斯所強調）、資本（為凱因斯的觀點）等要素，而這些要素之問題及其解決，誠為中山先生手創民生主義之宗旨。我國憲法「國民經濟」節之內容即為保障、發展國民經濟，並避免其可能產生的問題。

第二目　國民經濟的實施方法

如何促進國民經濟，憲法上提出以下幾種重要實施方法：

一、平均地權

依憲法第一四三條之規定，其內涵是：

---

❻　援外工作發展歷程，外交部國際合作及經濟事務司，民國一〇一年網站。

　　1.中華民國領土內之土地屬於國民全體，人民依法取得之土地所有權，應受法律之保障與限制。

　　2.私有土地應照價納稅，政府並照價收買。

　　3.附著於土地之礦，及經濟上可供公眾利用之天然力，屬於國家所有，不因人民取得土地所有權而受影響。

　　4.土地價值非因施以勞力資本而增加者，應由國家徵收土地增值稅，歸人民共享之。

　　5.國家對土地之分配與整理，應以扶植自耕農及自行使用土地人為原則，並規定其適當經營之面積。

　　凡上述規定，歸納之，即包括四項要點：1.照價徵稅。2.照價收買。3.漲價歸公。4.土地使用（參平均地權條例）。

　　憲法本條宣示人民依法取得之土地應受法律保障。臺灣國土歷經九二一震災（民國八十八年）與莫拉克風災（民國九十八年八月八日）重創，急需國土復育及國土計畫的土地根本維護制度。尤其國土保育區與農業發展特區的主要農業區，應嚴格禁止任何形式的開發，過去農業發展條例，造成國土保安上嚴重的問題，如農舍建造於特定優良農業區。學者主張國會應優先通過國土復育條例，從土地或環境防止天災人禍對國土的破壞，然後再制定國土計畫法，並針對行政區域計劃法施行後土地使用管制的失靈，矯正土地開發許可的濫用。

二、節制資本

　　依憲法第一四四條、第一四五條之規定，其內涵是：

　　1.公用事業及其他有獨占性之企業，以公營為原則。其經法律許可者，得由國民經營之。

　　2.國家對於私人財富及私營事業，認為有妨害國計民生之平衡發展者，應以法律限制之。

　　3.合作事業應受國家之獎勵與扶助。

　　4.國民生產事業及對外貿易，應受國家之獎勵、指導及保護。

　　歸納上述規定，實包括兩項要點：1. 發達國家資本。2. 節制私人資本。而時至今日，政府更推動公營事業民營化、委託民間團體處理行政事務，並制定促進民間參與公共建設法（民國八十九年公布、九十年修訂）。因此，所稱「公用事業及其他有獨占性之企業，以公營為原則」，已有所調適。

　　至於有關節制資本之法制，則有各種稅法、商業登記法、公平交易法（民國八十年）、公營事業移轉民營條例（規定公營事業以出售股份、標售資產、以資產作價與人民合資成立民營公司、公司合併並存續為民營公司、辦理現金增資等方式移轉民營）、國營事業管理法、政府發展經濟社會向國外借款及保證條例等是。促進民間參與公共建設法（民國九十年十月三十一日修正公布），更規劃以各種方式促進民間參與公共建設（包括 BOT、BOO、ROT、OT 等）。

三、其他方法

㈠促成農業之工業化

　　「國家應運用科學技術，以興修水利，增進地力，改善農業環境，規劃土地利用，開發農業資源，促成農業之工業化。」（憲法第一四六條）我國以農立國，如何順應時代之進步與社會之變遷，促進農業現代化，營造農村社區的生活環境，是政府責無旁貸的要務。是以憲法規定此項基本國策。法律方面要如農地重劃條例、山坡地保育利用條例、水利法等是。

㈡謀求省縣經濟的平衡發展

　　「中央為謀省與省間之經濟平衡發展，對於貧瘠之省，應酌予補助。省為謀縣與縣間之經濟平衡發展，對於貧瘠之縣，應酌予補助。」（憲法第一四七條）由於各地經濟發展條件不一，國家及上級自治團體居於對下級自治團體之監督地位，應當對貧瘠者予以補助。

㈢貨物應許自由流通（貨暢其流）

　　「中華民國領域內，一切貨物應許自由流通。」（憲法第一四八條）所謂一切貨物應許自由流通，即「貨暢其流」，為中山先生的主張，期以貨物

的暢達，發展國民經濟，促進「禮運大同篇」的理想之實現。是以貨物稅及於全國各地，乃定為國稅。

㈣國家管理金融機構

「金融機構，應依法受國家之管理。」（憲法第一四九條）金融機構為國民經濟之動脈，關係國計民生至鉅，是以有此規定之必要。如銀行法，對商業銀行、儲蓄銀行、專業銀行、信託投資公司等金融機構之業務經營加以管理，以保障存款人權益，適應產業發展，並使銀行信用配合國家金融政策。

㈤普設平民金融機構

「國家應普設平民金融機構，以救濟失業。」（憲法第一五〇條）政府應普遍設置基層金融機構，或委託民營金融機構，對於需要就業、創業者，予以低利貸款補助。我國訂有中小企業發展條例，旨在協助中小企業改善經營環境，輔導其自立成長及發展。該條例即要求各銀行在其經營業務範圍內，應提高對中小企業之融資比例，並應設置中小企業輔導中心，加強服務（該條例第十四條）。

福利國家，固然提供失業救濟的社會保險制度，使人民「從搖籃到墳墓」都受到國家照顧，但基本上，福利國家仍需要人人各盡所能，為社會奉獻。每個人有一技之長，有工作機會，福利國家方有穩定長久之根基。因之，我國憲法既規定國家應普設平民金融機構，以救濟失業，更規定國家應予有工作能力者工作機會（憲法第一五二條），先後對照有其關聯性。

㈥扶助僑民經營事業

「國家對於僑居國外之國民，應扶助並保護其經濟事業之發展。」（憲法第一五一條）我國僑居國外之國民，為數眾多，對其因經濟事業發達而回國投資者，政府應予保障，故訂有華僑回國投資條例。此外，並設經濟部投資審議委員會等專責機構輔導之。而保護華僑即為我國外交之目標之一，因之，政府亦負有扶助並保護其經濟事業發展之責任，使其不受當地不法侵害。

㈦**憲法增修條文之保障方法包括：**

　　1.國家應獎勵科學技術發展及投資。

　　2.促進產業升級、推動農漁業現代化。

　　3.加強國際經濟合作。

　　4.經濟及科技發展，應與環境及生態保護兼籌並顧。

　　5.企業化經營公營金融機構（國家對於公營金融機構之管理，應本企業化經營之原則，其管理、人事、預算、決算及審計，得以法律為特別之規定）。

　　增修條文強調經濟發展應與環境及生態保護兼籌並顧。近年來臺灣的經濟發展過程，如民國一○○年石化工業的拒絕、食品添加工業用塑化劑的危機等事件，顯示過去耗能、污染與放任生產的工業體系，已面臨挑戰。具體言之，一方面在「節能減碳」政策下，如何課徵碳稅、能源稅，以節制能源使用、二氧化碳排放。另一方面，設定產品與食品藥物的安全標準，以及檢驗及生產流程的管控與標示，尤其是透過消費者的檢視習慣，形成社會安全網。

　　民國一○二年上映的「看見台灣」影片，記述臺灣經濟成長及環境開發過程，遺留下山川河海、稻田林地、城鎮鄉野破壞與傷害的情形，令人動容，引人警惕。民國一○四年八月，雲林縣麥寮鄉六輕工業區的七十幾位居民組成自救會，要求六輕工業區五家公司為營運造成地方空氣污染致居民罹癌高比例負責。產業開發與環境生態應兼顧，落實憲法意旨。

第四節　社會安全

　　近代國家面對經濟社會發展的危急衰敗之際，莫不採行社會福利政策以為因應。早在一八八○年代，俾斯麥主政的德國，即因工業迅速成長、勞動者生活問題日益嚴重，致社會紛亂分歧，俾斯麥乃創立勞工保險制度，對勞動者的疾病、傷殘、老年均予以保障。此一政策不特安定了德國當時紊亂的時局，而且奠定德國日後工業大國的基礎，並進而開各國經濟、社

會實施集體安全制度的先河。

美國於一九三○年代，因經濟大衰退 (the Great Depression) 造成社會恐慌，羅斯福總統於一九三三年推行「新政 (New Deal)」，建立社會安全制度，挽救了經濟危機，矯治資本主義的病根。二次戰後的英國，民窮財盡，岌岌可危，幸賴一九四二年「貝佛里奇報告 (the Beveridge Report)」，實行社會福利政策，拯救幾至敗亡的危險，改變英國階級對立的意識形態，英國終於成為福利國家的典範 ❼。今社會安全、教育文化成為美國評估政府社會政策是否成功的里程碑 ❽。

我國經濟發展，雖然帶動各方面的進步，但另一方面，也因工業化、都市化之結果，犯罪率提高、人際關係疏離、生活品質降低。因之，社會安全的保障，迄今依然不失其重要性。加諸社會群體意識抬頭，對於弱勢者的扶助，備受社會關切。如民國八十二年年底，地方縣市長選舉期間，老人年金問題成為社會共通議題。法制上，憲法增修條文，增訂對婦女、殘障者、自由地區原住民等之保障；身心障礙者權益保障法更有「未設無障礙設施的舊有建築物撤銷使用執照」的嚴厲規定。凡此事例，足證社會安全已是現代國家重要而迫切需要的建設 ❾。

我國憲法基本國策章，第四節「社會安全」，揭舉現代國家應有的社會安全體系，憲法增修條文並進而為之補充。茲敘述如次。

---

❼ 徐震：〈社會福利的時代背景及其政策之形成〉，《社區發展季刊》，第六三期（民國八十二年九月）。

❽ Stanley B. Greenberg and Theda skocpol, The New Majority: Toward a popular Progessive Politics, New Haven, Connecticut: Yale University (1997), pp. 109～111.

❾ 以民國八十四年度中央政府總預算言之，在節流的歲出預算編列指導原則下，社會福利支出卻大幅增加，占百分之十三點五。教育科學及文化支出，仍占百分之十五點三。

第一目　保障人民的工作及生活

憲法於本節規定，應保障人民的工作機會及從事勞動者的生活。

一、保障工作機會

「人民具有工作能力者，國家應予以適當之工作機會。」（憲法第一五二條）本條規定，在實現中山先生「人盡其才」的主張，使國人有能力者皆有所用。期國無閒人，事無廢置。因之，政府於救助失業者外，更設置職業介紹、職業訓練等機構以為輔導。此外並訂有國民就業法，以整體規劃此一基本國策。本節首訂工作機會的保障，可見其重要。雖然人民對其工作感到滿意 (a good job) 者約在半數以下，畢竟 「充分就業 (full-employment)」是福利國家的基礎要件。

如因應全球化趨勢，政府引進外勞及其他地區高科技人才，應兼顧企業需求與本地人民工作機會。其次，專門職業及技術證照之取得，主管機關設定的條件應寬嚴適中，在消費者權益與人民工作機會間平衡考量。長期照護政策的（對外勞）開放即引起國內對婦女就業機會的關切。

就業服務法（民國一〇七年十一月二十八日修正公布）規定，政府就業服務方面，主管機關得視業務需要，在各地設置公立就業服務機構。直轄市、縣（市）轄區內原住民人口達二萬人以上者，得設立因應原住民族特殊文化之原住民公立就業服務機構（第十二條）。促進就業方面，政府應依就業與失業狀況相關調查資料，策訂人力供需調節措施，促進人力資源有效運用及國民就業（第二十一條）。中央主管機關為促進地區間人力供需平衡並配合就業保險失業給付之實施，應建立全國性之就業資訊網（第二十二條）。民間就業服務方面，民間（私立就業服務機構及其分支機構），應向主管機關申請設立許可，經發給許可證後，得從事就業服務業務（第三十四條）。此外，為保障國民工作權，聘僱外國人工作，不得妨礙本國人之就業機會、勞動條件、國民經濟發展及社會安定（第四十二條）。

二、保障勞動者的生活

「國家為改良勞工及農民之生活，增進其生產技能，應制定保護勞工及農民之法律，實施保護勞工及農民之政策。婦女兒童從事勞動者，應按其年齡及身體狀態，予以特別之保護。」（憲法第一五三條）

勞工及農民提供國家建設的基層力量，其保障關係農業及工業發展，至為重要。勞動基準法、工廠法、工會法、職業安全衛生法、勞動檢查法（民國八十二年制定公布取代工廠檢查法）、職工福利基金條例、農民健康保險條例、農會法等之立法，即為保障勞工和農民之生活及權益。

再者，因工業化與都市化發展，經濟社會環境變化，不僅婦女投入勞力市場比例日增，亦有童工加入生產行列。為進一步保障這些經濟上弱勢者，民國七十三年通過立法的勞動基準法即訂有專章，保護婦女及兒童從事勞動。

第二目　促進勞資關係

憲法第一五四條規定：「勞資雙方應本協調合作原則，發展生產事業。勞資糾紛之調解與仲裁，以法律定之。」分析其要點有二：

一、勞資和諧合作原則

勞、資雙方，利害相關、休戚與共。是以調和其利益、促進和諧關係，向為政府施政重點。其具體作法如培養企業與職業倫理精神，推行勞資會議制度，輔導簽訂團體協約並推廣勞工分紅、入股及勞工參與政策。

二、勞資爭議調解法定原則

勞、資雙方如發生爭議，應依法定方式予以調解、仲裁。現行法律要有勞資爭議處理法。為迅速而適當處理勞資爭議，法院並設有勞工法庭。爭議的處理程序是，先向地方主管機關提出調解，如調解不成立方申請交

付仲裁，均設有權責委員會審理。由於委員會皆有勞資雙方選定之人選，故如經仲裁程序，對其仲裁雙方皆不得聲明不服，唯當事人一方不履行其義務時，他方當事人得向該管法院聲請強制執行。

第三目　實施社會保險及社會救助

以憲法第一五五條規定分析，其要點有二：

一、實施社會保險制度

國家為謀社會福利，應實施社會保險制度。

社會保險，為社會安全體系重要的一環。臺閩自由地區社會保險制度之發展，自民國三十九年開辦勞工保險起，保險之給付項目與範圍不斷擴充。以保險種類言，計有勞工保險、軍人保險、公務人員保險（民國四十七年九月開辦）、退休人員保險、退休公務人員疾病保險（僅限於依法令退休之人員）、私立學校教職員保險、私立學校退休教職員疾病保險、公務人員眷屬疾病保險、退休公務人員配偶疾病保險、私立學校退休教職員配偶疾病保險、私立學校教職員眷屬疾病保險、農民健康保險、各級地方民意代表村里長鄰長健康保險、低收入戶健康保險等十四種之多。至民國八十一年十月，參加投保人數超過總人口百分之五十五以上。政府決定自民國八十四年起實施全民健康保險，我國進入全民保險的新紀元。

至民國九十七年，我國更採行國民年金保險制度。有鑒於至民國九十六年，我國年滿二十五歲，未滿六十五歲之中壯人口當中，仍有約三百五十三萬人尚未能享有社會保險（指公教人員保險、勞工保險、軍人保險及農民健康保險），於是將其納入年金保險範圍。其要點是：㈠為確保未能於相關社會保險獲得適足保障之國民於老年及發生身心障礙時之基本經濟安全，並謀其遺屬生活之安定，特制定本法（國民年金法第一條）。㈡國民年金保險（以下簡稱本保險）之保險事故，分為老年、身心障礙及死亡三種。被保險人在保險有效期間發生保險事故時，分別給與老年年金給付、身心

障礙年金給付、喪葬給付及遺屬年金給付（本法第二條）。㈢保險費率，國民年金在民國九十七年十月一日開辦，當年及民國九十八年，費率為百分之六點五，第三年為百分之七；以後每兩年調高百分之零點五，一直到費率上限百分之十二（本法第十條）。國民年金保險制度採社會保險方式辦理，除規劃「老年年金」、「身心障礙年金」、「遺屬年金」及「喪葬給付」四大給付項目，並整合國民年金開辦前已經在發放的「敬老津貼」及「原住民敬老津貼」。而為鼓勵生育、解決社會少子化問題，立法院於民國一○○年六月十三日三讀通過國民年金法修訂，新增「生育給付」項目；投保國保的民眾，無論分娩或早產，可領取一個月投保金額（一萬七千二百八十元）的生育給付，自民國一○一年三月實施。

十九世紀後半期，由德國俾斯麥首先倡行社會保險，如今，這一社會安全的重要體系已普遍為各國採行。而各國或由各種公會組合為經營主體，如德、法、義、荷等國；或由國家負全民健保責任，如英、紐、澳等國；或以互助合作方式，採部分負擔制，由政府補助醫療費用，如丹麥、瑞典、挪威等國；或由保險公司或非營利團體承辦，如美、加等國❿。我國採互助合作方式，由被保險人、投保單位負擔保費，政府並酌予補助，以免拖垮國家財政⓫。

二、扶助與救濟老弱殘廢

國家對無力生活的老弱殘廢，及受非常災害者，應予以適當之扶助與救濟。

再者，有關老人福利方面，近來頗受朝野關注，民國八十二年地方縣

---

❿　白培英：〈我國社會保險之財政負擔〉，《理論與政策》，第七卷第三期（民國八十二年五月）。

⓫　福利支出已成為各國政府沉重負擔。美國眾議院於一九九五年一月二十六日，以三百票對一百三十二票的壓倒性多數通過增修憲法案，要求聯邦政府於二○○二年達到平衡預算。因此，美國聯邦政府於社會福利、醫療保健、軍事、國家債務之利息四大支出中，社會福利、醫療保健支出勢必削減（嗣後參議院則未通過該修憲案）。

市長選舉，且為候選人的政見訴求。民國八十三年部分縣市更一度發放「敬老年金」或「敬老福利津貼」。唯此種年金或福利津貼（每人每月五千元），無論貧富一律發放，與社會福利或社會救助之「濟弱扶傾」的基本原則不符。事實上，政府依法所設置「中低收入老人生活津貼」，方屬於社會救助制度。此外，社會救助法（民國六十九年公布、八十九年修正公布）之社會救助分為生活扶助、醫療補助、急難救助及災害救助。其主管機關為內政部、直轄市政府及縣（市）政府。

至於殘障者之救助方面，政府訂有殘障福利法（民國六十九年公布，並於七十九年修正），對殘障者規定其入學、應考、雇用應受公平之待遇；各級政府應按年編列殘障福利預算；提供其特殊教育及補助；對其醫療、保險之補助；各級政府機關、公立學校及公營事業機構有進用一定比例之殘障者之義務；公共設施應設置便利殘障者之設備（即提供所謂「無障礙空間」）等，皆屬進步之立法。民國八十六年四月本法修訂為身心障礙者保護法，重點在維護身心障礙者之合法權益及生活，保障其公平參與社會之機會，結合政府與民間資源，規劃並推動各項扶助及福利服務措施。民國九十六年七月十一日本法再次修改為身心障礙者權益保障法，主要強調維護身心障礙者之權益，保障其平等參與社會、政治、經濟、文化等之機會，促進其自立發展。

有關實施長照的經費來源，一直為社會各界關切論辯。民國一○五年六月十四日，行政院院長林全在立法院表示，隔年六月推動的長照制度，將由稅制支應。亦即從增加遺贈稅、營業稅（約增百分之零點五）支應長照所需經費。如果由保險費支應，人民的負擔較重。

第四目　實施婦孺福利政策

「國家為奠定民族生存發展之基礎，應保護母性，並實施婦女兒童福利政策。」（憲法第一五六條）近年來為落實婦女福利政策，行政院召開國家婦女政策會議（民國八十七年）、制定婦女人身安全政策（民國八十八

年）、婦女政策綱領（民國九十三年）、性別工作平等法（民國九十一年公布施行），以及婦女保護相關法制相繼推出。

孕育下一代國民，而兒童為國家未來之主人翁，自應予特別的保護。我國訂有兒童福利法（民國八十二年公布），該法以維護兒童身心健康，促進兒童正常發育，保護兒童福利為宗旨，規定：1.未滿十二歲者為兒童。2.父母、養父母或監護人對其兒童應負保育之責任；政府及公私立機構、團體應協助兒童之父母、養父母或監護人，維護兒童身心健康及正常發展。3.各級政府及公私立兒童福利機構處理兒童相關事務時，應以兒童之最佳利益為優先考慮。4.兒童之權益受到不法侵害時，政府應予適當之協助與保護等。本法於民國九十二年五月二十八日公布修訂為兒童及少年福利法，民國一○○年十一月十一日立法院三讀通過修訂為兒童及少年福利與權益保障法（民國一○○年十一月三十日修正，部分條文自民國一○四年十一月十日施行；民國一一○年一月二十日修正公布，計一百一十八條）計分為總則、身分權益、福利措施、保護措施、福利機構、罰則及附則等七章。其中，列舉對兒童及少年之禁止行為，並注重主管機關之通報及處置案件之效能，妥善規劃有關協助輔導安置等措施。

隨著經濟的發展，小家庭日盛，婦女就業者比例日增，兒童受到照顧的時間減少，復因社會變遷，父母關係及其工作壓力，更難免忽略對兒童的照顧。實施兒童福利政策，推展幼保工作，乃格外顯得迫切需要。

第五目　推行衛保事業及公醫制度

「國家為增進民族健康，應普遍推行衛生保健事業及公醫制度。」（憲法第一五七條）此為我國提供國民健康保障的福利政策。按內容上，健康保障的福利政策，包括三項主要措施：

1.醫藥救助：對低收入戶或對特定傳染疾病，由政府提供免費醫療補助。

2.健康保險：以由國民負擔部分經費的方式，提供國民健康保險，期

亦能兼顧國家的財政能力。

　　3.公共衛生的保健服務：政府提供一系列由預防、診療、復健和健康照顧的保健體系，為民眾服務；國民基於「健康人權」的要求，其所需醫療費用應由政府負擔。

　　而從各國近年來的改革，衛生福利政策有以下發展趨勢 ⓬：

　　1.落實基層醫療保健制度：所謂預防重於治療，便利的基層醫療保健 (primary health care)，必然可減低疾病的發生率。所以我國憲法規定，應普遍推行衛生保健事業。

　　2.加強推動社區保健服務：提供持續的、面對的、整體的以及社區保健服務 (community)，就是強調社區保健服務體系的服務性、參與性及效益性。從而提供「人性醫療」，有助於病患的診療復健，或可進而推行家庭醫師制度。此乃我國憲法之公醫制度的要義。

　　3.群體醫療執業中心的推廣：結合兩位以上的醫師，經良好的臨床訓練，共同使用設備、場所、儀器等執業形態，取代傳統個人醫院為中心的醫療體系，可為鄉村地區大幅增進醫療服務。

　　4.由免費醫療到部分負擔的醫療。

　　5.改革診療報酬制度。

　　6.實施轉診制度。

　　7.實行醫藥分業等。

　　民國八十四年全民健保的開辦，目標在建置全國醫療網，縮短城鄉醫療資源的差距，落實憲法健康保障的福利政策。民國一〇二年一月一日實施二代健保，其費率為百分之四點九一，預計維持四年。施行的二代健保，一般保費費率從百分之五點七一降為百分之四點九一，另對逾五千元利息、股利、兼職、執行業務、租金所得，與超過四個月投保薪資的獎金，皆加收百分之二補充保費，預估政府一年可增加二百零六億元收入，推估三百萬人保費增加。行政院院長陳冲指出，二代健保案是非常辛苦、高難度的

⓬　林水吉：《衛生福利政策與全民健康保險》（臺北：中國社會保險學會，民國七十九年五月初版），頁三四〜三七。

改革，「注定沒有掌聲，但非做不可」。民國一〇四年十月行政院決定民國一〇五年元旦起，課徵的單筆收入從五千元提高到二萬元，以減輕人民的負擔以及減省申報的不便，且費率不變。

第六目　其　他

此外，憲法增修條文補充規定：

一、推行全民健保、促進醫藥發展

國家應推行全民健康保險，並促進現代和傳統醫藥之研究發展（第十條第五項）。

二、維護婦女權利、促進兩性平等

國家應維護婦女之人格尊嚴，保障婦女之人身安全，消除性別歧視，促進兩性地位之實質平等（第十條第六項）。

三、維護殘障者權利、扶助其自立發展

國家對於身心障礙者之保險與就醫、無障礙環境之建構、教育訓練與就業輔導及生活維護與救助，應予保障，並扶助其自立與發展。（第十條第七項）。

四、優先編列支出預算

國家應重視社會救助、福利服務、國民就業、社會保險及醫療保健等社會福利工作；對於社會救助和國民就業等救濟性支出應優先編列（第十條第八項）。

第五節　教育文化

　　教育是立國的根本，攸關人民的社會權、學習權。文化是人民生活的方式、對事務的認知與態度。教育文化，塑造人民的精神文化、引導社會風氣、關係憲政建設，故各國莫不重視而於憲法明定其保障及發展。我國憲法，除於第二章規定人民之言論、出版、著作之自由、受國民教育之義務等外，復於第十三章基本國策設第五節「教育文化」，詳加規定。

　　茲就「教育文化」節之規定，依次述其要點。

第一目　教育文化之宗旨

　　「教育文化，應發展國民之民族精神、自治精神、國民道德、健全體格、科學及生活智能。」（憲法第一五八條）此為憲法所揭教育文化之宗旨。民國十八年國民政府公布之「中華民國教育宗旨」，係「根據三民主義，以充實人民生活，扶植社會生存，發展國民生計，延續民族生命為目的，務期民族獨立、民權普遍、民生發展，以促進世界大同」，涵義略同。唯論者指出，現行憲法之規定，偏重個人之教育成效，應增訂強調國民生活、增強國家實力，進而維護世界和平之目標[13]，以符合三民主義之意旨。

　　而分析憲法所揭教育文化之宗旨，實即以實現三民主義為目的。蓋因：

　　1.發展民族精神：即要求國人能知與合群，如此才能團結人心，整合民族力量，以實現民族主義。

　　2.發展自治精神：即訓練人民管理自己的事務，促進四項政權的運用，奠定民主憲政的基礎，以實現民權主義。

　　3.發展國民道德，健全體格、科學及生活智能：即提昇人民道德水準、促進民族命脈之健康、創造全民生活之進步，以實現民生主義[14]。

[13]　雷國鼎：《教育概論》（臺北：五南書局，民國八十二年印），頁二〇〇～二〇一。

[14]　楊敏華：《中華民國憲法論》（臺北：智勝出版社，民國八十二年九月出版），頁

第二目　教育機會均等

一、實施基本（國民）教育

　　國民無論出身，「六歲至十二歲之學齡兒童，一律受基本教育」（憲法第一六〇條第一項前段）因其為國民應享之權利，也是應盡之義務，故應強迫入學，未受教育者，其父母或監護人即負違法之責。此種教育，原則上由政府辦理。

　　再者，受基本教育者，「免納學費」；其貧苦者，由政府供給書籍（憲法第一六〇條第一項後段）。

　　國民教育延長為九年之後，國民教育分為二階段，前六年為國民小學教育，後三年為國民中學教育。國民小學當年度畢業生，由當地教育主管機關按學區分發入國民中學。國民中學應兼顧學生升學及就業之需要，除文化陶冶之基本科目外，並加強職業科目及技藝訓練。

　　行政院於民國一〇〇年八月四日（國民基本教育推動會）規劃，民國一〇三年起延長國民義務教育為十二年。就此社會各界關心的是：㈠明星學校（高中）有存在的必要。設想明星學校消失後，勢必出現一些貴族型私立學校的流弊。明星學校的存在有助於培育社會各界精英，維繫大學的水準。㈡不應完全免試升學。事實上，免試升學造成許多地區的高中職一年級空額，而基本學力測驗對於一些孩子來說，也是促進他們唸書的一個動力，入學考試對學生有一定的助益❺。教育部經研議後，規劃民國一〇三年推行十二年國民義務教育的政策，往後七成五免試入學、兩成五考試招生（特色招生），取消「一次國中基測」。除了先前教科書「一綱一本」與「一綱多本」的爭議，臺北市於民國一〇〇年七月更為「北北基學測」

　　三二〇。

❺　李家同：〈12 年國教別只在升學上空轉〉，《聯合報》（民國一〇〇年六月二十九日）。

發生高中入學「高分低取」的缺失而力求補救。教育部於是決定採免試入學登記，制定原則性規範後由各地方訂定輔導辦法。而地方性聯考（如北北基學測）亦將在十二年義務教育推行後取消。

二、推行補習教育

「已逾學齡未受基本教育之國民，一律受補習教育，免納學費，其書籍亦由政府供給。」（憲法第一六〇條第二項）亦即對於已逾十二歲之國民，應強迫其入學，接受補習教育，以貫徹憲法保障教育機會均等之意旨。故補習教育亦具有強迫性質，與正規之國民教育同屬義務教育之範圍。

補習教育，依補習及進修教育法之規定，分為國民補習教育、進修教育及短期補習教育三種；凡已逾學齡未受九年國民教育之國民，予以國民補習教育；已受九年國民教育之國民，得受進修教育；志願增進生活知能之國民，得受短期補習教育。並分別由國民小學及國民中學、高級中學以上學校及機關團體或私人實施或辦理。

三、設置獎學金

各級政府應廣設獎學金名額，以扶助學行俱優無力升學之學生（憲法第一六一條）。國民接受教育，固應有平等的機會，惟人之家庭環境經濟能力各異，如學行俱優而無力升學，國家當予扶助，亦屬立足點平等的真諦。但此項獎助應以學行俱優為要件，不使獎勵流於浮濫，是以國民中小學免納學費，貧苦者由政府供給書籍；而國民中學另設獎、助學金，以獎助優秀清寒學生（國民教育法第五條）。而各級政府亦應視其財政能力，編列預算支援各級學校廣置獎學金，以扶助學行俱優無力升學之學生。

第三目　教育文化機關之監督

「全國公私立之教育文化機關，依法律受國家之監督。」（憲法第一六二條）所稱教育文化機關，包括各級學校、社教機構，如博物館、圖書館、

美術館、文化中心等；此外報刊雜誌、廣播電視電影等亦屬之。而依法律受國家之監督，則指政府應立法設定其運營之規定。如依大學法、專科學校法、學位授予法、國立空中大學設置條例、師資培育法、國民教育法、私立學校法等所為之監督。其監督包括學校評鑑、教師資格之認證、畢業生資格之認定等。

教育文化事業，攸關國民知能之培訓、精神體魄之修養，與國家建設、憲政推展息息相關，是以應由國家依據法律監督其設立及運營。而依憲法意旨，國家機關應在教育文化機構自治自律外，為合法性監督，以保障人民思想言論及教育文化機構媒體教學編輯之自由❶❻。

教育文化事業受國家監督，惟教育文化的內涵為何，甚至在地方自治體制下，猶仍不免發生事權爭議。如為因應九年一貫課程的實施，民國九十六年一月，臺北市政府決定中小學教科書採「一綱一本」政策，而與中央發生爭論。民國九十七年五月，北北基三縣市教育局強調，基於維護學生權益，提昇教科書品質，減輕學生課業壓力及家長經濟負擔，決定自民國九十七年八月入學的新生開始推行，民國一〇〇年共辦基測（地區性聯考，此基本能力測驗制於民國一〇三年取消）。由於教科書是社會的知識系統，必需多元化，在多元競爭的市場，講究行銷策略，提供試教及輔助教具等機制。同時，教師的專業知識及判斷，更是教學品質成敗良窳之關鍵。教科書的版本問題更引發國家監督與地方自治間的衝突，應思及於此❶❼。

民國八十三年政府開啟教育改革，十年後，社會各界掀起「反思教改」的風潮，因為「教改」的結果，「九年一貫」反成「九年不一貫」，補習之風依舊；廢除高職，致基層人力嚴重不足；廣設高中，大學增加為一百三十五所（民國九十年），十年內增長近三倍，數量之多世界罕見。（民國九十年）大學入學錄取率超過百分之八十三，往後甚至趨近百分之百（招生

---

❶❻　如基於新聞編輯自由之理念，政府不便干預新聞之報導，因之，於傳播媒體設監察人 (ombudsman) 或評議會，可使媒體發揮內部自律的力量。

❶❼　周淑卿：〈今是昨非，抑或昨是今非？教科書一綱多本爭議之分析〉（民國九十六年四月十四日，網路下載）。

不足，降低錄取分數），實際達到了教改人士「人人唸大學」的理想。從而，政府對高等教育經費補助相對減少，私立大學被迫走向高學費的道路❸。

　　而今天臺灣高等教育正面對著一些危機，如：㈠少子化造成學生人數逐年遞減，許多大學面臨學生不足而可能關門的危機。學生沒有意願、沒有興趣，甚至缺乏應有的能力或訓練，但卻有足夠的機會就讀大學。㈡經濟弱勢學生學習條件差。弱勢學生借助學貸款或是打工來支應學費，或是無法還清貸款。私校學生中，不少來自弱勢家庭的比例，而國立大學的學生則大多來自中上階級。㈢除頂尖大學外，大學普遍經費短缺。而教育部卻一方面限制大學的調漲學費，許多學校為彌補財政不足遂廣設在職進修班，一方面又要求學校重視研究、追求卓越，而忽略了教學及對學生的生命關懷❹。

第四目　推行社會教育

　　「國家應注重各地區教育之均衡發展，並推行社會教育，以提高一般國民之文化水準」（憲法第一六三條前段），社會教育係以整個社會為教育園地，以實施全民教育及終身教育為宗旨。

　　為適應現代社會之情勢及需要，社會教育的任務，除了著重國民道德精神之培養、公民自治及四項政權之行使、科技藝術之普及培養外，近年來更強調輔導家庭教育及親職教育、輔助社團活動、淨化社會風氣、改善人際關係、促進社會和諧等要項。各級政府應設專責之社會教育單位，省（市）政府應設立社會教育館，推展各種社會教育事業並輔導當地社會教育之發展。直轄市、縣（市）應設立文化中心，以圖書館為主，辦理各項

---

❸　黃光國：〈教改無力台灣前途無光〉，《面對公與義：建構宏觀包容與分享的社會》（臺北：時報文教基金，民國九十三年出版）。

❹　嚴震生：〈二十年目睹台灣高教怪現狀〉，《聯合報》（民國一〇〇年六月二十一日）。

社會教育及文化活動。

　　社會教育除包含各種補習、進修及特殊教育外,更運用廣播電視推動之,如空中大學即採隔空教學方式,期普及社會教育,達成各地區教育之均衡發展。

　　由於個人政治價值及政治行為的培養,係透過各種途徑進行,如學校教育、家庭教育、社會教育等進行❷。在外勞日增的流動社會,社會教育以其普遍深入,將日趨重要。

第五目　教育文化經費之充實

一、補助邊遠及貧瘠地區之教育文化

　　國家應注重各地區教育之均衡發展,「邊遠及貧瘠地區之教育文化經費,由國庫補助之。其重要之教育文化事業,得由中央辦理或補助之。」(憲法第一六三條後段)

二、規定各級政府教科文經費之下限

　　「教育、科學、文化之經費,在中央不得少於其預算總額百分之十五,在省不得少於其預算總額百分之二十五,在市、縣不得少於其預算總額百分之三十五。其依法設置之教育文化基金及產業,應予以保障。」(憲法第一六四條)所謂預算總額,係指政府編製年度總預算時,所列之歲出總額而言,不包含因緊急或重大情事而提出之特別預算在內。至於直轄市,以其在憲法上與省有相當之地位,亦比照省編列其教科文之經費(司法院釋字第二三一號解釋、第二五八號解釋)。

　　誠以教育文化事業是國家長遠恆久的事業,一方面要使各地區均衡發展,不致偏榮偏枯;一方面限定各級政府編製之預算,不至於有所匱乏,

---

❷　林清江:《文化發展與教育革新》(臺北:五南書局,民國七十二年三月初版),頁三九〇～三九一。

而作中長程計畫。期教育、科學、文化之發展契合「質量並重」、「均衡發展」兩項基本原則。

唯民國八十六年的憲法增修條文（第十條第八項）規定：「教育、科學、文化之經費，尤其國民教育之經費應優先編列，不受憲法第一百六十四條規定之限制。」此項規定，是撤除教科文預算的下限，雖然旨在「有助於提供中央政府彈性編列預算的空間」、避免因經費的保障而出現無效能的教育計畫，致教育計畫之擬訂與執行成效低落。此舉在修憲二讀會後，引發社會「棄守教育預算」、「放棄教育」的疑慮（中央研究院李遠哲院長語）。行政院為此則承諾，往後教科文預算「只會增加不會減少」。

民國一〇四年十二月十八日立法院三讀通過修訂教育經費編列與管理法第三條，明定各級政府教育經費預算合計不低於該年度預算籌編時之前三年度決算歲入淨額平均值之百分之二十三。即將原規定百分之二十二點五調高百分之零點五，如此，地方年度教育經費可增加一百二十億多元，得以調適社會「窮不能窮教育」的呼聲。

第六目　獎勵教育科學文化之事業及其從事者

憲法除規定國家有關教科文之法制外，並具體保障人民之教科文事業及從事於教科文工作者。其規定要點是：

一、保障教育科學藝術工作者

「國家應保障教育、科學、藝術工作者之生活，並依國民經濟之進展，隨時提高其待遇。」（憲法第一六五條）

二、獎勵發明保護文化史蹟

「國家應獎勵科學之發明與創造，並保護有關歷史、文化、藝術之古蹟、古物。」（憲法第一六六條）

三、獎勵教科文之事業及個人

國家對於左列事業或個人，予以獎勵或補助：

1.國內私人經營之教育事業成績優良者。

2.僑居國外國民之教育事業成績優良者。

3.於學術或技術有發明者。

4.從事教育久於其職而成績優良者（憲法第一六七條）。

此外，憲法增修條文尚有保障自由地區原住民之教育文化、社會福利及經濟事業，應予扶助並促其發展之規定；對於金門、馬祖地區人民亦同（憲法增修條文第十條第十二項）。

以上為憲法有關規定，至於實際之保障上，即成為政府施政重點。

首先，就教育事業的保障言之。教師職務的專業地位，直到一九六六年聯合國教育科學文化組織 (UNESCO) 在巴黎召開的「教師地位之政府間特別會議」，始得到國際確認。而我國有關教師工作權之保障，不僅止於職位或物質生活而已，並及於其工作的內涵，學術環境及專業自主能力。政府並訂有師資培育法（民國八十三年公布），整體規劃師資之培育。

次就科學事業的保障言之。除保障科技人員之生活外，並有獎勵發明、保障專利權的制度，以及以專案長期培育科技人才，如航太事業是。此外更以建立科學園區、設置科學城，營造科學文化、鼓勵國人從事科技事業。而有關科技人才之培育、延攬及獎勵方面，行政院國家科學委員會即訂有以下之每年施政重點：

1.培育在職科技研究人員：如遴選在職人員作國內、外進修，補助大學部學生暑期參與專題研究計畫等。

2.延攬海外科技人才：如延攬海外學者擔任教學、特約講座、假期研究或為特約專家等。

3.獎助研究人員：為激勵國內學術研究風氣，設置研究獎助費，補助經審定之研究人員及經遴選產生的傑出研究人員。此外，每年辦理選拔、表揚傑出應用科技人員。

　　再次就文化事業的保障言之。依文化資產保存法（民國七十一年公布），有關古物、古蹟、民族藝術、民俗及有關文物、自然文化景觀，由政府立法加以保存、維護及宣揚。而國家對於重要民族藝術具有卓越技藝者，得遴聘為藝師。再如扶助專業演藝團體的演出、民族音樂的提倡、文藝中心及專業圖書館之籌設等是。本法於民國一〇五年七月二十七日修正。共分總則、古蹟、歷史建築、紀念建築及聚落建築群、考古遺址、史蹟、文化景觀、古物、自然地景、自然紀念物、無形文化資產、文化資產保存技術及保存者、獎勵、罰則、附則十一章。而自民國九十二年起，至九十八年十二月立法院研議提案制定文化創意產業發展法（於民國九十九年二月三日公布，並於同年八月三十日施行），文化建設呈現新的方向，旨在建構具有豐富文化性及創意性內涵的社會環境，運用科技及創新研發，健全文化產業人才培育，以促進文化創意產業的發展。按以文化、藝術、美學、創作為核心之文化創意產業，結合知識經濟力量，以及全球多樣性消費需求，將帶動另一波經濟成長，為北歐諸國、英國、澳洲、韓國及日本等國極力發展之產業。我國經濟面臨高度工業化後之新局面，長久以大規模製造業為主之生產型態，已逐漸失去優勢，未來除持續往高科技產業方向發展外，勢須建立更能適應知識經濟時代之新產業型態，並深化以知識為基礎之產業競爭力。根據先進國家之發展經驗，在知識經濟時代中，文化創意產業係能創造高度附加價值之重要產業之一。因此，文化創意產業將成為我國未來經濟成長之動力。

　　文化創意產業發展法第三條第一項：「本法所稱文化創意產業，指源自創意或文化積累，透過智慧財產之形成及運用，具有創造財富與就業機會之潛力，並促進全民美學素養，使國民生活環境提升之下列產業：一、視覺藝術產業。二、音樂及表演藝術產業。三、文化資產應用及展演設施產業。四、工藝產業。五、電影產業。六、廣播電視產業。七、出版產業。八、廣告產業。九、產品設計產業。十、視覺傳達設計產業。十一、設計品牌時尚產業。十二、建築設計產業。十三、數位內容產業。十四、創意生活產業。十五、流行音樂及文化內容產業。十六、其他經中央主管機關

指定之產業。」

　　文化創意產業，其特質在於多樣性、小型化、分散式，對於環境與生活品質之提升及經濟發展均有助益，為先進國家極力推動之重要產業❷。

第六節　邊疆地區

　　本節計兩條文，一則規定對邊疆民族之保障，一則規定對該地區之發展的保障。另外，依憲法增修條文之規定，並維護原住民文化及發展。茲分述如次。

第一目　保障邊疆民族

　　憲法第一六八條有以下規定：

一、保障邊疆民族之地位

　　「國家對於邊疆地區各民族之地位，應予以合法之保障」（本條前段）。憲法第一三五條再規定，內地生活習慣特殊之國民得選出一定名額之國民代表。同時，保障自由地區原住民之地位及政治參與（增修條文第十條第十二項前段）。因此增修條文第四條（第一項第二款）明定平地原住民及山地原住民各選出三名立法委員。此外，地方制度法（第三十三條）對各地方立法機關規定原住民議員或代表之名額。

二、扶植邊疆民族之自治

　　國家對於邊疆各民族之「地方自治事業，特別予以扶植」（本條後段）。邊疆各民族生活方式、文化資產應受尊重，因之需要由國家扶植其自治事業，使各種族共存共榮，全國人民皆能行使四權，方能落實民主憲政。

---

❷　余致賢：〈文化創意產業發展法草案總說明〉（民國九十七年二月四日，網路下載）。

第二目　扶助邊疆地區之發展

憲法第一六九條，對邊疆地區之發展，亦詳細予以規定，此民生主義之保障也。分述如次：

一、扶助發展邊疆之人文建設

「國家對於邊疆地區各民族之教育、文化、交通、水利、衛生及其他經濟、社會事業，應積極舉辦，並扶助其發展」（本條前段）。邊疆地區財力短缺，科技不發達，需要國家以團體之力特別扶助，此亦講求立足點之平等。

二、保障及發展邊疆之土地使用

國家對於邊疆地區之「土地使用，應依其氣候、土壤性質，及人民生活習慣之所宜，予以保障及發展」（本條後段）。語云有土斯有財，土地是產業之根基，故有關邊疆地區之土地使用，應協助其規劃及運用，而宜農宜牧，視自然生態而定，因之乃有本條之詳作規定。

第三目　維護原住民文化及發展

依憲法增修條文（民國九十四年六月十日修正公布）第十條第十一項及第十二項之規定，政府應維護原住民教育文化、社會經濟、政治參與之發展。其文如次：

一、維護原住民文化

「國家肯定多元文化，並積極維護發展原住民族語言及文化」（增修條文第十條第十一項）。原住民族基本法（民國九十四年二月五日公布施行）第十條規定：「政府應保存與維護原住民族文化，並輔導文化產業及培育人才。」

民國一〇五年五月二十日新政府成立，內政部旋即通過「槍砲彈藥刀械管制條例」修正案，放寬原住民持有獵、魚槍條件，犯本刑三年以下有期徒刑之罪者得申請或繼續持有。其旨在考量原住民生活習慣、尊重原住民傳統狩獵文化之傳承、實踐憲法包容多元文化之意旨。

二、促進原住民族的發展

「國家應依民族意願，保障原住民族之地位及政治參與，並對其教育文化、交通水利、衛生醫療、經濟土地及社會福利事業予以保障扶助並促其發展，其辦法另以法律定之」（增修條文第十條第十二項前段）。

以上係憲法上之有關規定。

至政府施政，則因時局所限，實際上僅以蒙藏工作為施政重點。其項目常包括❷：

1.促進國人認識蒙藏：如舉辦蒙藏傳統民俗藝文活動、推展蒙藏學術研究等。

2.推動對蒙藏地區之各項交流：如舉辦外蒙經貿人才培育及專才訓練、兩岸蒙藏學術共同研討活動、實施對大陸蒙藏地區廣播宣傳等。

3.輔導海外蒙古社團、藏胞社區：如在第三國（獨立國協、尼泊爾等）輔導蒙古社團的成立，或強化藏胞社區文教、醫療組織等。

4.培育蒙藏青年：如輔導在臺或在海外地區之蒙藏青年就學進修或職業訓練等。

三、以法律規定保障其發展

憲法增修條文（民國九十四年六月十日修正公布）第十條第十二項：國家應該依民族意願，保障原住民族之地位及政治參與，並對其教育文化、交通水利、衛生醫療、經濟土地及社會福利事業予以保障扶助並促其發展，其辦法另以法律定之。對於澎湖、金門及馬祖地區人民亦同。

原住民族基本法（民國九十四年二月五日公布施行）規定：政府應依

---

❷ 《行政院施政報告》（民國八十四年二月），頁七〇～七一。

原住民族意願，保障原住民族之平等地位及自主發展，實行原住民族自治
（第四條）；政府與原住民族自治間權限發生爭議時，由總統府召開協商會
議決定之（第六條）；政府應依原住民族意願，本多元、平等、尊重之精
神，保障原住民族教育之權利（第七條）。

　　類似土地開發議題，如依原住民族基本法：「政府或私人於原住民族土
地或部落及其周邊一定範圍內之公有土地內從事土地開發、資源利用、生
態保育及學術研究，應諮詢並取得原住民族同意或參與，原住民得分享相
關利益」，因而原住民族反對阿里山 BOT 等開發案，是可以商議。

　　惟民國一〇〇年五月「原住民族自治法（草案）」之立法過程，原住民
團體認為，土地與自然資源的自主管理，是落實自治的核心，由自治區政
府訂定，才能符合原住民族基本法及「民族自決」的精神。今政府部門討
論焦點，多集中在民族自決與自尊，民族會議的定位，土地及財政保障等
議題，需要繼續尋求共識❷❸。

　　為尊重原住民族與土地的關係，行政院於民國七十九年三月二十六日
發布（民國一〇八年七月三日修正發布）「原住民保留地開發管理辦法」，
以保障原住民族土地保留地及其開發。依該辦法之規定，涵蓋十二縣市、
三十九鄉鎮二十四萬公頃原住民族保留地應歸還原住民族。花蓮縣太魯閣
族於民國八十四年透過行政救濟，由縣政府完成土地所有權登記並發給權
狀。臺東縣政府自民國一〇二年至一〇五年、臺中市政府自民國一〇四年
至一〇五年，陸續完成一些土地發還原住民的手續。民國一〇五年五月二
十八日，高雄市政府發給六十戶原住民保留地權利回復狀，面積約一百公
頃。依規定，原住民取得保留地權狀後，得自由買賣、耕作及使用，如移
轉則仍由原住民承接。

---

❷❸　憲法原住民族政社制定推動小組編：〈憲法原住民族專章會議實錄〉（行政院原住
　　民族委員會，民國九十四年五月出版）。

表 13-1 原住民族地位及權益保障專設法規

原住民族權利類型	主要法規
民族自治	憲法增修條文（民國九十四年六月十日公布）第十條第十二項 原住民族基本法
身份保障	原住民族身分法 原住民民族別認定辦法
民族教育及文化發展	原住民族教育法 行政院原住民族委員會原住民族語言發展會設置辦法（於民國一〇三年五月十三日更名為原住民族委員會原住民族語言發展會設置要點）
社會福利及工作保障	原住民族工作權保障法 行政院原住民族就業促進委員會設置要點 自由貿易港區事業雇用原住民獎勵辦法 原住民生活輔導員工作要點（於民國一〇八年六月二十四日更名為原住民族委員會補助直轄市及縣市政府聘僱用原住民社工員師管理要點）
傳統智慧及經濟權	原住民族傳統智慧創作保護條例 原住民族綜合發展基金貸款業務處理要點
土地及自然資源利用	原住民族保留地開發管理辦法 原住民族地區資源共同管理辦法 公有土地劃編原住民保留地要點 鄉鎮市區原住民保留地土地權利審查委員會設置要點

資料來源：行政院原住民族法規彙編，民國一〇〇年。

關鍵詞

- 基本國策
- 國防
- 軍隊國家化
- 平等互惠
- 平均地權
- 農業工業化
- 勞資爭議
- 社會保險

- 社會救助
- 婦孺福利政策
- 全民健康保險
- 兩性平等
- 教育機會均等
- 社會教育
- 教科文預算

摘　要

　　憲法第十三章，為我國基本國策之規定。基本國策指引政府之施政，具有政策條款的性質。本章，固為我國憲法，除了人民自由權利之保障及政府權力之規定外，構成之主要內容，而憲法於增修條文又多所增訂，故內容頗富時代意義，應能予政府施政提供適當之指導。

　　基本國策章，計分六節，包括國防、外交、國民經濟、社會安全、教育文化與邊疆地區。節次之多，包容廣泛，為憲法各章之冠，亦較之五五憲草為詳細。而三民主義之意旨更明顯的於本章展現，如國防、外交、邊疆地區等節，即以民族主義為出發點；教育文化節，即關係民權主義之能否落實；而國民經濟、社會安全二節，顯然以實行民生主義為宗旨。

　　至於邊疆地區方面，政府致力於原住民族之自治、政治參與、文化教育、經濟發展，相關法制不斷推出。

第十四章　憲法的施行與修改

　　憲法第十四章規定憲法之施行與修改。分為兩部分：第一部分，自第一七〇條至第一七三條，主要規定憲法、法律與命令三者之關係；第二部分，包括第一七四條及第一七五條，規定憲法之修改及實施程序。

　　我國採成文憲法，而憲法更於本章規定其修改程序，此一程序較之立法程序為困難，是以我國又屬剛性憲法國家。唯憲法對於政府權力的規定，不是專為限制其權力，如義大利政治社會學者沙托里 (Giovanni Sartori) 之所信，憲法的目的是在限制政府的權力，以保障每個公民的權利❶，其說不免過於狹隘。於今國家事務增繁，憲法對政府權力之規劃及發展，與對其控制同樣重要。我國憲法於本章乃明定憲法與法令之關係，並重申「憲法之解釋，由司法院為之」（第一七三條，與第七十八條規定意旨相同）。本章實有維護憲政體制，促進政府功能的重要意義與作用。

　　憲法是立國之本，憲法的修改必須極其慎重。我國憲法之修改，與美國採同一方式，即「附加而不更改」，憲法本文不更動，而是附加於憲法原文之後。民國八十年開始的修憲，至民國九十四年，計七次，皆由國會機關完成。今修憲則由立法院提修正案，半年後交公民複決，修憲程序大幅轉變。

---

❶　Graham Maddox 著，張明貴譯：〈憲法概念的澄清〉，《憲政思潮》，第六二期（民國七十二年六月），頁二三四～二三九。

第一節　憲法與法令的關係

第一目　法律的意義

憲法第一七〇條明定：「本憲法所稱之法律，謂經立法院通過，總統公布之法律。」再依據中央法規標準法之規定，法律具有一定的名稱，應經由一定之制定程序及成立要件。

一、法律之形式要件

㈠名　稱

法：普通、必需之事務以法律定之者，如民法、中華民國刑法、土地法、行政院組織法。

律：非常時期之事務以法律定之者，如戰時軍律（已於民國九十一年廢除）。

條例：特定事務以法律定之者，如臺灣地區與大陸地區人民關係條例。

通則：共通事項或組織以法律定之者，如財政部關稅總局各地區關稅局組織通則。

㈡制定程序

1.經立法院立法程序。 2.總統公布（中央法規標準法第四條）。

二、法律之實質要件

內容上，下列事項應以法律定之：㈠憲法或法律有明文規定，應以法律定之者。㈡關於人民之權利、義務者。㈢關於國家各機關之組織者。㈣其他重要事項之應以法律定之者（中央法規標準法第五條）。

法律為憲法之具體化。法律對於憲法具有補充、引申的作用，並為運用執行憲法之工具，其地位及功能之重要可知。再者，法治國家崇尚依法

行政（法治主義），是以應以法律規定之事項，須制定成法律為之規範，不得以命令定之，是稱「法律保留原則」。從法律之成立要件可知法律與命令有明顯之區隔，此為傳統法學理論的要旨。從而命令不得牴觸法律，此為「法律優越原則」。此二原則構成法治主義的重要內涵。

由於憲法的沉默與不足，故需要法律：㈠明定憲法的適用範圍。㈡使憲法意涵與時俱進。㈢指示在何種狀況下自由制度應設定的一些例外。以自由權利之保障而言，孟德斯鳩說，自由是在法律保障之下行使的。憲法若沒有法律之協助，將有喪失其最低限度之實效性的風險❷。

第二目　憲法、法律與命令之關係（法之位階）

依憲法第一七一條第一項、第一七二條及中央法規標準法有關規定，憲法、法律與命令三者有以下關係：

一、法律以憲法為依據

憲法為萬法之法。法律，或依憲法明白授權而制定，如「行政院之組織，以法律定之」（憲法第六十一條），或為憲法所明示而制定，如「人民有依法律納稅之義務」（憲法第十九條），或間接依憲法精神或意旨而制定，如依中央法規標準法，「重要事項」應以法律定之，國籍法、姓名條例即是。足證憲法是法律之法源依據。

二、法律不得牴觸憲法

法律與憲法牴觸者無效（憲法第一七一條第一項）。憲法制訂於立國或憲改之際，定由特定機關或依特定程序而制定或修改，與法律者不同。憲法為國家根本大法，其地位及效力，高於法律。

---

❷　比利時 Francis Delperee 教授二〇一二年十二月十五日在中華民國憲法學會年會的演說詞。

三、命令不得牴觸憲法或法律

「命令與憲法或法律牴觸者無效。」（憲法第一七二條）亦即在法的位階上，命令為下位規範，不得與上位規範之憲法及法律牴觸。有關命令之要點如下：

㈠命令的名稱

命令的名稱主要有七種：規則、規程、細則、辦法、綱要、標準或準則（中央法規標準法第三條）。

㈡命令的制定機關

命令由行政機關所制定、發布，唯地方議會所制定者亦稱為命令。而「各機關依其法定職權或基於法律授權訂定之命令，應視其性質分別下達或發布，並即送立法院」（中央法規標準法第七條），故一般委任命令受議會監督。

㈢命令與法律之關係

命令與法律具有密切之關係，如：1.命令須以法律為依據。2.命令具有補充、解釋、執行法律之作用。3.命令不得牴觸法律。4.命令亦適用法律之原理原則。5.命令可能構成法律之淵源。6.法律須以命令公布（公布令）等是。命令雖屬法的下位規範，但所為規定，較法律更為具體可行。憲法、法律與命令，形成法的體系，憲法理念即經由法律及命令的運用得具體實現。以我國刑事訴訟體制言之，係實現憲法第八條人身自由之保障、第十六條訴訟權之規定的重要基礎，即因刑事訴訟法及有關法律之制定，以及有關規章命令之發布而具有完整性與可行性。隨著法學知識的進步及社會多元化趨勢，其有關法律與命令亦與日俱增，而二者的重要性實難分軒輊。

以中央行政組織法規範為例，其法規範可以分為三個層次，即憲法、法律與命令層次。茲舉例列表如次，表14–1。

表 14-1　中央行政組織體系法規範

規範層次	憲法層次	法律層次	命令層次
法規名稱	憲法第五章行政 憲法第十章中央與地方權限 憲法第十三章基本國策	中央行政機關組織基準法 行政院組織法 各部（會、處、署等）組織法（條例） 各部會局處所屬機關組織法（條例、通則） 中央法規標準法 訴願法 專利法 公職人員選舉罷免法 消費者保護法 通訊傳播基本法 人民團體法 法院組織法	行政院會議議事規則 行政院及各級行政機關訴願審議委員會組織規程 中央選舉委員會組織規程(已廢除，改訂條例) 中央各級行政組織內部任務編組設置辦法 相關法律施行細則

第三目　法律與憲法發生疑義之審查

「法律與憲法有無牴觸發生疑義時，由司法院解釋之。」（憲法第一七一條第二項）因為法體系繁複，憲法之適用施行，不免發生疑義，甚或造成各機關權限爭議，故有解釋之必要。憲法解釋為「司法審查」之重心，是民主國家不可或缺的憲政體制。此「司法審查」依憲法訴訟法規定，為憲法法庭之法規範憲法審查，有二：

一、法規範憲法審查。

二、統一解釋法律及命令。

第二節　憲法的修改

　　修憲，是憲法建構途徑之一。它是促進憲法成長或變革最快速而有效的手段。憲法特設第十四章加以規範，今改以公投修憲，務求慎重其事。

第一目　憲法修改之權責機關

一、憲法原訂國民大會與立法院是修憲之權責機關

　　依憲法原文（第一七四條）第一款之規定，國民大會對於憲法之修改，有完全自主權，自提案至議決，得由國民大會全程掌控完成。民國八十年起之所謂一機關兩階段修憲，即僅由國民大會一機關獨自完成修憲任務，立法院未參與焉。民國九十四年六月十日公布的增修條文，即是採兩機關修憲方式修訂。

二、現今規定由立法院向全體選舉人提出修憲案（公投修憲）

　　民國九十四年修憲後由立法院提出憲法修正案，需公告半年，經全體選舉人投票複決。因之，立法院對於憲法之修改，有提案權，欠缺議決權。立法院為修憲提案 (proposal) 機關，經由選舉人（公民）確認 (ratification)。

三、比較各國體制

㈠由議會修改

　　由議會全權掌理，通常於剛性憲法國家。此一修改程序與立法程序不同，即提案及表決之人數上，修憲程序較高、較難。

㈡由公民複決

　　由公民連署或議會提出修憲案，交全體公民複決，如瑞士憲法即規定當參眾兩院中之一院，或公民五萬人，提請修改憲法時，其應否修正須交

付全邦人民公決之。我國由立法院提修憲案交公民複決等是。

㈢**由地方（州）議會批准**

聯邦國家多採此方式，如美國國會及州議會都可提議修改憲法，但皆須經各州四分之三州議會或州修憲大會議批准是。

㈣**特設權責機關修改憲法**

有些國家於議會外，設專責機關修改憲法。

第二目　憲法修改之範圍

憲法修改之範圍，各國規定不一，主要有：

一、全部修改

亦即憲法之更新，重新訂定 (revision) 憲法，此種方式，實為制憲，難謂為修憲。

二、局部修改

亦即一般所稱憲法之修改 (amendment)，為憲法中某一條文或某些條文之更改，憲法之整體架構及基本體制不致受影響。有時「制憲」也只是「局部修改」，如菲律賓一九八六年政變後制訂的臨時憲法（稱自由憲法），第一章即明示適用舊有的憲法部分條文。

三、補充不足

亦即增訂憲法內容之不足，就其缺漏或不及因應時代進步之規定加以補充 (supplement)。如於憲法某條文或全部憲法條文之後，增訂新條款即是。其與局部修改效果相同，不影響其根本規定。

我國以制定憲法增修條文修改憲法，是採第二種局部修改及第三種補充不足的方式。

第三目　憲法修改之程序

一、我國由立法院提修憲案交公民投票

　　民國九十四年六月十日公布的憲法修正條文第一條第一項規定：「中華民國自由地區選舉人於立法院提出憲法修正案、領土變更案，經公告半年，應於三個月內投票複決，不適用憲法第四條，第一百七十四條之規定。」同時並增訂第十二條：「憲法之修改，須經立法院立法委員四分之一之提議，四分之三之出席，及出席委員四分之三之決議，提出憲法修正案，並於公告半年後，經中華民國自由地區選舉人投票複決，有效同意票過選舉人總額之半數，即通過之，不適用憲法第一百七十四條之規定。」

　　按美國憲法第五條的規定，修正案的提出，可以有兩種不同途徑：1. 國會兩院議員各有三分之二的多數認為必要時，得提出憲法修正案。2. 全體各州中有三分之二的州議會提出請求時，國會應召開全國修憲大會，以提出憲法修正案。這兩種不同途徑，自美國行憲迄今僅運用過第一種方式（參閱圖14-1）。第二十一案，有關取消禁酒令（第十八案），如何決定，

圖 14-1　美國修憲方式

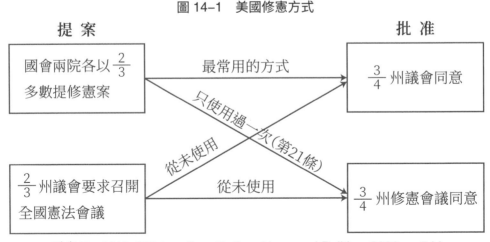

引自 David M. O'Brien, Constitutional Law and Politics, 2008, p. 544

美國聯邦最高法院認為酒是一個適合由州制憲大會決定的議題。修憲第二十一案廢除修憲第十八案，即採特別方式，耐人尋味。

民國一〇四年六月，立法院朝野積極準備提出修憲案，期合併於民國一〇五年一月總統選舉時進行公民複決。兩大黨對修憲議題中降低公民年齡為十八歲具高度共識，咸信首次公投修憲應可有所收穫，但國民黨立委堅持加入恢復閣揆任命同意權、不在籍投票等議題，民進黨不能同意，於是修憲破局，坐失「憲法時刻」。修憲門檻太高、兩大黨都擁有否決權應是修憲困難的主要原因，此種情景在民國一一〇年至一一一年修憲過程再度重現。制度的改變是權力的重分配，爭取國會的絕對多數支持必須經過協商、交換，至為不易❸。

第四目　憲法修改之限制

茲將修憲之限制及各國法制述要如次❹：

一、期間之限制

憲法在特定時間裡不得修改，如在憲法施行初期，以及國家發生特別事故時。

二、事項之限制

憲法條文，除憲法根本精神、規定憲法的修改程序，其他憲法內容之規定條文自可適時因應需要而修改之。蓋憲法根本精神、基本原則是憲法存立之基礎，修憲程序為制憲者用以約束修憲機關之條文，構成憲法「自我限制」之規定，皆不宜修改。其他條文自得修訂之。

---

❸　James L.Sundquist, Constitutional Reform and Effective Government. Washington, D. C.: The Brookings Institution, 1986, pp. 12～14.

❹　薩孟武：《中國憲法新論》（臺北：三民書局，民國七十七年三月修訂版），頁二四～二七。

　　實務上，日本戰後新憲法，亦限制「憲法基本原理」之不得變更，亦即有關民主主義、自由主義、平等主義、福祉主義及和平主義，不能依修憲程序變更之。而其規定之修改條款，依法理解釋，亦不可修改。美國憲法第五條之修憲條款規定了兩項修憲內容上的限制：其中之一規定非經當事州同意，不得剝奪其在參議院與其他州平等的選舉權。此為美國憲法所明示的修憲限制。這是為了對小州妥協，以調和各州的利益，鞏固聯邦體制之故。

　　一般相信，我國憲法有關民主共和國體之規定（憲法第一條），應屬不可更易的條文。

第五目　憲法修改之效果

　　以修改之方式及效果言之，我國憲法增修條文之制定，頗與美國所採方式相似。美國憲法的改正，採行增補（補充不足）的方式，而且，被改正的條文並不刪除，而照舊保留。從而效果上，憲法法典的全文並不一定都有效或可適用，與增補相牴觸之條文部分，因其為違反、牴觸後來的新法，故自然失其效力。憲法改正案，於通過規定程序後，即成為本憲法之一部分 (as a part of this Constitution) ❺。

　　憲法是時代的產物；同時，時代是變遷的。有時透過修憲，在折衷協調過程找出各方能接受的公約數，所以憲法的修改時而呈現雜沓反覆的現象。民國八十一年修憲規定總統由「全體人民選舉」，民國八十三年始清楚明定由「全體人民直接選舉」。民國八十三年增修條文，明定行政院院長之免職令須新任行政院院長經立法院同意後生效，民國八十六年修憲則取消此修正文，內閣制精神削弱。美國憲法第二十一修正案（一九三三年），推翻第十八案（一九一九年，即「禁酒令」），而且明定由州修憲大會通過。

❺　水木太郎著，林秋水譯：〈各國憲法修改之研究〉，《憲政思潮》，第六期，載荊知仁輯：薩孟武：《中國憲法新論》（臺北：三民書局，民國七十七年三月修訂版），頁二二九～二五○。

而第二十七修正案（國會議員調整待遇法案須俟參議員改選後生效），從麥迪遜 (James Madison) 於一七八九年提案，至一九九二年始獲四分之三州議會批准並生效，竟然歷時二百零三年。

修憲，有時是解決政治疾病或爭議的藥方，有時則不是。甚至，憲法被人民忽略而終至被擱置或推翻。二十世紀上半葉，許多國家就採取比修憲更直接的手段達成其目的。憲法變遷不是僅僅依靠修憲，修憲之外，憲法解釋也是重要的方法❻。我國釋字第二六一號、第四九九號等解釋都適時發揮補充憲法的功能。

日本安倍晉三政府亟思突破憲法第九條禁止戰爭、不得擁有軍隊的限制。於是試圖以憲法解釋，如從「正當防衛權」、「集體的自衛權」等，找到法源依據。但此途徑不為學界支持，故進而另闢蹊徑，於二〇一五年九月十日通過「安保法制」的立法，容許日本為阻止他國的攻擊而動用武力。

第六目　義大利的修憲觀：對憲法施行及修改的態度

二次大戰戰敗的義大利，參考其自由城市的傳統（故今天義大利重視區 (Region)）、法國議會制度、英國行政與立法的制衡，以及美國司法審查制度等，制定一九四七年的憲法❼，憲法呈現宏觀溫和型特質。義大利憲法與我國憲法，制定與施行時間相當，以下概要觀察一九九〇年之後義大利的憲法改革。

一、剛性 (rigid) 憲法：其修改手續與法律有別，門檻較高。義大利憲法規定，修憲案必須經國會兩次通過而兩次會議須間隔三個月以上，第二次會議審議時，須獲兩院絕對多數通過❽。同時，成文憲法上參酌應用的

❻　K. C. Wheare, *Modern Constitutions* (Oxford: Oxford University Press, 1966), pp. 70, 96～97.

❼　Einaudi, Mario. "The Constitution of the Italian Republic," *The American Political Science Review*, Vol. 42 Aug. 1948 , pp. 661～676.

❽　荊知仁：《憲法論衡》（臺北市：東大，民國八十年），頁六〇七。

(applied)、活動的憲法。應用的憲法，係透過解釋、國會立法、憲法習慣、司法解釋等詮釋其意義。活動的憲法 (The living constitution)，是在操作上觀察其意涵，憲法原則是由實際施行界定其意義。

二、義大利重視憲法法（有憲法位階或重要的法律），認為這是憲法不可或缺的部分。這些憲法法相當廣泛，包括：憲法改革程序、中央與地方關係、選舉權、性別平等有關法律。憲法第一三八條規定，憲法與憲法法之修訂，都依國會兩院同樣程序，可見法律之受重視，憲法法之修訂使憲法文義 (text) 與時俱進，並整合憲法原則與政府機構。

三、憲法法院之角色：義大利在一八八七年之後政府體制現代化，國會多數建立在多數決基礎。一九二二年至一九四三年法西斯政權統治，議會民主政體崩潰。二戰後解除軍備、割地賠款，一九四六年結束君主政體，制憲後，一九四八年一月一日憲法施行，開啟共和國時代。制憲會議的人士進而有鑑於威瑪憲法之失敗、法西斯蹂躪憲法尊嚴的慘痛教訓，以及美國憲法之影響，深感必須另設法院，以保障憲法的優越性，並賦予審查法律之權，於是一九五五年成立憲法法院 ❾，其主要功能在確保整個法系統的「憲法順從」或與憲法一致性。法官在「過濾」憲法所許可的限制中，必須重建法律與憲法的一致性而避免干預 ❿。

第三節　憲法的施行

憲法第一七五條之規定：「本憲法規定事項，有另定實施程序之必要者，以法律定之。本憲法施行之準備程序，由制定憲法之國民大會議定之。」茲述其要如次。

---

❾　劉慶瑞：《比較憲法》，頁三一六。林子儀等編著：《憲法：權力分立》，頁三〇。

❿　參考 Giulio M. Salerno, Implementation and Revision of the Italian Constitution Since the 1990s, *International Journal of Public Administration*, Vol. 34 (2011), pp. 114～122.

第一目　憲法施行準備程序

　　憲法為根本大法，其規定事項的實現，必須由法律另定其實施程序，循序落實。故各國於行憲前，必須制定「過渡條款」，俾使憲政時期依序展開。我國憲法第一七五條第二項明定：「本憲法施行之準備程序，由制定憲法之國民大會議定之。」據此，民國三十六年一月一日國民政府公布「憲法施行之準備程序」，其規定內容如下：

　　1.自憲法公布之日起現行法令與憲法牴觸者，國民政府應迅速分別予以修改或廢止，並應於依照本憲法所產生之國民大會集會以前，完成此項工作。

　　2.憲法公布後，國民政府應依照憲法之規定，於三個月內制定並公布左（下）列相關之法律：(1)國民大會之組織、國民大會代表之選舉、罷免。(2)總統、副總統之選舉、罷免。(3)立法委員之選舉、罷免。(4)監察委員之選舉、罷免。(5)五院之組織。

　　同時規定國民大會代表、監察委員、立法委員之選舉及期程。

　　然後規定國民大會、立法院、監察院之召集或自行集會，以及任期之交接。同時責成國民大會代表有促成憲法施行之責。

　　為結束訓政時期，由國民政府公布「訓政結束程序法」，與憲法同於民國三十六年十二月二十五日施行。依訓政結束程序法，訓政時期國民政府主席及各機關、立法院、監察院，皆於總統產生就職或首屆委員產生集會之日停止其法定職權。訓政時期之行政院、司法院、考試院於依憲法產生之各院改組完成之日亦同。省市縣原有之民意機關及行政機關，亦於依憲法選舉或改組完成之日亦停止其法定職權。

第二目　動員戡亂時期臨時條款的廢止

　　行憲伊始，國家即遭逢重大變故，民國三十七年五月十日國民大會依據修憲之程序公布實施動員戡亂時期臨時條款，與憲法併同實行，以為應變與處常之基本法制。至民國七十六年之後，為調適國家情勢之變遷、兩岸關係之趨於和緩，終止動員戡亂時期成為國人的共識，動員戡亂時期臨時條款因階段性任務完成而廢止的時機亦日漸成熟。

　　在社會各界構想論議期間司法院著成釋字第二六一號解釋，明示第一屆中央民意代表應於民國八十年十二月三十一日終止行使職權，以及應舉辦第二屆中央民意代表之選舉。於是第一屆國民大會代表不負眾望，於民國八十年四月二十二日議決通過第一次憲法增修條文，旋即議決廢止動員戡亂時期臨時條款。民國八十年五月一日總統公布第一次憲法增修條文，並公布動員戡亂時期臨時條款之廢止。舊竹生新筍，憲政渡過轉型的階段賡續發展。

關鍵詞

- · 法律
- · 憲法解釋
- · 修憲程序
- · 憲法修正案
- · 憲法施行準備程序
- · 公投修憲
- · 訓政結束程序法

摘　要

憲法第十四章規定憲法之施行與修改。憲法非美學理論，而是經世之法典，必須能運作，始能實現其精神及意旨。本章雖非有關憲政體制之內涵結構，而為憲法之施行程序，實與其他各章之推動績效息息相關。

本章規定憲法、法律與命令三者之關係，首先明定法律之意義及要件，其次重申法律、命令與憲法有不得牴觸之關係，「法律與憲法有無牴觸發生疑義時，由司法院解釋之」。

憲法之修改，憲法第一七四條原規定國民大會與立法院為修憲之專責機關；民國九十四年六月修正後，由立法院提出修憲案，交全體選舉人投票複決。民主政治進一步深化。

我國原經由訓政時期而進入行憲時代，其間需要「過渡條款」，故規定由制憲國民大會議定憲法施行之準備程序以為因應。同時國民政府公布「訓政結束程序法」以為配合。

中華民國憲法概要（修訂九版）　　陳志華／著

　　中華民國憲法於民國三十六年制定、公布並施行，全十四章一百七十五條。修憲後，國民大會停止運作；司法體系大幅更新；考試院職權重行調整；監察院不再是民意機構；地方制度「省」改為非自治團體，憲政改革幅度巨大。加上，總統改由公民直接選舉；將內閣制政府要義「倒閣」與「解散」入憲；立法院提憲法修正案交公民投票複決；一〇八年一月憲法訴訟法公布（三年後施行），憲法法庭以判決取代解釋，都對我國憲政發展產生深遠的影響。而行政院為憲法第五十三條明定的最高行政機關之地位，是否因總統直接民選、閣揆任命不須經立法院同意以及釋字第六二七號解釋等而受到挑戰，攸關憲法發展。

中華民國憲法概要（修訂九版）　　林騰鷂／著

　　我國憲法本文，仿照西元一九一九年德國威瑪憲法之體系架構，在形式上包括了基本信念、基本人權、基本政府與基本國策等四個建構，但因行憲以來，國家變亂，憲法本文一再被增修、支解，權力制衡機制受到破壞，以致在威權獨裁、民粹操弄之下，幾使我國憲政實況有如希特勒時代下的德國憲政情勢或如同法國學者盧梭所說二百多年前的英國人民一樣，「投完票以後，又變成奴隸！」

　　本書九版除了將憲政動態事件，如政黨法之施行、公民投票法之修正、公教年金之改革、地方議會議長之選舉罷免改採記名投票制等，加以增補並評述以外，也將八版發行以來之司法院大法官解釋，新制訂的法律及修正的法律在相關章節中補充或修訂，以求本書之新穎性。

中華民國憲法論（修訂十二版）　管歐／著；林騰鷂／修訂

　　憲法是人生的要素。沒有憲法，生存權不受保障，就像過去封建帝制、軍閥亂政時代，生命隨時會被侵犯、剝奪；沒有憲法，生活也不能美好，因為沒有自由、平等與尊嚴，辛苦的勞動所得，自己不能享有，會被帝王或其鷹犬僕從強取豪奪。孔子所說：「苛政猛於虎」，就是因為沒有良好憲法、良好憲政的緣故！

　　因此，本書針對我國憲法的產生、成長、奮鬥、挫折過程及其內容修改演變情形，根據國父　孫中山先生的思想主張、憲政歷史文件、司法院大法官解釋及憲政生活動態資料，建構了認知憲法的三個基本，即 1. 基本政府 2. 基本國策 3. 基本人權的學習體系。

　　又民國 98 年 12 月 10 日在我國生效並有國內法律效力之兩大公約，即「公民與政治權利國際公約」、「經濟社會文化權利國際公約」，擴大了基本人權項目，故除在本文中，增列說明以外並列為附錄三、附錄四，以供查參。而因地方制度法之修正，直轄市已由北、高兩市增加為臺北市、新北市、臺中市、台南市、高雄市等五個，故也配合修訂了有關地方制度章節之說明，以符合本書動態新穎之特色。

　　為了使學生容易行使應考試、服公職的基本人權，附錄中除了編印中華民國憲法、中華民國憲法增修條文外，並從考選部全球資訊網中摘取歷年來公務人員高等考試、特種考試及專門職業及技術人員高等考試之憲法試題，作為學習、演練之參考。

三民網路書店
百萬種中文書、原文書、簡體書
任您悠游書海
領 200 元折價券
打開一本書　看見全世界
sanmin.com.tw

國家圖書館出版品預行編目資料

中華民國憲法／陳志華著.――增訂十一版二刷.――
臺北市：三民，2024
　　面；　公分

　ISBN 978-957-14-7598-1 （平裝）
　1. 中華民國憲法

581.21　　　　　　　　　　　　111021449

中華民國憲法

作　者	陳志華
創 辦 人	劉振強
發 行 人	劉仲傑
出 版 者	三民書局股份有限公司 (成立於 1953 年)

三民網路書店
https://www.sanmin.com.tw

地　址	臺北市復興北路 386 號　（復北門市）　(02)2500–6600
	臺北市重慶南路一段 61 號 (重南門市)　(02)2361–7511
出版日期	初版一刷 1995 年 7 月
	⋮
	增訂十一版一刷 2023 年 2 月
	增訂十一版二刷 2024 年 9 月
書籍編號	S584430
I S B N	978-957-14-7598-1

三民書局